Werner Kniesel
Die Offenbarung des Johannes

Werner Kniesel

Die Offenbarung des Johannes

ausgelegt für die Gemeinde

Vorwort von Gerhard Henny

Jordan-Verlag

Die Bibelzitate sind der Schlachter-Bibel entnommen.

Ganz herzlich danke ich Frau Sissy Buff und Frau Marguerita Schaub, die in unermüdlicher Arbeit und kurzer Zeit die Manuskripte hergestellt haben. Vielen Dank ebenso an die Herren Pastor Günter A. Weber und Pfarrer Gerhard Henny für die vielen geopferten Stunden und die feine Hilfe im Vorbereiten des druckreifen Manuskripts.

Der Verfasser

2. Auflage 1991

ISBN 3-906561-05-4
Satz, Druck, Einband: Clausen & Bosse, D-2262 Leck

Meiner Frau Hedi, meinen Töchtern Cornelia und Lilian und meinem Sohn David, die mir alle sehr viel bedeuten, und durch die ich vieles im praktischen Christsein lernen darf, widme ich dieses Buch. Ebenso den vielen Christen, deren Einfluß mein Leben bereicherte und mir half, das Wort Gottes besser zu verstehen.

Der Verfasser

Inhalt

Vorwort

Die Offenbarung des Johannes ist in erster Linie ein eminent seelsorgerliches Buch, das der ersten Gemeinde Trost, Kraft und Zuversicht im Hinblick auf die beginnenden großen Verfolgungen bieten und sie des Sieges Jesu gewiß machen durfte.

Sie ist darum zuerst ein Buch für die Gegenwart der jeweiligen Gemeinde. Sie stellt den Menschen, die Gemeinde Christi und den Vollendungsplan Gottes ins helle Licht Gottes. So ist sie somit in zweiter Linie ein Buch mit spannender Zukunftsenthüllung.

Die Besonderheit dieser Auslegung liegt darin, daß sie in großen Zügen durch die Offenbarung führt und den Text unter dem der Offenbarung eigenen Gesichtswinkel der Zurüstung und Zubereitung auf die Vollendung hin stellt. Dies scheint uns um so dringlicher zu sein, als der Zeitgeist auch heute ein Christentum, «das auf silbernen Pantoffeln geht» (Tersteegen) bevorzugt; ein Christentum, das den Weg des Kreuzes, der Hingabe von Gut und Blut an Jesus verwirft.

Was die Deutung der einzelnen Kapitel anbelangt, geht der Verfasser behutsam zu Werk – im demütigen Bewußtsein, daß seine persönliche Schau und das ihm eigene Verständnis der Bilder nicht Absolutheitscharakter beansprucht.

Die klare Ausrichtung auf Christus und die biblisch-seelsorgerliche Linie seiner Auslegung machen das Buch auch für Christen, die in einer anderen Denomination zu Hause sind, zu einem wertvollen geistlichen Impuls und zu einem hilfreichen Denkanstoß.

Möge der Herr der Gemeinde dieses Buch brauchen, die Gemeinde der Glaubenden in den heiligen Ernst der Gnade und einer ungeteilten Nachfolge Christi zu rufen.

Gerhard Henny, Pfarrer

Einführung in die Offenbarung (1,1–20)

Gotteskinder sollen die Offenbarung lesen und studieren. Das sagt uns Gottes Wort ganz deutlich. Die Offenbarung soll kein verschlossenes Buch sein, aber für die meisten von uns ist es doch ein verschlossenes Buch. Es ist das erste Mal, daß ich mich in der Verkündigung an die ganze Offenbarung herangewagt habe. Für viele von uns ist es ein verschlossenes Buch gewesen und ist es noch immer, doch sollte es das nicht sein, denn nach Gottes Wort sagt Jesus: «Versiegle die Worte der Weissagung dieses Buches nicht», und was nicht versiegelt ist, soll zugänglich sein. Das macht mir Mut, und ich glaube, daß uns der Heilige Geist helfen will und wird, dieses Buch besser zu begreifen, die Botschaft besser zu verstehen; denn jede Offenbarung soll ja öffnen und nicht zuschließen. Gottes Wort verheißt dem Leser oder dem Studierenden Segen, und ich bin zuversichtlich, daß wir während der Betrachtung der Offenbarung viel Segen vom Herrn erleben werden. Als ich begann, mich damit zu beschäftigen und mir verschiedene Wahrheiten aufgingen, kam es nicht nur einmal vor, daß ich innehielt und in meinem Büro die Hände hob und anfing Gott zu preisen. Ich weiß nicht, ob es euch genauso ergehen wird, aber ich hoffe, daß Gottes Wort und Gottes Geist uns mächtig begegnen können, während wir die Wahrheiten dieser Botschaft betrachten. Es ist wahr, daß in der Offenbarung sehr viele Symbole benutzt werden. Und gerade deshalb scheint es, daß die Offenbarung für manche unverständlich oder gar verwirrend ist. Wir meinen, wir könnten mit den vielen Symbolen nichts anfangen, aber es ist nun einmal Gottes Art, durch Symbole und Bildersprache zu uns zu reden. Gott hat das ganz bewußt getan – aber keinesfalls um uns zu verwirren. Meistens finden wir im eigentlichen Zusammenhang oder auch im Alten Testament den Schlüssel für die Symbole, die uns im Text gegeben sind. Ich hoffe, daß wir im Laufe der Betrachtung manches erkennen werden und merken, daß es gar nicht so schleierhaft ist, wie wir zunächst annahmen. Aber eines ist wichtig: Weil das Alte Testament sehr vieles enthält, was die Offenbarung erwähnt, ist eine gute Bibelkenntnis Voraussetzung, um das Buch der Offenbarung zu verstehen. Man kann ja auch nicht die Offenbarung Jesu ohne den Rest der Heiligen Schrift begreifen und auslegen. Es gehört alles zusammen. Daß alle Symbole eine Bedeutung haben, zeigt uns schon das erste Kapitel. Dort erklärt Jesus selbst diese Symbole, die Johannes gezeigt werden und läßt uns erkennen, daß sie nicht wörtlich gemeint sind. Wenn er von Sternen spricht, sollen wir uns nicht wirkliche Himmelskörper vorstellen. Diese Sterne haben eine ganz andere Bedeutung, die uns Gottes Wort dann zeigt. Persönlich glaube ich, daß die Offenbarung chronologisch geschrieben und zu verstehen ist. Hier kommen wir schon an einen Punkt, über den nicht alle gleicher Meinung sind. Die Offenbarung ist ein Buch, in dem Ordnung und kein Durcheinander herrscht. Ich glaube, wir finden in der Offenbarung zwei chronologische Folgen. Die eine dieser chronologischen Folgen dauert bis einschließlich Kapitel 11. Die Offenbarung sagt uns nämlich im 10. Kapitel, in Vers 7: *«In den Tagen der Stimme des siebenten Engels, wenn er posaunen wird»* – davon spricht das Kapitel – *«ist das Geheimnis Gottes vollendet, wie er es seinen Knechten, den Propheten als Frohe Botschaft verkündigt hat.»* Ich verstehe die Offenbarung so, daß zuerst drei Kapitel gegeben sind mit der Beschreibung der Gemeinden damals, des Gemeindezeitalters und dann die Zeit bis zum Tag des Herrn, der mit Offenbarung 11 abschließt. In Offenbarung 12 fängt die Folge als eine gewisse Wiederholung noch einmal an. Es handelt von den gleichen Dingen, aber die letzten Kapitel geben uns Erleuchtung über das, was die ersten Kapitel nicht getan haben. Und in diesem Sinn werden wir die Offenbarung studieren, und wir werden sehen, wie hochinteressant das ist. Wenn jemand fragt: «Wirkt Gott auf diese Weise?», so möchte ich die lieben Leser und Leserinnen daran erinnern, daß Gott alles, was er tut und sagt, durch zwei oder drei Zeugen bestätigt. Als Pharao die Träume über die Zukunft Ägyptens bekam, hat er nicht nur einen Traum gehabt, sondern deren zwei, die verschieden waren, aber dieselbe Bedeutung hatten. Josef deutete es so, daß es gewiß eintreffen werde, weil der Traum zweimal kam. Persönlich glaube ich, daß es ein Prinzip Gottes ist, in dieser Weise zu wirken. Wir finden das gleiche bei Daniel. Daniel bekam die Schau der kommenden Weltreiche. Er hatte eine Sicht der Weltreiche in Daniel 2 und eine weitere in Daniel 7 – die gleichen Reiche, ein wenig anders dargestellt, besser verständlich, ergänzend, aber Gott hat es bestätigt. Wir sehen, daß die Offenbarung ähnlich ist. Hier gab Gott Johannes eine Schau und dann noch einmal eine, um zu zeigen: das wird sicher alles geschehen. Diese beiden Visionen ergänzen sich und ergeben zusammengefügt ein vollkommeneres Bild. In dieser Weise werden wir die Offenbarung studieren.

Über die Auslegung gibt es sehr viele Meinungen. In vielen Grundzügen ist man sich schon einig, in den Details dagegen nicht immer. Es gibt grundsätzlich *zwei Linien der Interpretation*. Die eine bezieht alles auf die Geschichte – *die historische Auslegung*, und sie sieht die Kapitel 4 bis 19 als Bild der Zeitspanne der Gemeinde. Sie erklärt alles, was in diesen Kapiteln steht, anhand der letzten 1900 Jahre oder versucht es zu erklären. Die andere Linie ist *die zukunftsbezogene Auslegung*, und diese sagt, daß die Kapitel 1 bis 3 auf die Gemeinde hindeuten, und das, was nachher kommt, sei eine Beschreibung der Endzeit. Beide Gedankengänge mögen richtig sein. Da kann jemand sagen: «Wie das?» – Die Prophetie, die Gott gibt, hat sehr oft neben einer *direkten Bedeutung* auch noch die andere Möglichkeit der *Anwendung*. Ich glaube, daß die Offenbarung, obwohl sie sich direkt auf die Endzeit bezieht, auch auf die Gemeindezeit angewendet werden kann. Aber ich sehe es sehr klar, daß sich die Offenbarung in ihrer eigentlichen Bedeutung auf die Zukunft, auf die Zeit nach der Gemeinde, bezieht. Wir werden uns daher mit der zukunftsbezogenen Schau befassen. Wir studieren sie nicht aus purer Neugier, sondern weil wir in einer sehr ernsten Zeit leben. Wir sollen etwas von dem wissen, was über diesen Erdkreis und über die Menschen kommen wird, das Gott in seinem Wort vorausgesagt hat. Es soll uns zu einer tieferen Hingabe an Gott und zu einem festeren Wirken für ihn führen.

Wie steht nun die Offenbarung des Johannes zum Evangelium überhaupt? Sehr häufig beziehen sich Menschen, die eine Sonderlehre verbreiten, auf Aussagen der Offenbarung und bringen dann Anschauungen hervor, die der Lehre des Evangeliums völlig entgegengesetzt sind. Wie steht die Offenbarung zum Evangelium? Gleich am Anfang des ersten Kapitels, ehe die Offenbarung über etwas anderes spricht, bestätigt der Herr voll und ganz das Evangelium. Das erste Kapitel der Offenbarung spricht von Jesus als dem Sohn Gottes. Es spricht auch davon, daß Jesus gestorben und auferstanden ist. Das ist die Grundlage des Evangeliums der Erlösung: *Der Sohn Gottes kam, ist gestorben und auferstanden.* Das erste Kapitel redet davon, daß das *Heil* für die Menschen *nur durch Jesu Blut* möglich ist und nicht anders. Es zeigt uns auch, was dies bei denen bewirkt, die das Heil annehmen. Sie alle haben direkten *Zugang zu Gott, dem Vater* und sind nun Priester geworden. Im ersten Kapitel wird uns auch gezeigt, daß Jesus *Macht* hat über *Tod und Hölle.* Ist das nicht schon ein wundervolles Evangelium in nur wenigen Versen? Im gleichen Kapitel wird uns auch berichtet, daß Christus wiederkommen und ein *Gericht* über die Menschen hereinbrechen wird. Die Offenbarung steht in völliger Harmonie mit der Verkündigung der Apostel und der Propheten – und mit dem Erlösungswerk Jesu selbst. Sie befindet sich nicht auf irgendeiner andern Linie, sondern beginnt auf der Grundlage des ewigen Heils in dem Sohne Gottes, in Jesus Christus.

Und nach diesen einleitenden Worten über die Offenbarung wollen wir jetzt hineinschauen in die Vision des Johannes, die er uns im ersten Kapitel, in den Versen 9 bis 20 niederschreibt:

«Ich, Johannes, euer Mitgenosse an der Trübsal und am Reich und an der Geduld Jesu Christi, war auf der Insel namens Patmos um des Wortes Gottes und um des Zeugnisses Jesu willen. Ich war im Geiste am Tag des Herrn und hörte hinter mir eine gewaltige Stimme wie von einer Posaune, die sprach: Was du siehst, das schreibe in ein Buch und sende es den sieben Gemeinden nach Ephesus, nach Smyrna, nach Pergamus, nach Thyatira, nach Sardes, nach Philadelphia und nach Laodicea. Und ich wandte mich um, die Stimme zu sehen, die mit mir redete, und als ich mich umwandte, sah ich sieben goldene Leuchter und inmitten der Leuchter einen, der einem Menschensohne glich, angetan mit einem langen Gewande und um die Brust gegürtet mit einem goldenen Gürtel. Sein Haupt aber und seine Haare waren weiß wie weiße Wolle, wie Schnee, und seine Augen wie eine Feuerflamme und seine Füße wie schimmerndes Erz, im Ofen geglüht, und seine Stimme wie das Rauschen vieler Wasser. Und er hatte in seiner rechten Hand sieben Sterne und aus seinem Munde ging ein scharfes, zweischneidiges Schwert und sein Ange-

sicht leuchtete wie die Sonne in ihrer Kraft. Und als ich ihn sah, fiel ich zu seinen Füßen wie tot. Und er legte seine rechte Hand auf mich und sprach: Fürchte dich nicht. Ich bin der Erste und der Letzte und der Lebendige. Ich war tot – und siehe – ich bin lebendig von Ewigkeit zu Ewigkeit und habe die Schlüssel des Todes und des Totenreichs. Schreibe nun, was du gesehen hast und was ist und was danach geschehen soll. Das Geheimnis der sieben Sterne, die du in meiner rechten Hand gesehen hast und die sieben goldenen Leuchter: Die sieben Sterne sind Engel der sieben Gemeinden, die sieben Leuchter sind die sieben Gemeinden.»

Wir müssen uns ein wenig den Zeitpunkt vergegenwärtigen, als Johannes diese Vision hatte. Das war um das Jahr 96, also vor nicht ganz 1900 Jahren. Zu jener Zeit waren die andern Apostel schon alle tot und Jerusalem war ca. 25 Jahre zuvor zerstört worden. Eine neue Generation von Gläubigen wirkte in den Gemeinden. Es waren nicht hauptsächlich die, die sich zu Pfingsten oder unmittelbar danach bekehrt hatten, sondern es handelte sich jetzt um eine neue Generation. Und nun zeigt uns hier das Wort, daß Johannes eine Offenbarung bekam. Achten wir darauf, wie er sie bekam. Offenbarungen von Gott bekommt der Mensch durch den Geist.

Paulus sagt: Ich will mit dem Verstand beten, aber auch im Geiste beten. Wie soll ich lobsingen? Ich will mit dem Verstand lobsingen, aber auch im Geiste lobsingen.

Wenn Gott uns Menschen anspricht, geschieht das nicht primär auf der Ebene unserer menschlichen Vernunft, unserer Seele, unseres Fleisches oder unseres Leibes, sondern auf der Ebene des Geistes. Wenn er zu uns redet, dann müssen wir nicht, um Gott gehört zu haben, in unserem Verstand von allem überführt sein. Wir sollen auf die Stimme Jesu achten. Es gibt ja zweierlei Auslegungen. Die einen sagen, Johannes war an einem Sonntag im Geist. Da wird der Sonntag als Tag des Herrn gedeutet. Und die andern sagen, er war im Geist am Tag des Herrn. Er hatte eine Vision über die letzte Zeit. Ich glaube nicht, daß dies unbedingt so maßgebend ist, denn was nachher folgt, zeigt ohnehin, daß es sich bei seiner Schau um die letzten Dinge handelt. Ob er nun diese Sicht während einer Gebetszeit an einem Sonntag hatte oder an einem andern Tag, ist für mich nicht maßgebend, aber manche machen die ganze Auslegung der Offenbarung davon abhängig. Persönlich sehe ich das nicht so, aber ich habe auch keine Probleme, das so oder anders anzunehmen.

In dieser Zeit – die Apostel tot, Jerusalem zerstört – zeigte sich Jesus einem seiner Jünger, einem dieser drei, die ganz nahe bei ihm waren. Wenn irgend jemand Jesus gekannt haben muß, dann war es Johannes. Und dieser Johannes sah nun Jesus in seiner jetzigen Position und Macht, nicht mehr wie er auf der Erde war: als Mensch, erniedrigt und gedemütigt; er sah ihn erhöht, zur Rechten des Vaters. Seht, wie er ihn hier beschreibt: *Ein langes Gewand, um die Brust gegürtet mit einem goldenen Gürtel, sein Haupt mit weißen Haaren, seine Augen wie Feuerflammen, seine Füße wie schimmerndes Erz, im Ofen geglüht, und seine Stimme wie das Rauschen vieler Wasser.* Im Anblick des erhöhten Herrn fällt dieser Jünger, der Jesus so gut gekannt hat, wie tot zu Boden.

Können wir die Majestät Jesu erfassen und hier sehen? Der Herr Jesus ist nicht unser Kumpel aus der Nachbarschaft. Er ist ein erhöhter König und Herr. Er ist der Heilige. Wenn schon Johannes vor ihm wie tot zu Boden fiel, wie muß es erst dem Sünder ergehen, der ihm einmal gegenüberstehen wird! Heilig, heilig ist der Herr Zebaoth! Wir wollen auf der einen Seite nie das Zutrauen zu ihm verlieren, weil wir durch das Blut Jesu Gott nahegebracht worden sind. Aber verlieren wir auch nicht den Blick für die Heiligkeit der Majestät Gottes. Mit welcher Haltung treten wir in Gottes Gegenwart? Ist es mit Ehrfurcht und Anbetung, wo wir uns lieber niederwerfen sollten und wollten, denn hier ist der Große! Wenn mir etwas in Korea – als ich dort war – Eindruck machte, dann war es die Haltung der Ehrfurcht vor Gott, wenn man zusammen war. Man spürte: Hier ist Gott gegenwärtig.

Jesus ist erhöht. Lesen wir einmal diese Verse. Jesus zeigt sich nun plötzlich der Gemeinde, einer neuen Generation, wie er ist. Vielleicht waren schon manch andere Eindrücke in die Gemeinden hineingekommen. Und nun zeigt Jesus, wer er wirklich ist; wie er jetzt unter den Gemeinden wandelt. Johannes sah ihn inmitten der Gemeinden – von damals und von heute. Es ist mein Wunsch und ich bete dafür, daß ich persönlich – wenn ich in Gottesdiensten bin – Jesus mehr so sehen könnte. Er ist hier, und er zeigt uns später in den Kapiteln 2 und 3, wie er von uns empfangen werden möchte. Aber er ist da. Johannes sah ihn. Und dann zeigt uns diese Vision, daß Jesus die Sterne in seiner rechten Hand trägt. Es fällt mir auf, daß Jesus nicht einen Aufseher über alle Gemeinden anspricht, sondern jede Gemeinde und jeder Gemeindeleiter wird individuell angesprochen. Aus der Bibel ersehen wir, daß ein Stern einen Leiter der Gemeinde darstellt. Als Johannes das alles sah und wie tot zu Boden fiel, da wurde er berührt. Johannes hatte Furcht, aber Jesus sagte ihm: «Fürchte dich nicht.» Dann sagte er ihm auch die Botschaft, die er ihm übermitteln werde, betreffs zweier Dinge, und Jesus gab ihm die Weisung: Das schreibe nieder. Diese beiden Dinge betreffen einmal das, was damals – 96 nach Christus – war, und zum andern, was danach geschehen sollte. Wir müssen das klar sehen: Die Offenbarung spricht davon, was damals war, was ist und was danach geschehen soll. Darüber, daß diese Briefe an die sieben bestehenden Gemeinden auch eine doppelte Bedeutung haben, sind sich eigentlich alle Bibelausleger einig. Einmal eine direkte Bedeutung für die betreffenden Gemeinden selbst, dann aber auch darüber hinaus eine solche für die ganze Christenheit aller Zeiten, und daß diese Briefe gewissermaßen die Christenheit überhaupt darstellen. Damals gab es ja nicht nur sieben Gemeinden in Kleinasien. Soweit man es feststellen konnte, existierten dort über 100 Gemeinden. Und nun werden nur gerade sieben herausgeholt. Hat sich denn der Herr Jesus um die andern nicht gekümmert? Doch, denn wir lesen, daß er jedesmal zum Schluß sagt: *«Wer Ohren hat, der höre, was der Geist den Gemeinden sagt.»* Gottes Wort zeigt uns hier den Zustand der Gemeinden, so wie sie damals waren. Jesus spricht diesen Zustand an. Ich glaube, wir können und müssen anhand dieser sieben Gemeindebilder unser Gemeinde- und persönliches Leben messen. Nirgends in der Bibel wird so klar, so verständlich und so anschaulich über die Situation der Gemeinde gesprochen, wie hier. Und wir können daran nicht achtlos vorbeigehen, wir müssen es beachten. Dann zeigt uns dieses Bild auch die Entwicklung der Christenheit überhaupt, von der Gemeinde zu Ephesus – der Gemeinde der apostolischen Zeit – bis hin zu der Gemeinde in Laodicea – der lauen Endzeitgemeinde –, durch alle Entwicklungsstufen hindurch. Dabei müssen wir nicht denken, daß dies lediglich in einer Zeitepoche so war und jenes in einer andern. Nein –, aber das Charakteristische einer Epoche tritt durch gewisse Zustände eher als bei anderen Epochen hervor. Die Mißstände eines

Zeitalters haben sich oft in das andere hineingetragen, und es kamen noch andere hinzu.

Bei diesen Gedanken haben wir vor Augen, daß Jesus sich dem Johannes zeigte, wie er gerade war, – als der, der in den Gemeinden wandelt und seine Gemeinde auf Herz und Nieren prüft; der auch die Leiter in seiner Hand hält und von ihnen Rechenschaft fordert.

Als ich am 1. Juni 1980, anläßlich der offiziellen Übernahme der Gemeindeleitung, mit meiner Gattin vorne kniete, kam plötzlich in dem Moment eine Last auf mich. Ein Druck, als würde die ganze Last der Gemeinde auf meine Schultern gelegt. Ich spürte das förmlich. Und dann, während die Brüder mit uns beteten, sagte ich in meinem Herzen: «Nein, Herr Jesus, das nehme ich nicht an. Die Last, die Leitung der Gemeinde, gehört dir.» Da erlebte ich plötzlich, wie dieser Druck sich von mir hob. Und ich kann sagen, bis heute ist er noch nicht wiedergekommen. Aber eines weiß ich: Er hat mir als Leiter Verantwortung auferlegt. Darum bin ich so dankbar für Brüder und Schwestern, die mir helfen, diese Verantwortung zu tragen. Wenn der Herr Jesus uns nun zeigt, daß er die Sterne in seiner Hand hält und von ihnen Rechenschaft fordert, so will er uns damit auch zeigen, daß der Moment kommt, wo auch jeder einzelne Christ und jede einzelne Christin vor ihm Rechenschaft ablegen muß. Und doch ist er dabei ein guter und ein liebender Herr. Er hat noch nie jemanden, der sich vor ihm gebeugt hat, der in Ehrfurcht zu ihm gekommen ist, ganz gleich, wer er war und woher er kam, ausgestoßen. Denn seine Barmherzigkeit und Güte sind groß. Darum hat er die Gemeinden angesprochen und gesagt: Korrigiert das, tut Buße, ändert euren Sinn. Und das wollen wir vermehrt lernen: auf ihn zu schauen und auf ihn zu hören. Indem wir nun in die Betrachtung der Offenbarung hineingehen, bin ich zuversichtlich, daß es eine interessante Reise durch dieses Buch wird. Vielleicht wird es für manche neu sein, die Offenbarung so zu studieren, daß man sie in zwei Etappen sieht: zuerst bis Kapitel 11 und dann quasi von neuem. Wir werden dabei merken, was da alles hinzukommt und wie das ineinander verschmilzt. Wie die Offenbarung klarer wird und wie wundervoll Gottes Plan ist, den er für die Gemeinde und für das Volk Israel, für die Menschheit überhaupt, hat; und wie der Mensch sich doch von ihm rufen lassen sollte, solange es noch Gnadenzeit ist.

Die Gemeinde in Ephesus (2,1–7)

Wir wollen uns nur mit dem ersten Sendschreiben an die Epheser befassen, mit den ersten 7 Versen von Kapitel 2 der Offenbarung.

«Dem Engel der Gemeinde in Ephesus schreibe: Das sagt der, der die sieben Sterne in seiner Rechten hält, der inmitten der sieben goldenen Leuchter wandelt: Ich weiß deine Werke und deine Arbeit und deine Geduld, und daß du geprüft hast, die sich Apostel nennen und es nicht sind und hast sie als Lügner erfunden, und du hast Ausdauer, und um meines Namens willen hast du getragen und bist nicht müde geworden. Aber ich habe wider dich, daß du die erste Liebe verlassen hast. Bedenke nun, wovon du abgefallen bist und tue Buße und tue die ersten Werke, sonst komme ich über dich und werde deinen Leuchter von seiner Stelle stoßen, wenn du nicht Buße tust. Aber das hast du, daß du die Werke der Nikolaiten hassest, welche auch ich hasse. Wer ein Ohr hat, der höre, was der Geist den Gemeinden sagt. Wer überwindet, dem will ich zu essen geben von dem Baum des Lebens, welcher im Paradiese Gottes ist.»

Diese Botschaft empfing Johannes, der Lieblingsjünger Jesu – wie er oft genannt wird – unter dem Eindruck der Offenbarung, als sich Jesus ihm im ersten Kapitel zu erkennen gab. Ich glaube, es ist wichtig, daß wir uns dies ganz deutlich vor Augen halten. Wir alle wissen, wie Nachrichten auf uns – entsprechend der Verfassung, in der wir sind – wirken. Und nun müssen wir daran denken: Johannes beschreibt die wundervolle Offenbarung Jesu Christi in den Versen 13–16. *An der Brust gegürtet mit einem goldenen Gürtel; sein Haupt und seine Haare weiß wie Wolle, wie Schnee; seine Augen wie eine Feuerflamme; seine Füße wie schimmerndes Erz, im Ofen geglüht; und seine Stimme wie das Rauschen vieler Wasser.* Durch diesen überwältigenden Eindruck fiel Johannes wie tot zu Boden. Und nachdem Jesus ihn aufgerichtet hatte, empfing er diese Botschaften für die Gemeinden. Wir können uns vorstellen, was das für Johannes bedeutete. Das war nicht irgendein netter Ratschlag, den er hier bekam, sondern: die Botschaft Gottes an die bestehenden

Gemeinden. Das scheint uns zeitlich weit entfernt zu sein. Die Gemeinde Ephesus existierte vor 1900 Jahren. Vielleicht war es eine Gemeinde wie die unsere: eine Gemeinde, in der Jung und Alt Gott nachfolgten und dienten, und in der sich viele für Jesus Christus entschieden hatten und sehr wahrscheinlich immer wieder zusammenkamen, um Gemeinschaft im Gottesdienst zu pflegen. Diese Gemeinde wurde nun angesprochen. Stellen wir uns einmal vor: Gott würde uns in dieser Weise ansprechen, nachdem er einem von uns eine solche Offenbarung seiner selbst geschenkt hätte mit dem Auftrag, der Gemeinde zu sagen, wie er – Gott – über sie denke. Wie schon erwähnt, gab es in Kleinasien nicht nur diese sieben, sondern rund 100 Gemeinden. Warum nur diese sieben? Gottes Wort macht es deutlich: Was der Herr hier sagte, galt nicht nur einer Gemeinde, sondern allen Gemeinden schlechthin, in der damaligen Zeit, durch die ganze Kirchengeschichte und gilt bis in unsere heutigen Tage.

Ephesus war eine sehr bedeutende Handelsstadt, eigentlich wohl die wichtigste in Kleinasien, die als maßgebender Welthafen sehr bekannt war. Von dort führten drei Verkehrswege in das Innere Kleinasiens. Das war damals schon eine Leistung. Ephesus war eine Provinzhauptstadt; der Gouverneur hatte dort seinen Sitz. In Ephesus gab es auch Richter; kurzum, es war eine bedeutende Stadt, die ihren Einfluß auf das ganze Gebiet des Inneren Kleinasiens ausübte. In Ephesus befand sich auch der Tempel der Diana, ein – für die damalige Zeit – sehr großer Bau: 130 m lang und 18½ m hoch, der auf 127 Marmorpfeilern stand. Jeder dieser Marmorpfeiler war ein Geschenk für den Tempel –, von einem König an die Stadt. Das ganze Gebiet hat mit beigetragen, diesen berühmten Tempel der Diana zu erstellen. Jede Stadt, jeder Ort, hatte dazu etwas beigesteuert. In diesem Tempel wurde der Diana Gottesdienst gehalten; Götzendienst müssen wir eigentlich sagen. Die Anbetung war hysterisch, denn die Leute gerieten in die schlimmsten Ekstasen. Im Tempel gab es sehr viele kleine Kämmerchen und in diesen wurde im Namen der Diana die schlimmste Unzucht getrieben. Es war ein Greuel in den Augen Gottes. Heute ist Ephesus praktisch zerstört. Vom Tempel findet man kaum noch Überreste; er ist verwüstet. Jesus sagte hier: Wenn sie nicht Buße tun, wird der Leuchter weggenommen, ja weggestoßen werden. In Ephesus gibt es heute auch keine Christengemeinde mehr. Ungefähr um das Jahr 55 wurde die Gemeinde in Ephesus gegründet. Im Jahr 63, also nur 8 Jahre später, wurde der Epheserbrief verfaßt und an die damals blühende Gemeinde gesandt. Die Gemeinde, von der wir heute reden, hatte einen sehr guten Anfang gemacht. Wir lesen davon sehr ausgiebig und erfreulich in der Apostelgeschichte 19. Gottes Wort berichtet uns, daß die Ersten, die dort in der Gemeinde waren, eine gründliche Bekehrung erlebt hatten und sich im Wasser taufen ließen, wie Gottes Wort es vorschreibt: «Wer glaubt und getauft wird» (Markus 16,16). Sie wurden mit Heiligem Geist erfüllt und nahmen von allem Anfang an das Wort Gottes mit Freuden auf. Die Bibel sagt uns, daß das Wirken des Geistes dort, wo Menschen sich voll und ganz dem Worte Gottes öffneten, nicht ausgeblieben ist. In den Versen 11 und 12 des 19. Kapitels der Apostelgeschichte redet die Bibel davon, wie der Herr ungewöhnliche Wunder durch die Hände des Paulus in Ephesus tat, wie sogar Schweißtücher oder Gürtel von seinem Leib weg auf die Kranken gelegt wurden, worauf die Krankheiten von ihnen wichen und die bösen Geister ausfuhren. Diese Stadt erlebte also eine wundervolle Heimsuchung Gottes und der Herr bekundete sich in außergewöhnlicher Weise. Der Glaube dieser Menschen beruhte also auf dem Wort des Herrn und erwies sich in Beweisung des Geistes und der Kraft. Es war somit eine Gemeinde, die einen guten Anfang gemacht hatte durch klare Bekehrung und klare Hingabe an Jesus durch die Taufe, – durch die Erfahrung der Erfüllung mit Heiligem Geist und durch von Wundern begleitetes Geisteswirken. Gottes Wort sagt uns ebenfalls, daß sie die Heiligung praktizierten und sich von Dingen, die nicht zu einem christlichen Leben gehören, trennten. Die Bibel berichtet von einem Tag, an dem Zauberbücher, okkulte Gegenstände und weltliche Dinge im Wert von 50000 Silberlingen öffentlich verbrannt wurden. Die Leute verstanden, worum es ging; sie begriffen, was die Botschaft Jesu von ihrem Leben forderte und sie lieferten sich Jesus ganz aus. Als Paulus von den Ältesten Abschied nahm, sagte er, er habe ihnen den ganzen Ratschluß Gottes verkündigt. Er habe sie belehrt und nichts davon zurückbehalten. Wenn wir den Brief an die Epheser lesen, gewinnen wir tatsächlich den Eindruck, daß es sich hier um eine wunderschöne, blühende Gemeinde handelte, welcher der Apostel seine tiefsten Erkenntnisse über die Gemeinde überhaupt mitteilen konnte. Es war eine schöne, fruchtbare Gemeinde, die dem Herrn Jesus Ehre und Freude bereitete. – Und nun kommen wir zu unserem Wort des heutigen Textes, also in eine spätere Zeit, ca. 40 Jahre nach der Gründung der Gemeinde und ca. 33 Jahre, nachdem sie den Brief, den Paulus ihr schrieb, erhalten hatte. Von den ursprünglichen Mitgliedern waren wahrscheinlich nicht mehr viele vorhanden. Wenn man nun liest, was der Herr Jesus aus seiner Warte über die Gemeinde sagt, bekommt man den Eindruck, daß – obwohl sich eine völlig neue Generation in der Gemeinde befand – alles sich wie bisher verhielt. Rein äußerlich hatte sich nichts verändert. Man war gewöhnt, man hatte erkannt, daß man für den Herrn arbeiten soll – und man arbeitete für den Herrn, und zwar intensiv mit guten Leistungen. Die Menschen waren ausharrend, geduldig und wurden gelehrt, daß der Böse in der Gemeinde nicht aufgenommen werden sollte. All das wurde praktiziert. Wenn ich mich mit dem Zustand in unseren Gemeinden vor 40 Jahren befasse, frage ich mich, ob wir noch dasselbe Maß der Heiligung bewahrt haben. Damit meine ich nicht Gesetzlichkeit, sondern echte Heiligkeit. Sünder fanden dort keinen Einlaß. Die Gemeinde bewahrte sich das Unterscheidungsvermögen zwischen echten und unechten Reichsgottesarbeitern. Das gab es also schon damals. Das ist nicht lediglich eine Entwicklung des 20. Jahrhunderts. Die Gemeinde hatte einen guten Durchblick, sie hatte klare Kriterien für jene, die ihr dienen durften. Sie war auch bereit, von der Umwelt – um Jesu willen – über längere Zeit verkannt zu werden. Ich will damit sagen, in Ephesus lief alles wie 40 Jahre zuvor; auch der äußere Betrieb war noch vorhanden. Jesus sagt, das sei gut und doch findet er einen enormen Unterschied zwischen der Zeit vor 40 oder 33 Jahren und jetzt. Hier sehen wir, daß gläubige und gut meinende Menschen, die Jesus nachfolgen wollen, das Eigentliche verpassen können, wenn ihnen die Offenbarung Jesu Christi fehlt. In einer Zeitspanne von nur 40 Jahren ging das Entscheidende verloren. Das sagte Jesus hier – und er mußte einen Tadel aussprechen: «Ich habe wider dich, daß du deine erste Liebe verlassen hast.» *Es ist möglich, das zu hassen, was Jesus haßte, ohne das zu lieben, was er liebt.* Und noch eine weitere Schlußfolgerung, die hier klar hervorkommt: *Man kann falsche Lehre und Ungerechtig-*

keit verabscheuen und dabei doch nur ein formelles, totes Wesen haben.

Eine Offenbarung Jesu war notwendig, um hier den eigentlichen Zustand zu zeigen. Jesus spricht davon, daß die Epheser das Entscheidende verloren hatten. Was sagt Paulus im 13. Kapitel des 1. Korintherbriefes? Was bleibt bestehen? Glaube, Liebe, Hoffnung. Wo die Liebe fehlt, zählen auch die Werke plötzlich nichts mehr. Wo die Liebe fehlt, ist auch Frömmigkeit nicht mehr am Platz. Die Liebe äußert sich nicht primär in unseren Werken, in unseren Leistungen, in unserer Anstrengung und Geschäftigkeit; nein, die Liebe zeigt sich primär in unseren Verhältnissen, in unserer Beziehung zu Gott, zum Herrn Jesus, in unserer Beziehung zum Nächsten, zur eigenen Frau, zum eigenen Mann, zu Eltern, Brüdern, Geschwistern in der Gemeinde. Und die Liebe kommt auch in unserer Beziehung zur Welt zum Ausdruck. Ehe der Herr Jesus von seinen Jüngern Abschied nahm, war es sein Anliegen, mit ihnen noch über drei Hauptgedanken zu reden. Lest einmal Johannes 15 auf diese drei Gedanken hin. Es geht um unsere Beziehung zu ihm, über unsere Beziehung untereinander, zum Nächsten und über unsere Beziehung zur Welt.

Die Liebe zum Herrn – haben wir sie noch? Wir merken, wie uns Jesus heute anspricht. Er sagt nicht, wir sollten unsere Tätigkeit für ihn aufgeben, sondern er fragt, ob sie der echten Liebe entspringt. Denn die Liebe zu Jesus hat einige Merkmale. Sie zeigt sich in dem Wunsch, ihm nahe zu sein. Liebe wird erkenntlich in dem Verlangen zu dienen und nicht nur für den andern zu arbeiten – da ist ein Unterschied! Wir sehen das bei Verliebten. Sie sind begeistert füreinander, und solange diese Begeisterung anhält, geht alles gut. Sie haben den Wunsch, zusammen und einander nahe zu sein, und es werden irgendwelche Entschuldigungen erfunden, um zum andern hinzukommen. Sie haben den Wunsch, dem andern zu dienen; und je schwieriger die Umstände, um so lieber tun sie es. Haben wir noch diese Liebe zu unserem Herrn Jesus? Wenn sie nicht mehr da ist, dann haben wir das Entscheidende verloren. Das ist es, was uns Jesus hier sagt. Und das hatten die Epheser verloren. Und doch war Ephesus immer noch eine schöne, vorbildliche Gemeinde, zu der die Menschen bewundernd aufblickten. Aber Jesus sagte dazu etwas anderes, als er hineinrief: «Tut Buße!» Von wem ging dieser Ruf aus? Von dem, der die Sterne in seiner Hand hält und inmitten der Gemeinde wandelt. An wen hat der Herr diesen Ruf ergehen lassen? Die Bibel sagt hier: an den Engel der Gemeinde Ephesus. Es bestehen verschiedene Meinungen darüber, was mit «Engel» gemeint ist. Aber wir können es kaum anders verstehen als daß es der ist, der die Leitung und Verantwortung der Gemeinde trägt – auch in der Verkündigung. Der Herr Jesus hat dem «Engel» nicht gesagt, er solle jetzt eine Generalversammlung einberufen, um zu sehen, ob es angebracht sei, Buße zu tun, sondern er hat ihm befohlen, Buße zu tun. Wenn wir in die Gegenwart Gottes kommen und der Herr uns eine Schau geben kann, wie er uns persönlich und wie er uns als Gemeinde sieht, dann fallen sehr viele Dinge in unserem Leben ab, die wir für so wichtig gehalten hatten. Und plötzlich stehen wir vor ihm und es bleibt nur das übrig, was vor ihm Wert hat. Wir tun gut daran, auf jene Dinge zu achten, auf die auch der Herr achtet. Denn es ist tatsächlich möglich, daß wir – auch christlich gesehen – unser ganzes Leben vergeuden, wenn wir nicht das Entscheidende haben. Der Herr ruft uns auf, daran zu denken, wie es war. Offensichtlich hatten zu dieser Zeit alle Glieder der Gemeinde in Ephesus – auch wenn die meisten von ihnen es nicht selbst erlebt hatten – davon gehört und Zeugnis bekommen, wie es 40 Jahre zuvor war. Und nun forderte der Herr auf, daran zu denken, wie es am Anfang war, den Sinn zu ändern und Buße zu tun. Und wenn nicht Buße getan wird, so wird der Leuchter von seiner Stelle gestoßen. Das Bild des Leuchters ist hier die Gemeinde. Was meinte der Herr Jesus damit? Wenn sie nicht Buße täten, dann würde diese Gemeinde bald nicht mehr bestehen. Dann wendet sich der Herr in einem ganz klaren Ruf zunächst an den einzelnen und sagt: *«Wer ein Ohr hat, der höre.»* Das ist ganz persönlich. Der Ruf geht an den einzelnen; denn die Veränderung muß in jedem einzelnen geschehen, in mir, in jedem von uns. Und dann ergeht der Ruf an die Gemeinden, nicht nur an die Epheser, sondern an alle Gemeinden: *«Der höre, was der Geist den Gemeinden sagt.»* Zu diesem Zeitpunkt wußten die Epheser noch nicht, daß Gott selbst ihnen behilflich sein wollte, zur ersten Liebe zu ihm zurückzufinden, und zwar auf eine Art, die menschlich gesehen, nicht immer die beste zu sein schien. Sie wußten damals nicht, daß bald eine Christenverfolgung kommen würde, bei welcher sie sich dann ganz besonders an diesen Ausspruch zurückerinnern sollten. Gott ist bemüht, uns als seine Gemeinde, als Menschen, die ihm dienen, recht zu führen. Er tut es um unseretwillen, zu unserem Wohl. Der Herr möchte nämlich nicht, daß wir uns selbst täuschen. Er möchte vielmehr, daß wir eines Tages so vor ihm stehen und mit ihm sein können, daß die Fülle des Segens Gottes auf uns herabkommen und mit uns bleiben kann. Die Zeit hier auf Erden ist eine kurze Zeitspanne für einen jeden von uns – für Jung und Alt. Wir sind so fleischlich, so irdisch eingestellt und denken nur in den Begriffen dieses Erdenlebens. Aber laßt uns doch ein wenig überlegen und anfangen in den Begriffen der Ewigkeit zu denken. Die Zeit hier auf Erden vergeht so schnell. Die Bibel sagt, sie ist wie ein Hauch. Wenn wir dann bei ihm sein werden in der Ewigkeit, wenn wir nicht mehr dieses Fleisch, dieses Blut haben, diesen Körper, der uns jetzt noch hindert, Gott ganz zu dienen, wie wir möchten, dann wird es sich herausstellen, was wir wirklich sind und ob Gott in uns etwas erreichen konnte. Da möchte Gott uns helfen das zu werden, wozu er uns berufen hat. Er möchte uns helfen einzusehen, daß er mit seinem Volk, mit seinen Kindern, einen wunderbaren Plan hat. Wenn wir dann außerhalb dieses Planes laufen, kommt er in seiner Güte und Gnade, ermahnt und schüttelt uns, läßt uns auch mal auf die Nase fallen, damit wir erkennen, wo wir stehen. Es geht ihm aber nur darum, daß wir das Ziel erreichen und das sein werden, wozu er uns bestimmt hat. Er hat uns zu etwas Hohem bestimmt. Es spielt keine Rolle, ob wir jetzt etwas Hohes sind. Und darum mahnt uns Gottes Wort.

Wie steht es heute mit unserer Liebe zum Herrn Jesus? Wir hören so oft das Wort Gottes, aber wenn der Heilige Geist uns das Wort nicht lebendig machen kann, wird es nichts bedeuten. Gottes Wille soll unsere Speise sein. Wollen wir das annehmen und beherzigen, unser Leben darauf ausrichten und aus dieser innigen Liebe für ihn arbeiten. Wo diese nicht vorhanden ist, gibt es nur eines, nämlich Buße zu tun, den Sinn und die Einstellung zu ändern – Gott zu suchen, daß er uns begegne und sich uns persönlich offenbare. Wie oft hast du versucht, aus eigener Anstrengung, aus eigener Entschlußkraft anders zu werden? Es gelingt nicht. Suche Jesus, damit er dir begegnen kann; suche seine Liebe und dringe hinein. Der Herr ist da, um uns allen zu helfen.

Die Gemeinde in Smyrna (2,8–11)

Wir lesen die Verse 8–11 im 2. Kapitel der Offenbarung. Hier spricht die Bibel durch das Sendschreiben, das Jesus dem Johannes gab, die Gemeinde von Smyrna an:

«Und dem Engel der Gemeinde in Smyrna schreibe, das sagt der Erste und der Letzte, welcher tot war und lebendig geworden ist: Ich weiß deine Werke und deine Trübsal und deine Armut, du bist aber reich, und die Lästerung von denen, die da sagen, sie seien Juden und sind es nicht, sondern eine Synagoge des Satans. Fürchte nichts, was du leiden wirst. Siehe, der Teufel wird etliche von euch ins Gefängnis werfen, damit ihr versucht werdet, und ihr werdet Trübsal haben zehn Tage lang. Sei getreu bis in den Tod, so will ich dir die Krone des Lebens geben. Wer ein Ohr hat, der höre, was der Geist den Gemeinden sagt. Wer überwindet, dem soll kein Leid geschehen von dem zweiten Tod.»

Smyrna liegt gut 55 km nördlich der großen Hafenstadt Ephesus. Dort gab es damals schon eine einigermaßen gute Straßenverbindung, was nicht überall der Fall war. In Smyrna gab es auch einige Tempel, und es wird gesagt, daß es vielleicht eine der schönsten und modernsten Städte jener Zeit war. Allerdings hatte sie einen Nachteil. Vom Architekten, der sie entworfen hatte, war vergessen worden, ein Abwassersystem einzubauen, so daß die Straßen jedesmal, wenn es regnete, überschwemmt waren. Das war der Nachteil dieser Stadt, und obwohl sie sehr schön war, hatte man sie hauptsächlich aus diesem Grunde nachteilig kennengelernt.

Politisch gesehen war Smyrna ebenfalls sehr wichtig. Die Leute waren sehr prorömisch eingestellt, was dann vom Kaiser entsprechend beachtet wurde. Das römische Reich bestand ja aus vielen Nationen, Städten, Rassen und Religionen, und es war keineswegs leicht, jenes Reich zu vereinen. Während der ersten Zeit der Übernahme einer fremden Nation, wenn der unmittelbare Druck durch die Machthaber da war, ging es noch einigermaßen. Aber man konnte militärisch nur während einer begrenzten Zeit einen Druck auf eine

Nation ausüben, wenn man nicht wollte, daß sie total unterging. Wenn dann der militärische Druck etwas gelockert wurde, war es schwer, die nun eroberten Gebiete zu einer Einheit im römischen Reich zusammenzuführen. Der beste Weg, den man dafür wählte, war ein religiöser Weg. Man sagte sich, es werde am leichtesten gehen, wenn man das religiöse Empfinden des Volkes, der Menschen aus den verschiedenen Rassen und Nationen anspreche. So entstand dann der Kaiserkult oder die Vergötterung des Kaisers. Anfänglich war das in Rom nicht so gemacht worden, aber als es im Laufe der Zeit immer schwieriger wurde, das große römische Reich zusammenzuhalten, hat man sich darauf ausgerichtet, den Kaiserkult einzuführen. Ähnliches geschah ja auch schon unter Nebukadnezar. Er versuchte, die Menschen auf diese Weise zu vereinen, indem sie alle gezwungen wurden, das von ihm errichtete Standbild anzubeten. Das gleiche tat auch der König Darius. Er errichtete ebenfalls ein Bild und erließ den Befehl, während 30 Tagen nur dieses Bild anzubeten. Man machte sich also das religiöse Bedürfnis der Menschen politisch zunutze. Wir sehen auch, was in Japan geschah, wo der Kaiser bis vor nicht allzulanger Zeit von den Menschen göttlich verehrt wurde. Ähnliches hat auch Adolf Hitler in Deutschland zumindest angestrebt.

Und das geschah nun bei den Römern. Heute heißt Smyrna Izmir; es ist eine Stadt mit rund 250 000 Einwohnern. Obwohl diese Stadt einige Male zerstört worden ist, wurde sie immer wieder aufgebaut und blieb bestehen. Soweit man weiß, gab es in Smyrna während all dieser Zeit immer eine kleine Gemeinde des Herrn. Das ist nicht unbedeutend, wenn man bedenkt, wie die Gemeinde damals vor Gott stand und daß sie eigentlich keinen Tadel bekam. Und nun stellen wir uns einmal vor: Die Gemeinde erhielt einen Brief (oder die Gemeinden) und Johannes sagte, der Herr sei ihm erschienen. Sie kannten ja Johannes und wußten, daß das, was er sagte, echt war. Er hätte nämlich nie gewagt, das zu behaupten, wenn es nicht Wirklichkeit gewesen wäre. Johannes erzählte im Brief, wie es bei dieser Erscheinung zuging, als es plötzlich hieß, er solle das dem Leiter der Gemeinde in Ephesus schreiben. Der Brief wurde laut vorgelesen und jedermann fragte sich, ob auch ihre Gemeinde drankommen würde, denn die Gemeinde in Ephesus war ihnen ja bekannt. Da lautete es plötzlich: Dem Leiter der Gemeinde in Smyrna; da hörten alle eifrig zu.

Ob auch wir solch einen Brief vom Herrn benötigen? Was meint ihr? Eigentlich haben wir ihn ja. Hier ist nicht primär nur die Eigenart jener Gemeinden geschildert, sondern es ist niedergelegt, was sich überhaupt in der Gemeinde Jesu zu allen Zeiten ereignen kann. Darum endet jeder dieser Mahnrufe mit: *«Wer Ohren hat, der höre, was der Geist den Gemeinden sagt.»* Jesus stellt sich vor: *«Ich bin der Erste und der Letzte. Ich war tot und bin wieder lebendig geworden.»* Warum er so schrieb, hatte natürlich seine Ursache. Er stellte sich jeder Gemeinde so vor, wie es für sie wichtig war, damit sie es begriffen. In Smyrna verehrte man Dionysius, den Gott der Fruchtbarkeit. Von ihm sagten die Heiden, daß er einmal tot war und wieder lebendig wurde, darum könne er jetzt Fruchtbarkeit geben. Und nun sagte der Herr Jesus: Ich war tot und bin lebendig geworden und ich bin der Erste und der Letzte, ich stehe über allem, ich bin der einzige Herr. Danach gab es keine Ermahnung. Sicher haben die Leute gewartet und gedacht, den Ephesern wurde eine Mahnung erteilt, was muß der Herr wohl an uns – an Smyrna – tadeln? Aber hier war nichts, das vom Herrn Jesus getadelt werden mußte; es wurde nur die Verfolgung angezeigt.

Durch die Einführung des Kaiserkultes wurde diese Verfolgung ausgelöst. Mindestens einmal im Jahr sollten die römischen Bürger – und damit auch die Leute in Smyrna, weil sie zu Rom gezählt wurden – dem Kaiser auf einem Altar Weihrauch opfern. Das wurde durch eine strikte Kontrolle registriert und jeder, der es tat, bekam ein Zertifikat oder einen Stempel. Es wurde nun plötzlich von den Bewohnern des römischen Reiches, ganz gleich welcher Religion sie angehörten, gefordert, den Kaiser göttlich zu verehren. In der übrigen Zeit konnte jeder seiner Religion nachgehen oder dienen, wie er wollte, nur dieses Gebot mußte befolgt werden. Wir können uns gut vorstellen, in welch innere Spannung die Christen dadurch gerieten. Sie weigerten sich, das zu tun, weshalb man sie als Gesetzesübertreter betrachtete. Das löste dann die Verfolgung aus. Wie war es damals bei Daniel? Da wurde ein Gesetz erlassen, das es Daniel unmöglich machte, es zu halten, so wurde er als Gesetzesübertreter verurteilt. Erkennen wir die Schliche des Teufels? Das ganze kam natürlich nicht über Nacht. Denken wir nicht, daß es plötzlich – von einem Tag auf den andern – aus heiterem Himmel hereinbrach. Es entwickelte sich, und Rom gab den Leuten Zeit, sich darauf einzustellen. Aber gerade das birgt auch eine Gefahr in sich: Wenn man nicht ganz wachsam im Glauben ist, kann man allmählich in solch ein System hineinrutschen, ohne vielleicht zu merken, was wirklich geschehen ist. Aber das Gesetz wurde durchgesetzt und angewandt. Zur Zeit, als Johannes diese Botschaft empfing, war wahrscheinlich Polykarp Bischof und Vorsteher der Gemeinde in Smyrna. Wir können das nicht ganz sicher sagen, sehen jedoch in der Kirchengeschichte Hinweise, die uns vermuten lassen, daß er, als Johannes sich auf der Insel befand, in Smyrna Gemeindevorsteher war.

Die eigentliche Verfolgung über Smyrna kam aber dann erst ungefähr 72 Jahre nachdem Johannes die Botschaft erhalten hatte. Arbeitet denn Gott so langsam? Während dieser Zeit bahnte sich die Verfolgung an und es war schon ein gewisser Druck vorhanden. Aber zum Höhepunkt ist es erst viele Jahre später gekommen. Polykarp wurde eines Tages während eines heidnischen Festes gefangengenommen. Plötzlich schrie die Masse: «Laßt uns Polykarp greifen, damit er jetzt dem Kaiser opfern soll.» Es wurde ihm dazu die Gelegenheit gegeben. Aber er sagte (diese Worte sind uns aus der Kirchengeschichte überliefert): «86 Jahre habe ich Christus gedient, er hat mich nie im Stich gelassen. Wie könnte ich meinen König lästern, der mich gerettet hat?» An jenem Tag wurde er verbrannt, und aus den Flammen heraus konnte man ihn beten hören: «Ich danke dir, Vater, daß du mich wertgeachtet hast, diesen Tag und diese Stunde zu erleben, ein Märtyrer zu sein und Anteil zu haben an Jesu Leidensbecher.» Das, was Jesus sagte, kam. Und seht, diese Verfolgung kam ja nicht nur über die Gemeinde in Smyrna, dessen müssen wir eingedenk sein. Diese Verfolgung kam ja auch über die übrigen Gemeinden der damaligen Zeit, über alle, von denen wir hier lesen und auch über die andern, von denen wir nichts lesen. Wir haben bereits über die Gemeinde zu Ephesus gesprochen, sie hätten die erste Liebe verlassen. Als Johannes das der Gemeinde schreiben mußte, fing allmählich die Zeit der Verfolgung an, die auch über Ephesus kam. Und laßt uns – auch wenn es nicht hier steht – doch sehen, daß es zweifellos zum Teil auch für die andern Gemeinden zutraf: Die erste Liebe war verlassen worden; war dann die Verfolgung nicht Gottes Antwort auf diesen Zustand der Gemeinden? Es ist bemerkenswert, was die Bibel hier sagt:

«Und die Lästerung von denen, die sagen, sie seien Juden und sind es nicht, sondern eine Synagoge des Satans.» Das bedeutet, daß der Hauptdruck eine Zeitlang von den Juden ausgegangen war. Die Überlieferung sagt uns sogar, daß die Juden so prorömisch waren, daß sie Polykarp anzeigten. Hier sagt Gottes Wort, daß die Juden keine Juden seien, sondern eine Synagoge des Satans. Wenn wir heute den Ausdruck «Jude» hören, haben wir sofort eine gewisse Vorstellung. Aber mir scheint, daß mit dem Wort «Jude» damals nicht dasselbe gemeint war, wie heute. Heute denken wir mehr an ein Volk oder eine Volkszugehörigkeit, während «Jude» damals bedeutete, die Religion Jahwes zu haben. Das ist ein Unterschied zu dem, was wir heute darunter verstehen. Nun sagt aber die Bibel in Römer 2,28 und 29 folgendes: *«Nicht der ist ein Jude, der es äußerlich ist, auch ist nicht das die Beschneidung, die äußerlich am Fleisch geschieht, sondern der ist ein Jude, der es innerlich ist, und das ist eine Beschneidung, die am Herzen, im Geiste, nicht dem Buchstaben nach, vollzogen wird, sondern innerlich im Menschen.»* Die Bibel sagt uns also, Jude sei nicht der, der es äußerlich dem Fleisch nach ist, sondern Jude sei der, der es innerlich ist. In den Tagen Jesu beriefen sich die Juden auf Abraham. Sie sagten: «Wir sind Abrahams Same.» Der Herr Jesus antwortete ihnen in Johannes, Kapitel 8, daß sie es nach dem Fleisch und nicht nach dem Glauben seien. Dann sagte er ihnen etwas, das sie kaum ertragen konnten, nämlich, dem Geiste nach, dem Glauben nach seien sie eigentlich Kinder des Teufels. Das war eine harte Sprache. Und nun finden wir in der Offenbarung, daß der Herr Jesus denselben Ausdruck benutzte. Die Juden von Smyrna waren eine Synagoge des Satans geworden, weil sie den Geist Gottes nicht hatten und nicht wiedergeboren waren.

Die Verfolgung kam, denn sie war angesagt worden und wurde ausgelöst durch den Kaiserkult. Dann heißt es: *«Ihr werdet Trübsal haben zehn Tage lang.»* Wenn ihr mich nun fragt, was gemeint ist, kann ich nur Vermutungen aussprechen. Was es genau bedeutet, kann man eigentlich nicht genau erforschen. Man kann es nur vermuten oder annehmen. Es kann damit gesagt sein, daß die Gemeinde, die unmittelbar nach der apostolischen Zeit kam, zehn große Verfolgungen erleben würde. Das geschah und kann geschichtlich festgestellt werden. Die Kaiser, die kamen, haben alle die Gemeinde verfolgt. Es kann auch heißen, daß in Smyrna darüber hinaus eine lokale Verfolgung von zehn Tagen stattfand, die ganz besonders schwer war. Es mag auch bedeuten, daß sich diese zehn Tage auf zehn Jahre der stärksten Verfolgung unter Diokletian vom Jahre 303 bis 313 beziehen. Es mag aber auch alles beinhalten und wäre biblisch gesehen immer noch korrekt; denn wenn die Bibel einen Ausdruck gebraucht, muß er nicht nur eine Bedeutung haben, er kann Verschiedenes enthalten. Auf alle Fälle geht klar hervor, daß es eine beschränkte Zeit der Verfolgung war. Was ist eigentlich Verfolgung und das, wovon die Bibel sagt, sie würden Lästerung erleben, sie würden ins Gefängnis geworfen werden? Wir nennen es Verfolgung, aber was ist das? Der Teufel ist der Ausführende und Verfolgung wird immer von ihm angeregt. Vom Teufel aus gesehen soll Verfolgung dazu dienen, den Glauben zu zerstören und Gott läßt das zu, damit wir uns im Glauben bewähren. Das ist der Unterschied. Vom Teufel aus gesehen ist es Versuchung; von Jesus aus gesehen ist es Zulassung. Der Teufel will das Feuer auslöschen; Jesus will es zum Auflodern bringen. Jesus sieht alles voraus. Die Verfolgung zerstörte aber die Gemeinde nicht. Aus der Geschichte ersehen wir, daß das Blut der Märtyrer zum Samen der Gemeinde Jesu wurde. Es mag durchaus sein, daß andere Gemeinden nicht so in die Hitze der Verfolgung kamen wie Smyrna, und daß Jesus deshalb diese Worte an sie gerichtet hatte. Meine lieben Leser und Leserinnen, wir müssen uns aber über eines klar sein: Gott behandelt niemanden von uns nach Schema F, – niemanden. Gott behandelt uns – dich, mich und die Gemeinde – so, wie es notwendig ist, damit wir möglichst das Ziel – welches er gesteckt hat – erreichen. Und das ist nicht für einen jeden dasselbe. Es mag durchaus sein, daß Smyrna die Verfolgung notwendiger hatte als andere Gemeinden und darum tiefer in den Schmelztiegel hineinkam. Deswegen ist Gott nicht ungerecht, keineswegs. Es kann sein, daß wir in unserem persönlichen Leben Dinge erleben, die andere nicht erfahren. Dinge, die nicht Gott in unser Leben gesandt, aber zugelassen hat, damit wir uns als Christen bewähren. Denken wir nicht, daß Gott ungerecht sei, sondern sehen wir es als Läuterung und Zubereitung von Gott an. Die Verfolgung zerstörte die Gemeinde nicht. Es scheint vielmehr, daß Gott zu einem Zeitpunkt, wo das geistliche Leben in den Gemeinden am Verflachen war, Verfolgung zuließ, um die Christen wachzurufen. Der Aufruf, den der Herr in seinem Wort an die Gemeinde in Smyrna, und darüber hinaus an uns alle richtet, ist dieser: «Sei treu bis in den Tod.» Und dieser Ausdruck heißt nicht, daß wir die Treue beweisen sollen, bis wir sterben, sondern auch in Situationen, die unser Leben fordern würden, Treue bewahren sollen. Verstehen wir das? Sei treu bis in den Tod. Und was wird dann geschehen? Wir werden die Krone des Lebens ererben. Interessant – hier spricht die Bibel vom Tod und daß man hernach die Krone des Lebens bekommt. Damit meint sie, wir werden den physischen Tod erleben, aber der zweite Tod wird dann keine Macht über uns haben. Das begreift der natürliche Mensch nicht. Und doch ist die Botschaft ganz klar und unmißverständlich für uns heute gegeben. Ob es nun im persönlichen Leben Verfolgung gibt – und ich bin mir bewußt, daß manche Gotteskinder auch in unserer friedlichen Schweiz große Verfolgung – mitunter in ihren eigenen Familien – erleiden, weil sie Christen sind. Und manche haben sie am Arbeitsplatz, andere in der Schule, in der Umgebung, in der Nachbarschaft – und wir alle erfahren sie bis zu einem gewissen Grad durch gewisse Medien. Es wird kaum etwas so verachtet wie echtes, bibeltreues Christentum. Es gibt eine systematische Bearbeitung, um die Ehre der Menschen anzutasten, um sie lächerlich zu machen und als minderwertig zu stempeln. Und glauben wir ja nicht, daß es einfach ist für jemand, der heute in dieser Welt bestehen will. Und doch sagt die Bibel, treu zu bleiben bis in den Tod, bis zur letzten Konsequenz, um die Krone des Lebens zu ererben. Es lohnt sich standzuhalten, es lohnt sich, für Jesus dazustehen, auch wenn es bedeutet, das Letzte zu geben, alle Ehre zu verlieren, das ganze Ansehen preiszugeben – es lohnt sich. Denn Jesus sagt: *«Ich bin der Erste und der Letzte.»* Verstehen wir, was er damit meint, warum er sich so vorgestellt hat? Das heißt: Das letzte Wort hat er zu sagen über uns.

Wir dürfen nicht erwarten, daß wir als Gotteskinder von der Welt Anerkennung bekommen – nie und nimmer! Das wird uns je länger je deutlicher gezeigt. Aber wir wollen um so mehr in Treue Christus nachfolgen und ihm dienen. Und wenn Druck und Lästerung kommt, wollen wir daran denken, daß er alles sieht, er, der der Erste und der Letzte ist.

Die Gemeinde in Pergamus (2,12–17)

Wir sind nun in unserer Betrachtung bei der Gemeinde in Pergamus angekommen und lesen dazu aus dem 2. Kapitel der Offenbarung des Johannes die Verse 12 bis 17:

«Und dem Engel der Gemeinde in Pergamus schreibe, das sagt, der das scharfe zweischneidige Schwert hat. Ich weiß, was du tust und wo du wohnst, da wo der Thron des Satans ist, und daß du festhältst an meinem Namen und den Glauben an mich nicht verleugnet hast, auch in den Tagen, in welchen Antipas, mein treuer Zeuge, bei euch getötet wurde, da, wo der Satan wohnt. Aber ich habe etwas weniges wider dich, daß du daselbst solche hast, die an der Lehre Bileams festhalten, welcher den Balak lehrte, einen Anstoß für die Sünde vor die Kinder Israels zu legen, Götzenopfer zu essen und Unzucht zu treiben. So hast du auch solche, die an der Lehre der Nikolaiten festhalten, was ich hasse. Tut Buße, sonst komme ich bald über dich und werde mit ihnen Krieg führen mit dem Schwerte meines Mundes. Wer ein Ohr hat, der höre, was der Geist den Gemeinden sagt. Wer überwindet, dem will ich vom verborgenen Manna zu essen geben und will ihm einen weißen Stein geben und auf dem Stein geschrieben einen neuen Namen, welchen niemand kennt, als wer ihn empfängt.»

Wie würden wir reagieren, wenn hier anstatt Pergamus Zürich stünde? Wir lächeln; aber wäre das so unmöglich? Ist der Herr nicht heute immer noch der Herr der Gemeinde, der unter den Seinen wandelt, die Engel in seiner Hand hält und darüber hinaus uns alle? Da würde es ein wenig anders tönen, wenn hier plötzlich unser Name auftauchen würde, anstelle des Namens einer Stadt, einer Gemeinde von vor fast 2000 Jahren, zu der wir keine direkte Beziehung haben. Der Herr stellt sich dieser Gemeinde als der vor, der das scharfe zweischneidige Schwert hat. Das wird auch im 16. Vers noch einmal erwähnt. Im 1. Kapitel sah ihn Johannes in dieser Weise. In der Bibel hat das zweischneidige Schwert die Bedeutung des Wortes Gottes. Hebräer 4, Vers 12 sagt: *«Denn das Wort Gottes ist schärfer und wirksamer als jedes zweischneidige Schwert.»* Im Brief an die Epheser führt Paulus in Kapitel 6, Vers 17, die Waffenrüstung der Gläubigen an, die wir haben sollten: *«Nehmt den Helm des Heils und das Schwert des Geistes, nämlich das Wort Gottes.»* Jesaja schreibt im 4. Vers des 11. Kapitels etwas Ähnliches: *«Er wird nicht nach dem Hörensagen strafen, sondern er wird die Armen mit Gerechtigkeit richten und den Elenden im Lande ein unparteiisches Urteil sprechen. Er wird die Welt mit dem Stabe seines Mundes schlagen und den Gottlosen mit dem Odem seiner Lippen töten.»* Wieder ein Bezug darauf. Es ist sehr wahrscheinlich, daß das Wort Gottes von einigen Leuten in der Gemeinde Pergamus nicht mehr ganz ernst genommen wurde und der Herr sich darum so vorgestellt hat als der, von dem das Wort Gottes ausgegangen ist und als jener, der mit dem Wort Gottes umgehen kann und sie – wenn notwendig – besiegen würde. Es ist naheliegend, daß in Pergamus Leute waren, die die Auffassung vertraten, man müßte das Wort nicht ganz so nehmen, wie es geschrieben steht. Und nun stellte sich der Herr Jesus dieser Gemeinde – ehe er sie sonst angesprochen hat – gleich vor, als der, von dem das Wort Gottes ausgehe und der einmal gesagt hatte, Himmel und Erde würden vergehen, aber seine Worte vergingen nicht. Dabei ist eines klar: Der Herr Jesus hat sich jeder Gemeinde so vorgestellt, wie sie es brauchte. Und sie wußten damals viel genauer als wir heute, was er mit diesem Ausdruck meinte.

Pergamus war eine interessante Stadt. Sie war Hauptstadt und darüber hinaus das sogenannte Bildungszentrum der Provinz Kleinasien und eigentlich fast der ganzen Welt. Wir würden heute sagen, die Universitäten seien dort gewesen. Es waren viele geschulte Menschen dort, und in Pergamus gab es eine Bibliothek mit 200000 Büchern. Wenn man bedenkt, daß der Buchdruck damals noch nicht erfunden war und jedes Buch von Hand abgeschrieben wurde, können wir uns vorstellen, was das für ein Bildungszentrum war. In Pergamus war die zweitgrößte Bibliothek der ganzen Welt, und von dort kommt das Pergamentpapier her. Wir sehen hier die Verbindung menschlicher Weisheit mit Büchern. Da liegt es auch nahe, daß einige aus der Gemeinde viel und mehr Wert auf philosophische Anschauungen und Bildung als auf Gottes Wort legten. In Pergamus stand der Tempel des Aeskulap, des sogenannten Gottes der Heilung. Die Leute glaubten damals an übernatürliche Heilung, und sie hatten dafür einen Tempel erbaut. Das Symbol dieses Gottes der Heilung war eine Schlange, und das hat sich bis heute nicht verändert. Im Tempel waren ungiftige Schlangen, die nachts freigelassen wurden. Die Leute wurden dann ermuntert, ganze Nächte im Tempel zu verbringen und sich von diesen ungiftigen Schlangen bekriechen zu lassen. Man war der Ansicht, daß die Schlangen direkte Abgesandte dieses Götzen waren und so die Heilung brachten. Dieses Symbol der Schlange hat seinen Ursprung in Pergamus von diesem Gott der Heilung. Es ist übrigens von der UNO aufgegriffen worden, auf Briefmarken, in Apotheken usw. erschienen und dient heute fast in aller Welt als Symbol für das Gesundheitswesen. In Pergamus wurde auch ein sehr starker Kaiserkult betrieben. Wir wissen, wie er zu politischen Zwekken eingeführt wurde, und da Pergamus die Hauptstadt war, ist es verständlich, daß der Kaiser an einem besonderen Kaiserkult in dieser Stadt reges Interesse hatte. Wie bereits erwähnt, mußte jeder Einwohner dem Kaiser einmal im Jahr Weihrauch opfern, und wenn diese Zeit kam, waren die Christen auch hier in Pergamus in großer Gefahr. Was nun mit dem Stuhl Satans direkt gemeint ist, kann man nur vermuten. Es gibt mehrere Möglichkeiten. Jesus erwähnte es zweimal: da, wo der Satan wohnt und da, wo der Stuhl Satans ist. Es mag eine Anspielung auf den dortigen Tempel, den Thron des Aeskulap und die Schlange sein. Die Schlange ist ja für die Kinder Gottes ein Bild des Satans. Es mag aber auch eine Anspielung auf die Kaiserverehrung sein, die dort ein sehr hohes Ausmaß erreichte. Es mag auch beides beinhalten. Dem Vernehmen nach soll die Statue von Pergamus nach Berlin überführt worden sein und heute dort stehen. Es ist bezeichnend, daß diese Dinge leider bis heute nicht untergegangen sind. Der Thron Satans war jedenfalls etwas, das der Finsternismacht besonders Gelegenheit gab, sich in dieser Stadt zu offenbaren, sowohl durch den Kaiserkult, als insbesondere auch durch die Verehrung des Gottes Aeskulap, der den Menschen in Form einer Schlange dargestellt wurde. Da hatte der Feind natürlich eine Macht, durch die er sich in dieser Stadt ausbreiten konnte. Und nun kam Jesus und stellte sich dieser Gemeinde als derjenige vor, der das Wort Gottes inspiriert hatte und von dem es herkommt, in dessen Mund es noch immer ist, und der es auch anwenden will. Und er sagte der Gemeinde, daß er sie und ihre Umgebung kenne. Ist das nicht etwas ganz Tröstliches? Allen, die ein Verlangen haben, Gott wohlzugefallen, ist das ein wundervoller Trost. Gott kennt uns, und er weiß, wo wir wohnen; er weiß, wie es um uns bestellt ist. Er kennt die Anfechtungen, er kennt die Mächte der Finsternis, die um uns wüten, er weiß um all das und kennt jedes einzelne. Wie sagt die Bibel? In seine Hände hat er uns gezeichnet. Ist das nicht etwas Gewaltiges? Wir Menschen können einander niemals so annehmen, wie wir möchten oder wie wir sollten. Oftmals möchten wir auch gerne andern besser helfen, und es gelingt uns nicht. Ein Gemeindeleiter – und das ist eine Not – kann nicht überall sein und auch jene, die in der Gemeinde unterstützend mithelfen, können nicht überall sein. Aber Jesus ist immer da. Er versagt nie. In seine Hand hat er uns gezeichnet. Gott kennt jeden von uns und er weiß also, was in uns vorgeht. Er weiß, wo wir wohnen, und er weiß auch, wie es da zugeht.

Und dann sagte er, er wisse auch, wie es zuging, als Antipas, sein treuer Zeuge, unter ihnen getötet wurde. Wir wissen nicht – und finden es eigentlich nirgends aufgezeichnet – wer dieser Antipas war. Die Überlieferung sagt uns lediglich, daß man ihn bei einer Gelegenheit ergriff und ihm auf ganz raffinierte Weise nahelegte, er möchte doch seinem Gott absagen. Als er sich weigerte, das zu tun, antwortete man ihm, es sei ja außer ihm keiner, der an Gott glaube, und man appellierte an ihn, er solle sich doch auch auf die Seite der Mehrheit stellen. In jener Stadt war es damals offensichtlich ein verbreitetes Mittel um die Menschen anzusprechen, indem man darauf hinwies, wohin die Mehrheit ziehe – da mach auch du mit! Darauf soll Antipas geantwortet haben, dann sei er eben der einzige. Welch eine Entschiedenheit! Nach der Überlieferung wurde er daraufhin auf einen Messingstiel gespießt und angezündet, und er starb auf diese Weise. Sicher hat Jesus nicht zuletzt deswegen gesagt, er wisse, was da geschah. Es ist interessant, daß kein Geschichtsschreiber etwas von Antipas erwähnt, aber Jesus hat ihn nicht vergessen. Wie wird es einmal sein, wenn wir vor ihm stehen werden? Wenn niemand weiß, was du durchgemacht hast; und wenn niemand weiß, was unsere Brüder und Schwestern in den Ostländern jetzt durchmachen – Jesus weiß es. Er nimmt davon Notiz und eines Tages werden wir vielleicht Menschen aus unserer Mitte treffen, die gar nicht als solche angesehen und bekannt waren, aber Jesus hat sie gekannt. Er kannte auch die Gemeinde, und er hatte ihr gegenüber auch eine Mahnung auszusprechen. Er sagte, er habe wenig wider sie. Sie habe in ihrer Mitte solche, die an der Lehre Bileams und solche, die an der Lehre der Nikolaiten festhalten. Das betraf nicht die ganze Gemeinde, aber es wurden solche geduldet, die an der Lehre Bileams und jener der Nikolaiten festhielten. Die Lehre Bileams finden wir im Alten Testament erklärt. Dieser Prophet wurde eines Tages von Balak gerufen, damit er Israel verfluche. Aber Bileam hatte gelernt, daß er das, was Gott ihm sagte, genau so weitergeben mußte, ohne es zu verdrehen, da ihm sonst Schaden daraus entstehen würde. Bileam hätte zwar gerne Balak Gehör geschenkt, da ihm dieser viel Geld in Aussicht gestellt hatte, aber er hörte doch auf Gott und gab die Botschaft weiter, wie der Herr sie ihm eingegeben hatte, denn er befand sich ja im Dienst. Dabei dachte er, er könne dann in seinem Privatleben so sein, wie er es gerne möchte, denn jeder Mensch habe das Recht auf ein Privatleben. Das findet man auch heute sehr häufig. Es gibt Verkündiger, die von der Kanzel lesen, die Menschen müßten von neuem geboren werden. Aber wenn man sie dann darauf anspricht, wollen sie nichts davon wissen. So war es bei Bileam. Als er dann nicht mehr im eigentlichen Dienst stand, ging er zu Balak und sprach, Gott habe gesagt, dieses Volk solle sich nicht mit andern Völkern vermischen. Balak solle zusehen, daß sich seine Männer mit den Frauen dieses Volkes verheiraten. Das geschah dann. Und nun sagte der Herr Jesus, daß in ihrer Mitte solche seien, die die Lehre Bileams und die Lehre der Nikolaiten angenommen hätten. Ob die Nikolaiten von Nikolaus, dem Diakon in Antiochien, oder von einem anderen Nikolaus ausgegangen sind, ist nicht sicher, es ist auch nicht entscheidend. Die Bibel läßt uns aber erkennen, daß in der Gemeinde von allem Anfang an nicht immer nur Gute, sondern auch Schlechte waren, und daß einmal eine Zeit kommen wird, in der es sich zeigt, wer sie sind. So mag es auch bei diesem Nikolaus gewesen sein. Sowohl die Lehre Bileams als auch jene der Nikolaiten hatten etwas gemeinsam: Beide vertraten die Ansicht, daß in der Freiheit, die Christus uns gibt, alles erlaubt ist. Besonders die Nikolaiten waren philosophisch veranlagt, und sie fingen an zu sagen, des Menschen Geist sei gut, das Schlechte sei sein Körper, auf den er keinen Einfluß ausüben könne, und darum dürfe er alles zulassen, wie der Körper es verlange. Ähnlich war die Lehre Bileams. Er propagierte, daß es im Christenleben keinen Kampf zwischen Geist und Fleisch zu geben brauche. Der Christ könne sich in Fleischeslust und hoffärtigem Leben gehen lassen, wie er wolle, da es ja ohnehin nur sein Körper sei, der das tue. Es sei nur die äußere Schale, die sündige, nicht der innere Mensch, da dieser wiedergeboren sei. Die äußere Hülle vergehe und werde dann doch ins Grab gelegt, darum spiele alles keine Rolle. Wir können uns vorstellen, wie dann manche Christen in den schlimmsten Sünden lebten. Und nun sagte Jesus, einige von ihnen hielten sowohl an der Lehre Bileams als auch an derjenigen der Nikolaiten fest. Die Lehre der Nikolaiten hatte noch etwas anderes, sie entwickelte sich zu einer besonderen Geistlichkeit, die die andern beherrschte. In ihrem philosophischen Denken waren sie so weit, daß nur sie den Maßstab kannten und sie fingen an, die Leute zu beherrschen, indem sie Entscheidungen für sie trafen. Das Priestertum des einzelnen, wie es uns in der Bibel gezeigt wird, wo jeder von uns direkt zum Vater gehen und durch den Geist Leitung von ihm empfangen darf, wurde auf einige sogenannte Spezialisten begrenzt. Die Folge war: Menschen wurden beherrscht. Wenn immer wir in unseren Entscheidungen von andern beherrscht werden, oder wenn andere uns beherrschen wollen, können wir ziemlich sicher sein, daß etwas nicht stimmt. Es gibt heute viele sogenannte Jugendreligionen, die die beiden Eigenschaften der Lehren Bileams und der Nikolaiten sehr stark praktizieren, wie beispielsweise die Zügellosigkeit im Leben – obwohl man sich Gottes Kind nennt – und das Beherrschtwerden, das dem einzelnen keine Entscheidungsfreiheit mehr gibt. Wir als Reichsgottesarbeiter müssen das Wort Gottes klar predigen, aber die Entscheidungen hat jeder einzelne für sich zu treffen. Das können und sollen wir nicht für andere tun. Aber die Züge dieser Lehren reichen bis in die heutige Zeit. Nun sagte der Herr Jesus, sie erlauben es, daß einige Leute in der Gemeinde wären, die an diesen Lehren festhielten, sie praktizierten und auf diese Weise lebten. Er warnte sie, indem er zur Vorsicht und zur Buße aufrief.

Was heißt nun Buße tun? Buße tun heißt einmal, den Sinn ändern. Wenn der Bußruf an unser persönliches Leben ergeht, bedeutet es, daß wir persönlich unsern Sinn, unsern Weg ändern und uns auf Gottes Weg begeben sollen. Es mag auch meinen – und in diesem Fall war es so – die Gemeinde solle den Weg und die Einstellung ändern. Gibt es denn so etwas auch, daß eine ganze Gemeinde, von der Jesus sagt, sie sei im Grunde genommen gut und er habe nicht viel wider sie, doch ihren Weg und ihre Meinung ändern solle? Jawohl. Auch eine Gemeinde kann dahin kommen, daß sie Buße tun muß. Im Fall von Pergamus meinte Buße tun konkret, daß der Herr Jesus sagte, er erwarte von ihnen, daß sie diese Leute aus ihrer Mitte entfernten – denn in der Bibel steht, ein wenig Sauerteig verderbe den ganzen Teig. Wenn sie sich doch auf sein Wort besännen. Wenn sie es nicht täten, käme er in der vollen Kraft seines Wortes zu ihnen. Manchmal wundern wir uns, warum Gott an manchen Orten in Gemeinden durch Boten, die er sendet, so ernst redet. Ist es nicht vielleicht darum, weil man als Gemeinde versäumt hat Buße zu tun, wenn das Wort mit solcher Schärfe kommt – und wohl uns, wenn wir es dann noch hören und annehmen; aber wehe uns, wenn wir es ablehnen und unsere Herzen verhärten. Jesus sagt also, die Weltlichkeit habe keinen Platz in der Gemeinde und müsse hinaus. Dann gab er dieser Gemeinde eine Verheißung, wer überwinde, erhielte verborgenes Manna. Überwinden ist manchmal gar nicht so leicht, mitmachen ist zunächst viel leichter. Warum sagt der Herr Jesus «verborgenes Manna»? Diese Gemeinde scheint so flexibel geworden zu sein und ein solches Bedürfnis nach Anerkennung von der Welt gehabt zu haben, daß sie Kompromisse einging. Nun sagte der Herr Jesus, er gebe ihnen etwas, das die Allgemeinheit nicht kenne, nicht sehe und verstehe. Da würden sie keine Anerkennung bei den Menschen finden, aber es sei «Manna». Und Manna enthielt alles, was die Israeliten an Vitaminen, Kraftstoffen usw. benötigten. Was bedeutet das «verborgene Manna» für uns? Es ist niemand anders als Jesus selbst. Er ist das «Manna», das für die Welt verborgen ist, sie weiß nichts damit anzufangen, und wenn man von ihm erzählt, dann tut sie so, als wäre man von gestern, und doch ist das Allerbeste, das der Mensch haben kann – nämlich Jesus. Und wenn wir Jesus haben, haben wir seine Kraft; die bekommen wir, wenn wir überwinden. Und dann sprach der Herr Jesus von einem *«weißen Stein mit einem neuen Namen, den niemand kennt.»* Auch hier kann man nur vermuten, was es sein könnte. In der damaligen Zeit war es häufig so Brauch, dem Angeklagten in einem Gerichtsfall einen schwarzen Stein auszuhändigen, wenn er schuldig war, wogegen er bei einem Freispruch einen weißen Stein bekam. Ob der Herr Jesus darauf anspielte? Es mag sein, daß sie an den Freispruch der Vergebung erinnert werden sollten und an den Namen, den sie bekommen hatten. Diesen Namen kennt die Welt nicht und eigentlich kennt ihn nur derjenige, der Jesus empfangen hat. Die andern hören von ihm, aber sie kennen ihn nicht. Darum spricht auch Paulus davon, ihn und die Kraft seiner Auferstehung, die Gemeinschaft seiner Leiden, immer besser kennenzulernen. Es ist so schön, daß der Herr doch so viel Trost in diese kurzen Briefe an die Gemeinden hineingelegt hat. Es gab zwar Ermahnung, aber vor allem auch viel Trost. Ich kenne dich; ich weiß, wie es dir geht; du gehörst mir. Und schau, was ich alles für dich bereitet habe, wie es dir einmal gehen wird. Verzage nicht, halte durch. Du wirst es nicht bereuen und nicht traurig sein, daß du es getan hast. Denn eines Tages wirst du dastehen für Zeit und Ewigkeit, und andere werden dich beneiden und betrübt sein darüber, daß sie dir damals nicht Gehör geschenkt haben. All das ist mit eingeschlossen in diesem Brief. Und wenn es eine Ermahnung gegeben hat, dann darum, damit der Segen um so mehr fließe.

Nun möchte ich dieses Sendschreiben noch kurz kirchengeschichtlich deuten. Kirchengeschichtlich fällt es in die Zeit, als Kaiser Konstantin die Macht übernahm. Wir sprachen davon, daß die Gemeinde Smyrna uns die Zeit der großen Verfolgungen zeigt, und daß das Blut der Märtyrer die Gemeinde nicht ausradiert hat, sondern – im Gegenteil – zum Samen derselben wurde. Ich kann mir vorstellen, daß der Teufel deswegen echt gewütet hat. Da mag er mit seinen Fürsten und Obersten zusammen getobt und gesagt haben, jetzt tun wir alles, um die Gemeinde auszurotten. Angefangen mit Stephanus, der gesteinigt wurde, und dann ging es weiter bis zur großen Verfolgung, und trotzdem gebe es immer mehr Christen. Was sollten sie machen? Ich kann mir gut vorstellen, daß da plötzlich einer den Gedanken äußerte, wie wäre es, wenn sie aufhörten, die Christen zu verfolgen? Und alle wurden ruhig. Was wurde gesagt? Sie sollten aufhören? Ja, wurde geantwortet, man solle aufhören, die Christen zu verfolgen, sie zu töten. Man solle im Gegenteil anfangen, das Christentum zu unterstützen und so lange arbeiten, bis alles so «christlich» sei, daß die Menschen Christus verlören. Dann habe man sie!

Ich glaube, es war der dunkelste Tag in der Geschichte nach Christus, als in der Hölle dieser Entschluß gefaßt wurde, die Christen nicht mehr weiter zu verfolgen. Menschen wurden «Christen» ohne eine Erfahrung mit Christus gemacht zu haben. Wir wollen uns heute sagen lassen, wie sehr diese Gefahr für uns alle besteht, die wir mit christlichen Dingen Umgang haben, in einem christlichen Elternhaus geboren wurden, in einer christlichen Gemeinde aufgewachsen sind und viel aus der Bibel gehört haben. Mögen wir nicht nur den äußeren Anschein eines Christen bewahren, sondern den haben, der unser Retter ist, Jesus Christus, den Sohn Gottes.

Möge Gott uns helfen, daß wir durch dieses Wort nicht nur für heute, sondern für unser ganzes Leben innerlich angesprochen sind. Der Herr Jesus fordert tatsächlich Entschiedenheit und Trennung von der Welt. Jakobus schreibt: *«Wisset ihr nicht, daß Freundschaft mit der Welt Feindschaft wider Gott ist?»* Die Bibel nennt es geistliche Hurerei, wenn wir der Welt Freund und Gottes Feind sind. Als Gemeinde müssen wir einen Weg gehen, auf dem die Welt in ihrer sündigen Form nicht geduldet wird. Die Bibel lehrt, daß wir die Schwachen tragen sollen, und das werden wir tun. Wir werden uns bemühen, den Schwachen gegenüber in der Liebe, in der Annahme und in der Vergebung zu stehen. Aber wenn Menschen sich entschlossen haben, wie die Welt zu leben und sich ihr hinzugeben, dann haben sie keinen Platz in der Gemeinde. Das sagt Gottes Wort. Gott möge uns ziehen; er möchte, daß wir echt seien, und er will uns von dem verborgenen Manna, Jesus – dem Namen, der über allen Namen im Himmel und auf Erden steht – geben.

Die Gemeinde in Thyatira (2,18–29)

Im folgenden kommen wir in unserer Betrachtung des Wortes Gottes zum Schluß des 2. Kapitels der Offenbarung und lesen die Verse 18 bis 29, das Sendschreiben an die Gemeinde von Thyatira:

«Und dem Engel der Gemeinde in Thyatira schreibe, das sagt der Sohn Gottes, der Augen hat wie eine Feuerflamme und dessen Füße gleich schimmerndem Erz sind. Ich weiß deine Werke und deine Liebe und deinen Glauben und deinen Dienst und deine Geduld und daß deiner letzten Werke mehr sind als der ersten. Aber ich habe wider dich, daß du das Weib Isebel gewähren lässest, die sich eine Prophetin nennt und meine Knechte lehrt und verführt, Unzucht zu treiben und Götzenopfer zu essen. Und ich gab ihr Zeit, Buße zu tun, und sie will nicht Buße tun von ihrer Unzucht. Siehe, ich werfe sie auf ein Bett, und die, welche mit ihr ehebrechen, in große Trübsal, wenn sie nicht Buße tun von ihren Werken. Und ihre Kinder will ich töten und alle Gemeinden werden erkennen, daß ich es bin, der Nieren und Herzen erforscht. Und ich will euch vergelten einem jeden nach seinen Werken. Euch aber sage ich, den übrigen in Thyatira, so viele diese Lehre nicht teilen und welche die Tiefen des Satans, wie sie sagen, nicht erkannt haben: ich lege keine andere Last auf euch, nur haltet fest, was ihr habt, bis ich komme. Und wer überwindet und meine Werke bis ans Ende bewahrt, dem will ich Macht geben über die Heiden, und er wird sie mit eisernem Stabe weiden wie man irdene Gefäße zerschlägt, wie auch ich solche Macht von meinem Vater empfangen habe. Und ich will ihm geben den Morgenstern. Wer ein Ohr hat, der höre, was der Geist den Gemeinden sagt.»

Einige dieser Aussagen sind jenen, die der Herr Jesus gegenüber der einen oder andern, der früher genannten Gemeinden getan hat, sehr ähnlich. Wir finden auch ein gewisses Schema, er ging gleich vor. Er stellte sich jeder Gemeinde vor; er lobte sie und sprach auch Tadel aus. Dann gab er eine Verheißung für die, die auf ihn hören und endete immer mit den Worten: Wer Ohren hat zu hören, der höre, was der Geist nicht nur dieser, sondern den Gemeinden schlechthin zu sagen hat.

Thyatira war eine Stadt im Inneren Kleinasiens. Von dort kam die Purpurkrämerin Lydia, die sich in Philippi bekehrte. Sie war eigentlich die erste Gläubige, die aufgrund des Gesichtes, das Paulus erkennen ließ, er solle nach Mazedonien kommen, Christin wurde. Die Geschichte berichtet uns, daß viele Mazedonier in Thyatira ansässig waren. Politisch war die Stadt nicht so wichtig wie beispielsweise Pergamus, Smyrna oder Ephesus; aber vom wirtschaftlichen Standpunkt aus gesehen, war es eine berühmte Handelsstadt, besonders bezüglich gewisser Berufe und Arbeiten. In Thyatira gab es sehr viele Zünfte, und aus der Geschichte ersehen wir, daß es dort schwierig war, geschäftlich vorwärts zu kommen, wenn man nicht einer Zunft angehörte. Bei den Zusammenkünften dieser Zünfte herrschten heidnische Bräuche, und gewisse Sittenlosigkeiten kamen vor. Darum war es für Christen gar nicht leicht, in dieser Stadt zu leben und Geschäftsbeziehungen zu pflegen. In Thyatira befand sich auch ein Tempel, der dem Sonnengott Apollos – der dort sehr verehrt wurde – gewidmet war. Eine Frau, Sanbate, war das Hauptmedium in diesem Tempel, und wir erkennen daraus, wie hier Okkultismus getrieben wurde. Da war ein Medium, das für diesen Götzen sprach und Anweisungen gab. Heute ist von Thyatira kaum mehr etwas übrig. Es besteht nur ein kleiner Ort mit Namen Arkisar, aber er ist unbedeutend. Man bemerkt noch gewisse Überreste eines Namenchristentums, aber gläubige Menschen sollen nicht mehr vorhanden sein.

In seinem Brief gelangte der Herr Jesus also an die damalige Gemeinde in jener Stadt, die zweifellos noch stark war, und er stellte sich dieser Gemeinde als Sohn Gottes vor, der Augen hat wie Feuerflammen und dessen Füße wie schimmerndes Erz sind. Eine interessante Vorstellung. Der Herr Jesus stellte sich hier als erstes in seiner Autorität als Sohn Gottes vor und sagte ihnen damit ungefähr folgendes: Was er als Sohn Gottes sage, das zähle und sei maßgebend. Er sei der Herr, ihr Gott, er sei die höchste Autorität, und er sei es, der etwas zu sagen habe. Er habe Augen wie Feuerflammen. Damit will er andeuten, daß er alles durchleuchtet bis aufs Innerste und daß er alles genauestens kennt. Er kennt sie durch und durch, vor ihm kann nichts verborgen sein, seine Augen dringen durch alles hindurch. Die Füße gleich schimmerndem Erz sprechen in der Symbolik der Bibel von seiner Richtereigenschaft. Sie werden vor ihm stehen, oder sie stehen eigentlich schon vor ihm. Es ist also nicht der liebe Heiland, wie wir es oft meinen, der sich dieser Gemeinde vorstellte, sondern es ist eine Autorität, die alles sieht und durchdringt, und die sagt, daß sie richten werde, denn sie sei der Richter. Ist er denn nicht der Heiland? Jawohl! Aber er ist nicht nur Heiland und nicht nur Erretter, er ist auch König, auch Herr und auch Richter. Dann sagte er, er wisse alles um sie, er kenne sie durch und durch, er kenne ihre Werke. Es ist merkwürdig, hier war von vielen Werken die Rede, zweimal wurden sie erwähnt. Und wir müssen festhalten, daß Werke aus Glauben und Liebe keineswegs falsch sind. Werke, die aus Glauben und Liebe getan werden, sind richtig und gut. Jesus tadelte die Werke auch nicht, er sagte, er kenne sie, er wisse, daß sie seit ihrer Christusnachfolge in ihren Werken zugenommen haben, es seien mehr Werke vorhanden als am Anfang. Das ist nicht verkehrt. Aber laßt uns nicht denken, daß man das Heil durch christliche Werke erlangen kann. Auch Errettung läßt sich nicht durch christliche Werke erreichen. Es ist erstaunlich, wie Jesus folgende Dinge – die sehr positiv sind – nannte und sagte, da sei noch Glaube bei ihnen vorhanden und auch Liebe, da sei ihr Dienst und ihre Geduld. Ob wir alle uns daran messen können, und ob wir alle in diesen Dingen mitkommen? Jesus nennt Glaube, Liebe, Geduld, Dienst, Werke – die zunehmen – gut. Aber dann kam der Tadel. Und es fiel mir auf, als ich mich in dieses Wort mit viel Gebet hineinvertiefte, daß der Herr Jesus so ganz anders als wir Menschen denkt. Der Gemeinde in Ephesus sagte der Herr Jesus auch viele lobende Dinge. Wenn wir Ephesus und Thyatira vergleichen, dann finden wir jeweils nur einen Unterschied. Die Epheser hatten auch Werke: sie hatten Glauben, Geduld und eine gute, gesunde Lehre, aber ihnen mangelte die Liebe. Aus der Bibel sehen wir, daß die Gemeinde in Thyatira Glauben, Geduld und gute Werke hatte, aber auch das, was Ephesus fehlte, die Liebe. Und doch tadelte der Herr Jesus sie, weil ihre Lehre falsch war. Merken wir hier, wie der Herr Jesus so anders denkt als wir?

Den Ephesern sagte der Herr Jesus, wenn sie nicht Buße täten und dahin kämen, daß die Liebe so wird, wie sie sein sollte, dann würde er ihren Leuchter umstoßen und dann könnten sie nicht sein, was sie sein sollten. Und den Leuten in Thyatira sagte er, wenn sie nicht Buße täten, würde er sie vernichten. Mir fiel auf, welch große Bedeutung der Herr auf eine gesunde Lehre legt. Die Lehre gehört zu unserem Christenleben. Den Tadel finden wir in den Versen 20–22: *«Ich habe wider dich, daß du das Weib Isebel gewähren lässest, die sich eine Prophetin nennt und meine Knechte lehrt und verführt Unzucht zu treiben und Götzenopfer zu essen. Und ich gab ihr Zeit, Buße zu tun und sie will nicht Buße tun von ihrer Unzucht.»* Den Namen Isebel kennen wir aus dem Alten Testament. Im ersten Buch der Könige wird von ihr berichtet. Sie war die Frau des gottlosen Königs Ahab. Aus der Bibel ersehen wir, daß Isebel die Propheten Gottes vernichten ließ. Es wird uns auch gezeigt, daß sie in Gemeinschaft mit den Baalspropheten lebte, mit ihnen zusammen aß, und daß sie in Israel einen furchtbaren Götzendienst einführte, und zwar ganz raffiniert auf eine fromme Art und Weise. Sie erließ kein Dekret, es müsse jetzt dem wahren Gott abgesagt werden, weil etwas anderes da sei. Sie machte es auf eine andere Art und Weise, verführerischer, als sie einen Mann aus dem Wege schaffen wollte. Als Ahab Jesreels Acker, den er gerne haben wollte, nicht bekam, wußte Isebel Rat. Sie ließ unter dem Volk ein großes religiöses Fasten ausrufen. Fasten ist nicht verkehrt, aber hier war es Scheinheiligkeit, um zum Ziel zu gelangen, damit Jesreel getötet werde. Und nun finden wir in der Bibel eine Anspielung, die sagt, in der Gemeinde in Thyatira gehe Ähnliches vor sich. Ob es sich bei «Isebel» um eine Einzelperson handelte, oder ob sie den alttestamentlichen Hinweis auf eine Gruppe von Personen darstellt, wissen wir nicht genau, und das ist zu guter Letzt auch nicht maßgebend. Es könnte aber zutreffen, daß das Medium Sanabate aus dem Götzentempel sich eines Tages «bekehrt» hat. Man kann fast vermuten, daß sie dann in den Gottesdienst kam, Gott mit erhobenen Händen pries, und daß sie ihre früheren Fähigkeiten einsetzte und anfing zu «weissagen». Die Bibel sagt, daß die Person oder die Gruppe von Menschen, die die Verführung hereinbrachten, einen prophetischen Dienst taten. Aus dem ganzen Zusammenhang ist ersichtlich, daß die Gemeinde froh war, jetzt jemanden zu haben, der einen Namen in der Stadt hatte, so daß die Gemeinde nun etwas galt. Auch wir sind ja oftmals der Meinung, es liege am menschlichen Namen, ob das Werk Gottes gebaut werden könne. – Aber wie immer es war,

Weissagung und Prophetie verführten viele in dieser Gemeinde. Die Bibel zeigt uns hier, daß es keine Rolle spielt, ob Jesus eine Einzelperson oder eine Gruppe von Personen, die sich dafür geöffnet hatte, mit «Isebel» bezeichnet. Aber eines können wir klar erkennen, diese Gemeinde hatte das Wort Gottes, die gesunde biblische Lehre beiseite gelegt und sich durch Weissagung und Prophetie verführen lassen. Ja, ist es denn so, daß doch jene, die Weissagung und Prophetie nicht haben wollen, recht haben? Wir wollen jedoch nie das Kind mit dem Bade ausschütten. Aber die Bibel macht uns hier auf etwas ganz Wichtiges, Fundamentales aufmerksam. In seiner Ermahnung an Timotheus drückt es der Apostel Paulus so aus: *«Habe acht auf dich und auf die Lehre.»* Die Bibel läßt uns klar und deutlich erkennen, daß der Herr alles verwirft, was über das Wort Gottes hinausgeht und mit dem geschriebenen Wort nicht übereinstimmt. Die Verführung muß in einer sogenannt christlich-religiösen Form geschehen sein, so daß sie zunächst gar nicht erkannt wurde, weil alles so echt schien. Aber schließlich führte sie dahin, daß Gottes Wort sagte, daß da geistliche Unzucht getrieben wurde, und wie wir auch vermuten können, Unzucht schlechthin. Dabei gab man vor, eine tiefe Erkenntnis erlangt zu haben. Und es scheint beinahe, als ob der Ausdruck «die Tiefen Satans» – der hier gebraucht wird – das Urteil ist, wie Jesus es sah. Sie haben vielmehr vorgegeben, sie hätten die Tiefen Gottes erkannt. Aber Jesus sagte, daß es in Wirklichkeit die Tiefen Satans sind, die sie erkannt und sie verführt haben. Dadurch wurde aber die Gemeinde in Thyatira in den Augen der Welt akzeptabler. Es ist nicht unsere Aufgabe und auch nicht unser Ziel, daß wir vor der Welt akzeptabel werden, sondern daß wir vor unserem Herrn akzeptabel sind. Wir leben in einer hochinteressanten Zeit, in der es überall immer mehr außerbiblische Offenbarungen gibt. Und laßt mich sagen, daß es da besonders wichtig ist, dieses Sendschreiben an die Gemeinde in Thyatira ernst zu nehmen und daß wir merken, was Gott uns sagen will. Es reicht bei weitem nicht aus, daß Menschen ihre Hände heben, Gott loben und preisen, den Herrn anbeten und weissagen. Das reicht nicht aus bei Gott. Die Bibel zeigt uns nach wie vor, daß Heiligung, das Wort Gottes, Gottesfurcht, die Lehre Jesu und Gehorsam zum Worte auch da sein müssen, das ist in unserer heutigen Zeit nicht populär. Ich denke an ein Wort, das ein Führer der argentinischen

Charismatiker vor vielen hundert Leuten gesagt hat. Es waren dort auch Protestanten, und Gott wurde gelobt und gepriesen. Als er nun an der Reihe war zu sprechen, stand er auf und sagte: «Von euch Protestanten habe ich die Anbetung, den Lobpreis und die Freiheit gelernt, und ich danke euch herzlich dafür, aber von uns Katholiken sollt ihr die Orthodoxie lernen.» Was meinte dieser Mann damit? Sein Ziel war, den andern die Lehre der katholischen Kirche weiterzugeben. Das ist wohl nicht überall so, aber wir leben in einer Zeit, wo das Gute und das Böse so nahe beieinander liegen, und wenn wir nicht auf das Wort Gottes abgestimmt bleiben, werden nicht nur andere, sondern auch wir selbst verführt. Ich war erschüttert, als ich einen Prediger vom «Heiligen Vater» sprechen hörte. Wir müssen Gottes Wort stehenlassen, wie es ist.

Kirchengeschichtlich wird die Entwicklung des Bilder-, Heiligen- und Marienkults hier in dieser Gemeinde angeführt. Diese Kulte sind ja nicht nur so entstanden, sondern sie wurden in einer sogenannten prophetischen Weise eingeführt, indem man dem Papst, während er solche Dinge sagte, Unfehlbarkeit zumutete. Was er ausgesprochen hat, gilt für die katholische Kirche, und es kam und kommt bis heute als ein Wort des Herrn an sie. Bis zum heutigen Tag hat sich die katholische Lehre in keinem einzigen Punkt geändert. Es wurden wohl gewisse Praktiken gewandelt, um die sogenannten getrennten Brüder zu gewinnen. Ich rede nun hier nicht gegen die Menschen, die innerhalb der katholischen Kirche ernsthaft zu Christus finden, sondern von einem System, das sich vorgenommen hat, eine Weltkirche zu bilden; ein System, das uns alle da hineinziehen will, von dem Jesus sagt, daß er es richten wird, und von dem es in Offenbarung 18, Vers 4, heißt: *«Geh aus von ihnen.»* Ich komme später noch darauf zu sprechen, wie wir diese Entwicklung in unserer heutigen Zeit ansehen sollen und dürfen. Aber ich möchte, daß wir erkennen, wie der Herr Jesus nicht nur auf die Liebe hinweist und nicht nur den Glauben sieht, der Wunder wirkt, sondern daß er auch auf den Gehorsam zu seinem Wort und zu seiner Lehre sieht. Seine Befehle sind nach wie vor die gleichen, sie haben sich nicht geändert. – Und nun sagte der Herr Jesus, er gebe Gelegenheit, Buße zu tun. Ist unser Herr nicht gut? Wie das in dieser Gemeinde geschah, wird uns nicht gesagt. Aber es ist Gottes Art, uns Menschen im einzelnen – jedem von uns persönlich – einer

Gemeinde, einem Volk, einer Gemeinschaft, Bußmöglichkeiten zu geben. Wenn wir uns verrannt oder wenn wir gesündigt haben, wenn wir schief gelaufen sind, dann möchte Gott uns Möglichkeiten zur Buße geben, damit wir umkehren, zu ihm kommen, ihn um Vergebung bitten, und dann will er uns reinwaschen und uns vergeben. Wenn wir auf die Entwicklung in unserer heutigen Zeit achten und sehen, wie der Geist Gottes in allen Gemeinden durchbrechen will, ist das nicht die Gelegenheit zur Buße, die Gott jedem Menschen schenkt? Doch sicher. Und Gott sei Dank für alle, die diese Gelegenheit ergreifen. Es soll aber nicht eine Gelegenheit sein, damit jene, die unlautere Absichten haben, die echten Gotteskinder noch verführen. Sondern eine solche Gelegenheit ist vielmehr von Gottes Seite so gedacht, daß dieses Wirken des Geistes geschenkt wird, damit die Menschen zur Erkenntnis und Annahme der Wahrheit gelangen möchten, und dazu gehören sowohl Liebe, als auch Glaube, Geduld, Werke und Lehre. Das Gericht wird kommen, sagte der Herr, wenn sie nicht Buße tun. Und das Gericht kam, es wird auch in der Zukunft kommen über die Kirche, über eine Christenheit, die mit der Welt Unzucht treibt. Wir werden auch in den späteren Kapiteln der Offenbarung sehen, daß das Gericht Gottes kommen wird. Wie es über den einzelnen kommt, so wird es über die Gemeinde, über ein Volk, über eine Kirchengemeinschaft kommen. Aber Gott ist langmütig und geduldig, er möchte nicht, daß der Sünder verderbe, sondern daß er umkehre, Buße tue und sich zu seinem Herrn bekehre. Im Brief an die Gemeinde in Thyatira sehen wir etwas Wunderschönes. Nicht alle hatten sich verblenden lassen. Wie zur Zeit des Elia ein Überrest da war, verblieb ein solcher Überrest auch hier in der Gemeinde. Und wenn Jesus wiederkommt, wird ganz sicher auch ein Überrest vorhanden sein. Jesus gebot, das, was sie hatten, bis zum Ende festzuhalten, bis er wiederkäme, dann gebe er ihnen Macht, sie würden den Morgenstern empfangen. Das ist Jesus selbst. Macht, suchen wir das eigentlich? Manche Menschen sicher. Aber hier deutet doch der Herr Jesus darauf hin, daß jene, die da ausharren bis ans Ende, von ihm gekrönt und mit ihm regieren werden. Wir können uns das gar nicht vorstellen. Hier spricht der Herr Jesus davon, daß die, welche ausharren bis ans Ende, ihn selbst, den Morgenstern, empfangen werden. Wen? Den Sohn Gottes, der alles sieht, und der auch Richter ist. Wenn Jesus an der Seite eines jeden von uns steht, dann fürchte ich mich nicht vor dem Gericht. Und Jesus sagte dann: «Wer Ohren hat, zu hören, der höre, was der Geist den Gemeinden sagt.»

Ich möchte mit dem Gedanken, den ich schon erwähnte, abschließen. Der Herr Jesus legt Wert auf Glauben, Liebe, Hoffnung und Geduld. Gottes Wort legt Wert auf Anbetung und auf vom Heiligen Geist gewirkte Gaben, aber Gottes Wort legt ebenso großen Wert auf gesunde Lehre. Aus diesem Brief ersehen wir, wie ernst der Herr Jesus es nimmt, wenn die Lehre mißachtet wird. Da kann man Liebe und Glauben haben, da mögen Werke und Geduld vorhanden sein, und doch sagt Jesus, das reiche nicht aus. Wir merken, daß Gott uns ganz haben möchte. Darum sagt auch der Herr Jesus seinen Jüngern, wer nicht bereit sei, allem abzusagen, der könne nicht sein Jünger sein. Und wir wollen lernen, uns dem Herrn Jesus ganz hinzugeben. Laßt uns für alle diejenigen beten, die Gottes Wort noch nicht befolgen; laßt uns für diejenigen beten, die Lichtstrahlen der Gnade Gottes empfangen haben und anfangen, Erlebnisse mit Gott zu machen, aber ein Erlebnis mit Gott zu machen ist niemals der Beweis dafür, daß Gott mit uns zufrieden ist. Wir wollen für sie beten, daß ihnen das Wort Gottes aufgehen kann und wollen selbst darauf stehenbleiben. Wir wollen uns ausstrecken nach der Liebe, nach dem Glauben, nach der Geduld, damit die Fülle des Lebens Christi im Leben eines jeden von uns in Erscheinung treten darf, denn wir sollen IHM zur Ehre dastehen und leben; wir sollen seine Anerkennung suchen und nicht die der Welt.

Die Gemeinde in Sardes (3,1–6)

Wir sind nun beim 3. Kapitel der Offenbarung des Johannes angelangt, lesen die ersten 6 Verse und reden über das Sendschreiben an die Gemeinde in Sardes:

«Und dem Engel der Gemeinde in Sardes schreibe, das sagt der, welcher die sieben Geister Gottes und die sieben Sterne hat. Ich weiß deine Werke. Du hast den Namen, daß du lebest und bist tot. Werde wach und stärke das übrige, das sterben will, denn ich habe deine Werke nicht vollendet erfunden vor meinem Gott. So denke nun daran, wie du empfangen und gehört hast und bewahre es und tue Buße. Wenn du nicht wachst, werde ich über dich kommen wie ein Dieb, und du wirst nicht merken, zu welcher Stunde ich über dich kommen werde. Aber du hast einige wenige Namen in Sardes, welche ihre Kleider nicht befleckt haben; und sie werden mit mir wandeln in weißen Kleidern, denn sie sind es wert. Wer überwindet, der soll mit weißen Kleidern angetan werden; und ich will seinen Namen nicht tilgen aus dem Buch des Lebens und will seinen Namen bekennen vor meinem Vater und vor seinen Engeln. Wer ein Ohr hat, der höre, was der Geist den Gemeinden sagt.»

Wir können sehen, daß die Städte Ephesus, Smyrna, Pergamus, Thyatira, Sardes, Philadelphia und Laodicea – nach heutigen Verhältnissen – gar nicht so weit voneinander entfernt waren. Die Distanz von Thyatira nach Sardes beträgt rund 45 km, was für unsere Begriffe keine weite Entfernung ist, aber damals war das eine weite Strecke. Sardes war insofern eine wichtige Stadt, als sie an verkehrsreichen Straßen lag und gewissermaßen ein Knotenpunkt zwischen der Nord/Süd- und der Ost/West-Achse war. Diese Städte hätten genausogut Zürich, Winterthur, St. Gallen, Buchs usw. heißen können, und diese Briefe könnten an uns gerichtet sein. Das waren also Gemeinden in Städten, die wirklich existierten. Ich kann mir denken, daß Johannes – dem diese Botschaften gegeben wurden, während er sich auf Patmos befand – sich vorstellte, wie diese Gemeinden beim Erhalt derselben reagieren könnten, denn er wird die

Gemeinden und deren Leiter sicherlich gekannt haben. Dieser Umstand läßt uns auch vermuten, daß Jesus den Johannes für die Weiterleitung der Botschaften auswählte, denn er war von den Gemeinden als Mann Gottes anerkannt, und sie wußten, daß er nichts sagen würde, das nicht vom Herrn inspiriert war. Gott wirkt auf diese Weise. Er redet nicht primär zu uns durch jemanden, zu dem wir keinerlei Beziehung haben und von dem uns überhaupt nichts bekannt ist, sondern er versucht, uns durch jemanden zu erreichen, von dem wir wissen, daß er mit Gott lebt. Für Johannes bedeutete es eine sehr große Verantwortung, nicht irgend etwas zu schreiben, sondern das, was Gottes Geist ihm gegeben hatte. Wie bereits erwähnt, war Sardes infolge seiner Verkehrslage eine sehr wichtige Handelsstadt. Dort wurden auch erstmals Münzen geprägt, und das moderne Geld, das wir kennen, stammt ursprünglich aus dieser Stadt. Im Jahre 17 n. Chr., als Jesus rund 20 Jahre alt war, wurde diese Stadt durch ein Erdbeben total zerstört. Der Kaiser Tiberius ließ sie neu aufbauen und gewährte den Leuten einen Steuernachlaß von 5 Jahren, damit sie ihre Häuser neu erstellen konnten. Zu der Zeit, als Johannes diesen Brief schrieb und als derselbe gelesen wurde, war Sardes eine relativ neue Stadt. Interessanterweise war der Kaiserkult dort gering, und es wurde kaum Götzendienst getrieben. Es ist fast nicht vorstellbar, warum das Gepräge in Städten, die für unsere Begriffe so nahe beieinander lagen, dermaßen verschieden war. Heute haben wir die Massenmedien, die uns irgendwie aneinander angleichen. Früher waren Dinge, die man in Amerika kannte, in Europa verpönt, und heute sind dieselben Dinge auch hier zur Selbstverständlichkeit geworden. Wir werden immer ähnlicher.

In der damaligen Zeit lebten die Städte mehr oder weniger individualistisch und hatten ihr eigenes Gepräge. Das, was in der einen Stadt war, galt nicht für die andere, und daraus ergaben sich die Unterschiede. In Sardes wurde nicht viel Götzendienst getrieben, dafür war es aber eine Stadt des Vergnügens und des Wohlergehens. Die Hauptinteressen waren durch Handel Geld zu verdienen, ein gutes Leben und Vergnügen zu haben und den Tag richtig zu genießen. Heute ist Sardes ein unbedeutender kleiner Ort. Im ersten Vers stellt sich Jesus diesen Gemeinde als der vor, welcher die sieben Geister Gottes und die sieben Sterne hat. Wir waren der Meinung, es gebe nur einen Geist, und nun redet die Bibel hier von sieben. Wie ist das zu verstehen? Es ist zu beachten, wie der Herr Jesus dieser Gemeinde den Heiligen Geist vorstellt. Das ist keineswegs unwichtig. Die Bibel zeigt uns, daß Gottes Geist *ein* Geist ist, der aber eine siebenfache Wirkungsweise hat. Und darum sehen wir hier den Bezug auf die siebenfache Wirkungsweise des Geistes Gottes. Im Alten Testament wird uns das schon im 4. Kapitel des Propheten Sacharja vor Augen geführt. Dort lesen wir in den ersten sechs Versen etwas Interessantes: *«Da kam der Engel wieder, der mit mir zu reden pflegte und weckte mich auf wie einen, der aus seinem Schlafe geweckt wird, und er fragte mich: Was siehst du? Ich sprach, ich schaute und siehe da, ein Leuchter, ganz von Gold und sein Ölgefäß darauf und seine sieben Lampen daran. Und sieben Gießrohre zu den sieben Lampen, die auf dem Leuchter saßen. Und der Engel, der mit mir redete, sprach (Vers 5): Das ist das Wort des Herrn an Serubabel. Es lautet so: Nicht durch Heer und nicht durch Kraft, sondern durch meinen Geist.»* Hier zeigt uns also Gottes Wort im Propheten Sacharja das Bild des Leuchters mit den sieben Lampen als Hinweis auf den Heiligen Geist in seiner siebenfachen Wirkungsweise. Der Prophet Jesaja beschreibt uns in klaren und verständlichen Ausdrücken, was unter diesen sieben Wirkungsweisen zu verstehen ist. Im 11. Kapitel des Buches Jesaja spricht Gottes Wort vom Herrn Jesus, dem Knecht des Herrn, dem Sproß aus dem Stumpfe Isais und sagt: *«Auf ihm wird ruhen der Geist des Herrn, der Geist der Weisheit, der Geist des Verstandes, der Geist des Rats, der Geist der Stärke, der Geist der Erkenntnis und der Geist der Furcht des Herrn.»* Hier sehen wir also die siebenfache Wirkung des einen Gottesgeistes. Die Bibel zeigt uns, daß Jesus den Geist Gottes in seiner ganzen Fülle hatte, denn Gott gab ihm den Geist nicht nach Maß. Uns aber, so lesen wir im Neuen Testament in den Kapiteln 12 und 14 des 1. Korintherbriefes, wird nur ein Maß des Geistes Gottes zugeteilt. Der eine bekommt ein Maß der Weisheit, der andere des Rats, wieder ein anderer der Erkenntnis, der Stärke usw. Hier sehen wir nun, daß – wenn der Herr Jesus sich der Gemeinde als der, der den Geist Gottes in seiner siebenfachen Wirkungsweise besitzt, vorstellte – die Botschaft, die er dieser Gemeinde bringen mußte, etwas mit dem Geiste Gottes zu tun hatte. Und was sagte er dieser Gemeinde? Einmal, daß auch die Leiter Sterne in seiner Hand sind. Ein Gemeindeleiter kann nicht machen, was er will. In einer Gemeinde, die Jesus gehört, läßt der Herr es nicht zu, daß ein Gemeindeleiter machen kann, was er will. Es mag eine Zeitlang gehen, aber niemals auf Dauer. Jesus sagt, er habe auch dich in seiner Hand. Der Gemeinde in Sardes ließ er folgendes schreiben: *«Du hast den Namen, daß du lebst und du bist tot.»* Hier ist beachtenswert, daß in dieser Gemeinde niemand den Nikolaiten anhing, es vertrat auch niemand die Lehre Bileams und hielt daran fest, und es war auch kein Anhänger Isebels vorhanden. Die Irrlehren hatten in dieser Gemeinde nichts zu suchen, sie wurden erkannt und nicht hineingelassen. Das ist doch positiv. Und doch mußte der Herr Jesus sagen: *«Du hast den Namen, daß du lebst und du bist tot.»* Und nun kommen wir zum Kerngedanken, den Jesus dieser Gemeinde beibringen wollte, indem er sich ihr schon vorstellte als der, der die sieben Geister Gottes hat. Tot im biblischen Sinn ist man *immer infolge des Fehlens des Heiligen Geistes.* Gottes Wort sagt uns in Johannes 6,63: *«Der Geist ist es, der lebendig macht.»* Und in dieser Gemeinde war kein Leben, da fehlte das Leben im Heiligen Geist. Die Tatsache, daß Irrlehren erkannt wurden und dort keinen Eingang fanden, läßt darauf schließen, daß die Leute gläubig waren, doch ohne Leben aus Gott zu haben. Der Gedanke, «du hast den Namen, daß du lebst und bist tot», birgt in sich, daß in Sardes ein reines Verstandeschristentum, ein Namenschristentum, herrschte, das die christliche Lehre gut formulieren und wiedergeben konnte, ohne Leben aus Gott zu haben. So etwas gibt es.

Ich möchte nun ein wenig in die Kirchengeschichte und bis in unsere heutige Zeit hineinblicken und uns etwas vor Augen führen, was wir ja alle in irgendeiner Weise selbst miterleben oder miterlebt haben. Wir haben gesehen, wie die Gemeinde in Thyatira – in welcher auf die Lehre Isebels geachtet wurde – jene Zeit widerspiegelt, in der eine sogenannte Gottesoffenbarung in die Gemeinde hineinkommen konnte, die nichts mehr mit Gottes Wort zu tun hatte. Danach kennen wir aus der Kirchengeschichte einige Jahrhunderte, während derer das Evangelium Jesu im Hintergrund war. Dann kamen Männer, die die Reformation herbeiführten und die all das, was sich an Irrlehren in die Gemeinden hineingeschlichen hatte, wieder hinausbringen wollten. Sie wollten keine neue Gemeinde gründen, sondern vielmehr die Gemeinde Jesu läutern, damit dem Wort Gottes die Stelle eingeräumt werde, die ihm gebührt. Darauf folgte die Reformation und der daraus entsprungene Protestantismus besteht heute noch. Und was geschah durch die Reformation bei den allermeisten Menschen, die sie annahmen? Sie lehnten mit Recht die Irrlehren ab. Sie erkannten, daß der Gerechte durch den Glauben selig wird, und das ist richtig. Sie erkannten auch, daß zwischen Gott und den Menschen nur ein Mittler ist, nämlich der Sohn Jesus Christus, und daß die Bibel uns lehrt, daß wir selbst vor Gott als Priester gelten, wenn wir Christen sind. Sie erkannten, daß Gott die Gemeinde bauen möchte und nicht ein Mensch, sondern der Heilige Geist, Jesu Stellvertreter auf Erden ist. Sie stellten sich zu dieser Erkenntnis und kämpften auch zum Teil dafür. Aber bis zum heutigen Tage besitzen viele diese Erkenntnis und vertreten sie, und doch fehlt ihnen das Leben aus Gott. Sie haben wohl eine verstandesmäßige Rechtgläubigkeit, aber kein Leben aus Gott. Und nun kommen wir auch zu einer weiteren Entwicklung. Warum kennen wir in der Christenwelt einen Protestantismus und innerhalb desselben die sogenannten Evangelikalen? Weil auch die letzteren, oder zumindest viele von ihnen, erkannt haben, daß der Glaube nicht eine verstandes- oder vernunftsmäßige Angelegenheit ist, sondern eine persönliche Bindung an Jesus Christus. Sie haben erkannt, daß Glaube nicht bedeutet, alles nur verstandesmäßig richtig zu erfassen, sondern Leben aus Gott zu besitzen, das nur der Geist Gottes geben kann. Wir verstehen nun, warum Jesus dieser Gemeinde sagte, sie habe den Namen, daß sie lebe, daß sie christlich sei, und in Wirklichkeit sei sie tot. Das Wirken des Geistes in der Neuschaffung des göttlichen Lebens wurde nicht akzeptiert und Erfüllung mit Gottes Geist wurde nicht gesucht. Durch das, was Jesus der Gemeinde in Sardes sagte, soll uns klargemacht werden, daß wir, sei es im persönlichen Leben oder im Gemeindeleben, nie dahin kommen mögen, daß wir die Notwendigkeit der inneren Erneuerung durch Gottes Geist beiseite schieben. Wir haben hier eine Lehre aus Gottes Wort, die uns deutlich machen möchte, daß das Christenleben nicht primär eine äußere Sache ist, sondern eine Angelegenheit des durch Gottes Geist neugewordenen Herzens. Es zeigt uns, wie wichtig es ist, das Leben aus Gott zu empfangen und vom Heiligen Geist erfüllt zu werden.

Durch dieses Sendschreiben sagt uns die Bibel viel mehr, als wir bei oberflächlicher Betrachtung meinen. Darum dürfen wir uns nicht darüber wundern, daß es der Heilige Geist ist, der auch uns immer mehr dahin führen will, ein ihm wohlgefälliges und ergebenes Leben im Geist zu führen, damit unser innerer Mensch stark wird, zunimmt und wachsen kann. Das war in dieser Gemeinde verkannt worden. Sie hatten wohl eine schöne Glaubenslehre, wobei aber das göttliche Leben fehlte. Darum mußte ihnen der Herr Jesus sagen, wach zu werden und das übrige zu stärken, das sterben wollte. Zeigt uns das nicht, daß hier eine Rückwärtsentwicklung geschehen war? Die Worte, die der Herr Jesus an sie richtete «was sterben will», lassen darauf schließen, daß da noch etwas Leben vorhanden war, und er ermahnte sie aufzupassen, daß das nicht auch noch verlorengehe. Kann man denn vom Glauben abfallen? Sardes zeigt uns klar und deutlich, daß das möglich ist. Diese Gemeinde hatte einmal das göttliche Leben, und nun sagte der Herr Jesus, daran zu denken, was sie empfangen und gehört hatten, und daran zu denken, wie es früher war.

Vor einiger Zeit erzählte mir jemand die Anschauung eines Geistlichen, der meinte, das Christentum, das wir in der Bibel finden, sei ein Christentum in den Kinderschuhen gewesen und heute würde man es gewissermaßen entwickelt in dieser Welt besser sehen. Aber der Herr Jesus sagt nein. Kindlichkeit, Wiedergeburt, Einfalt, wie sie am Anfang da waren, sollen vorhanden sein, und er gibt dieser Gemeinde den Hinweis, daran zu denken, was sie hatte, es zu suchen, es festzuhalten und Buße zu tun und den Sinn zu ändern. Wenn nicht, dann würde er über sie kommen wie ein Dieb.

Für wen kommt Jesus wie ein Dieb? Für einen, der schläft. Die Bibel zeigt uns, daß Jesus für die Unerretteten kommt wie ein Dieb. Es ist unmöglich, daß der Herr Jesus für Gotteskinder kommt wie ein Dieb. Er schreibt uns im 1. Thessalonicherbrief, im 5. Kapitel, Vers 4: *«Ihr aber, Brüder, seid nicht in der Finsternis, daß euch der Tag wie ein Dieb überfallen könnte. Ihr seid allzumal Kinder des Lichts und Kinder des Tages.»* Die Gemeinde Jesu, die in inniger Verbindung mit ihm lebt, wird nicht überrascht sein, wenn er kommt, denn sie sind Kinder des Lichts und Kinder des Tages. Für die Unerretteten wird er aber kommen wie ein Dieb. Darum, wenn du nicht Buße tust und dich zurückerinnerst an das, was du am Anfang hattest, wird er kommen wie ein Dieb. Das ist furchtbar.

Damit will ich nicht sagen, daß wir als Christen den Tag und die Stunde errechnen können, aber ein Gotteskind, das in Gemeinschaft mit dem Herrn lebt, merkt, daß die Stunde, in welcher der Herr kommt, bald da sein wird, und es freut sich auf jenen Augenblick.

Denken wir nicht, daß der Geist Gottes, der im Leben eines Christen Wohnung genommen hat, uns nicht irgendwie bezeugen wird, jetzt ist der Tag bald da? Er wird es tun. Und darum ist dieser Ruf gerade auch in unseren Tagen so laut über unsere Erde erschollen: Jesus kommt bald. Warum denn? Weil Gottes Geist in vielen Herzen Raum gewinnen konnte und der Geist und die Braut sagen: Komme bald, Herr Jesus. Woher hat es denn die Braut? Vom Geist.

Aber der Unerrettete, der Namenschrist, der sagt, sein Herr käme noch lange nicht, der wird wie von einem Dieb, der unangemeldet heranschleicht, überrascht sein. Verstehen wir, was Jesus sagt? Wenn du nicht Buße tust, dann bist du bei seinem Kommen nicht bereit. Er mahnt uns, ob wir auch das beste Glaubensbekenntnis haben oder jegliche Irrlehre ablehnen, aber wenn wir nicht von neuem geboren sind, wenn wir nicht das Leben Gottes haben und ein Leben im Geiste führen, werden wir nicht bereit sein,wenn Jesus kommt. Darum sollen wir Buße tun. Aber in diesem Brief gibt es noch etwas Erfreuliches. Der Herr Jesus sieht auch das Echte. Er sieht das Lebendige inmitten des Toten. Ist das nicht trostreich? *Du hast einige wenige Namen in Sardes, welche ihre Kleider nicht befleckt haben, die kenne ich und ich weiß, wer sie sind.*

In unserer heutigen Zeit scheint es uns oft so schwer, Christ zu sein. Hier sehen wir aber: es ist möglich. In der Bibel steht nirgends, daß es leicht sei, aber es wird uns überall gesagt, daß die Möglichkeit besteht. Auch in unserer heutigen Zeit ist es für jung und alt möglich, ein gottausgeliefertes und gotthingegebenes Leben zu führen. Und wenn wir es tun, nimmt der Herr Notiz von uns. Ich kenne sie, sie haben ihre Kleider weiß behalten, sie haben sich nicht befleckt. Und der Herr gibt eine wundervolle Verheißung für die, die echt geblieben sind. Er sagt, wer überwinde, der soll mit weißen Kleidern angetan werden, und er wolle seinen Namen nicht tilgen aus dem Buch des Lebens und wolle seinen Namen bekennen vor seinem Vater und vor seinen Engeln. Weiße Kleider: Ohne diese könnten wir bei Gott nicht eingehen. Und hier zeigt uns der Herr Jesus, daß wir dieses weiße Kleid niemals selbst besitzen und es auch nicht machen oder kaufen können, sondern daß wir von ihm mit diesem Kleid angetan werden. Er gibt uns dieses weiße Kleid, damit wir zur Hochzeit des Lammes eingehen können. Weiter spricht der Herr Jesus noch von etwas und verwendet den merkwürdigen Ausdruck: *«Ich will seinen Namen nicht tilgen aus dem Buch des Lebens.»* Ja, sind wir denn im Buch des Lebens eingetragen? Jawohl. Ich dachte lange Zeit, es sei so, daß ein Mensch ins Buch des Lebens eingetragen werde, wenn er sich bekehrt. Heute glaube ich, daß es eher umgekehrt ist. Jeder wird bei seiner Geburt eingetragen, und wenn er sich dann nicht bekehrt, wird sein Name wieder ausgelöscht. Darum sagt die Bibel: *«Wer nicht gefunden ward im Buch des Lebens, ward geworfen in den feurigen Pfuhl.»* Hier zeigt uns der Herr Jesus, daß er ausradiert. Es ist doch interessant, daß Gott von jedem von uns Notiz nimmt. Weiter sagt der Herr Jesus: *«Ich werde ihren Namen bekennen vor meinem Vater und den Engeln Gottes.»* Davon redete er auch zu seinen Jüngern und zu den Menschen, als er auf Erden war. In Lukas 12, aber auch an anderen Stellen lesen wir davon. Ich erwähne hier nur Lukas 12,8: *«Ich sage euch aber, ein jeglicher, der sich zu mir bekennen wird vor den Menschen, zu dem wird sich auch des Menschen Sohn bekennen vor den Engeln Gottes. Wer mich aber verleugnet vor den Menschen, der wird verleugnet werden vor den Engeln Gottes.»* Wer aber überwindet, der wird von ihm mit dem weißen Kleid angetan. Er bekommt auch die Gewißheit, daß sein Name im Buch des Lebens nicht ausgelöscht wird. Wenn er dann vor Gott, dem Vater, steht und der Ankläger – und wäre es der Teufel selbst – käme, wird sich Jesus neben ihn stellen, den Arm um seine Schulter legen und sagen: Vater, das hier ist mein Kind; es hat sich zu mir bekannt, und zwar nicht nur mit den Lippen, sondern indem es geistliches Leben hatte und dasselbe pflegte. Dann wird der Vater sagen: «Geh ein zu deines Herrn Freude.» Freuen wir uns auf diesen Tag? Oh, welch ein Tag wird das sein. Aber zu dem, der nicht Buße tut, wird Jesus sagen: «Du bist nicht bereit, Gott zu begegnen.» Namenschristentum wird nicht ausreichen. Namenschristentum mag uns hier auf Erden vor Menschen angesehen sein lassen, aber vor Gott bedeutet es gar nichts. Wir brauchen die Wirkungen des Geistes Gottes in unserem Leben, denn es ist der Geist, der lebendig macht. Wir sind so dankbar, daß wir uns mehr und mehr nach den Wirkungen des Heiligen Geistes über unser Leben, über unsere Familien und über uns als Gemeinde ausstrecken dürfen. Unsere Hoffnung vor Gott ist nicht menschliche Gelehrsamkeit. Unsere Hoffnung vor Gott ist vielmehr die, daß Gott Raum gewinnen möge in unseren Gemeinden. Möchten wir alle uns mehr dafür öffnen. Wir möchten nicht einmal von ihm hören müssen: «Du hast den Namen, daß du lebst und bist tot.»

Die Gemeinde in Philadelphia (3,7–13)

Wir lesen aus dem 3. Kapitel der Offenbarung des Johannes die Verse 7–13:

«Und dem Engel der Gemeinde in Philadelphia schreibe, das sagt der Heilige, der Wahrhaftige, welcher den Schlüssel Davids hat, der öffnet, daß niemand zuschließt, und der zuschließt, daß niemand öffnet. Ich weiß deine Werke. Siehe, ich habe vor dir eine geöffnete Tür gegeben, die niemand schließen kann, denn du hast eine kleine Kraft und hast mein Wort bewahrt und meinen Namen nicht verleugnet. Siehe, ich verschaffe, daß solche aus der Synagoge des Satans, die sich Juden nennen und es nicht sind, sondern Lügner, siehe, ich will sie dazu bringen, daß sie kommen und vor deinen Füßen niederfallen und erkennen, daß ich dich geliebt habe, weil du das Wort meiner Geduld bewahrt hast, will auch ich dich bewahren vor der Stunde der Versuchung, die über den ganzen Erdkreis kommen wird, zu versuchen, die auf Erden wohnen. Ich komme bald. Halte fest, was du hast, daß niemand deine Krone nehme. Wer überwindet, den will ich zu einem Pfeiler im Tempel meines Gottes machen, und er wird nicht mehr hinausgehen, und ich will auf ihn den Namen meines Gottes schreiben und den Namen der Stadt meines Gottes, des neuen Jerusalem, welches aus dem Himmel von meinem Gott herabkommt, und meinen Namen, den neuen. Wer ein Ohr hat, der höre, was der Geist den Gemeinden sagt.»

Das sechste Sendschreiben wurde an die Gemeinde in Philadelphia gerichtet. Philadelphia heißt Bruderliebe. Aus diesem Grund haben sich wohl auch manche Gemeinden den Namen Philadelphia gegeben. Man wünscht, daß die Bruderliebe vorhanden sei. Es fällt auf, daß Jesus in all diesen Sendschreiben – wie auch in seinem Leben und Dienst – kaum auf die äußeren Dinge der Menschen eingegangen ist. Er hat sich nicht sehr mit den weltlichen, rein menschlichen Dingen befaßt und abgegeben. Das sehen wir auch in diesem Sendschreiben. Warum ist das so? Ich glaube, es ist darum, weil er gesagt hat, sein Reich sei nicht von dieser Welt. Und im Neuen

Testament schreibt Gottes Geist durch den Apostel: «Unser Wandel ist im Himmel.»

Schauen wir uns das einmal an. Wo ist unser Wandel? Wir dürfen jetzt nicht das Wort «Himmel» im Sinne der Herrlichkeit verstehen. Mit dem Satz «Unser Wandel ist im Himmel» will die Bibel hier ausdrücken, daß wir als Kinder Gottes in einem andern Reich, auf einer andern Ebene leben – leben müßten, und daß wir uns nicht primär mit den Dingen dieses Lebens abgeben sollten. Natürlich steht in der Bibel, wer nicht arbeitet, soll nicht essen, aber unser Ziel, unser Lebensinhalt, unsere Einstellung, unser Denken, unser Trachten, sollte auf der Ebene des Geistes sein. Jesus spricht die Gemeinden an, die auf der Ebene des Geistes gelebt und gehandelt haben, nicht wie sie sich rein menschlich, äußerlich verhielten. Er wird aber auch unser aller Leben einmal danach beurteilen, wie wir – nachdem wir wiedergeboren wurden – uns im Reiche Gottes verhielten und ob wir uns seinen Gesetzmäßigkeiten unterstellt und dieselben durch die Bibel erkannt und ausgelebt haben.

Philadelphia lag ungefähr 48 km südöstlich von Sardes. Philadelphia war 180 vor Christus gegründet worden, und sie war also zur Zeit, als Johannes diesen Auftrag vom Herrn bekam, ca. 270 Jahre alt. Es war eine Stadt, die sich nicht einfach entwickelte, weil Menschen sich dort ansiedelten, sondern sie war mit dem ganz bestimmten Ziel erbaut worden, dadurch das griechische Denken, die griechische Kultur, die griechische Sprache und Lebensweise in Asien auszubreiten. Wie Sardes, wurde auch Philadelphia im Jahre 17 n. Chr. von einem Erdbeben heimgesucht, und derselbe Kaiser Tiberius ließ dann auch diese Stadt wieder aufbauen. Aus Dankbarkeit gegenüber Tiberius änderten die Stadtväter den Namen damals und nannten die Stadt eine Zeitlang Neu-Cäsarea. Später sind sie dann wieder auf Philadelphia zurückgekommen. Man politisierte also damals auch schon.

In der Gegend von Philadelphia wurde der Weinbau sehr gepflegt. Für die damaligen Verhältnisse gab es dort eine sehr große jüdische Bevölkerung. Es herrschte in dieser Stadt auch die Sitte, eine Person, die etwas Außerordentliches geleistet hatte oder in der Stadtverwaltung zu hohem Ansehen gelangt war, besonders zu ehren. Man baute ihr in einem der vielen Tempel einen Pfeiler, der von außen gut sichtbar war, und schrieb den Namen darauf. Vielleicht erinnerte sich der Herr Jesus daran und ließ ihnen darum in den Verheißungen dieses Briefes sagen, daß, wer überwindet, ein Pfeiler im Tempel Gottes sein würde. Möglicherweise besteht hier ein Zusammenhang. Jedenfalls war Philadelphia die letzte all dieser Städte, die von den Mohammedanern erobert wurde, als sie Kleinasien überrannten. Es ist auch interessant, daß nur in Philadelphia von den damaligen Christen ausgehandelt wurde, die Kirchenglokken dort weiterhin läuten zu dürfen. In all den übrigen Städten war der Islam so stark durchgedrungen, daß es nicht möglich war, Verhandlungen zu führen. Das Christentum war praktisch ausradiert worden. Aber in Philadelphia sind bis in die heutige Zeit von den 15 000 Einwohnern rund 5000 griechisch-orthodoxe Christen; und es ist die einzige der sieben Städte, in der auch jetzt noch Kirchenglocken geläutet werden. Dabei mag man sich die Frage stellen – wenn man die Geschichte verfolgt –, ob das noch eine weitere Bedeutung haben kann als nur die, daß sich die Verheißung für diese Gemeinde – die keinen Tadel hatte – doch segensreich auswirkte, indem – auch wenn das Christenleben jetzt sehr verflacht ist – heute doch noch ein kleines Zeugnis des Ehemaligen übrigblieb, was bei den andern nicht der Fall ist. Die Stadt heißt heute nicht mehr Philadelphia, sondern Allah Sehir, d. h. die Stadt Gottes, und auch die Mohammedaner nennen sie so.

Dieser Gemeinde, die ja auch in der damaligen Zeit in dieser Stadt vorhanden war, schrieb der Herr Jesus den Brief, und er stellte sich ihr vor als der Heilige. Das ist ganz markant und interessant. «Das sagt der Heilige.» Wir sehen hier, daß Jesus gleich von allem Anfang an von der Absonderung spricht und was Heiligung bedeutet. Die Bibel sagt, ohne Heiligung werde niemand den Herrn sehen. «Ich bin heilig und ihr sollt heilig sein.» Das sagt der Heilige, der Wahrhaftige oder der wahre Gott. Hier müssen wir daran denken, daß der Wahrhaftige im Gegensatz zum Lügner, zum Unwahren, steht. Der Teufel ist der Vater der Lüge. Beim Lesen hauptsächlich des Neuen Testaments fällt auf, daß Jesus und auch Gottes Geist es voraussetzt und es oft betont, daß sich der Mensch zwischen diesen beiden Kräften und Mächten zu entscheiden hat. Dabei sei es gar nicht wichtig, wie der Mensch über die irdischen Dinge denke. Wichtig sei vielmehr, daß er sich in bezug auf den Wahrhaftigen, wie auf den Lügner, richtig entschließt und entscheidet. Es ist bedauerlich, daß die Augen so vieler Menschen verblendet sind und daß sie das nicht wahrhaben wollen. Es geht Gott nicht in erster Linie um diese Erdenzeit. Die Bibel spricht davon, daß diese Erde einmal erneuert wird, und was Gott neu macht, wird sicher wunderschön sein. Aber Gott geht es vielmehr darum, den Menschen, der für ihn geschaffen wurde, für den Wahrhaftigen zu gewinnen, daß er ihm nachfolge und ihm diene. Darum stellt er sich dieser Gemeinde vor als der Heilige, der Wahrhaftige, der die Schlüssel Davids hat. Jesus hat also die Schlüssel zu allen Verheißungen des Hauses Davids. Wir haben hier nicht den nötigen Raum, um über all die wundervollen Verheißungen des Hauses Davids zu reden, zu welchen Jesus den Schlüssel hat. Diese Aussage, auf die er sich bezieht, finden wir in Jesaja 22. All das, was das Haus Davids repräsentiert, ist nun Jesus unterstellt. Er hat die Schlüssel, und er sagt, daß, wenn er öffnet, niemand schließen, und wenn er schließt, niemand öffnen kann. Er ist also souverän, er ist der Allmächtige, und ich bin überzeugt, er will damit andeuten, daß er deshalb unsere ganze Hingabe haben möchte. Es ist notwendig, daß wir Menschen von ihm geführt und geleitet werden und daß wir unser Leben ganz unter seine Herrschaft stellen. Wo er öffnet, da haben wir durchzugehen, und wo er schließt, müssen wir es respektieren. Er läßt uns sagen, daß nicht wir es sind, die die Möglichkeiten schaffen, er ist es; und nicht wir sind es, die zuschließen, er ist es. Wir sehen hier die unbedingte Notwendigkeit, vermehrt von ihm abhängig zu sein. Dabei möchte ich kurz auf etwas hinweisen: In unseren Tagen ist der Zeitgeist, daß der Mensch unabhängig sein soll, viel stärker und massiver aufgetreten als je zuvor. Autonom, ein moderneres Wort für unabhängig, bedeutet doch nichts anderes. Auf der andern Seite zeigt uns Jesus im ganzen Neuen Testament, es wird auch im Alten Testament vielfach angekündigt und darauf hingewiesen, daß der Mensch nicht autonom sein kann. Der Mensch muß abhängig sein, und er ist es auch. Entweder ist er vom Heiligen und Wahrhaftigen oder vom Lügner abhängig. Es gibt kein Dazwischen. Ich möchte uns allen zurufen, daß wir in der Abhängigkeit von Jesus bleiben und daß wir erkennen und uns dessen bewußt sind, daß wir ihn für alle Dinge brauchen, sowohl für die kleinen wie auch für die großen. Er sagte: «Ich habe die Schlüssel in der Hand; ich öffne, ich schließe, ich bin es.» Nachdem er sich der

Gemeinde in Philadelphia so vorgestellt hatte, gab er ihr eine Botschaft. Es ist schön, daß hier, ähnlich wie bei der Gemeinde in Smyrna, kein Tadel gegeben wurde. «Ich weiß deine Werke.» Gott weiß wirklich, was wir tun. Er weiß nicht nur, was wir in unserem Verhältnis zu ihm tun, er kennt unser ganzes Leben und unser Denken durch und durch. Er weiß, was wir tun. Die Bibel zeigt uns, daß Gott von allen Dingen Notiz nimmt. Im Alten Testament sagt der Prophet, daß Gott ein Gedenkbuch macht und die Dinge aufschreibt. Und denken wir ja nicht, daß es für ihn zu schwierig wäre, über jeden Menschen Buch zu führen. Sogar wir Menschen haben ja heute schon diese Möglichkeit. Wir können auf einen Knopf drükken und alles über uns ablesen, was wir gerne wissen wollen. Und sehr wahrscheinlich ist über jeden von uns schon viel gespeichert. Für Gott ist eine solche Kontrolle nicht schwer, und nur, wenn unser verkehrtes Tun durch das Blut Jesu ausgetilgt ist, verschwindet es aus den Büchern Gottes. Gott sei Dank, daß diese Möglichkeit besteht. «Ich weiß deine Werke.» Dann sagt Gott, er habe uns eine geöffnete Tür gegeben. Auch in Philadelphia hat der Herr eine Tür aufgetan. Da war die Tür, die Jesus selbst ist. Diese Tür hat er für alle Menschen geöffnet. Glauben wir das? Jesus Christus ist die Tür zu Gott für jedermann, aber eine Tür hilft uns nicht, wenn wir nicht durch sie hindurchgehen. Auch wenn die Tür vorhanden ist, bleiben wir doch auf der andern Seite stehen, wenn wir nicht durch sie hindurchgehen. Es ist eine Tatsache, daß durch die Sünde eine Mauer zwischen Gott und dem Menschen besteht. Die Menschen sind allzumal Sünder und ermangeln des Ruhmes der Herrlichkeit, den sie bei Gott haben sollten. Diese Mauer ist da, und kein Mensch, auch kein Christ, kann sie abbrechen. Aber Gott hat in Jesus Christus eine Tür für diese Mauer gegeben, jetzt müssen wir durch diese hindurchgehen. «Ich habe eine geöffnete Tür gegeben.» Wenn Menschen einmal vor Gott stehen werden – und wir alle werden vor ihm stehen –, sagt uns die Bibel, daß jene, die nicht gerettet sind, auf tausend Fragen keine Antwort wissen werden. Dann wird Gott ihnen sagen, daß die Tür geöffnet war in Jesus Christus. Sind wir schon hindurchgegangen? Mir scheint es, daß Jesus sich noch auf eine andere Tür beziehen wollte, nämlich auf die Tür der Möglichkeit für missionarische Tätigkeit, auf die Möglichkeit, Menschen zu ihm zu führen. Die Gemeinde zu Philadelphia ist kirchengeschichtlich gesehen in der Zeitspanne, die auf die Zeitspanne der Gemeinde von Sardes folgt, in welcher ein Christentum herrschte, das sich nur so nannte, ohne Leben aus Gott zu haben. Nach der Reformation wurde – im reformiert evangelischen Sinn – wiederum zwangsläufig christianisiert, so daß sich viele Christ oder Christin nennen konnten, ohne Leben aus Gott zu haben. Wie wir aus der Kirchengeschichte ersehen, gab es dann eine Zeit, in welcher die Erweckungsbewegungen aufkamen – und damit kam auch das Missionsverständnis der Gemeinde wieder. Es ist schwer zu begreifen, daß durch die Jahrhunderte hindurch zwar zwangsläufig christianisiert, aber nicht missioniert wurde. Erst durch das Aufbrechen der Erweckungsbewegungen haben wir – heilsgeschichtlich gesehen – Philadelphia wieder, und dieses Philadelphia bleibt bestehen, bis Jesus wiederkommt. Parallel dazu besteht – kirchengeschichtlich gesehen – auch die Gemeinde von Laodicea weiter bis Jesus kommt. Aber für die Missionsarbeit hat Jesus eine offene Tür gegeben. Das war für die Leute in Philadelphia maßgebend. Sie haben diese Tür benutzt und für Jesus gewirkt. Die Philadelphiagemeinde ist eine Gemeinde der Mission und des Wirkens nach außen. Die Pfingstgemeinden zum Beispiel sind relativ jung, etwas jünger als viele andere Erweckungsbewegungen, aber es gibt kaum andere Gemeinschaften, die nur annähernd so viele Missionare ausgesandt haben wie die Pfingstbewegung. Und was erleben wir heute? Die stärksten protestantischen Kirchen in der Dritten Welt sind Erweckungsbewegungen. «Ich habe dir eine offene Tür gegeben.» Gott sei Dank, daß wir im In- und Ausland Missionsarbeit tun dürfen. Wir wollen sie fortsetzen und die offene Tür ausnützen. Es ist Jesus, der diese Gemeinde ermuntert und sieht, was sie getan hat. Wir mögen denken, unser Beitrag an die Missionsarbeit im In- und Ausland sei gering, aber Jesus sieht, was wir tun. Und wie er von unserem Leben, von unserem Handeln und Tun Notiz nimmt, so achtet er noch viel mehr auf das, was wir aus Liebe für ihn tun. Wenn wir dann eines Tages vor dem Preisrichterstuhl Jesu stehen, werden viele von uns fragen: «Herr, wann habe ich das getan? Wann?» Und wenn es nur ein Becher kalten Wassers ist, sagt der Herr, in seinem Namen dargereicht, nimmt er davon Notiz. «Ich habe dir eine offene Tür gegeben», und er will damit sagen, daß du diese Tür benutzt hast. Ich glaube, daß Gott uns auch hier in dieser Stadt eine offene Tür gegeben hat und daß er will, daß auch in unserer Stadt noch viele Menschen zu ihm hinfinden. Er will, daß wir die Gelegenheit wahrnehmen, um unseren Mitmenschen das Evangelium von Mann zu Mann, von Frau zu Frau oder im persönlichen Gespräch auf eine Art und Weise zu bringen, daß sie zu Gott hingezogen werden. Viele haben zunächst Angst, in die Gemeinde zu kommen. Aber sie haben nicht Angst, in unser Haus zu kommen. Wir sollten die offenen Türen, die Möglichkeiten, die Gott uns gegeben hat, ausnutzen, damit er zum Ziele kommen kann, auch wenn es für uns ein Umdenken bedeutet, oder es eine Methode ist, die wir bis jetzt nicht benutzt haben. «Ich habe dir eine offene Tür gegeben!» sagt Gott – auch hier in unserem Land und in unserer Stadt. Ich hoffe sehr, daß der Herr dieses Zeugnis über unser aller Leben und über unsere Gemeinde geben kann. «Ich weiß deine Werke» – du hast die offene Tür benutzt. Dann sagte der Herr, du habest eine kleine Kraft. Aber Gottes kleine Kraft reicht aus, um dem Feind zu widerstehen, um siegreich zu leben. «Ihr werdet Kraft empfangen, wenn der Heilige Geist auf euch gekommen ist.» Wir haben den Geist nicht in der gleichen Fülle wie Jesus. Er hatte den Geist in seiner ganzen Fülle, aber wir haben ihn abgemessen. Eine kleine Kraft, aber wir haben sie. Merken wir, wie wichtig es ist, erfüllt zu sein mit Heiligem Geist? Weiter sagte Gott, du habest das Wort bewahrt. Hier sehen wir nun den Maßstab – die Treue zum Wort. «Himmel und Erde werden vergehen, aber meine Worte werden nicht vergehen», sagt Jesus. Ganz gleich, was die modernistische Theologie davon hält, Gottes Wort bleibt so, wie er es gesagt hat. Die Wahrheiten der Bibel treffen für uns Menschen heute genauso zu wie eh und je, weil Gottes Wort seine Botschaft aus seinem Reich für unser Leben ist und er uns in sein Reich hineinführen will.

Wir Menschen können und dürfen nicht das Gesetz Gottes verändern. Und darum ist der Maßstab: Treue zum Wort. In den Sendschreiben haben wir es verschiedentlich anders gesehen. Wo vom Worte abgewichen wird, kommen Irrlehre und Verführung hinein, und das bewirkt Tadel. Dort heißt es dann, wenn sie nicht Buße tun, dann wird er über sie kommen. Weiter sagte der Herr Jesus: «Du hast meinen Namen nicht verleugnet» – weder durch Wort noch durch Tat. Sie haben sich auch unter Hohn und Spott zu ihm bekannt. Als Jesus zu dieser Gemeinde sprach, erwähnte er etwas Interessantes, nämlich: Ihre Feinde werden eines Tages innewerden und es zugeben müssen, daß sie die Wahrheit hatten. Er sagte, daß bei ihnen in Philadelphia es die Juden seien, die in Wirklichkeit gar keine Juden sind, sich nur so nennen. Denn nur der ist ein Kind Abrahams, der es im Geiste, im Glauben und nicht dem Fleische nach ist. Heute erleben wir dasselbe von den Namenschristen. Wir werden verlacht und als fundamentalistisch hingestellt. Damit meint man aber Leute, die nicht ernst zu nehmen und rückständig sind. Über Fundamentalisten wird geschrieben, daß sie zurückgeblieben seien; sie hätten die Entwicklung nicht ganz mitgemacht, es fehle ihnen etwas und eigentlich könnten sie einem leid tun. Doch am liebsten möchte man sie nicht haben, weil sie doch hin und wieder den Menschen ins Gewissen reden. Werden wir da nicht verkannt? Aber es wird nicht immer so bleiben, wie es ist. Ich mußte an die Worte denken, die Jesus, während er noch auf der Erde war, gesagt hat, als er von der kleinen Herde sprach: «Ihr habt eures Vaters Wohlgefallen erlangt.» Auch die Gemeinde in Philadelphia bildete eine Minderheit in der Stadt, und – sowohl die jungen als auch die älteren Leute – sie wurden verkannt, verspottet und waren verpönt. Jesus weist aber darauf hin, daß es nicht immer so bleiben wird und daß der Tag kommt, wo wir von allen anderen Leuten erkannt werden als diejenigen, die die Wahrheit hatten. Dann sagte er: «Ich werde euch vor der Stunde der Versuchung bewahren.» Hier sehen wir nun etwas sehr Wichtiges. Der Herr Jesus läßt die Seinen, die ihm treu sind, nicht aus den Augen. Diese Wahrheit hat er nur der Gemeinde in Philadelphia, und keiner anderen, gesagt. Er würde sie vor der Stunde der Versuchung bewahren. Im Laufe der Betrachtung der Offenbarung werden wir später noch darauf kommen, daß dies nicht auf jeden zutrifft, der sich Christ nennt oder der gar wiedergeboren ist, sondern nur für diejenigen, die das Merkmal der Philadelphia-Christen aufweisen.

Damals herrschte eine Situation, in der Gott die Gemeinde in Philadelphia bewahrt hat, aber darüber hinaus deutete der Herr Jesus hier auf die große Trübsalszeit hin, die – wie er selbst in Matthäus 24 in den Versen 21–24 erwähnt – über die ganze Erde kommen wird. Er spricht davon, daß die Gemeinde, die den Charakter der Gemeinde in Philadelphia hat, vor dieser großen Trübsalszeit bewahrt werde, und er sagt ihr auch: «Ich komme bald!» Die Gemeinde soll sich dessen bewußt werden, daß Jesus bald kommen wird.

Ich erwähnte schon, daß die Missionsarbeit durch das Auftreten der Erweckungsbewegungen sehr stark in den Vordergrund getreten ist. Der Gedanke der Wiederkunft Jesu ist aber eigentlich erst später ganz markant hervorgehoben worden. Jesus kommt bald! Wir singen es in Liedern, wir hören es in Predigten und lesen es in Büchern, und das hat seinen Grund darin, weil wir in einer Zeit leben, in welcher viele Menschen auf dieser Erde sind, die den Charakter der Philadelphia-Christen haben. Sie sind dem Worte Gottes gegenüber treu, haben den Namen des Herrn nicht verleugnet und haben eine kleine Kraft. Sie dienen dem Herrn auch unter Spott und Hohn seitens ihrer christlichen Umgebung – die den Namen hat, daß sie lebt und doch tot ist – und verkündigen die Botschaft: Jesus kommt bald.

Nicht jeder, der diese Botschaft verkündigt, hält sich in allen Dingen an Gottes Wort, aber es ist eine Botschaft, die uns zeigt, daß wir am Ende unseres Zeitalters angelangt sind. Wie bereits erwähnt, läuft parallel zu der Gemeinde, die den Charakter der Philadelphia-Christen hat, auch die Laodicea-Gemeinde – ebenfalls bis zur Wiederkunft Jesu. Was Jesus über diese Gemeinde sagt, werden wir im nächsten Kapitel sehen. Wir kennen den Grundcharakter der Lauheit, aber uns sollte vielmehr interessieren, daß wir zu denen gehören, die in der Kraft Gottes dastehen, an der Treue zum Wort festhalten und den Namen Jesu bekennen. Denen gibt Gott eine Verheißung: «Die überwinden, die werde ich zu Pfeilern im Tempel meines Gottes machen.» Was ist der Tempel Gottes? Der Tempel Gottes ist die Gemeinde und der Pfeiler war das tragende Element mit einer wichtigen Funktion in diesem Gebäude. Jesus sagt, wer überwinde, werde in seinem Reich etwas Wichtiges werden. Es geht also um die Zubereitung für das kommende Königreich Christi; und wer überwindet, wird – im Gegensatz zu Luzifer, der eines Tages aus dem Tempel und dem Reich Gottes ausgestoßen wird – nicht mehr hinausgehen. Er wird bei Gott bleiben für alle Zeit und Ewigkeit. Dann sagt Jesus weiter, er werde ihm den Namen Gottes, den Namen der Stadt Gottes und seinen Namen, den neuen, auf die Stirn schreiben. Es wird ein wundervoller Tag werden, wenn Jesus den neuen Namen bekommt, der jetzt für ihn noch aufbewahrt wird. Er hat viele Namen, aber die Bibel lehrt uns, daß da ein neuer Name ist, der ihm dann erst gegeben wird. Dann läßt er uns wissen, daß wir alle – wenn wir überwinden – diesen Namen auch bekommen werden. «Es ist noch nicht erschienen, was wir sein werden, aber wenn er erscheinen wird, werden wir ihm gleich sein.» Dieser neue Name bedeutet Eigentum Gottes, Gleichsetzung Jesu. Ich glaube, daß wir uns viel weniger um Dinge, die ohnehin vergehen, kümmern würden und uns viel mehr auf die Dinge, die in Ewigkeit Bestand haben, ausrichten, wenn wir nur erahnen könnten, was Gott für die bereitet hat, die ihn lieben. Es ist ganz gleich, was Menschen von uns denken, denn niemand von uns bleibt ewig auf der Erde. Jesus sagt, daß wir leben, um uns für sein Reich vorzubereiten. Darum: «Wer Ohren hat, der höre, was der Geist den Gemeinden zu sagen hat.» Hören wir das? Verstehen wir, was Gott sagen will? Begreifen wir, was Jesus meint? Haben wir ein geistliches Verständnis? Wenn nicht, dann laßt uns Gott, den Vater, bitten, uns den Geist der Weisheit und der Offenbarung zu schenken, in der Erkenntnis seiner selbst, damit wir anfangen, die Dinge, die Ewigkeitswert haben, wahrzunehmen. Man kann dieselben nämlich mit dem rein natürlichen Menschenverstand gar nicht recht erfassen, denn man muß dazu von neuem geboren sein, geistliches Leben haben und geistliches Verständnis besitzen. Aber: «Wer Ohren hat, der höre.»

Wir leben in einer Zeit – weltweit gesehen –, in der der Herr dabei ist, sich die Philadelphia-Gemeinde zu bereiten, die Gemeinde, die unscheinbar ist, die eine kleine Kraft und keinen großen Namen hat, die Verkennung erlebt, die aber dem Worte Gottes treu ist, den Namen Jesu Christi bekennt und die Werke der Liebe verrichtet.

Laßt uns unser Leben vermehrt ihm hinlegen und unter seine Herrschaft stellen. Er kommt bald und er will uns bewahren. Werden wir alle dabeisein? Wir sagen, wir seien Christen. Jawohl. Aber wie steht es in unserem Leben? Haben wir die Kraft Gottes? Ist die Treue zum Wort, zum Namen Jesu Christi da? Wir werden im Laufe des Studiums der Offenbarung sehen, wie herrlich es für jene wird, die mit Jesus gehen werden, wenn er kommt, um sie vor der Stunde der Versuchung dieser Erde zu bewahren. Dazu sollte jeder von uns gehören.

Die Gemeinde in Laodicea (3,14–22)

Nun sind wir beim 7. Sendschreiben angekommen und lesen im 3. Kapitel der Offenbarung die Verse 14–22:

«Und dem Engel der Gemeinde in Laodicea schreibe, das sagt der ‹Amen›, der treue und wahrhaftige Zeuge, der Ursprung der Schöpfung Gottes. Ich weiß deine Werke, daß du weder kalt noch warm bist. Ach, daß du kalt oder warm wärest. So aber, weil du lau bist und weder kalt noch warm, werde ich dich ausspeien aus meinem Munde, denn du sprichst: ich bin reich und habe Überfluß und bedarf nichts, und weißt nicht, daß du elend und erbärmlich bist, arm, blind und bloß. Ich rate dir, von mir Gold zu kaufen, das im Feuer geglüht ist, damit du reich werdest, und weiße Kleider, damit du dich bekleidest und die Schande deiner Blöße nicht offenbar werde, und Augensalbe, um deine Augen zu salben, damit du sähest. Welche ich liebhabe, die strafe und züchtige ich. So sei nun fleißig und tue Buße. Siehe, ich stehe vor der Tür und klopfe an. Wenn jemand meine Stimme hört und die Tür öffnet, so werde ich zu ihm hineingehen und das Nachtmahl mit ihm einnehmen und er mit mir. Wer überwindet, dem will ich geben, mit mir auf meinem Thron zu sitzen, wie auch ich überwunden habe und mit meinem Vater sitze auf seinem Thron. Wer ein Ohr hat, der höre, was der Geist den Gemeinden sagt.»

Die sieben Gemeinden, von denen im zweiten und dritten Kapitel der Offenbarung die Rede ist, hatten – sowohl was die Zeit als auch was die Arbeiter und die Lehre anbelangt – gewissermaßen alle einen gleichen Anfang. Wahrscheinlich waren es die Mitarbeiter des Paulus, nämlich Timotheus, Markus, eventuell gar Lukas und auf alle Fälle Epaphras, die – während Paulus sich in Ephesus befand – dort gearbeitet haben und die dann auch nach Laodicea gekommen sind. Als Mitarbeiter des Paulus besaßen sie eine geistliche Ausrichtung, und sie hatten auch die Gemeinden von allem Anfang an auf das Wichtigste, d. h. auf das Geistliche, hingewiesen. Diese Gemeinden hatten nicht nur allein die mündliche Lehre bekommen, sondern sie hatten auch sehr frühe ein Schriftstück oder eine Schriftrolle mit einer klaren, gottausgerichteten Botschaft über das Verhalten der Gotteskinder. Paulus schrieb um das Jahr 58 bis 60 an die Gemeinde in Kolossä und auch an jene in Laodicea, und die Bibel berichtet uns, daß er sich um beide Gemeinden sehr kümmerte. Der Brief an die Kolosser sollte auch in Laodicea gelesen werden, und das ist wahrscheinlich auch geschehen. Wir finden in Kolosser 2,1 und dann wieder in Kolosser 4,13 und 16, daß Paulus in seinem Brief an die Kolosser Grüße an Laodicea mitgibt und Epaphras erwähnt, der sich sehr um die Laodiceer bemüht und innerlich für sie gerungen hat. Ich will damit sagen, daß alle Gemeinden von Anfang an aus biblischer Sicht gut gegründet waren, gut belehrt wurden und bereits durch Gottes Geist inspirierte Schriften in ihren Händen hatten, so daß sie nicht nur auf das gesprochene Wort angewiesen waren. Hier möchte ich auf einen Gedanken aufmerksam machen: Kaum 35 Jahre, nachdem Paulus diese Briefe geschrieben hatte, sehen wir, wie total verschieden die Gemeinden – die alle einen guten Anfang hatten – inzwischen in ihrer Entwicklung geworden sind. Wenn uns irgendein Brief interessieren sollte, dann ist es dieser Brief an die Gemeinde zu Laodicea. Warum sage ich das? Das ist der Brief, der für die Gemeinde der Endzeit gilt – und wir leben in der Endzeit. Alle Christen sollten sich sowohl den Brief an die Gemeinde in Laodicea als auch jenen an die Gemeinde in Philadelphia vor Augen halten und fleißig forschen, was der Herr uns sagt, denn die Entwicklung der Gemeinden Philadelphia und Laodicea läuft parallel bis zur Wiederkunft Jesu.

Die Stadt Laodicea lag ca. 50 km östlich von Ephesus und etwas südlich von Philadelphia. Laodicea war wahrscheinlich die wohlhabendste aller damaligen Städte. Als Beweis dafür sehen wir, daß diese Stadt, als auch sie – ungefähr im Jahre 60 – durch das Erdbeben zerstört wurde, jegliche Hilfe von Rom ablehnte. Sie verfügten über genügend finanzielle Mittel, um die Stadt selbst wieder aufzubauen. Auf den Hügeln um Laodicea herum gab es Heilquellen, und die Leute kamen von sehr weit her, um das warme Wasser aus jenen Heilquellen zu trinken. Es wurde von den Priestern verkauft, was ein wunderbares Geschäft und eine herrliche Einnahmequelle darstellte. Dieses Wasser wurde auch benutzt, um mit Heilkräutern eine Augensalbe herzustellen, und Laodicea war bekannt als die

Stadt, in welcher eine wunderbare Augensalbe produziert wurde. Darüber hinaus war Laodicea auch wegen der Produktion hervorragender Kleider, besonders aus Wolle, sehr berühmt. In dieser Stadt war auch der Goldhandel am Blühen, und wir können sagen, daß es gewissermaßen das London Englands oder das Zürich der Schweiz war. Es war dort auch ein riesiges Theater, viel größer als alle Tempel und viel größer, als man üblicherweise eine Sportarena baute. Laodicea bedeutet «Rechtsprechung des Volkes», «Volksrecht» oder «das Volk bestimmt». Man gewinnt den Eindruck, daß das auch in die Gemeinde hineinkam und daß sie schließlich und endlich sowohl in der Führung als auch in der geistlichen Ausrichtung so wurde, wie das Volk es wünschte. Man predigte, wie es den Leuten angenehm war, und das Volk bekam recht. Dieser Gemeinde, die wohlgemerkt einen guten Anfang gehabt hatte und die Schriften des Paulus besaß, stellte sich nun Jesus in dem an sie gerichteten Schreiben vor, indem er sagte: «Ich bin der Amen.» Nirgends sonst in der Schrift finden wir, daß der Herr Jesus sich den Namen «Amen» gibt. Amen heißt: Es geschehe, so ist es. Was will der Herr Jesus damit ausdrücken? So ist es, was er sagt, geschieht. «In ihm», schrieb Paulus an die Korinther, «ist das Ja und ist das Amen.» Jesus sagte also, was er spreche, das stimme. Das galt dieser Gemeinde, es gilt aber auch uns. Merken wir, daß er immer recht hat. Auch wir müssen erkennen: Gott hat immer recht. Je mehr wir uns dessen bewußt werden, desto besser ist es. Er hat immer recht. Er ist das Amen. Dann sagte er: «Ich bin der treue und wahrhaftige Zeuge.» In einem andern Brief heißt es: «Ich bin der Treue und Wahrhaftige», aber hier nannte er sich der treue und wahrhaftige Zeuge. Was hat das zu bedeuten? Was er rede, kommt nicht von ihm. Er redet, wie er es gehört hat. Er tut, was er gesehen hat. Es kommt nicht von ihm. Im dritten Kapitel seines Evangeliums bezieht sich Johannes auf genau dasselbe, und er drückt es in Vers 32 so aus: «Er bezeugt, was er gesehen und gehört hat, und sein Zeugnis nimmt niemand an. Wer aber sein Zeugnis annimmt, der bestätigt, daß Gott wahrhaftig ist.» Jesus spricht: «Ich bin der treue und wahrhaftige Zeuge. Ich rede, was ich gehört habe, ich tue, was ich gesehen habe, und was ich sage, das geschieht.» Weiter sagt er: «Ich bin der Ursprung der Schöpfung.» Alles, was da ist, ist durch ihn geschaffen. «Am Anfang war das Wort, und das Wort war bei Gott, und Gott war das Wort.» Dann heißt es weiter: «Alles, was geschaffen ist, ist durch ihn geworden.» Er ist der Ursprung der Schöpfung. In den Schulen und sogar in den Kindergärten, bis hinein in viele Kirchen, hören wir heute soviel von Evolution. Und nun sagt der Herr Jesus: «Ich bin der Ursprung der Schöpfung.» Wenn wir als Fundamentalisten angesehen werden, so werden wir oftmals verlacht. Man sieht heute einen Menschen, der an die Schöpfung und an das geschriebene Wort glaubt, als unterentwickelt und rückständig an, und es würde mich nicht wundern, wenn wir eines Tages als unterentwickelte Menschen in gewisse Institutionen eingeliefert werden. «Ich bin der Ursprung der Schöpfung.» Laßt uns daran denken: Er hat immer recht, und er hat es nicht nötig, von uns Menschen bewiesen zu werden – aber wir benötigen seine Unterstützung. Wem stellt sich Jesus so vor? Der endzeitlichen Gemeinde. Wir müssen immer daran denken, daß er hier sowohl die Gemeinde ansprach, zu der er direkt redete, als auch diejenige, die er in ihrer endzeitlichen Spanne ansprechen wollte. Uns Menschen in der letzten Zeit vor seiner Wiederkunft präsentiert er sich als der Ursprung der Schöpfung. Er wußte, was kommen würde und welche Theorie die Menschen entwickeln würden. Ich möchte alle ermutigen, dem Worte Gottes zu glauben, denn es ist vertrauenswürdig.

Nachdem er sich der Gemeinde so vorgestellt hatte, beurteilte er sie und sagte: «Ich weiß deine Werke, daß du weder kalt noch warm bist. Ach, daß du kalt oder warm wärest. So aber, weil du lau bist und weder kalt noch warm, werde ich dich ausspeien aus meinem Munde.» Daraus geht hervor, daß die Gemeinde nicht immer so war und daß eine Abwärtsentwicklung stattgefunden hat. Sie war einmal anders gewesen. Wir wissen, daß so etwas nie plötzlich geschieht. Der Teufel kommt nicht zu uns – wenn wir an der Bibel festhalten –, indem er uns sagt, die Schöpfung sei Lüge. Das ist eine Entwicklung, die ganz allmählich geschieht. Zunächst kommen wir dahin, daß wir anfangen, mit unserem Verstand überlegen zu wollen; wir kommen dahin, daß unser Verstand alles ergründen und begreifen sollte, und sehr wahrscheinlich haben wir einen Kampf in unserem Herzen, weil Gottes Geist in uns lebt und uns vor Irrwegen bewahren möchte. Aber je mehr der Mensch sich auf den Verstand ausrichtet, desto mehr kommt er vom Wege Gottes ab. Allmählich wird er dann blind und taub, und er kann nur noch menschlich denken. In dieser Gemeinde hat eine Abwärtsentwicklung stattgefunden. Nun erwähnt der Herr Jesus drei geistliche Stellungen. Er spricht von jemandem, der kalt, heiß und lau ist. Kalt ist jemand, der noch nicht im Reiche Gottes ist. Heiß ist die Situation eines Menschen, nachdem er Buße getan, sich zu Jesus bekehrt, ein Heilserlebnis gemacht hat und von neuem geboren wurde – wobei in seinem Geiste etwas geschah und Gott ihm groß geworden ist. Er bekommt dann plötzlich ein geistliches Verständnis für Gott, Jesus und das Heil. Wenn ihn jemand fragt, worauf er sich gründet, warum er so denkt, antwortet er, er wisse, daß sein Erlöser lebt, er wisse es aufs allergewisseste, daß er ein Kind Gottes geworden sei und daß Jesus in ihm wohne. Heiß – kennen wir diesen Zustand? Verbunden mit Jesus, in inniger Gemeinschaft mit Gott, dem Vater. Aber dann sagte Jesus, daß es nicht so bei ihnen sei. Sie sind weder heiß, noch sind sie Menschen, die Gott nicht kennen, sondern ihr Zustand sei lau. Und lau wird ja durch eine Mischung von kalt und heiß hervorgebracht. Hier spielte der Herr Jesus allerdings auf etwas an, das die Laodiceer sehr gut kannten: Sie hatten ja Heilquellen, die, wie Tacitus uns berichtet, an ihrer Mündung heißes, mineralhaltiges Wasser lieferten, das als Arznei getrunken wurde. Es hatte einen angenehmen Geschmack, war wohltuend, und viele bezeugten, daß sie davon Heilung erfahren hatten. Und hier spricht Jesus, ihr seid nicht so heiß. Aus der Geschichte wird uns eine Eigenart dieser Quelle übermittelt. Wie bei jeder andern Quelle floß dieses Wasser, nachdem es aus dem Berg hervorkam, abwärts, und es wird uns berichtet, daß es nach einer Strecke von ca. 2 km und einem Höhenunterschied von etwa 150 m nur noch lau war. Leute, die den Berg nicht hinaufsteigen und das Wasser, ohne es zu bezahlen, hier trinken wollten, erlebten, daß es nicht mehr heiß, sondern nur noch lau war und einen ganz ekelhaften Geschmack hatte. Sie konnten es nicht mehr trinken und mußten es wieder ausspeien. Wahrscheinlich war durch irgendeinen chemischen Prozeß bei der Abkühlung etwas entstanden, das einen furchtbaren Geschmack hervorrief. Interessant ist, daß dieses Wasser, wie uns Tacitus berichtet, als es weiterfloß und unten kalt wurde, wieder genießbar wurde. Die Laodiceer wußten, was Jesus damit meinte: Genießbar – aber ohne Wirkung. Verstehen wir das? Das ist ein Unterschied. Der Herr Jesus sagte von denen in Laodicea und von denen der letzten Zeit vor seiner Wiederkunft, sie glichen solchem Wasser, das nicht nur ungenießbar war, sondern das man sogar ausspucken mußte. Wißt ihr, ich habe mir überlegt, daß es tatsächlich nichts Schlimmeres gibt als einen lauen Christen – wirklich. Ein Christ, der brennt, eine Christin, die brennt, mögen mißverstanden werden, aber sie haben eine positive Ausstrahlung. Dagegen taugt ein Christ, der lau ist, weder für Gott etwas noch für die Welt, und viele laue Christen sind die Ursache, weshalb die Welt nichts vom Christentum wissen will. Und hier spricht der Herr Jesus davon, daß viele Menschen sich in dieser Situation befinden werden und dabei noch meinen, sie hätten alles. Ihre falsche Selbsteinschätzung: «Ich bin ja reich, ich habe alles», verführt sie, aber Jesus zeigt uns, daß er anders denkt. Er sagte dieser Gemeinde, und das gilt auch den Menschen in unseren Tagen: «Ich rate dir, kaufe Gold von mir.» Schon in Laodicea wurde das Gold vermischt. Es ist also nicht eine Erfindung unserer heutigen Zeit. Das Gold wurde gemischt und sah, wenn es verkauft wurde, auch wie Gold aus. Wenn es dann aber geschmolzen wurde, stellte man fest, daß darin viele Unreinigkeiten und andere Dinge enthalten waren, die man beigemischt hatte, um das Gold zu strekken. Aber der Herr Jesus sagte: «Kaufe du Gold von mir.»

Wir alle werden einmal geläutert werden und – wie das Gold – eine Feuerprobe durchmachen müssen. Paulus schreibt, daß es durch das Feuer offenbar werden wird, was wir mit unserem Leben gemacht haben. Das Feuer wird es hervorbringen, ob das Christentum eines jeden von uns echt war oder ob es mit Weltlichkeit vermischt gewesen ist. Und nur, wenn unser Christentum echt ist, werden wir vor Gott bestehen können. Jesus sagte: «Kaufe Gold von mir, das im Feuer geläutert ist.» Was ist denn dieses Gold? Es ist nichts anderes als das vom Geist Gottes Gewirkte in uns allen. Gottes Geist muß in jedem von uns etwas bewirken, Gottes Geist muß neues Leben in uns schaffen, er muß in uns allen die Heiligung bewirken. Gottes Geist muß uns erfüllen, das Gottgewirkte muß in uns zur Realität werden und zu geistlichen Erfahrungen führen. Aus der Bibel sehen wir, daß es einmal offenbar werden wird, ob dem so ist oder nicht. Darum kaufe dir Gold von ihm. Mit anderen Worten heißt das: Achte darauf, daß du echt bist, nicht lau. Weiter sagte der Herr Jesus: «Komm, kaufe dir weiße Kleider, damit du die Blöße deiner Schande zudecken kannst. Vor mir stehst du und vor mir siehst du ganz anders aus; ich muß dich gerechtsprechen, ich muß dich bekleiden mit dem Kleid der Gerechtigkeit, nicht du. Kaufe dir Augensalbe.» Die Salbe von Laodicea konnte nicht heilen, das wußte man, sie linderte nur den Schmerz. Aber der Herr Jesus sagte: «Kaufe dir Augensalbe von mir, damit du geistlich sehend wirst, damit deine Augen geöffnet werden.» Das heißt mit andern Worten: Komm zu ihm. Wie war denn die Situation in Laodicea? Es ist auffallend, daß viele der negativen Dinge, die der Herr Jesus bei andern Gemeinden vorfand und sie deswegen ermahnte, bei dieser Gemeinde nicht vorhanden waren. Sie hatten keine Lehre der Nikolaiten, auch nicht diejenige von Isebel, und viel Negatives existierte dort nicht. Sie hatten es verstanden, all diese Dinge fernzuhalten, aber sie brannten nicht für Jesus. Sie waren lau geworden, nur noch halb hingegeben und nur noch halb begeistert von ihrem Herrn. Sie lebten in einer scheinbaren Frömmigkeit dahin, ohne geistliche Eigenschaften und geistliches Leben zu besitzen. Der Herr Jesus zeigt uns auch, was die Ursache dafür war. Sie hatten ihn draußen gelassen, sowohl aus ihrem Leben als auch aus ihrer Gemeinde. Er war nicht ihr Herr geworden, und sie hatten mit ihm auch nicht die Herzensgemeinschaft, die wir unbedingt benötigen. In seinem 2. Brief an Timotheus schildert Paulus drei Dinge. In den letzten Tagen werden Menschen sein, die Liebe zu sich selbst, zum Vergnügen und zum Geld haben werden. Er schreibt weiter: «Sie haben den Schein eines gottseligen Wesens, aber die Kraft Gottes verleugnen sie.» Das bezieht sich auch auf die Gemeinde in Laodicea. Nach außen hin sahen die Leute christlich aus, aber Gottes Kraft, Gottes Leben fehlte. Jesus stand draußen vor der Tür und klopfte an. Er hatte nicht die Herrschaft über sie. Die Herzensgemeinschaft fehlte. Sie konnten wohl Vorträge über die Bibel und über Jesus halten, sie wußten über soziale Dinge, Nächstenliebe, über Menschlichkeit und Humanismus Bescheid und pflegten diese Dinge, aber die Gemeinschaft mit Jesus fehlte, und er war nicht ihr Herr. Sie waren lau, und zu ihnen sagte Jesus: «Ich werde euch ausspeien aus meinem Munde.»

Meine Brüder und Schwestern, wie steht es mit uns? Wie würde der Herr unsere Gemeinden beurteilen? Es geht doch nicht, daß wir an die Laodiceer denken oder an Menschen, die um uns herum leben. Gott spricht auch uns an. Und darum fragte ich, wie würde er uns beurteilen? Würde er von uns sagen müssen, daß wir lau sind? Sind in unseren Reihen Menschen, von denen wir meinen, daß sie ihm dienen, die er aber als lau bezeichnet? «O Herr, komm und begegne du uns, rüttle uns wach!»

Leben wir alle in Herzensgemeinschaft mit Jesus? Haben wir diese innere Verbindung, das Zeugnis des Heiligen Geistes, daß wir Gottes Kinder sind? Erfreuen wir uns an dem Herrn? Oder sind wir Christen, von denen Weltmenschen, wenn sie mit uns in Berührung kommen, sagen: «Lieber irgend jemand, aber nicht so wie der!»? Es gibt solche Christen, die den Schein der Christlichkeit haben, die in diesem Strom mitschwimmen, die aber weit entfernt sind von der Quelle. Sind wir alle an dieser Quelle Jesus angeschlossen? «So ihr in mir bleibt und ich in euch; eine jegliche Rebe, die in mir bleibt, bringt Frucht», sagt Jesus. Wissen wir alle, wie wichtig es ist, daß wir nahe beim Herrn Jesus leben? Kennen wir die Augenblicke, in denen wir mit ihm Gemeinschaft halten? So wie es der Liederdichter in früheren Zeiten ausdrückte: «Ich geh in den Garten allein, meinem Heiland dort zu begegnen.» Kennen wir das noch? Kennen wir die Augenblicke, in denen uns der Herr Jesus in unserem persönlichen Gebetsleben nahetritt? Kennen wir die Momente, wo wir Gemeinschaft pflegen, wo wir ins Gebet gehen, nicht um für die Gemeinde, für die Kinder oder für unsere Anliegen zu beten, sondern wo wir ins Gebet gehen, um mit Jesus zusammenzusein? Kennen wir das? Wenn wir das nicht kennen, fürchte ich, leben wir weit weg von der Quelle. Seien wir vorsichtig, daß wir nicht lau und – entschuldigt den Ausdruck – stinkend geworden sind. Viel mehr als alles andere sind wir dazu berufen, mit Jesus Gemeinschaft zu haben. Er sagt: «Ich stehe vor der Tür und klopfe an.» Er möchte hinein in dein Leben, hinein in dein Herz, damit er mit dir Gemeinschaft pflegen kann und du mit ihm. Vielleicht haben wir eine lange Gebetsliste mit vielen Anliegen, und Gott hat schon oft gehört, was wir ihm vorgelesen oder vorgesagt haben. Aber freuen wir uns an seiner persönlichen Gemeinschaft mit uns? Das ist viel wichtiger. Daraus entsteht dann das erhörliche Beten. Jesus sagt: «Tue Buße.» Und er deutet hier sogar an, welche er liebhat, die straft und züchtigt er, was bedeuten mag, daß Verfolgung kommen könnte und daß Verfolgung zur Züchtigung seiner Gemeinde notwendig ist. Wundern wir uns nicht, wenn es nicht immer so frei und leicht bleiben wird, Christ zu sein wie heute. Wir haben kürzlich gehört, daß es in manchen Ländern der Welt heute viel kostet, sich zu Christus zu bekennen. Das, was diese Menschen veranlaßt, mit großer Ausdauer an Jesus festzuhalten, ist gerade diese innige Gemeinschaft mit ihrem Herrn. Jesus bedeutet ihnen alles. Sie leben an der Quelle, und sie sind heiß. Viele haben Angst und hoffen, daß so etwas nie über sie kommen möchte. Wir muten uns nämlich gar nicht zu, daß wir dann durchhalten könnten. Wir sollten ehrlich sein. Aus der innigen Verbindung mit Jesus ist das aber möglich, und dahin möchte Gott uns führen, ganz gleich, in welchem Gesellschaftssystem und unter welcher politischen Ausrichtung wir leben.

Die Gemeinde in Laodicea hatte zweifellos vieles für Gott getan. Er sagte: «Ich kenne deine Werke, ich weiß, was du tust.» Aber alles, was für Gott getan wird, wenn es nicht aus dieser herzlichen Verbindung mit ihm geschieht, wird im Läuterungsprozeß vor Gott verbrennen. Die Bibel zeigt uns, daß wir dann vielleicht gerettet werden wie durchs Feuer, dabei aber Schaden erleiden. Nur Überwinder werden mit ihm auf dem Thron sitzen. Und darum läßt er uns sagen: «Wer ein Ohr hat, der höre, was der Geist den Gemeinden sagt.» Hören wir noch innerlich? Haben wir jetzt Gottes Ruf vernommen, Gottes Stimme gehört? Haben wir uns in unserem Herzen entschlossen und gesagt: «O Herr Jesus, diese Verbindung mit dir, die muß ich haben.» Viele von uns kennen sie aus der ersten Zeit nach der Bekehrung, viele kennen sie vom Hörensagen, von den Eltern, von den Großeltern. Sie wissen, daß das Christentum brennend sein kann. Vielleicht haben wir selbst eine Erfahrung gemacht und Jesus kann uns alles bedeuten. Bleiben wir dabei, halten wir es aufrecht und lassen wir es durch nichts zerstört werden. Das ist viel wichtiger als alles andere. Bleiben wir nahe bei Jesus. Bleiben wir nahe bei der Quelle, bleiben wir heiß. Werden wir nicht lau. Das ist die Botschaft, die Jesus an die Gemeinde Laodicea, aber auch an die Gemeinde der Endzeit richtet. Wir leben in einer spannungsgeladenen Zeit, in welcher Menschen, die einstmals für Jesus brannten, lau werden – nicht alle, aber etliche; einer Zeit, in welcher Menschen, die einmal ihr ganzes Vertrauen auf Jesus und auf den Geist gesetzt hatten, in ein soziales Evangelium, in Humanismus hineingerutscht sind. Aber wir leben auch in einer Zeit, in der Menschen – von denen man es nie erwartet hätte – von Gottes Geist ergriffen werden und anfangen, für Jesus zu brennen.

In diesen Tagen geht die Linie Gottes keineswegs nur durch eine bestimmte Gemeinde oder Gemeinschaft, sondern in unserer Zeit sucht der Herr diejenigen, die auf seine Erscheinung warten, die ihn liebhaben und die an der Quelle leben. Solche findet er in allen Gemeinden. Ich gebe zu, daß Gläubige es in manchen Gemeinden schwer haben, weil sie dort Gefahr laufen, durch die Verkündigung lau zu werden. Aber dennoch findet er überall Menschen, die auf den Geist Gottes achten. Wohin wollen wir gehören? Es ist mir ein Anliegen, daß wir in unserer Mitte, in unserem persönlichen Leben, Gott Raum geben, daß wir heiß sind und nahe bei Jesus bleiben. Kennt ihr dieses Lied: O laß mich immer Heimweh haben, wenn ich nicht nahe bei dir bin? Kennen wir noch diese Momente – und wie schön es war –, nahe bei ihm zu sein? Und merken wir nicht, wie gerade jetzt diese Sehnsucht nach der Nähe Jesu in unser aller Herz gekommen ist? Herr, laß mich immer Heimweh haben, wenn ich nicht nahe bei dir bin!

Der Thron Gottes (4,1–11)

Wir sind nun beim 4. Kapitel des Buches der Offenbarung angelangt und lesen alle 11 Verse. Hier sagt die Bibel folgendes:

«Darnach schaute ich und siehe, eine Tür war geöffnet im Himmel und die erste Stimme, die ich gleich einer Posaune mit mir reden gehört hatte, sprach: Steige hier herauf, und ich will dir zeigen, was nach diesem geschehen soll. Und alsbald war ich im Geist und siehe, ein Thron stand im Himmel, und auf dem Thron saß einer, und der darauf saß war anzusehen wie Jaspis und Sardisstein. Und ein Regenbogen war rings um den Thron anzusehen wie ein Smaragd. Und rings um den Thron waren 24 Throne, und auf den Thronen sah ich 24 Älteste sitzen, angetan mit weißen Kleidern und auf ihren Häuptern goldene Kronen. Und von dem Throne gehen Blitze und Stimmen und Donner aus und sieben Feuerfackeln brennen vor dem Thron. Das sind die sieben Geister Gottes. Und vor dem Thron ist es wie ein gläsernes Meer gleich Kristall, und in der Mitte des Thrones und rings um den Thron sind vier lebendige Wesen voller Augen vorn und hinten. Und das erste ist gleich einem Löwen, das zweite gleich einem Kalbe, das dritte hat ein Angesicht wie ein Mensch und das vierte ist gleich einem fliegenden Adler. Und die vier lebendigen Wesen, von denen ein jedes sechs Flügel hat, sind ringsherum und inwendig voller Augen und sie hören Tag und Nacht nicht auf zu sagen: heilig, heilig, heilig ist der Herr Gott, der Allmächtige, der da war und der da ist und der da kommt. Und so oft die lebendigen Wesen Ruhm und Ehre und Dank darbringen dem, der auf dem Throne sitzt, der da lebt von Ewigkeit zu Ewigkeit, so fallen die 24 Ältesten nieder vor dem, der auf dem Throne sitzt, und beten den an, der da lebt von Ewigkeit zu Ewigkeit, und werfen ihre Kronen vor dem Throne nieder und sprechen: würdig bist du, unser Herr und Gott, zu empfangen den Ruhm und die Ehre und die Macht. Denn du hast alle Dinge geschaffen und durch deinen Willen sind sie und wurden sie geschaffen.» Soweit dieses Kapitel.

Als dem Johannes auf der Insel Patmos jene Schau gegeben

wurde, als er diese Offenbarung Gottes bekam und eine solche Begegnung mit dem Herrn Jesus hatte, ist er vor ihm wie tot niedergefallen. Dann sagte der Herr Jesus ihm: «Johannes, ich will dir zeigen, was ist und was hernach geschehen soll.» In den Kapiteln 2 und 3 der Offenbarung und auch in dieser Schau, die der Herr Jesus dem Johannes gab, hat er gesehen, was war, nämlich den Zustand der betreffenden Gemeinden in der damaligen Zeit. Anhand des Zustandes in jenen Gemeinden sah er aber auch die Entwicklung der Gemeinde Jesu schlechthin. Wir haben gesehen, daß jede dieser Gemeinden nebst ihrer unmittelbaren Bedeutung für jene Zeit auch eine Zeitspanne der Christenheit darstellt. Der Zustand jeder von ihnen zeigt uns auch den Zustand gewisser Epochen in der Kirchengeschichte. Das war gemeint, als Jesus dem Johannes sagte, er werde ihm zeigen, was ist, nämlich was hier auf dieser Erde vor sich geht. All das, was wir in der Entwicklung der Gemeinden gesehen haben, endet in einer Zweierströmung: in der Charaktereigenschaft der Gemeinde zu Philadelphia, die Gottes Zuspruch und Gottes Segen erhielt, und derjenigen der Gemeinde in Laodicea – wo Gleichgültigkeit, Lauheit und Selbstzufriedenheit herrschten, ein Zustand, von dem Jesus sagte, daß – wenn sie nicht Buße täten – er sie aus seinem Munde ausspeien müßte. Mit diesen Strömungen wird das Zeitalter der Gemeinde enden. Einerseits wird es die Entwicklung in Richtung einer tiefen Hingabe an Jesus von Menschen, die Christen sind, sein und andererseits, die Entwicklung zur Lauheit von andern, die Christen sein wollen. Als Johannes all das geschaut hatte, heißt es hier: darnach. Mit andern Worten, nachdem er all diese Dinge über die Entwicklung der Gemeinde gesehen hatte, sah er eine offene Tür im Himmel. In der offenen Tür liegt der Gedanke nahe, daß Johannes nun plötzlich einen Weg sah, der frei gemacht, durchbrochen ist, und – der gleich einer Tür – bis in den Himmel hinein geht. Darin ist auch der Gedanke enthalten, daß dieser Weg normalerweise nicht so frei war, daß aber, nachdem er das gesehen hatte, ein solcher durch eine Tür bis in den Himmel offen wurde. Dann wurde ihm gesagt: «Johannes, steig herauf, ich will dir zeigen, was nach diesem, das du gesehen hast, geschehen wird.» Warum mußte er jetzt hinaufgehen? Bis zu diesem Zeitpunkt, das heißt solange die Gemeinde auf der Erde ist, konnte er die Dinge von der irdischen Seite her sehen und einigermaßen begreifen. Nun aber mußte er hinaufsteigen, und es beginnt eine Aktivität im Himmel, die für uns alle und für die Gemeinde maßgebend ist. Es wurde ihm gezeigt, was nach der Zeit der Gemeinde auf Erden geschehen soll. Johannes sagt, daß er im Geist im Himmel war. Welches ist das Ereignis, das aufgrund des Neuen Testamentes, nicht einmal nur aufgrund der Offenbarung, das Gemeindezeitalter zum Abschluß bringen soll? Die Entrückung. Das steht nicht nur in der Offenbarung. Lange bevor die Offenbarung da war, wurde immer wieder darauf hingewiesen, daß die Gemeinde und die Jünger Jesu wachend und betend sein sollen, um bei jenem Ereignis der Entrückung, nicht schlafend erfunden zu werden, sondern dabeizusein. In Lukas 21, Vers 36, ermahnte Jesus die Jünger mit den Worten: «Darum wachet jederzeit und bittet, daß ihr gewürdigt werdet, zu entfliehen diesem allem, was geschehen soll, und zu stehen vor des Menschen Sohn.» Vorher sprach er unter anderem auch von der großen Trübsal, und dann sagte er: «Wachet und bittet, daß ihr würdig erfunden werdet, diesem allem zu entfliehen.» Im 25. Kapitel des Matthäus-Evangeliums finden wir eine ähnliche Ermahnung des Herrn Jesus. Nachdem er die Begebenheit der fünf törichten und der fünf klugen Jungfrauen erzählt hatte, sprach er: «Darum wachet, denn ihr wisset weder den Tag noch die Stunde.» Paulus schreibt an die Thessalonicher und ermahnt sie in 1. Thessalonicher 1, daß sie den Sohn Gottes vom Himmel erwarten sollen. Er sagt: «Laßet uns wachen und nüchtern sein», und Petrus drückt es im 3. Kapitel des 2. Petrusbriefes, Vers 11, so aus: «Wie sehr solltet ihr euch auszeichnen durch heiligen Wandel und Gottseligkeit, dadurch, daß ihr erwartet und beschleunigt die Ankunft des Tages Gottes.» Kurzum, das Ereignis, welches das Zeitalter der Gemeinde zum Abschluß bringt, ist die Entrückung. Viele Gläubige sehen die Entrückung der Gemeinde Jesu im 4. Kapitel der Offenbarung gleich im ersten Vers: die Tür, die aufgetan, und dieser Weg, der frei gemacht wurde. Er wurde geöffnet, damit jetzt die Überwindergemeinde zu Jesus kommen kann. Hier wurde eine Bahn geschaffen, damit die Gemeinde Jesu vor Gott erscheinen kann. Wir müssen uns vor Augen halten, daß die Bibel nirgends ganz deutlich veranschaulicht, wann die Entrückung stattfinden wird. Man hört diesbezüglich die verschiedensten Spekulationen. Es ist interessant, daß, wenn man die verschiedenen Ansichten hört, jeder seine Meinung mit Bibelversen untermauert, und dann scheinen sie alle ein wenig recht zu haben. Was ist eigentlich die Entrückung? Die Bibel sagt uns, unter Entrückung sei das zu verstehen, daß – wenn der Herr Jesus kommen wird und dieses Zeitalter zu Ende geht – nicht jeder sterben wird, sondern daß jene, die leben und in Christus erfunden werden, in einem Augenblick verwandelt werden, und nachdem auch die Toten in Christus auferstanden sind, zum Herrn hingerückt werden. Das Fleisch, das wir jetzt haben, kann nicht in den Himmel kommen und in Gottes Reich eingehen; dieser Körper, den wir hier auf Erden haben, ist verweslich. Der Herr sagt – und mir macht es keine Schwierigkeiten das zu glauben, denn wenn er mich geschaffen hat, wie ich jetzt bin, dann kann er mich und uns alle auch in einem Augenblick umwandeln –, daß dieser Körper umgewandelt werden wird und wir zu ihm gehen können; daß wir einen Körper haben werden, der dem seinen gleich ist, einen Körper, wie ihn Jesus nach der Auferstehung hatte, der nicht mehr physischen Gesetzen unterworfen ist. Wir lesen von der Entrückung im 1. Thessalonicher 4,15–17 und im 1. Korinther 15,51–52. Aber wann wird die Entrückung stattfinden? Wie ich schon sagte, gibt es diesbezüglich vielerlei Meinungen. Je länger ich Gottes Wort studiere, je länger ich auch Gott selbst, durch die Offenbarung des Wortes und des Geistes, zu begreifen versuche und kennenlerne, desto mehr neige ich zu der Annahme und scheint es mir, daß die Entrückung keineswegs nur einmal stattfindet. Es scheint mir, daß die Bibel von mindestens drei Gruppen spricht, wovon eine Gruppe, die Gruppe der Überwinder, wie der Herr Jesus sie in Offenbarung 2 und 3 nennt, vor der Trübsal hinweggeholt wird. Dann lesen wir von einer andern Gruppe, die ebenfalls herausgeholt wird, die aber aus der Trübsal heraus kommt. Und schließlich lesen wir von einer Gruppe der Versiegelten, die später kommen wird. Ich denke, daß der Herr Jesus durch seine Lehre, die Apostel durch ihre Belehrungen, sowie mit ihren Briefen, und der Herr Jesus hier in den Sendschreiben uns allen nahelegen möchten, daß wir zu der Gruppe der Überwinder gehören sollen. Das ist die Gruppe, von der er sagt: «Wer überwindet, dem will ich geben, mit mir auf meinem Thron zu sitzen, wie auch ich überwunden habe und mit meinem Vater sitze auf seinem Thron.»

Warum bin ich der Ansicht, daß schon hier in Offenbarung 4 die

Entrückung der Überwinder stattfindet? Hauptsächlich deshalb, weil wir nachfolgend lesen, was Johannes gesehen hat, als er entrückt wurde. Ob er das nun leiblich sah oder nur im Geiste, spielt keine Rolle. Er war da und sah es. Wir müssen uns nun vor Augen halten, daß Johannes Göttliches, das er sah, mit menschlichem Verständnis und mit menschlichen Ausdrücken wiedergibt. Das ist sehr wichtig. Was er sah, hat er entsprechend seinem menschlichen Verständnis und so, wie er die Dinge einschätzen konnte, wiedergegeben. Er sagt, er habe einen Thron gesehen, und auf dem Thron saß einer, und der darauf saß, war anzusehen wie Jaspis und Sardisstein. Ein Regenbogen war rings um den Thron, anzusehen wie ein Smaragd, und von dem Throne gingen Blitze und Donner und Stimmen aus und sieben Feuerfackeln brannten vor dem Thron, das sind die sieben Geister Gottes.

Etwas sehr Ähnliches hat auch Daniel einmal gesehen. Im 7. Kapitel des Propheten Daniel finden wir im 9. Vers folgendes: «*Solches sah ich, bis Throne aufgestellt wurden und ein Hochbetagter sich setzte. Sein Kleid war schneeweiß und das Haar seines Hauptes wie reine Wolle, sein Thron waren Feuerflammen und seine Rede ein brennendes Feuer. Ein Feuerstrom ergoß sich und ging von ihm aus. Tausendmal tausend dienten ihm, und zehntausendmal zehntausend standen vor ihm. Das Gericht setzte sich, und die Bücher wurden aufgetan.*»

Johannes sah nun Gott auf dem Thron und doch sah er ihn nicht, wie er wirklich ist. Er beschreibt ihn anhand dieser Edelsteine, die funkelten. Auf dem Thron ist Gott, oder besser gesagt, die Gottheit. Und der Thron, den er sah, ist auf der einen Seite ein Richterstuhl – davon zeugen die Ausdrücke Blitze, Donner, Feuerfackeln usw., aber auf der andern Seite ist dieser Thron auch von Gnade umgeben, das deutet der Regenbogen an. Johannes sah das. Er stellte es mit seinem menschlichen Verständnis fest, und er hatte hier eine Begegnung vor dem Allerheiligsten. Dann sah er noch etwas. Um den Thron waren 24 andere Throne, und darauf saßen 24 Älteste. Ja, welche 24 sind denn das und von welcher Gemeinde kommen sie? In der Bibel sind Älteste Vorsteher, es sind Aufseher, Anführer, Hauptverantwortliche, Menschen, die von Gott eine gewisse Autorität zugesprochen bekamen. Johannes erkannte, daß auf den Thronen solche waren, denen Gott Autorität und Verantwortung übertragen hatte. Er konnte keinen andern Ausdruck finden als Älteste. Sie stehen unter Gott, und doch haben sie eine wundervolle Autorität von ihm bekommen. Wer sind nun diese Ältesten? Ich glaube ganz sicher, daß es sich hier in einem symbolischen Sinn um die Zahl 24 handelt, daß es eine bestimmte, definierte Gruppe ist, die hier vor Gott steht und der diese Position zugeteilt wurde. Denn Luther sagt in den Versen 9 und 10 des 5. Kapitels der Offenbarung: «Würdig bist du, das Buch zu nehmen und seine Siegel zu brechen, denn du bist geschlachtet worden und hast uns für Gott mit deinem Blut erkauft aus allen Stämmen und Zungen und Völkern und Nationen und hast uns für unsern Gott zu einem Königreich und zu Priestern gemacht, und wir werden herrschen auf Erden.» Manche haben hier statt «wir» «sie» übersetzt. Jedenfalls, wenn sie aus allen Stämmen, Zungen, Völkern und Nationen ist, muß es sich um eine sehr große Schar handeln und nicht nur um die Zahl 24. Man streitet sich heute ein wenig, ob die Übersetzung «uns» oder «sie» lauten soll, wobei die Bedeutung nicht unbedingt die gleiche ist. Im Codex Alexandrinus steht nicht «wir», dagegen steht im Codex Sineaticus «wir». Es kommt nun auf die persönliche Anschauung des Übersetzers an und auf welches Originalmanuskript er sich beruft. Es ist aber interessant, daß sowohl die koptischen als auch die armenischen und die lateinischen Handschriften alle das «uns» haben und daß selbst viele alte Manuskripte, mit Ausnahme des Codex Alexandrinus, das «uns» verwenden (aus uns gemacht). Ich glaube, daß die 24 Ältesten hier die Schar der Überwinder, die Entrückten, darstellen. Denn der Herr möchte die Überwinder zu Ältesten in seinem Reich machen. Diejenigen, die überwinden durch des Lammes Blut, treu sind, sich nicht mit der Welt vermischen und die Lehre rein bewahren, werden Überwinder sein. Sie werden entrückt werden, und Gott wird sie zu Ältesten in seinem Reich machen. Wie sagt er es? «Dem will ich geben, mit mir auf meinem Thron zu sitzen, wie auch ich überwunden habe und mit meinem Vater sitze auf seinem Thron.» Johannes sah jetzt die Gottheit, auch Jesus, auf dem Thron sitzen und unmittelbar daneben, um den Thron Gottes herum, die Überwinderschar, dargestellt durch die 24 Ältesten. Gott ist solch ein wundervoller Herr. Welch einen Plan, welch eine Absicht hat er. Da werden nicht nur solche sein, die hier auf Erden Älteste in der Gemeinde waren.

Wahrscheinlich werden manche, die Älteste oder Prediger waren, nicht dabeisein, aber es werden solche dabeisein, die überwunden haben und treu geblieben sind. Gott möchte uns zurufen, daß wir die Botschaft Jesu in den Sendschreiben annehmen und treu bleiben, damit er uns, wenn er kommt, als die Überwinderschar vor dem, was über die Erde kommen wird, herausholen und zu sich nehmen kann. Ich glaube, daß manche Gläubige aus Rußland und den Ostländern, die jetzt so furchtbare Verfolgungen erleiden, dabeisein werden, weil sie überwunden haben. Überwinden auch wir, die wir unter der Nachfolge Jesu gar nicht so zu leiden haben?

Noch etwas zu den Ältesten, warum ich meine, daß es erlöste Menschen sind, die entrückt wurden. Sie haben – die Bibel sagt es uns – Kronen auf ihrem Haupt und weiße Kleider. Nur Erlöste und vom Herrn Bestätigte bekommen Kronen und nur durch Jesu Blut Gewaschene haben weiße Kleider. Engel sind zwar heilige Wesen, aber sie bekommen weder Kronen von Gott noch die weißen Kleider der Erlösten. Darum bin ich der Meinung, daß die 24 Ältesten die Schar der Gläubigen repräsentieren und daß es sehr viele sein werden, die überwunden haben und bei Jesus sein dürfen.

Dann sah Johannes rings um den Thron vier lebendige Wesen voller Augen vorne und hinten, das erste gleich einem Löwen, das zweite gleich einem Kalbe, das dritte gleich dem Angesicht eines Menschen und das vierte gleich einem fliegenden Adler. Jedes dieser Wesen hatte sechs Flügel und sie waren ringsherum und inwendig voller Augen und sprachen Tag und Nacht heilig, heilig, heilig. Das ist wiederum ein Bild, das wir schon im Alten Testament angedeutet finden. Im 10. Vers des 1. Kapitels spricht Hesekiel auch von vier lebendigen Wesen, die er in einem Gesicht gesehen hat, deren Angesichter vorn gleich einem Menschen, zur Rechten gleich einem Löwen, zur Linken gleich einem Stier waren, hinten aber hatten alle vier ein Adlergesicht. Verbunden mit dieser Vision, die Hesekiel hatte, sagt er im 26. Vers: «Und über dem Himmelgewölbe, das über ihren Häuptern war, sah es aus wie ein Saphirstein, wie die Gestalt eines Thrones. Auf dem Gebilde des Thrones aber saß eine Gestalt, anzusehen wie ein Mensch.» Im 28. Vers heißt es: «Wie der Bogen aussieht, der an einem Regentag in den Wolken erscheint, also war auch der Glanz ringsum anzusehen.» Hier sah Hesekiel wahrscheinlich viele Jahrhunderte vorher dasselbe, das Johannes gesehen hat, und er beschreibt es, wenn auch nicht ganz genau gleich, so doch sehr ähnlich. Wir müssen bedenken, daß das menschliche Denken und Empfinden in all den Jahrhunderten nicht immer dasselbe war, und doch finden wir soviel Ähnlichkeit und Gleichheit. Der Thron, wie er gestrahlt hat, der Regenbogen über dem Thron, die lebendigen Wesen. Und hat nicht auch die Beschreibung des Johannes, wie diese lebendigen Wesen vor Gott stehen und Tag und Nacht rufen: heilig, heilig, heilig, eine sehr große Verwandtschaft mit dem, was Jesaja im 6. Kapitel sah? Dort sagt Jesaja, als er jenes Gesicht hatte und Gott ihm auf so wundervolle Weise begegnete: «Ich sah den Herrn sitzen auf einem hohen und erhabenen Thron, seine Säume füllten den Tempel, Seraphim standen oben über ihm, ein jeder von ihnen hatte sechs Flügel, mit zweien deckten sie ihre Angesichter, mit zweien deckten sie ihre Füße und mit zweien flogen sie, und einer rief dem andern zu und sprach: Heilig, heilig ist der Herr der Heerscharen, die ganze Erde ist voll seiner Herrlichkeit. Da erbebten die Pfosten der Schwelle von der Stimme ihres Rufens und das Haus ward mit Rauch erfüllt.» Und hier sah Johannes nun diese vier lebendigen Wesen, die rufen: Heilig, heilig, heilig.

Aber jetzt wurde dem Johannes noch etwas gezeigt, was weder Hesekiel noch Daniel noch Jesaja gesehen hatten und was sie auch gar nicht sehen konnten. Daniel, Hesekiel und Jesaja sahen den Thron Gottes mit den lebendigen Wesen, wie sie Gott mit Ehrerbietung dienten. Dem Johannes wurde nun gezeigt, daß da noch Älteste hinzugekommen waren. Diese waren früher noch nicht dort, weil die Gemeinde Jesu noch nicht da war. Jetzt aber waren sie hier, und nun schauen wir einmal in den Himmel hinein. Ich hoffe, daß wir jenes Bild klar sehen. Hier beginnt ein wundervoller Dienst. Die himmlischen Wesen, die durch diese lebendigen Wesen dargestellt sind, tun ihren Dienst weiter, aber während sie rufen: heilig, heilig, heilig, steht die Überwinderschar auf, und sie legt die Kronen ab vor dem, der auf dem Stuhle sitzt. Dann erhebt sie sich und fällt vor ihm nieder und fängt an zu sagen: «Würdig bist du, Ruhm und Ehre und Dank zu nehmen.» Verstehen wir nun, was geschieht? Hier geschieht nun ein Dienst der Zusammenarbeit, soll ich es so sagen, zwischen den himmlischen Wesen und der Gemeinde Gottes, der erlösten Schar, der Überwinder; und sie lobpreisen und ehren Gott zusammen. Das wird ein Augenblick werden, o das wird etwas Gewaltiges sein, wenn die Gemeinde, die Überwinder dort sein werden. Und schaut einmal, sie legen ihre Kronen nieder: Herr, nicht wir haben diese Kronen verdient, sondern du, sie gehören eigentlich dir, denn du hast uns erlöst, dein Blut hat uns zu Gotteskindern gemacht. Und doch hat er sie ihnen gegeben, und sie sitzen auch auf Thronen. Könnt ihr das begreifen? Ich nicht! Zu solch einer Bestimmung hat der Herr uns alle berufen. Möchten wir uns nicht ihm hingeben, damit wir Überwinder sein mögen? Möchten wir uns nicht ihm hingeben und ihm treu bleiben? Aber wie würde es wohl denen ergehen, die hier auf Erden den Herrn noch nicht loben und preisen können, wenn sie plötzlich in ein solches Lob hineingestellt werden? Wie stellen wir uns das vor? Das ist eine ernste Frage. Dort geht es dann nicht mehr um das Lob mit unserem menschlichen Verstand, sondern es geht dort um die Anbetung im Geist und in der Wahrheit. Darum sagt Jesus, Gott suche solche Anbeter und er wünsche, daß die wahren Anbeter ihn im Geist und in der Wahrheit anbeten. Ich möchte alle ermuntern, echt anzubeten, wenn wir Zeiten der Anbetung haben.

Johannes zeigt uns, was nachher geschehen soll. Das steht uns noch bevor, und manch einer fragt, wie nahe daran sind wir? Wenn wir wirklich ahnten, wie nahe, dann würde unser Leben und unsere Einstellung anders werden. Gott zeigte mir deutlich, daß so wenige seiner Kinder echt begriffen haben, wie nahe seine Wiederkunft ist. Ich dachte, ach Herr, das stimmt, so wenige deiner Kinder wissen es. Während ich diese Gedanken überlegte, sagte er: «Und auch du hast kein Begriffsvermögen, wie nahe meine Ankunft ist.» – O ja, wir sind schnell dabei, zu sagen, die andern wissen es nicht. Wissen wir es? Aber sehen wir, wie wundervoll er uns vorbereitet, zu welch herrlicher Bestimmung er uns berufen hat. «Wer überwindet», sagt er, «geht ein zu meines Herrn Freude, die ihr treu gewesen seid.» Bei der Wiederkunft Jesu soll dein Teil Ältester im Reiche Gottes sein. Die Bibel zeigt uns aber – und wir werden davon noch sprechen –, daß leider viele, viele nicht dabeisein werden, wenn Jesus kommt und die Entrückung der Überwinder stattfinden wird. Die Bibel redet davon, daß in der großen Trübsal noch Menschen dasein werden und sie dann, Gott sei Dank, wenigstens noch erkennen, daß sie sich jetzt Gott stellen müssen, aber es wird schwer sein für sie. Darum sagt der Herr Jesus: «Wachet und betet, daß ihr diesem allem entrinnen mögt.» Laßt uns Gottes Wort in unsere Herzen aufnehmen und es beherzigen. Halleluja!

Das versiegelte Buch (5,1–14)

Laßt uns das 5. Kapitel der Offenbarung aufschlagen. Hier schreibt nun Johannes:

«Und ich sah in der Rechten dessen, der auf dem Throne saß, ein Buch, innen und außen beschrieben, mit sieben Siegeln versiegelt. Und ich sah einen starken Engel, der verkündete mit lauter Stimme: Wer ist würdig, das Buch zu öffnen und seine Siegel zu brechen? Und niemand, weder im Himmel noch auf Erden, noch unter der Erde, vermochte das Buch zu öffnen noch hineinzublicken. Und ich weinte sehr, daß niemand würdig erfunden wurde, das Buch zu öffnen noch hineinzublicken. Und einer von den Ältesten spricht zu mir: Weine nicht. Siehe, es hat überwunden der Löwe aus dem Stamm Juda, die Wurzel Davids, um das Buch zu öffnen und seine sieben Siegel zu brechen. Und ich sah, und siehe, in der Mitte des Thrones und der vier lebendigen Wesen und inmitten der Ältesten stand ein Lamm, wie geschlachtet, es hatte sieben Hörner und sieben Augen, das sind die sieben Geister Gottes, ausgesandt über die ganze Erde. Und es kam und nahm das Buch aus der Rechten dessen, der auf dem Throne saß. Und als es das Buch nahm, fielen die vier lebendigen Wesen und die vierundzwanzig Ältesten vor dem Lamme nieder, und sie hatten jeder eine Harfe und goldene Schalen voll Räucherwerk, das sind die Gebete der Heiligen. Und sie sangen ein neues Lied: Würdig bist du, das Buch zu nehmen und seine Siegel zu brechen, denn du bist geschlachtet worden und hast für Gott mit deinem Blut Menschen erkauft aus allen Stämmen und Zungen und Völkern und Nationen und hast sie für unsern Gott zu einem Königreich und zu Priestern gemacht, und sie werden herrschen auf Erden. Und ich sah und hörte eine Stimme vieler Engel rings um den Thron und um die lebendigen Wesen und die Ältesten, und ihre Zahl war zehntausendmal zehntausend und tausendmal tausend, die sprachen mit lauter Stimme: Würdig ist das Lamm, das geschlachtet ist, zu empfangen die Macht und Reichtum und Weisheit und Stärke und Ehre und Ruhm und Lobpreisung. Und alle Geschöpfe, die im Himmel und auf Erden und

unter der Erde und auf dem Meere sind, und alles, was darin ist, hörte ich sagen: Dem, der auf dem Throne sitzt, und dem Lamm gebührt das Lob und die Ehre und der Ruhm und die Gewalt von Ewigkeit zu Ewigkeit. Und die vier lebendigen Wesen sprachen: Amen. Und die vierundzwanzig Ältesten fielen nieder und beteten an den, der da lebt von Ewigkeit zu Ewigkeit.»

Allein das Lesen des Wortes versetzt einen in eine Haltung der Dankbarkeit, der Ehrfurcht vor Gott, der Anbetung und des Preisens. Johannes stand noch immer vor dem Thron, den er im 4. Kapitel beschrieben hat. Es ist ein wunderbarer Thron, ein Gerichtsthron, der aber auch von Gnade spricht, und er sah um denselben die vier lebendigen Wesen und die vierundzwanzig Ältesten, die auf Thronen saßen. Ich erwähnte schon, persönlich sei ich der Meinung, daß diese vierundzwanzig Ältesten die Überwindergemeinde darstellen, die Schar derer, von denen Jesus in den Sendschreiben immer wieder spricht, wer überwindet, und daß es die erste Schar von denen ist, die entweder vom Tode auferstehen oder von dieser Erde zu ihm hin entrückt werden. Spricht nicht das Bild der Ältesten im biblischen Sinn auch von der Gruppe von Menschen, die im Reiche Gottes die Ältestenschaft, die Verantwortung und die Hauptmitarbeit innehaben? Sie waren dort um den Thron, und während Johannes das alles sah und er schon eine Anbetungszeit miterlebt hatte, fiel sein Augenmerk auf ein Buch, das der, der auf dem Throne saß, in der Hand hielt. Johannes erkannte bald, daß da etwas ganz Besonderes um das Buch war. Er schaute es näher an und sah, daß es mit sieben Siegeln versiegelt war. Die Versiegelungspraxis, die im Alten Testament gehandhabt wurde, ist heute kaum mehr bekannt. Wichtige Dokumente und ganz besonders Eigentumsverpfändungen wurden mit sieben Siegeln verschlossen. Der Schreiber hatte eine Pergamentrolle oder eine Rolle Papier oder Papyrus, auf die er schrieb. Nachdem er einen Teil geschrieben hatte, wurde dieses Stück aufgerollt und mit dem ersten Siegel versehen. Dann schrieb er weiter, worauf das zweite Siegel angebracht wurde. So ging es weiter, bis schließlich das Ganze versiegelt war. Vielleicht werdet ihr euch erinnern, daß Gott, der Herr, als das Volk Israel in das verheißene Land kam, darauf geachtet hat, wie das Land verteilt wurde. Es wurde den Familien zugeteilt. Es war Gottes Wunsch, daß dieses Land immer den betreffenden Familien gehören und nie von ihnen genommen werden sollte. Nun geschah es aber, daß manche durch Verschuldungen ihr Land verpfänden oder auch verkaufen mußten. Gott wollte nicht, daß das Land in fremde Hände gelange, und er hat deshalb ein ganz wunderschönes und interessantes Gesetz gemacht. Wenn ein Land verpfändet wurde, mußte es in einem Buch oder in einer Rolle aufgeschrieben werden, und diese wurde mit sieben Siegeln versiegelt. Gleichzeitig machte man auch einen offenen Brief, einen Kaufbrief. Einer wurde versiegelt und der andere wurde offen gelassen. Sobald dann der betreffende Erbe, dem Gott dieses Land zugesprochen hatte, in der Lage war, dasselbe wieder zu kaufen, wurde diese Schriftrolle geöffnet. In dieser stand, welche Bedingungen erfüllt werden mußten, damit das Land wieder in den Besitz jener Familie, der es ursprünglich zugedacht war, gelangen konnte. In biblischen Zeiten sprach man dann davon, daß *das Land erlöst wurde*. Daher stammt der Ausdruck *ein Erlöser*. Der Kaufpreis mußte bezahlt werden, und nur ein Angehöriger derjenigen Familie, der Gott es zugesprochen hatte, konnte das Land von jemandem, der es zwar rechtmäßig erworben hatte, wieder zurückerlösen. Wenn ich also einen Besitz durch eigenes Verschulden hatte verkaufen müssen, hätte niemand außer mir oder einer meiner Angehörigen rechtlich darauf bestehen können, dieses Land zu kaufen. Es mußte also ein Blutsverwandter sein, und er mußte den Kaufpreis bezahlen, wodurch er dann ein «Erlöser» wurde.

Wir finden schon im Alten Testament einen interessanten Vorgang. Zu einer bestimmten Zeit wußte Jeremia, daß das Land besetzt sein und die Gefangenschaft noch 70 Jahre dauern würde. Es befand sich dort aber ein Grundstück, das seiner Familie zugeteilt war und ihr gehören sollte. In Jeremia 32 wird uns berichtet, daß er das Land erlöst hat, trotzdem er es damals noch nicht in Besitz nehmen konnte. Es wurde ein Kaufbrief unterschrieben und die Rolle wurde versiegelt. Darnach hieß Jeremia die Leute, die versiegelte Schriftrolle in einen tönernen Krug zu legen und gut aufzubewahren. Wenn dann nämlich die Zeit vorüber sei, würden die Leute in das Land zurückkehren und seine Nachkommen hätten dann rechtmäßigen Anspruch auf dieses Land, für welches er schon jetzt den Preis bezahlt hatte. Ich sage das, damit wir dieses Buch, von dem hier die Rede ist, ein wenig besser verstehen. Das Buch mit den sieben Siegeln muß eine ungeheure Bedeutung haben, sonst hätte

Johannes nicht so bitterlich geweint. Es hat auch eine ganz enorme Bedeutung, denn es spricht nicht nur über die Zukunft, sondern dieses Buch steht auch im Zusammenhang mit der Schuld der Menschen, weil sie sich von Gott gelöst und getrennt haben. Als Gott den Menschen schuf, hat er ihn herrlich gemacht. Die Bibel sagt, alles, was der Herr tat, war gut. Und was tat Gott, der Herr? Er hat den Menschen geschaffen und setzte ihn auf diese Erde. Er wollte, daß der Mensch über die Erde und alles, was darin ist, herrschen sollte, denn er lebte in der Gemeinschaft mit Gott und in einem ungetrübten Verhältnis mit seinem Schöpfer. Aber dann geschah es – der Mensch rebellierte gegen Gott. Er wollte nicht, daß jemand über ihm sei. Die Schlange, der Teufel, sagte ihm: «Des Tages da du davon essen wirst, wirst du sein wie Gott.» Da wollte der Mensch plötzlich niemanden mehr über sich haben, dem er untertan sein sollte. Und nun geschah etwas ganz Tragisches. Ich weiß nicht, ob wir je erfaßt haben, was dort eigentlich passierte. Der Mensch verlor im selben Moment die Herrlichkeit, die er bei Gott haben sollte und die er auch gehabt hatte. Als Folge davon kam Sünde in sein Leben, dann kam Krankheit in sein Leben, und als Folge dieses Verlustes gibt es bis heute den Tod, Not, Elend und vieles mehr, das ich aufzählen könnte. Aber das war nicht alles. Die Herrschaft, die der Mensch über die Erde haben sollte und die er auch hatte, übergab er mit diesem Rebellionsakt rechtmäßig dem Teufel. Viele Menschen fragen, warum geschieht so manches auf dieser Erde? Wissen wir warum? Weil der Teufel jetzt der Regent dieser Erde ist. In Lukas 4 sagt der Satan dem Herrn Jesus, indem er ihm alle Reiche dieser Welt zeigt: «Falle nieder vor mir, und ich werde dir diese Reiche geben, denn sie gehören mir.» Dabei hat er keine Lüge ausgesprochen. Dadurch, daß der Mensch Gott ungehorsam wurde, hat er die Herrschaft nicht nur über sich selbst, sondern über den gesamten Erdboden an den Teufel abgegeben. Darum haben wir heute soviel Böses, was auf dieser Erde geschieht. Dabei schieben es viele Menschen Gott zu. Aber Gott ist es nicht, es kommt nicht von ihm.

Der Mensch hat sehr viel verloren, er hat sich durch eigene Verschuldung verpfändet. Und dieses Buch hat damit zu tun; es ist darin alles genauestens aufgeschrieben. Die Erlösung muß alles beinhalten, was der Mensch verlor, sowohl die Wiederherstellung der

Herrlichkeit, die er bei Gott hatte, als auch die Herrschaft über diese Erde. Aber wer kann den Menschen von dieser Verschuldung, die er eingegangen ist, erlösen? Es muß ja jemand sein, der ohne Schuld ist, es muß jemand sein, der den Preis bezahlen kann, und es muß jemand von der Familie sein. Nun verstehen wir auch die Worte des Johannes, als er sich umsah und niemand würdig erfunden wurde, das Buch zu öffnen und hineinzuschauen. Niemand, kein Mensch, kein Engel, niemand, niemand, niemand. Kein Wunder, daß Johannes weinte. Er wußte, daß, wenn dieses Buch nicht geöffnet und diese Siegel nicht gebrochen werden konnten, die Erde und der Mensch *für immer* unter der Herrschaft des Feindes bleiben würden. Und dann hörte er jene wundervollen Worte: «Weine nicht, siehe, es hat überwunden der Löwe aus Juda» – und Johannes sah ihn, *den Löwen als Lamm*. Es war der Mensch ohne Schuld und ohne Fehler. Er hatte die Göttlichkeit beiseite gelegt, er hielt die Gottgleichheit nicht fest, wie man etwas Großes, das man gewonnen hat, festhält. Er hätte das Recht dazu gehabt, aber nein, er hat seine Göttlichkeit freiwillig abgelegt, er ist Mensch geworden, hat sich mit uns identifiziert, um zu unserer Familie gezählt zu werden, und er hat mit seinem eigenen Blut den Preis voll bezahlt, damit wir erlöst werden können. Die Erlösung, für die Jesus gekommen ist zu sterben, die er vollbracht hat, beinhaltet viel mehr als nur ein paar gute Gefühle, weil wir Kinder Gottes sind. Diese Erlösung hat ein solch großes Ausmaß, daß wir uns noch kaum einen Gedanken oder eine Vorstellung davon machen können. Er hat den Preis bezahlt, er hat sich hingegeben.

Nun war der Moment da, in welchem das Buch geöffnet werden sollte. Und all das, was der Feind damals – soll ich es so nennen – durch den Verkauf, durch die Schuld des Menschen bekommen hatte, sollte und würde ihm jetzt entrissen werden. Aber das konnte nur geschehen, wenn es möglich wäre, das Buch aufzutun. Denn Gott ist ein gerechter Gott, nicht nur uns Menschen, sondern auch dem Teufel gegenüber. Das müssen wir uns merken. So wie Jeremia damals den Preis bezahlte, obwohl der Augenblick der Inbesitznahme des Ackers noch nicht gekommen war, so hat auch Jesus den Preis bezahlt, obwohl der Augenblick, in dem die Eröffnung des Buches geschehen konnte, erst einige Jahre später kommen würde. Aber der Preis ist bezahlt. Und nun war Jesus da, und er nahm dieses Buch. Wann wird das geschehen? Nachdem die Zeit der Gemeinde zu Ende gegangen sein wird. Verstehen wir das? Nachdem die Zeitspanne, die Gott gesetzt hat, damit Menschen in die Gemeinde kommen sollen, zu Ende sein wird. Was sollen sie nun in der Gemeinde tun, und wozu besteht denn die Gemeinde? Haben wir jemals daran gedacht, was denn die Gemeinde sein soll? In der Gemeinde sollen wir alle das praktizieren, was Jesus von Adam und Eva erwartete, ehe sie gesündigt hatten. Wir sollen uns unserem Vater freiwillig unterstellen, ihm nachfolgen und seine Herrschaft über uns anerkennen.

Wir sprachen über Kinder des Reichs, erinnert ihr euch? Was sind denn Kinder des Reichs? Das sind jene, die die Herrschaft Jesu Christi freiwillig angenommen haben und die nicht sagen: «Ich lebe mir selbst; mir hat niemand etwas zu sagen; ich kann mein eigenes Leben führen.» Es sind jene, die sich Jesus und seinen göttlichen Gedanken unterstellt haben und nun in der Gemeinde Gott dienen, ihm nachfolgen und hier beweisen, daß sie anders sind als diejenigen, die Gott noch nicht kennen. Die Welt macht bis heute, was sie will, sie sagt: «Herrsche nicht über mich!» Aber Menschen, die zur Gemeinde gehören, müssen und sollen die Herrschaft Gottes anerkennen. Diejenigen, die das tun und Überwinder sind, werden nach dem Zeitalter der Gemeinde von dieser Erde weggenommen und vor dem Throne Gottes sein. Dann wird der Moment kommen, wo alles, was der Mensch durch seinen Sündenfall verloren hat, wiedererstattet wird, und ein wundervolles Drama wird anfangen sich zu entfalten. Es dauert auch gar nicht so lange, denn bald wird all das, was der Mensch einmal verkaufte, wieder ihm gehören, weil da einer kam, der uns Erlösung brachte, nämlich Jesus, der Sohn Gottes, der Mensch wurde und den Preis bezahlt hat.

Als Johannes das sah, merkte er auch, wie die Ältesten dort standen und goldene Schalen voll Räucherwerk hatten, die Gebete der Heiligen. Hier haben wir einen guten Beweis dafür, wie wichtig unsere Gebete sind. Es scheint mir, daß es auf der einen Seite unbedingt des Herrn Jesu und seiner Erlösungstat bedurfte, damit dieses Buch geöffnet werden konnte, aber ich glaube auch, daß die Gebete der Heiligen etwas dazu beigetragen haben. Haben wir schon oft gedacht, unsere Gebete seien vergebens? Nein. Wie hat der Herr Jesus uns gelehrt zu beten? «Unser Vater, der du bist in dem Himmel, *dein Reich komme.*» Es wird kommen, es wird bald kommen. Hier finden wir nun die Gebete. Sie waren vor Gott, sie waren dort, bildlich gesprochen, in Schalen. Sie waren nicht vergebens. Dein Reich komme! Wie oft betet das eine Mutter, die verzagt ist, wie oft beten das unsere Geschwister hinter dem eisernen Vorhang? Herr, dein Reich komme! Wie oft haben wir schon gebetet, Herr, dein Reich komme? Die Gebete gehen nicht verloren.

Nun war der Moment da. Johannes sah, daß das anbrechen sollte, was Gott eh und je den Seinen zugedacht hatte. Während sich dieses Bild vor Johannes abspielte, das Buch in der Hand Gottes, sein Betrübtsein, daß niemand da war, die Welt für ewig in der Hand des Feindes, und als er weinte, kam die frohe Botschaft: «Nein, es hat überwunden», und das Lamm kam, und es nahm das Buch. Dann sah er und erlebte mit, was das auslöste – eine Anbetung vor dem Thron. Wir haben es gelesen. Die vier lebendigen Wesen und die Ältesten, sie riefen zu Gott und dem Lamm, und mit ihnen zehntausendmal zehntausend und tausendmal tausend. Wir können gar nicht fassen, wie viele das sind. Das sind Millionen und Millionen von Engeln. Aber merken wir, sie stehen nicht dort, wo die Erlösten, die Überwinder, sind. Sie stimmen zwar mit ihnen in das Lied ein, aber sie haben es nie selbst erlebt. Die Engel haben es doch miterlebt, was es dem Vater bedeutet hat, als der Mensch gegen ihn rebellierte und diese Verschuldung eingegangen ist. Sie haben auch miterlebt, was es den Sohn kostete, seine Herrlichkeit abzulegen. Und nun konnten sie miterleben, wie all das sich gelohnt hatte, und sie stimmten ein in diesen Lobpreis, in diese Anbetung. Um wen geht es? Die Person, der die Anbetung gilt, ist Jesus, das Lamm. Von ihm wird gesagt: «Du bist würdig; du bist würdig, Preis und Dank und Ruhm und Anbetung zu nehmen.» Dort, vor dem Throne Gottes, werden wir aus tiefer geistlicher Erkenntnis heraus gar nicht anders können, als unsere Hände zu erheben. Manche haben Mühe, das jetzt zu tun. Je mehr wir erkennen, was er getan hat, sehen wir: Du bist würdig. Und Lob, Preis und Ehre und Anbetung werden den Himmel erfüllen. Können wir jetzt schon loben und preisen? Hier wird gesagt, daß jeder der Ältesten eine Harfe hatte und goldene Schalen mit Räucherwerk. Ich glaube nicht, daß wir, wenn wir in den Himmel kommen, eine Harfenfabrik vorfinden werden und uns von Gott produzierte Harfen ausgeteilt werden. Nein, das ist das Instrument, das wir uns hier auf Erden durch unseren Lobgesang, durch unsere Anbetung bauen.. Das, was wir im Himmel haben werden, machen wir jetzt. Auch die Gebete, die goldenen Schalen mit dem Räucherwerk. Können wir alle jetzt schon unsern Herrn anbeten, ihn preisen und loben? So ihr nicht werdet wie Kinder, sagt der Herr Jesus, jawohl. Nicht der Intellekt ist es, der Gott im wahrsten Sinne anbeten kann und anbeten soll. Es ist unser Herz, unser Inneres. Von da sollen ihm Lob und Anbetung, Preis und Ruhm gegeben werden. Merken wir nicht, wie sehr wir ihm Anbetung schenken sollten? Merken wir nicht, wie sehr wir ihm eine tiefere Übergabe unseres Lebens schenken sollten, damit wir zu jener Gruppe der Überwinder gehören können. Lesen wir dieses Kapitel zu Hause noch einmal durch, vielleicht die Kapitel 4 und 5 im Zusammenhang in einem Zug, nicht sehr schnell, sondern gewissermaßen so, daß das Ganze lebhaft vor unseren inneren Augen in Erscheinung treten kann. Lesen wir diese Kapitel und danken wir unserem Vater, daß er uns Gnade geschenkt hat, daß uns die Augen geöffnet wurden und wir Jesus als das Lamm Gottes, welches geschlachtet war, annehmen durften. Bleiben wir dabei, verlassen wir die Nachfolge Jesu nicht und bleiben wir in dem Herrn. Möge sich jeder von uns in der Anbetung üben. Wir wollen doch alle auch dabeisein in jenem Augenblick, wenn dieser Lobpreis ertönen wird.

Ich möchte aber noch etwas sagen. Es wird Menschen geben, die in Gottesdiensten waren, die alles wußten, und die doch nicht dabeisein werden. Es wird Menschen geben, die christlich erzogen wurden, die vielleicht einmal eine Übergabe an Jesus gemacht haben, die auch ausgegangen sind, aber sie werden zu den fünf törichten Jungfrauen gehören, und sie werden nicht dabeisein bei jenem Lobgesang vor dem Thron, wenn dieses Buch von dem Lamm genommen und geöffnet wird.

Wir werden im Laufe der Betrachtung noch darauf zu sprechen kommen, aber ich möchte jeden ermuntern, sich dem Herrn ganz zu weihen, sich ihm ganz zu übergeben, ihm nachzufolgen und ihn von Herzen anzubeten. Amen.

Das Öffnen der Siegel (6,1–11)

In unserer Betrachtung der Offenbarung des Johannes sind wir beim 6. Kapitel angelangt. Wir wollen es lesen, und ich hoffe, daß wir in dieser Betrachtung wenigstens bis zum 11. Vers kommen werden.

«*Und ich sah, daß das Lamm eines von den sieben Siegeln öffnete, und ich hörte eines von den vier lebendigen Wesen wie mit Donnerstimme sagen: Komm. Und ich sah und siehe, ein weißes Pferd, und der darauf saß, hatte einen Bogen und es wurde ihm eine Krone gegeben, und er zog aus als Sieger und um zu siegen. Und als er das zweite Siegel öffnete, hörte ich das zweite lebendige Wesen sagen: Komm, und es zog ein anderes Pferd aus, ein feuerrotes, und dem, der darauf saß, wurde die Macht gegeben, den Frieden von der Erde zu nehmen und daß sie einander hinschlachten sollten. Und es wurde ihm ein großes Schwert gegeben. Und als er das dritte Siegel öffnete, hörte ich das dritte lebendige Wesen sagen: Komm, und ich sah, und siehe ein schwarzes Pferd, und der darauf saß, hatte eine Waage in seiner Hand. Und ich hörte eine Stimme inmitten der vier lebendigen Wesen, die sprach: ein Maß Weizen für einen Denar und drei Maß Gerste für einen Denar, und das Öl und den Wein schädige nicht. Und als er das vierte Siegel öffnete, hörte ich die Stimme des vierten lebendigen Wesens sagen: Komm, und ich sah, und siehe, ein fahles Pferd, und der darauf saß, dessen Name ist der Tod, und das Totenreich folgte ihm nach und ihnen wurde Macht gegeben über den vierten Teil der Erde, zu töten mit dem Schwert und mit Hunger und mit Pest und durch die wilden Tiere der Erde. Und als es das fünfte Siegel öffnete, sah ich unter dem Altar die Seelen derer, die hingeschlachtet worden waren um des Wortes willen und um des Zeugnisses willen, das sie hatten. Und sie riefen mit lauter Stimme und sprachen: Wie lange, o Herr, du Heiliger und Wahrhaftiger, richtest du nicht und rächst nicht unser Blut an denen, die auf Erden wohnen? Und es wurde einem jeden von ihnen ein weißes Kleid gegeben und es wurde ihnen gesagt, daß sie noch eine kleine Zeit ruhen sollten, bis auch ihre Mitknechte und ihre Brüder vollendet wären, die auch sollten getötet werden gleich wie sie. Und ich sah, als es das sechste Siegel öffnete, und siehe, ein großes Erdbeben entstand, und die Sonne wurde schwarz wie ein härener Sack, und der ganze Mond wurde wie Blut. Und die Sterne des Himmels fielen auf die Erde, wie ein Feigenbaum seine unreifen Früchte abwirft, wenn er von einem starken Winde geschüttelt wird. Und der Himmel entwich wie ein Buch, das zusammengerollt wird, und alle Berge und Inseln wurden aus ihren Stellungen gerückt, und die Könige der Erde und die Großen und die Heerführer und die Reichen und die Gewaltigen und alle Knechte, und alle Freien verbargen sich in die Klüfte und in die Felsen der Berge und sprachen zu den Bergen und zu den Felsen: Fallet auf uns und verberget uns vor dem Angesichte dessen, der auf dem Throne sitzt, und vor dem Zorne des Lammes. Denn gekommen ist der große Tag seines Zorns, und wer kann bestehen?»*

Johannes war hier vor dem Thron Gottes. Wir lesen das im 4. und im 5. Kapitel. Im 5. Kapitel geht es um ein versiegeltes Buch, über das Johannes zunächst sehr traurig war und weinte, weil niemand es öffnen konnte. Dann wurde ihm gesagt: Weine nicht. Johannes weinte, weil dieses Buch ein äußerst wichtiges Buch ist. Und dann sah er, daß ein Lamm kam, nämlich Jesus Christus, und dieses Buch nahm, dasselbe zu öffnen. Dieses Buch ist – könnten wir es so sagen – die Eigentumsurkunde über die Erde. Als der Mensch, dem ja auch die Erde unterstellt war, sündigte, hat er nicht nur sich selbst der Herrschaft des Teufels preisgegeben, sondern er hat auch all das, was Gott dem Menschen übertragen hatte, nämlich auf dieser Erde zu regieren, dem Teufel ausgehändigt. Und nur wer würdig ist, diese Eigentumserklärung aufzutun, kann, entsprechend dem göttlichen Gesetz, das Eigentumsrecht wieder dahin bringen, wo es ursprünglich sein sollte. Im 5. Kapitel bekommen wir den Eindruck, und zwar ist es nicht nur ein Eindruck, sondern es ist eine Tatsache, daß auf der andern Seite dieses Buch mit den sieben Siegeln nicht geöffnet werden konnte, bis die Schar derer, die die Bibel hier Älteste nennt, nicht mehr auf dieser Erde, sondern im Himmel ist, bis die Schar der Überwinder – wir könnten sie auch noch genauer die Braut Jesu nennen – von dieser Erde genommen sein wird. Erst dann wird dieses Buch geöffnet werden können. Nun finden wir diese Schar vor dem Thron Gottes, und im 6. Kapitel wird uns gesagt, daß Jesus, das Lamm, anfing, die Siegel zu öffnen. Damit beginnt dann der Prozeß der Wiederherstellung dessen, was durch den Sündenfall hier auf Erden verlorenging. Indem er anfing, die Siegel dieses Buches zu brechen, hat der Prozeß – durch welchen alles, was einmal Gott und seiner Herrschaft untertan war, wieder ihm unterstellt werden soll – ganz eindeutig begonnen. Und nun sehen wir, daß Jesus das erste Siegel brach. Dann lesen wir, daß eines der vier lebendigen Wesen sagte: «Komm.» Da sah Johannes ein weißes Pferd, auf dem jemand saß, der einen Bogen hatte. Es wurde ihm eine Krone gegeben; und er zog aus als Sieger und um zu siegen. Wer ist nun dieser Mann auf dem weißen Pferd? Manche meinen, es sei Jesus, denn das 19. Kapitel der Offenbarung spricht auch von einem weißen Pferd, und der dort darauf sitzt, ist eindeutig Jesus. Es gibt manches, das dafür sprechen könnte, daß es Jesus wäre. Im Prinzip stimmt es auch, daß zu diesem Zeitpunkt der Herr Jesus seinen Siegeszug über die Erde beginnen wird. Doch das weiße Pferd im 6. Kapitel und der Reiter, der darauf sitzt, steht – wie ich es sehe – doch zu sehr im Zusammenhang mit den andern Pferden und den Reitern, die da beschrieben sind. Und es scheint mir auch, daß der Herr Jesus selbst uns in Matthäus 24 auf diese vier Reiter aufmerksam gemacht hat. Von hier heraus können wir die Auslegung besser verstehen. Da heißt es in den Versen 4–7 (und achten wir genau darauf, was hier geschrieben steht): «Und Jesus antwortet (ihm war die Frage gestellt worden, wann das geschehen, was das Zeichen seiner Wiederkunft sein werde): *Sehet zu, daß euch niemand irreführe, denn es werden viele unter meinem Namen kommen und sagen: ich bin Christus und werden viele irreführen. Ihr werdet aber von Kriegen und Kriegsgerüchten hören. Sehet zu, erschrecket nicht, denn es muß so kommen, aber es ist noch nicht das Ende. Denn ein Volk wird sich gegen das andere erheben und ein Königreich über das andere, und es werden hin und wieder Hungersnöte, Pest und Erdbeben sein.»* Der Herr Jesus spricht hier von vier Dingen, er spricht von Irreführungen, von falschen Christussen, er spricht hier von Krieg, von Kriegsgeschrei, er spricht auch von Hungersnot, von Sterben durch Pestilenz und Erdbeben. Und schauen wir einmal diese vier Reiter an. Sie zeigen uns genau das, was der Herr Jesus uns hier sagt. Darum ist dieser Reiter auf dem weißen Pferd – der zwar so scheint, als wäre er Christus – niemand anders als der Antichrist, der ausgeht, um zu verführen. Daniel redet von diesem Antichristen im 9. Kapitel, indem er sagt, daß er *im Frieden* kommen wird. Das *weiße Pferd* spricht davon. Und er wird als Sieger kommen. Er wird eine Krone und den Bogen, das Zeichen des Sieges, haben. Bei seinem Auftreten wird der Antichrist sich als sehr, sehr friedliebender Mensch ausgeben. Er wird, bildlich gesprochen, auf einem weißen Pferd des Friedens reiten. Ich möchte es so sagen: Er wird die *Friedenswelle benutzen*, um zur Macht zu gelangen. Er wird an die Spitze der Europäischen Gemeinschaft kommen. Ich weiß nicht, ob es jemandem aufgefallen ist, daß die heutige Friedensbewegung nirgendwo in der Welt so stark von Regierungsparteien gefördert wird wie in der Europäischen Gemeinschaft. Das ist interessant, und persönlich vermute ich, daß das noch sehr stark zunehmen wird. Der Antichrist wird auf einer Friedenswelle reiten und, wenn er kommt, einen Bund mit Israel schließen. Er wird bei seinem Auftreten die Unterstützung der *Weltkirche* haben, und es wird heißen, jetzt sei der Mann da, der den Frieden auf die Erde bringt. Jesus sagt, das werde kommen. Seien wir vorsichtig, daß wir uns nicht irreführen lassen. Eines Tages wird es sich dann zeigen, wer er wirklich ist. Er wird den Bund mit Israel brechen und die Weltkirche vernichten. Wir lesen davon in Offenbarung 17, denn auch sie muß Gottes Urteil erleben. Wir werden später noch darauf zu sprechen kommen. Der Antichrist wird als friedliebender Weltverbesserer auftreten und sich kurz darauf als etwas ganz anderes entpuppen. Wenn wir in die Geschichte hineinschauen, sehen wir, daß seine Vorläufer – die es ja immer wieder gab – immer in dieser Weise aufgetreten sind. Sie haben zuerst etwas Großes getan, Frieden verkündigt, Verbesserungen gebracht und sich hernach als das entpuppt, was sie wirklich waren. O weh, wie schlimm war es da, denken wir an Hitler, an Mussolini, an viele andere. Alle kamen in der gleichen Weise wie der Antichrist: friedliebend, Verbesserungen einführend, Gutes vorzeigend, für die Menschen Gutes tuend, aber der Kern war total verdorben. So wird der Antichrist auftreten.

Wenn er dann da ist und angefangen hat sich zu entpuppen, wird das geschehen, was wir lesen, als das zweite Siegel geöffnet wurde, da wird ein rotes Pferd kommen. Die Bibel sagt uns, es werde ein feuerrotes Pferd sein und dem, der darauf sitzt, werde die Macht gegeben, den Frieden von der Erde zu nehmen – und daß sie einander hinschlachten sollten. Es wurde ihm ein großes Schwert gegeben. Es gibt viele Spekulationen, welche Macht das sein soll, aber ich glaube nicht, daß das für uns das maßgebendste ist. Für uns ist wichtig, daß – nachdem der Antichrist aufgetreten ist und seine Friedensparolen überall hinausposaunt wurden – der Friede genommen sein wird. Es mag gut sein, daß er – weil er ja, wenn er auftritt, hauptsächlich durch die Europäische Gemeinschaft mit Israel Gemeinschaft haben wird – groß gefeiert sein wird und daß er dann selbst gegen die angeht, die seine Herrschaft nicht akzeptieren. Das ist durchaus möglich. Jedenfalls wird dann Krieg sein auf dieser Erde, und es wird Tote geben.

Die Bibel zeigt uns, daß danach der dritte Reiter auf einem schwarzen Pferd kommt, der eine Waage in der Hand hat und Lebensmittel wiegt. Als Folge davon wird es eine ganz schlimme Ernährungskatastrophe auf dieser Erde geben. Die Lebensmittel werden knapp, nicht die unnötigen, sondern die lebensnotwendigen Dinge. Aus der Bibel sehen wir, daß der Mensch dann so weit gehen muß, daß er als Ersatz Gerste essen wird. Eine furchtbare Teuerung wird eintreten, und man wird einen ganzen Tag arbeiten müssen, um nur ein wenig Brot – geschweige denn etwas anderes – kaufen zu können. Wir müssen uns vorstellen, was das bedeutet. Da wird der Schwarzmarkt blühen, da werden Hunger und Not sein. In vielen Ländern der Welt ist es heute schon so ähnlich angebrochen, aber das Ausmaß wird noch viel größer sein. Zwar zeigt uns die Bibel, daß es auch dann manche geben wird, die noch die Hülle und Fülle haben werden. Es gibt solche, die sogar noch Öl und Wein haben werden, einige wenige, welche die Dinge in ihrer Macht haben, so wie es immer war. Aber Gottes Wort zeigt uns, daß die Wirtschaftskrise so schlimm sein wird, daß eine Rationierung eingeführt werden muß. Man wird gar nicht viel kaufen können, selbst wenn jemand noch Geld hätte, und das Schlimme daran wird sein, daß dann nur jene werden kaufen und verkaufen können, die den Antichristen akzeptiert haben. Wir können uns fragen, warum er denn das macht. Warum verbindet er denn das Kaufen und Verkaufen mit der Annahme oder Ablehnung seiner eigenen Person? Wißt ihr warum? Es wird ihm nicht so einerlei sein hier auf Erden, und es wird ihm auch nicht so gut ergehen, denn es werden manche auftreten, die vor diesem Manne warnen werden. Es werden auch solche sein, die gegen ihn predigen werden und sagen, er sei der falsche Christus und komme vom Teufel. Diese wird es geben, aber er wird sie ausrotten, und darum verbindet er die Übergabe der Lebensmittelkarten mit der Annahme seiner Person und seiner Herrschaft. Wer das nicht tut, der soll getötet werden.

Dann zeigt uns die Bibel, daß etwas geschehen wird. Das vierte Siegel wird geöffnet, es kommt ein fahles Pferd, und der daraufsitzt, ist der Tod. Aus der Bibel ersehen wir, daß nun auf dieser Erde ein Massensterben einsetzen wird. Ist das durch einen Atomkrieg möglich? Jawohl, durchaus. Die Bibel sagt uns, daß im Zeitpunkt der Eröffnung des vierten Siegels ein Viertel der Weltbevölkerung sterben wird. Pest, wilde Tiere der Erde, das sind nicht die Tiere, die frei herumlaufen. So viele wilde Tiere gibt es gar nicht mehr, daß sie solch ein Morden verursachen könnten. Aber die Bibel nennt auch andere Tiere: Pestilenz, Atomseuche – alles ist möglich. Wenn die Bibel hier von der Öffnung der Siegel spricht, meint sie damit die *Trübsalszeit.* Ganz sicher. Das ist die 70. Jahrwoche, die Daniel in seiner Prophetie vorausgesagt hat, und wir werden später etwas näher auf diese 70. Jahrwoche kommen. Es ist die Zeitspanne, von der die Bibel sagt, daß eine Trübsal sein wird, wie es noch nie eine auf Erden gab. Aber das, was bis jetzt geschah, ist noch lange nicht das Schlimmste: Das Auftreten des Antichristen, Kriegsgeschrei und Krieg, Hungersnot, Lebensmittelknappheit, Massensterben.

Und nun beachten wir das fünfte Siegel. Da sagt uns die Bibel, als es (das Lamm) das fünfte Siegel öffnete, sah Johannes unter dem Altar die Seelen derer, die hingeschlachtet worden waren um des Wortes Gottes und des Zeugnisses willen, das sie hatten. Und sie riefen mit lauter Stimme und sprachen: «Herr, wie lange richtest du nicht und rächst nicht unser Blut an denen, die auf Erden wohnen?» Und es wurde einem jeden von ihnen ein weißes Kleid gegeben und ihnen gesagt, daß sie noch eine kleine Zeit ruhen sollten, bis auch ihre Mitknechte und ihre Brüder vollendet wären, die auch sollten getötet werden – gleich wie sie. Hier sah nun Johannes eine Schar nicht um den Thron, sondern darunter. Wir wissen aus der Schrift, daß es verschiedene Himmel gibt. Die aus dieser Schar sind noch nicht beim Thron, wie die andern, sie sind unten, und doch können sie Gott, Jesus sehen. Welch eine Schar ist das? Wer sind denn diese? Die Bibel sagt uns hier, daß sie während der Trübsalszeit um des Wortes willen hingerichtet worden sind. Ihre Richter, von denen sie hingerichtet wurden, haben wahrscheinlich das Urteil anders begründet. Sie werden gesagt haben, ihr werdet hingerichtet, weil ihr den Staat verraten habt, oder weil ihr euch weigert, euch der Regierung zu unterstellen. Sie wurden beschuldigt, Gesetzesübertreter zu sein. Es gibt viele Gründe. Aber die Bibel sagt uns, daß sie um des Wortes willen hingerichtet werden. Wer sind nun diese? Da kann jemand sagen, er dachte, alle Gotteskinder würden zum Herrn Jesus entrückt. Was sind denn das für Leute, die in der Trübsalszeit sterben und um des Wortes willen hingerichtet werden, von denen der Herr Jesus sagt, es werden noch viele folgen? Wir kennen das Gleichnis der Zehn Jungfrauen in Matthäus 25. Was wird uns dort gesagt? Als der Ruf erscholl: Der Bräutigam kommt – waren fünf bereit und fünf mußten hingehen, sich Öl zu kaufen. Die Fünf, die bereit waren, sind dann zur Hochzeit mit dem Bräutigam eingegangen. Als dann die fünf Törichten später kamen, wollten sie ebenfalls hinein, aber der Bräutigam sagte: Nein, ich kenne euch nicht als meine Braut. Aus dem Zusammenhang sehen wir, daß alle Zehn ausgegangen waren, alle Zehn einmal eine Bekehrung erlebt hatten und alle Zehn einmal Öl hatten. Im Zeitpunkt des Kommens des Bräutigams waren aber fünf schlafend, töricht und hatten kein Öl, so daß nur Fünf als Braut mitgegangen sind. Diese Braut, die klugen Jungfrauen, sie sind bereits vor dem Thron. Die Braut des Herrn ist bereits da, und sie erlebt mit, wie das Lamm die Siegel öffnet, aber die fünf törichten Jungfrauen sind beim Kommen Jesu auf der Erde geblieben. Meine lieben Leser und Leserinnen, verstehen wir, was die Bibel uns hier sagt? Sind diese Zurückgebliebenen nun verloren für Zeit und Ewigkeit? Sie müssen nicht verloren sein, aber zur Braut werden sie nicht mehr gehören. Und dann ist die Gemeinde – die Braut des Herrn – entrückt, und jene, die zu den törichten Jungfrauen gehören, bleiben zurück, wenn der Antichrist hier auf der Erde sein Regiment antritt. Dann wird ihnen Gottes Wort ins Herz kommen, und sie werden wissen, was mit den andern, die fehlen, passiert ist. Sie werden dann den erkennen, der hier als Friedensmann auftritt und sagen: Nein, das ist kein Friedensstifter, das ist der Antichrist; und sie werden dann – Gott sei

Dank – ihren Stand für Jesus einnehmen. Aber, o weh, sie werden verfolgt, gepeinigt und getötet werden. Das sind die Menschen, die Johannes hier unter dem Altar sah und von denen Jesus sagte, daß da noch viele auf der Erde sind, die ebenfalls um des Wortes willen getötet werden. Auch während der Zeit, in der der Antichrist auftritt, wird das Evangelium noch verkündigt werden, und manch einer, der während der Zeit der Gnade gespielt hat, wird dann aufwachen – aber zur Braut wird er nicht gehören, diese Zeit ist vorbei.

Wie viele Menschen spielen jetzt mit ihrem Heil! Sie wissen manches über das Evangelium und über das Wort Gottes, sie haben oftmals die Stimme des Herrn gehört, den Ruf Gottes vernommen, aber da ist kein Brennen für Jesus. Sie lieben die Dinge dieser Welt mehr als den Herrn. Ihnen sind ihr Fleisch und ihre Lüste wichtiger, als Jesu gehorsam zu sein. Ihnen ist das Ansehen bei Menschen wichtiger als das Ansehen bei Gott. Der Herr Jesus ruft sie; er fordert sie auf, ihm zu gehorchen; er fordert sie auf, sich als Kinder Gottes – die bekehrt sind – taufen zu lassen, aber sie spielen. Er fordert sie auf zu einem heiligen Leben – aber sie spielen. Sie verschieben auf morgen, was sie heute tun sollten. Sie wollen später einmal Gott dienen, ernst machen, mit der Sünde brechen, mit der Gebundenheit brechen, mit dem Laster aufhören, aber sie tun es heute nicht. Und dann kommt Jesus. Der Ruf wird erschallen: Der Bräutigam kommt; aber dann ist es zu spät. Ich fürchte, daß auch viele dem unheimlichen Druck – der in der Trübsalszeit, wenn der Antichrist regiert, auf den Gotteskindern ruhen wird – nicht standhalten werden. Dennoch wird es viele Menschen geben, denen dann bewußt wird, was sie während der Zeit der Gnade versäumt haben, und die dann Gott suchen werden. Sie werden gerettet, doch wie durchs Feuer, sagt die Bibel, aber zur Braut gehören sie nicht, und eine Krone erhalten sie nicht. Gerettet wie durchs Feuer. Dabei gibt uns der Herr Jesus jetzt eine solch wunderbare Gelegenheit, unser Leben ihm ganz auszuliefern. Liebe Freunde, für uns alle ist es nicht so wichtig, ob wir die Siegel klar verstehen und im einzelnen wissen, was dieses und jenes in der Offenbarung bedeutet. Es ist nicht so maßgebend, ob wir im einzelnen wissen, was jedes Bild heißt, wofür es steht, als unser aller Verhältnis zum Lamm. Das ist wichtig, das zählt. Manche Menschen wollen immer nur studieren; sie geben sich ab mit Bildern und Typen; sie wollen alles bis in die

Einzelheiten austüfteln, aber darauf kommt es nicht an. Wie ist unser Verhältnis zum Lamm, zu Jesus? Darauf kommt es an.

Wir haben niemals nur zu predigen, man solle sich bekehren, man solle die Wiedergeburt erleben, und dann sei alles in Ordnung. Genausowenig wie wir sagen können, bei einem Kind, das in die Welt kommt, da sei alles geschehen. Das ist der Anfang: ein wichtiger Anfang, ein entscheidender Anfang. Die Bibel sagt aber nicht, der Anfang werde gekrönt, sondern wer überwindet, wer ausharrt bis ans Ende, der werde es ererben. Haben wir das gehört?

Fragen wir uns: Kommt das bald? Die Bibel spricht davon, daß niemand Zeit oder Stunde weiß. Aber Gottes Wort sagt: Kinder Gottes, die zur Braut gehören, werden nicht überrascht sein, wenn Jesus kommt. Überrascht wird derjenige sein, der nicht mit Jesus in Verbindung steht. «Ihr aber», sagt Paulus, «seid nicht von der Nacht.» Für jene, die nicht zu ihm gehören, kommt Jesus wie ein Dieb, aber ihr seid nicht von denen, schreibt Paulus in seinem Brief an die Thessalonicher.

Kommt er bald? Fragen wir einmal einen aufrichtigen Christen. Schauen wir einmal die Zeichen der Welt an; fragen wir einmal irgendein Gotteskind, das mit Jesus eng verbunden ist, und es wird sagen, Gottes Geist bezeuge es ihm ganz deutlich: Jesus kommt bald. Verschiedene Endzeitzeichen sprechen dafür. Wahrscheinlich lebt der Antichrist heute schon. Alles, was wir heute in der Weltpolitik sehen, ist eine Vorbereitung auf den Moment, wo er auftritt. Glauben wir ja nicht, daß er von heute auf morgen auftreten kann, ohne daß entsprechende Vorbereitungen getroffen wurden, ohne daß alles bereit und die Situation so wäre, daß er mit seinem sogenannten Friedensprogramm einsteigen könnte. Nein, alles, was wir jetzt sehen, dient dazu.

Und was tun wir? Gehen wir noch immer unseren eigenen Wünschen nach? Dann wird es zu spät sein, die Schuld auf andere zu schieben; dann wird es auch zu spät sein zu sagen: Ich werde. Laßt uns Jesus uns ganz ausliefern, gehorsam werden, damit der Heilige Geist uns füllen kann mit dem Leben und dem Sinn Jesu Christi, damit die Frucht des Geistes Gottes in unserem Leben Wirklichkeit wird, daß wir erfüllt werden, mit einer brennenden Liebe zum Herrn Jesus, mit einer brennenden Liebe zu verlorenen Menschen. Wir wollen in der Hingabe an unseren Herrn stehen. Wir alle wollen doch nicht zurückbleiben und durch die Trübsal gehen, wenn der Herr Jesus seine Braut holt. Und doch habe ich manchmal ein solch unangenehmes Empfinden, daß wenige Gotteskinder sich echt darauf vorbereiten.

Wir werden im 6. und 7. Kapitel zu ganz wichtigen – zum Teil schrecklichen und interessanten – Aussagen der Schrift kommen. Vom Auftreten des Antichristen bis zu dem Augenblick, als Johannes diese Menschen unter dem Altar sah, vergeht kein Jahrzehnt. Das wird Schlag auf Schlag gehen und sich ganz schnell abspielen. Die Bibel sagt uns, daß eine unzählbare Schar um des Evangeliums willen auf eine grausame Weise ermordet wird. Doch Gott gibt uns die Gelegenheit, uns in der Zeit der Gnade Jesus Christus ganz hinzugeben, ihn als unsern Herrn und Erlöser aufzunehmen und mit ihm zu leben. Möge niemand unter uns sein Herz so verstocken, daß diese Wahrheit ihm nichts mehr zu sagen hat. Laßt uns Gottes Geist Raum geben, indem wir das Wort Gottes in unsere Herzen aufnehmen.

Das sechste Siegel (6,12–17, 7,1–17)

Wir setzen die Betrachtung des 6. Kapitels der Offenbarung – ab Vers 12 bis zum Schluß und des ganzen 7. Kapitels – fort. Allein schon das Lesen der Offenbarung ist ergreifend.

Wir haben angefangen, im 6. Kapitel das Eröffnen der Siegel zu betrachten. Das Öffnen der Siegel, das im Himmel geschieht, ist der Beginn der antichristlichen Regierungszeit hier auf Erden. Das Öffnen der Siegel ist auch der Beginn der sogenannten Trübsalszeit auf dieser Erde. Wir haben in den ersten Versen dieses 6. Kapitels das Öffnen der ersten vier Siegel und die verschiedenen Reiter gesehen. Die Zeit, die sie ankündigen, wurde auch von Jesus in Matthäus 24 in den Versen 4–7 angedeutet, wo vom Antichristen, der verführerisch wirkt, und von Krieg und Kriegsgeschrei die Rede ist. Die Bibel spricht von großen Vernichtungen hier auf dieser Erde. Beim Öffnen des dritten Siegels haben wir Hungersnot, Wirtschaftskrise, Mangel an Lebensmitteln, Rationierung, auch Pest, Erdbeben und das Sterben vieler Leute gesehen – kurzum die Trübsalszeit, die der Herr Jesus ebenfalls angekündigt hat, eine Zeit, wo es hier auf dieser Erde unter der Regierung des Antichristen besonders für gläubige Menschen sehr, sehr schlimm sein wird. Ja, können wir fragen, gibt es denn in der Trübsalszeit noch gläubige Menschen hier? Wir werden später noch darauf zu sprechen kommen. Es muß meines Erachtens ein Unterschied gemacht werden zwischen der Trübsalszeit und dem, was die Bibel den großen Tag des Zornes Gottes nennt. Viele Christen machen diesen Unterschied nicht, auch ich habe ihn früher nicht gesehen. Aber ich will heute versuchen zu beweisen, daß zwischen dem, was die Bibel Trübsalszeit nennt, und dem großen Tag des Zornes Gottes ein Unterschied besteht. Die Trübsalszeit, wie ich sie nach der Bibel verstehe, ist im eigentlichen Sinn noch immer die Zeit des Menschen. Warum sage ich das? Weil in der Trübsalszeit der Antichrist als ein zwar vom Satan inspirierter Mensch sein Wesen treibt und seine Herrschaft über einen Großteil der Erde hat, aber in einem gewissen Sinn ist es immer noch die Zeit der Menschen. Während der Trübsalszeit wird er gegen die Gläubigen und später gegen Israel kämpfen, und er wird dann auch die verweltlichte Kirche vernichten. Das, was nach dem Öffnen der ersten vier Siegel auf der Erde geschehen wird, geschieht in einer menschlich erklärbaren Weise oder durch menschlich erklärbare Ereignisse. Das einzige, was menschlich nicht erklärbar sein wird, ist die Entrückung der Überwinderschar. Ich bin auch überzeugt, daß der Antichrist versuchen wird, diese Tatsache so schnell wie möglich aus dem Gedächtnis der Menschen auszulöschen. Aber das andere, das hier auf Erden geschieht, wird menschlich erklärbar sein, auch dann, wenn die verschiedenen Siegel geöffnet werden, die Reiter kommen und Krieg und Kriegsgeschrei sein wird. Das ist immer noch von Menschen gemacht. Zwar hängt es mit dem Himmel zusammen, aber es ist noch menschlich erklärbar, auch die Hungersnot und die Wirtschaftskrise, die daraus entstehen, wie auch Pest und Erdbeben. Diese Trübsalszeit wird eine Drangsal sein für Gottes Volk. Durch Menschen, die vom Teufel beherrscht sind, werden sie bedrängt, verfolgt, gepeinigt werden, aber es wird auch während dieser Zeit noch Gelegenheit zur Rettung geben. Zwar wird das schwer sein, und es werden sehr, sehr viele Menschen um ihres Glaubens an Jesus Christus willen den Märtyrertod sterben müssen. Es wird eine Zeit sein, in der – ich möchte es so sagen – der Teufel hier auf dieser Erde durch Menschen ganz mächtig gegen Gott und das Göttliche ankämpfen wird.

Neben der Trübsalszeit redet die Bibel vom großen Tag des Zornes Gottes. Was ist nun der große Tag des Zornes Gottes? So wie ich es sehe, wird das die Zeit sein, in der von Gott gewirkte Gerichte über diese Erde kommen werden, es ist die Zeit, in der sich die Gerichte gegen den Antichristen und eine gottlose Welt richten werden, die aber nicht menschlich erzeugt sind, sondern direkt von Gott – dessen Zorn entbrannt sein wird – kommen werden. Und möge niemand denken, daß Gott nicht auch ein zorniger Gott sein kann. Wenn die Zeit der Gnade endgültig vorüber sein wird, dann wird Gott seinen Zorn über dieser Erde offenbar werden lassen. Ich sehe, daß der Tag des Zornes Gottes das ist, was wir in Zephanja 1,14–18 angekündigt finden: *«Nahe ist der große Tag des Herrn, nahe ist er, und eilend kommt er herbei. Bitter schreit auf auch der Held. Ein Tag des Zorns ist dieser Tag, ein Tag der Angst und der Bedrängnis, ein Tag des Ruins und der Zerstörung, ein Tag der Finsternis und des Dunkels, ein bewölkter und finsterer Tag, ein Tag des Posaunen- und Trompetenklangs wider die festen Städte und die hohen Zinnen. Da will ich die Menschen ängstigen, daß sie herumtappen wie die Blinden, denn am Herrn haben sie sich versündigt, darum soll ihr Blut hingeschüttet werden wie Staub und ihr Fleisch wie Mist. Weder ihr Silber noch ihr Gold wird sie zu retten vermögen am Tage des Zornes des Herrn, sondern durch das Feuer seines Eifers soll die ganze Erde verzehrt werden, denn einen plötzlichen Untergang wird er allen Bewohnern der Erde bereiten.»*

Somit scheint doch ein Unterschied zwischen der Trübsalszeit und dem Tag des Zornes Gottes zu bestehen, und das Öffnen des sechsten Siegels wird zwischen der Trübsalszeit und dem großen Tag des Zornes Gottes liegen. Wir wollen die Antwort suchen, indem wir die Bibel mit der Bibel auslegen. Das ist die beste Art, um vorwärts zu kommen. Seit ich das verstärkt tue, ist mir die Offenbarung nicht mehr das verschlossene Buch, das sie mir früher war.

Im 6. Kapitel der Offenbarung sagt die Bibel im 17. Vers folgendes: «Gekommen ist der große Tag seines Zornes, und wer kann bestehen?» Wieso sage ich, daß das Öffnen des sechsten Siegels zwischen diesen beiden Ereignissen liegt? In Matthäus 24 spricht der Herr Jesus im 29. Vers davon, daß die Ereignisse, die hier beim Öffnen des sechsten Siegels geschehen, nach der Trübsal stattfinden. Er sagt nämlich: «Bald aber nach der Trübsal jener Tage wird die Sonne verfinstert werden ...» und er beschreibt dann die Ereignisse, wie sie uns in Offenbarung 6 beim Öffnen des sechsten Siegels geschildert werden. Das wird bald nach der Trübsalszeit geschehen. Und dann sehen wir, was Petrus im 2. Kapitel der Apostelgeschichte in den Versen 19 und 20 schreibt, nämlich, daß die Ereignisse, die hier beim Öffnen des sechsten Siegels beschrieben sind, vor dem Tag des Zornes Gottes stattfinden werden. Wir lesen dort: «Ich will Wunder tun oben am Himmel und Zeichen unten auf Erden, Blut und Feuer und Rauchdampf, die Sonne wird sich in Finsternis verwandeln und der Mond in Blut, ehe der große und offenbar werdende Tag des Herrn kommt.» Merken wir hier etwas? Jesus spricht davon, daß die Ereignisse des sechsten Siegels unmittelbar nach der

Trübsalszeit stattfinden und Petrus sagt, sie geschehen unmittelbar vor dem Tag des Zornes Gottes. Vergleichen wir einmal, was Jesus in Matthäus 24 sagt und was in Offenbarung 6 steht. In Matthäus 24 sagt Gottes Wort im 29. Vers: «Bald aber nach der Trübsal jener Tage wird die Sonne verfinstert werden, und der Mond wird seinen Schein nicht mehr geben.» In Offenbarung 6,12b lesen wir: «Und die Sonne wurde schwarz wie ein härener Sack, und der ganze Mond wurde wie Blut.» Jesus spricht von «wird», in Offenbarung 6 spricht die Bibel von «wurde». In Matthäus 24 heißt es weiter: «Und die Sterne werden vom Himmel fallen», und in Offenbarung 6 lesen wir im 13. Vers: «Und die Sterne des Himmels fielen auf die Erde wie ein Feigenbaum seine unreifen Früchte abwirft, wenn er von einem starken Winde geschüttelt ist.» In Matthäus 24 lesen wir wiederum: «Und die Kräfte des Himmels sind in Bewegung geraten», während es in Offenbarung 6 heißt: «Und der Himmel entwich wie ein Buch, das zusammengerollt wird, und alle Berge und Inseln wurden aus ihren Stellen gerückt.» Weiter lesen wir in Matthäus 24: «Und dann wird das Zeichen des Menschensohns am Himmel erscheinen, und dann werden alle Geschlechter der Erde sich an die Brust schlagen und werden den Menschensohn kommen sehen auf den Wolken des Himmels mit großer Kraft und Herrlichkeit.» Offenbarung 6 sagt darüber: «Und die Könige der Erde, die Großen, die Heerführer, die Reichen, die Gewaltigen und alle Knechte und alle Freien verbargen sich in die Klüfte und in die Felsen der Berge und sprachen zu den Bergen, fallet auf uns und verberget uns vor dem Angesicht dessen, der auf dem Thron sitzt und vor dem Zorn des Lammes.» Dann sagt uns Matthäus 24,38 und 39 weiter: «Wie sie in den Tagen der Sintflut aßen, tranken, freiten und sich freien ließen bis zu dem Tage, da Noah in die Arche ging und nichts merkten, bis die Sintflut kam und sie alle dahinraffte, so wird es sein bei der Wiederkunft des Menschensohnes.» In Offenbarung 6 heißt es: «Denn gekommen ist der große Tag seines Zornes, und wer kann bestehen?» Ich habe diesen Vergleich ausführlich gemacht, um zu zeigen, daß die Ereignisse, die mit dem Öffnen des sechsten Siegels zusammenhängen, die gleichen sind wie jene, von denen Jesus in Matthäus 24 redet. Er spricht dort von Sonne und Mond, die verfinstert sind, wir lesen das auch in der Offenbarung, Jesus spricht von Sternen, die vom Himmel fallen, wir lesen das in der Offenbarung, er spricht von den Kräften des Himmels, die in Bewegung geraten, auch das steht in der Offenbarung, der Herr Jesus spricht davon, daß sie des Menschen Sohn sehen werden, Angst und Furcht haben werden, und die Offenbarung sagt uns: Sie haben Angst und Furcht und verbergen sich vor dem Menschensohn, den sie sehen werden. Der Herr Jesus redet davon, daß das Gericht folgen wird, ebenso spricht auch die Offenbarung davon.

Was soll das alles aussagen? Die Trübsalszeit ist die Zeit, in der der Antichrist herrschen und noch dämonische Mächte auch gegen das Volk Gottes – das noch auf der Erde sein wird – und gegen das Volk Israel freisetzen wird. Aber die Trübsalszeit wird zu Ende gehen, und dann wird auf dieser Erde etwas geschehen, das nicht mehr dämonischen Ursprung hat, sondern es wird ein Gericht vom Throne Gottes selbst kommen. Die Bibel nennt das den Tag des Zornes Gottes.

In diese Zeit des sechsten Siegels fallen auch noch zwei Dinge, die wir im 7. Kapitel sehen.

Darnach sah ich vier Engel an den vier Ecken der Erde stehen, die hielten die vier Winde der Erde, damit kein Wind wehe über die Erde noch über das Meer noch über irgendeinen Baum. Und ich sah einen andern Engel vom Sonnenaufgang heraufsteigen, der hatte das Siegel des lebendigen Gottes; und er rief mit lauter Stimme den vier Engeln zu, welchen Macht gegeben war, die Erde und das Meer zu schädigen, und sprach: Schädiget die Erde nicht, noch das Meer noch die Bäume, bis wir die Knechte unsres Gottes auf ihren Stirnen versiegelt haben! Und ich hörte die Zahl der Versiegelten: Hundertvierundvierzigtausend Versiegelte, aus allen Stämmen der Kinder Israel. Aus dem Stamm Juda zwölftausend Versiegelte; aus dem Stamm Ruben zwölftausend; aus dem Stamm Gad zwölftausend; aus dem Stamm Asser zwölftausend; aus dem Stamm Naphtali zwölftausend; aus dem Stamm Manasse zwölftausend; aus dem Stamm Simeon zwölftausend; aus dem Stamm Levi zwölftausend; aus dem Stamm Issaschar zwölftausend; aus dem Stamm Sebulon zwölftausend; aus dem Stamm Joseph zwölftausend; aus dem Stamm Benjamin zwölftausend Versiegelte.

Darnach sah ich, und siehe, eine große Schar, die niemand zählen konnte, aus allen Nationen und Stämmen und Völkern und Zungen; die standen vor dem Throne und vor dem Lamm, angetan mit wei-

ßen Kleidern und Palmen in ihren Händen. Und sie riefen mit lauter Stimme und sprachen: Das Heil steht bei unserm Gott, der auf dem Throne sitzt, und bei dem Lamm! Und alle Engel standen rings um den Thron und um die Ältesten und die vier lebendigen Wesen und fielen vor dem Thron auf ihr Angesicht und beteten Gott an und sprachen: Amen! Lobpreisung und Ruhm und Weisheit und Dank und Ehre und Macht und Stärke sei unserm Gott von Ewigkeit zu Ewigkeit! Amen.

Und einer von den Ältesten hob an und sprach zu mir: Wer sind diese, die mit weißen Kleidern angetan sind, und woher sind sie gekommen? Und ich sprach zu ihm: Mein Herr, du weißt es! Und er sprach zu mir: Das sind die, welche aus der großen Trübsal kommen; und sie haben ihre Kleider gewaschen und hell gemacht im Blute des Lammes. Darum sind sie vor dem Throne Gottes und dienen ihm Tag und Nacht in seinem Tempel; und der auf dem Throne sitzt, wird über ihnen wohnen. Und sie werden nicht mehr hungern noch dürsten; es wird auch nicht die Sonne auf sie fallen noch irgend eine Hitze; denn das Lamm, das inmitten des Thrones ist, wird sie weiden und sie leiten zu Wasserquellen des Lebens, und Gott wird abwischen alle Tränen von ihren Augen.

In die Zeit des sechsten Siegels fällt die Versiegelung der 144000 Israeliten. Wir haben früher bereits gesehen, daß die Überwinderschar, die Brautgemeinde des Herrn, nicht mehr auf der Erde ist. Sie ist symbolisch durch die 24 Ältesten repräsentiert, die – bereits gekrönt – auf Thronen, vor dem Throne Gottes sind und ihren Dienst übernommen haben. Zu diesem Zeitpunkt werden auch die Gläubigen, die noch in die Trübsalszeit hineinkommen, und die Menschen, die sich in der Trübsalszeit noch bekehren werden, auch entrückt sein. Das sehen wir unmittelbar anschließend. Aber ehe Gottes Gericht über die Erde kommen wird, werden die Israeliten, die Juden, versiegelt. Die Versiegelung soll die Israeliten vor dem apokalyptischen Gericht bewahren, das dann über die Erde kommen wird. Über diese 144000 gibt es so viele Spekulationen. Wer sind sie? Die Bibel sagt, daß es Juden sind. Beachten wir nun: während der Trübsalszeit wird die Verfolgung durch den Feind, den Antichristen geschehen. Gott läßt es zu. Während dieser Zeit wird die Verfolgung vom Feind kommen. Die Morde, die geschehen, die Märtyrer, die sterben, werden alle durch Menschen sterben, die vom Teufel inspiriert sind. Es werden Märtyrer sein für Jesus. Aber wenn das Gericht über die Erde anfangen und der Tag des Zornes Gottes beginnen wird, dann wird es Gott sein, der etwas tut. Entweder wird er die Seinen von der Erde wegnehmen, oder jene, die noch hier bleiben – die Juden, die ihm angehören – versiegeln, damit ihnen das Gericht nichts anhaben kann. Gottes Volk kann und wird nur durch die Gesandten Satans Verfolgung erleiden, aber es wird *niemals* den göttlichen Zorn erdulden müssen. Gott wird sein Volk herausnehmen und es versiegeln, damit ihm nichts geschieht. Und doch möchte ich jetzt, wenn ich über den nächsten Gedanken spreche, den wir auch im 7. Kapitel finden, etwas sagen von dem, das ebenfalls in die Zeit des sechsten Siegels hineinfällt. In den Versen 9–16 sehen wir, daß da eine Schar von Menschen ist, die aus der Trübsalszeit entrückt werden wird. Dabei fällt auf, daß Johannes diese Schar nicht identifizieren konnte. Er wußte nicht, was er damit anfangen sollte. Der einzige Grund, weshalb wir es heute wissen, ist, weil die Bibel es uns sagt – sonst wüßten wir es wahrscheinlich genauso wenig wie Johannes. In den Versen 9–17 finden wir eine große Schar, die niemand zählen konnte, aus allen Nationen, Stämmen, Völkern und Zungen, und die Bibel sagt uns unmißverständlich, daß diese Schar aus der großen Trübsal heraus kommt. Wir sahen bereits, daß einige Gläubige in die Trübsalszeit hineinkommen werden und es in der Trübsalszeit noch Möglichkeiten geben wird, gerettet zu werden; aber wenn es je eine Zeit gab und geben wird, in der Gottes Volk Verfolgung leiden und erdulden muß, dann wird es während dieser Trübsalszeit sein. Beim Öffnen des fünften Siegels sahen wir bereits, daß eine Anzahl dieser Menschen aus der Trübsalszeit unter dem Throne Gottes war, und daß sie dort riefen: O Gott, o Gott, wie lange lässest du noch zu, daß der Antichrist so gegen dein Volk wütet, daß so viele dahingerafft werden und so viele den Märtyrertod sterben müssen?

Möge niemand denken, daß das eine leichte Zeit sein wird. Inwieweit wird aber jemand, der vor dem Beginn der Trübsalszeit in der Gemeinde war und ein gleichgültiges Leben führte, in der Lage sein, den Preis der Nachfolge Christi auf sich zu nehmen? Denn es wird in jener Zeit nicht nur das Lächeln einer Freundin oder eines Freundes kosten, sondern das Leben. Und doch werden auch in jener Zeit das Evangelium verkündigt und Menschen gerettet werden. Viele werden es dann annehmen, und unzählige werden einen bitteren Tod erleiden. Jesus sagte es voraus, daß er in dieser Zeit für die Seinen, die noch auf dieser Erde sein werden, kommen wird. Und die Bibel sagt uns, daß auch während der Trübsalszeit eine Entrückung stattfinden wird, derer, die noch auf der Erde wohnen. Es wird bis zu einem gewissen Punkt gehen, viele werden den Märtyrertod sterben, und dann kommt der Augenblick, in dem die Entrückung stattfindet, die Verwandlung derer, die leben und die Auferstehung derer, die in der Trübsalszeit gestorben sind. Sie werden dann auch vor den Thron Gottes kommen. Aber ich möchte, daß wir hier etwas ganz genau beachten: Diese Erlösten aus der Trübsalszeit gehören keineswegs in die vornehmste Ordnung der Erlösten. Wenn wir die Bibel studieren, finden wir, daß Gott auch eine Rangordnung hat, im Gegensatz zu dem, was wir Menschen und viele Christen oft meinen. Gott ist gerecht. Und die Erlösten, die aus der Trübsal heraus kommen, werden keineswegs an der Spitze der Rangordnung Gottes stehen. Die Bibel sagt uns, daß sie Palmen und weiße Kleider haben werden. Im Griechischen heißt es, sie haben Stolas. Das könnte man, was das Kleid anbelangt, mit dem Schönsten vom Besten übersetzen, aber sie haben keine Kronen und keine Throne, und sie werden nicht Könige oder Priester Gottes sein. Sie kommen nach der Zahl der 24 Ältesten, die einer andern Rangordnung Gottes angehören. Von den Ältesten wird uns gesagt, sie seien Priester Gottes, Könige Gottes, die auf Thronen sitzen, aber diejenigen, die jetzt kommen, seien Diener vor dem Thron Gottes und dienen ihm Tag und Nacht. Vielleicht zerstöre ich jetzt manches verkehrte Denken vieler Gotteskinder, wenn ich sage, daß nicht jeder Gläubige eine Krone haben wird. Das sehen wir aus diesem Wort. Wir müssen nicht denken, daß wir ein gleichgültiges Leben führen können und daß dann zu guter Letzt, wenn wir noch so hineinkommen, wie durchs Feuer gerettet, für uns alles gleich sein wird wie für diejenigen, die ihr Leben Gott hingegeben haben. Gott ist ein gerechter Gott.

So wie ich es sehe, war Johannes offensichtlich der Meinung, daß alle vor der Trübsal entrückt und bei Gott sein werden. Wir sehen, daß er keine Mühe hatte, die Ältesten zu identifizieren und auch alles andere zu verstehen. Aber er wußte wohl nicht, daß aus der Trübsal noch einmal Menschen kommen werden – und das wurde ihm jetzt gesagt. Ich bin Gott dankbar, daß diese Möglichkeit überhaupt noch besteht. Der Herr Jesus mahnt uns mit Ernst, daß wir bemüht sein sollen, vor der Trübsalszeit mit dem Bräutigam zu gehen, wenn er kommt. Das höchste Glück eines Gotteskindes wird es sein, zur Überwinderschar, zur Braut des Herrn Jesu zu gehören, den Ruf zu vernehmen – wenn der Bräutigam kommt –, bereit zu sein und nicht schlafend erfunden zu werden ohne Öl, wie die törichten Jungfrauen.

Über diese Erde werden furchtbare Dinge kommen, wenn der Antichrist hier sein wird. Wenn wir an das denken, was die Gläubigen heute in Rußland, in Rumänien und in andern Staaten der Welt erleben, weil sie Christen sind, so sagt uns die Bibel, daß dies noch nicht so schlimm ist wie das, was sein wird, wenn der Antichrist seine volle Herrschaft auf dieser Erde ausüben wird. Denn die Bibel spricht von einer Trübsal, wie nie zuvor eine gewesen ist.

Wir sollen uns alle durch Gottes Wort aufrütteln lassen, damit wir den Ernst dieser Zeit erkennen und unser Leben Gott hinlegen und Gott weihen. Wir leben an der Schwelle der Trübsalszeit, an der Schwelle des Kommens unseres Herrn Jesu. Wie stehen wir heute zu Gott? Die Bibel sagt uns, wir sollen die Botschaft der Sendschreiben beachten und Überwinder sein, denn nur Überwinder werden bereit sein, den Ruf des Bräutigams zu vernehmen, wenn er kommt. Und er kommt bald!

Wie wird es auf der Erde sein, wenn das sechste Siegel geöffnet wird, wenn die Kinder Gottes weg sein werden, und wenn auch die Überwinder und die Gläubigen aus der Trübsalszeit fort sind? Wehe den Menschen, die dann zurückgeblieben sind. Philosophen, Professoren, Theologen, Psychiater, die Gescheitesten der Weisen, Könige, Regierungsleute und auch Bettler, sie alle werden ihn sehen und große Angst haben, weil sie in jenem Moment erkennen werden, daß nun der Zorn Gottes über sie kommen wird. Sie werden rufen: Ihr Berge und Hügel fallet über uns. Aber die Berge und Hügel werden nicht über sie fallen.

Wir werden beim Öffnen des siebenten Siegels sehen, was auf dieser Erde geschehen wird, wenn Gott seinen Zorn über eine gottlose Welt ergehen lassen wird.

Haben wir alle dieses Verlangen in unseren Herzen, komme bald, Herr Jesus? Der Bräutigam und die Braut sprechen, der Geist und die Braut sprechen: Komme bald. Tragen wir alle dieses Sehnen in unseren Herzen? Das bedeutet etwas anderes als dreimal in der Woche in den Gottesdienst zu gehen und dann zu meinen, wir hätten Gott zufriedengestellt. Es bedeutet auch etwas anderes als hin und wieder einmal in der Bibel zu lesen und zu glauben, Gott wäre zufrieden. Es geht um ein Verhältnis zum himmlischen Bräutigam. Und ich bin Gott so dankbar, daß alle, jung und alt, dieses Verhältnis haben können. Komme bald, Herr Jesus.

Das siebente Siegel (8,1–9,11)

Wir gehen weiter in der Betrachtung der Offenbarung des Johannes und wollen einen längeren Abschnitt, Kapitel 8 bis Kapitel 9, Vers 11 lesen: (Allein das Lesen dieses Buches bringt viel inneren Gewinn.)

«Und als es das siebente Siegel öffnete, entstand eine Stille im Himmel von einer halben Stunde. Und ich sah die sieben Engel, die vor Gott stehen, und es wurden ihnen sieben Posaunen gegeben. Und ein anderer Engel kam und stellte sich an den Altar, der hatte eine goldene Räucherpfanne, und ihm wurde viel Räucherwerk gegeben, damit er es mitsamt den Gebeten aller Heiligen auf den goldenen Altar gebe, der vor dem Throne ist. Und der Rauch des Räucherwerks stieg mit den Gebeten der Heiligen aus der Hand des Engels auf vor Gott, und der Engel nahm die Räucherpfanne und füllte sie mit Feuer vom Altar und warf sie auf die Erde. Und es entstanden Stimmen und Donner und Blitze und Erdbeben. Und die sieben Engel, welche die sieben Posaunen hatten, machten sich bereit, zu posaunen. Und der erste Engel posaunte, und es entstand Hagel und Feuer, mit Blut vermischt, und wurde auf die Erde geworfen, und der dritte Teil der Erde verbrannte, und der dritte Teil der Bäume verbrannte, und alles grüne Gras verbrannte. Und der zweite Engel posaunte, und es wurde etwas wie ein großer, feuerspeiender Berg ins Meer geworfen. Und der dritte Teil des Meeres wurde zu Blut, und der dritte Teil der Geschöpfe im Meer, welche Seelen haben, starb, und der dritte Teil der Schiffe ging zugrunde. Und der dritte Engel posaunte. Da fiel ein großer Stern vom Himmel, brennend wie eine Fackel, und er fiel auf den dritten Teil der Flüsse und auf die Wasserquellen, und der Name des Sternes heißt Wermut. Und der dritte Teil der Gewässer wurde zu Wermut, und viele Menschen starben von den Gewässern, weil sie bitter geworden waren. Und der vierte Engel posaunte, da wurde der dritte Teil der Sonne und der dritte Teil des Mondes und der dritte Teil der Sterne geschlagen, damit der dritte Teil derselben verfinstert würde, und der Tag ohne Beleuchtung sei

seinen dritten Teil und die Nacht in gleicher Weise. Und ich sah und hörte einen Adler, der in der Mitte des Himmels flog und mit lauter Stimme rief: wehe, wehe, wehe denen, die auf Erden wohnen wegen der übrigen Posaunenstimmen der drei Engel, die noch posaunen sollen. Und der fünfte Engel posaunte, und ich sah einen Stern, der vom Himmel auf die Erde gefallen war, und es wurde ihm der Schlüssel zum Schlunde des Abgrunds gegeben. Und er öffnete den Schlund des Abgrunds, und ein Rauch stieg empor aus dem Schlunde, wie der Rauch eines großen Ofens. Und die Sonne und die Luft wurden verfinstert von dem Rauch des Schlundes, und aus dem Rauch kamen Heuschrecken hervor auf die Erde. Und es wurde ihnen Macht gegeben, wie die Skorpione der Erde Macht haben, und es wurde ihnen gesagt, daß sie das Gras der Erde nicht schädigen sollten, auch nicht irgend etwas Grünes, noch irgendeinen Baum, sondern nur die Menschen, welche das Siegel Gottes nicht an ihrer Stirn haben. Und es wurde ihnen gegeben, sie nicht zu töten, sondern zu plagen fünf Monate lang. Und ihre Qual war wie die Qual von einem Skorpion, wenn er einen Menschen sticht. Und in jenen Tagen werden die Menschen den Tod suchen und ihn nicht finden. Sie werden begehren zu sterben, und der Tod wird von ihnen fliehen. Und die Gestalten der Heuschrecken glichen Pferden, zum Kampfe gerüstet, und auf ihren Köpfen waren wie goldene Kronen und ihre Angesichter wie menschliche Angesichter. Und sie hatten Haare wie Frauenhaare, und ihre Zähne waren wie Löwenzähne, und sie hatten Panzer wie eiserne Panzer und das Rasseln vieler Wagen und Rosse, welche zum Kampfe laufen. Und sie haben Schwänze wie Skorpione und Stacheln, und in ihren Schwänzen lag ihre Macht, die Menschen zu schädigen fünf Monate lang. Und sie haben als König über sich den Engel des Abgrunds. Sein Name ist auf hebräisch Abaddon, und im Griechischen hat er den Namen Apollyon, das bedeutet Verderber.»

Wir haben bisher gesehen, daß – nachdem die Zeitalter der Gemeinden vorgestellt waren – die Braut Jesu entrückt und zum Herrn genommen wurde. Wir haben auch gesehen, daß der Antichrist auftreten und damit die Trübsalszeit beginnen wird. Das wird eine Zeit sein, die mit einem Scheinfrieden beginnt; eine Zeit, in der es aber bald zu einem Krieg kommt; eine Zeit, in der eine Wirtschaftskrise entsteht, wie sie noch nie auf dieser Erde war; eine Zeit, in der Pest und Tod die Menschen heimsuchen werden. Und die Bibel spricht davon, daß ein Viertel der Erde davon betroffen sein wird. Wir haben gesehen, daß die Versiegelung der 144000 Juden stattfinden wird. Wir haben gesehen, daß viele Menschen, die nicht zur Braut Jesu gehören, während der Trübsalszeit den Märtyrertod werden sterben müssen, daß es aber, Gott sei Dank, auch in dieser Zeit noch eine Möglichkeit geben wird, sich auf die Seite Gottes zu stellen, und daß diese Menschen nicht zur Gruppe gehören, die gekrönt wird, sondern daß sie zwar weiß geschmückt waren mit Palmen in ihren Händen, aber sie werden zu einer andern Art von Erlösten gehören. Gott ist gerecht, wir müssen dessen immer wieder eingedenk sein. Er ist jedem Menschen gegenüber gerecht, und er kann später unmöglich jeden Christen in die gleiche Rangordnung einstufen. Das ist für ihn unmöglich.

Und nun finden wir, daß mit dem siebenten Siegel der Tag des Zornes Gottes anbricht. Ich glaube, der Herr Jesus macht den Unterschied, daß er die Zeit, in der die Geschehnisse auf dieser Erde – Kriege, Wirtschaftskrisen, die zwar von Gott zugelassen, aber noch immer von Menschen inszeniert sind – Trübsalszeit nennt. Dann aber, mit dem Öffnen des siebenten Siegels, wird, wie ich es verstehe, der Tag des Zornes Gottes beginnen, indem Gott selbst direkt eingreifen wird, und diese Erde den Zorn Gottes zu spüren bekommt. Darum wird sein Volk versiegelt und die Seinen von der Erde weggenommen werden. Das Volk des Herrn wird zwar durch den Teufel und durch Dämonen sowie durch menschliche Agenten des Teufels, schwere Zeiten erleben, durch Trübsalszeiten und Verfolgungen gehen müssen – aber Gottes Volk wird niemals den Zorn Gottes erfahren.

Der Herr Jesus sagte, daß sich die Sonne nach der Trübsalszeit verfinstern wird etc., und Petrus erwähnt in seiner Pfingstpredigt, daß die gleichen Erscheinungen – unmittelbar bevor der große Tag des Zornes Gottes anbrechen wird – geschehen werden. Wir sehen, wie dieser Tag beim Öffnen des siebenten Siegels beginnen wird. Die Bibel sagt uns von einer großen Stille im Himmel von etwa einer halben Stunde. Ich glaube, daß wir die Zeit, die hier angegeben ist, ziemlich wörtlich nehmen können – eine große Stille. Die Bibel erklärt uns nicht warum, aber wir können Vermutungen aussprechen. Ehe dieses Gericht über eine Menschheit – die Gott abgelehnt hat –

kommt, wird es im Himmel stille. Auf der einen Seite, weil eine schreckliche Zeit anbrechen wird, und auf der andern Seite, weil es nun bald zum endgültigen Sieg des Herrn Jesus kommt.

Weiter sehen wir, daß dann die Rede ist von den sieben Engeln, die vor Gott stehen. Nicht alle Engel sind gleich. Es gibt Engel, die immer vor Gott stehen, und ich glaube, daß es auch solche gibt, die nicht immer vor Gott stehen. Diese sieben, wahrscheinlich die sieben Erzengel, sind – ich nenne es einmal so menschlich, wie ich es nur nennen kann – die unmittelbaren Mitarbeiter Gottes. Sie unterstehen Gott und haben wieder viele Engel unter sich. Gott arbeitet nach diesem – verzeiht den Ausdruck, der aber richtig ist – Autoritätsprinzip. Wir finden dieses Prinzip im Alten Testament im ganzen Aufbau des Reiches Davids: ein Machthaber, Oberbefehlshaber; einer über 24000; einer über 1000; einer über 100 – immer wieder dieses Autoritätsprinzip. Auch in der Engelwelt ist Gott so – und wiederum ein menschliches Wort – organisiert: die sieben Engel, die vor Gott stehen. Jeder von ihnen bekommt eine Posaune, und sie sollen das Gericht über die Menschheit einleiten. Dann sehen wir, daß ein anderer Engel kam, der eine Räucherpfanne in der Hand hatte. Sicher habt ihr festgestellt, daß ich mich in der Auslegung nicht zu sehr auf Spekulationen darüber – wer ist wer – einlasse. Es ist im Grunde genommen für uns nicht wichtig, wer der Engel ist. Wir könnten ohnehin nur mutmaßen. Wichtig ist, daß wir sehen, was geschehen wird. Der Engel wird die Räucherpfanne haben und dann das Gericht Gottes vorbereiten. Und hier sehen wir nun etwas Wunderschönes. Die Gebete der Gläubigen aller Zeiten werden hier etwas mitzutun haben. Haben wir schon oft gedacht, unsere Gebete seien vergebens? Was wird das für ein Augenblick sein, wenn wir vor Gott erkennen werden, was unsere Gebete bedeutet haben. In diesem Zusammenhang glaube ich, daß besonders die Gebete, die in die Richtung «Herr, dein Reich komme» gingen, die Gebete, die sagten «Komm, Herr Jesus» dann Erhörung finden werden. Dann wird der Moment gekommen sein, in welchem Jesus unmittelbar sein Reich auf dieser Erde errichten wird. Viele haben dieses Gebet unter Verfolgung, unter Druck, gebetet. Viele haben dieses Gebet gebetet und beten es auch heute in schwierigen Situationen – aber dieses Gebet ist nicht vergebens. Sein Reich wird kommen, und diese Gebete werden dort sein.

Dann wird etwas geschehen: Auf der Erde werden Stimmen, Donner, Blitze und Erdbeben entstehen – wie die Bibel sagt – die Ankündigung eines Gerichtes. Gott wird den Menschen auch hier noch erkennen lassen, daß jetzt etwas kommen wird. Und dann finden wir, daß die sieben Engel mit ihrer Aufgabe beginnen werden. Die Bibel sagt uns im 7. Vers des 8. Kapitels: Der erste Engel posaunte, und es entstand Hagel und Feuer, mit Blut vermischt, und wurde auf die Erde geworfen, und der dritte Teil der Erde verbrannte, und der dritte Teil der Bäume verbrannte, und alles grüne Gras verbrannte.

Das ist sehr ähnlich, wie wir es im 9. Kapitel des 2. Buches Mose finden, in den Versen 22–25, als Mose von Gott nach Ägypten gesandt wurde und die Plagen über das Volk der Ägypter kamen. Diese Plagen waren Gottes Gericht und Gottes Zorn über Ägypten. Wir lesen dort Ähnliches mit dem einzigen Unterschied, daß das Ausmaß ganz, ganz anders war. Damals betraf es nur Ägypten, es erreichte die Kinder Israels nicht. Aber nun sagt die Bibel, wenn der erste Engel posaunt, der dritte Teil der Vegetation auf unserer Erde vernichtet wird. Wir müssen uns das einmal vorstellen. O ja, Trokkenheiten sind schlimm. Aber was dann geschieht, wenn die Vegetation berührt und vernichtet werden wird, das können wir uns kaum vorstellen. Die Not, die dann aus Ernährungsmangel entstehen wird, ist menschlich nicht erklärbar.

Gott läßt sich nicht verspotten, sagt uns die Bibel, und was der Mensch sät, das wird er ernten. Dann posaunte der zweite Engel. In den Versen 8 und 9 lesen wir von einem großen feuerspeienden Berg, der ins Meer geworfen wurde. Der dritte Teil des Meeres wurde zu Blut, der dritte Teil der Geschöpfe im Meer starb, und der dritte Teil der Schiffe ging zugrunde. Wir müssen sehen, daß dieses Gericht nicht gegen das Wasser gerichtet ist. Es wird das Wasser treffen, ist aber gegen die Menschen gerichtet, denn die Gerichte Gottes betreffen die Menschheit.

Im Jahre 1937 wurde ein großes Objekt mit einem Durchmesser von 2 bis 3 km im Weltall entdeckt. Man gab ihm den Namen Hermes, und man fürchtete damals sehr, daß dieses Objekt auf die Erde fallen könnte, aber plötzlich wandte es sich ab und verschwand wieder. Wissenschaftler sagen, daß – wenn solch ein Objekt mit einem Durchmesser von nur schon 2 bis 3 km aus dem Weltall auf die Erde fallen würde - dadurch eine so große Verheerung entstehen würde, wie man sie sich gar nicht vorstellen kann. Man spricht davon, daß dadurch ganze Kontinente zerstört werden könnten. Und nun redet die Bibel davon, daß solch ein Objekt kommen wird. Es wird ins Wasser fallen, eine verheerende Katastrophe verursachen, einen Wellengang, den man bis dahin nicht kannte, auslösen. Ich habe schon Windstärke 11 miterlebt. Das ist nichts Angenehmes, aber selbst ein kleines Boot von 14000 Tonnen kam da noch durch. Aber in jenem Zeitpunkt wird wahrscheinlich die Skala gar nicht mehr ausreichen. Der dritte Teil der Schiffe im Meer wird vernichtet werden. Wir können uns vorstellen, was für eine verheerende Katastrophe das sein wird. Was wird das Ergebnis sein? Die Handelsflotte wird zu einem Großteil ausgerottet und der Welthandel zerstört sein. Gewiß, dieser wickelt sich heute nicht ausschließlich, aber doch noch zu einem großen Teil, auf dem Meer ab. Die Fischereiindustrie wird in vielen Ländern vernichtet sein und einfach nicht mehr existieren.

Dann wurde die dritte Posaune geblasen, und da lesen wir in den Versen 10 und 11: «Ein großer Stern fiel vom Himmel, brennend wie eine Fackel, er fiel auf den dritten Teil der Flüsse und auf die Wasserquellen, sein Name ist Wermut, und der dritte Teil der Gewässer wurde zu Wermut.» Ob das ein brennender Meteor sein wird? Jedenfalls wird der dritte Teil des Süßwassers, der Flüsse, verpestet sein. Stellen wir uns einmal lebhaft vor, was das bedeuten würde, wenn dieser Stern in unserer Umgebung – in den Alpen, wo so viele Flüsse herkommen – niederginge. Und das ist gar nicht unmöglich. Wir gehören zur Erde. Was würde das bedeuten? Ob das nun in der Schweiz, in Österreich, Deutschland oder Italien sein könnte, das spielt zu guter Letzt keine Rolle, aber wir erkennen, welch ein Ausmaß diese Katastrophe haben wird. Die Bibel sagt uns, daß die Flüsse verseucht sein werden, und daß unzählige Menschen, die das Trinkwasser aus diesen Flüssen holen, sterben oder kein Wasser mehr haben werden.

Weiter redet die Bibel davon, daß dann die vierte Posaune erschallte. Das betraf nun die Sonne, den Mond und die Sterne, die so verfinstert wurden, daß der dritte Teil von ihnen verdunkelt war. Hierfür wird die Wissenschaft keine Erklärung haben, wie sie auch keine Erklärung dafür hatte, warum – als Jesus starb – die Sonne sich um 12 Uhr mittags verfinsterte und es stockdunkel wurde. Aber vergessen wir nicht, hier ist nun Gott am Werk, hier greift Gott ein, und es geht nicht mehr nach menschlichen Maßstäben. Ich erwähnte schon früher, daß ich bis zum Ende der Trübsalszeit, d. h. bis zum Anfang des Tages des Zornes Gottes noch immer sehe, daß es gewissermaßen die Zeit des Menschen ist. Nun aber wird Gott handeln und die Zeit des Menschen vorbei sein. Der dritte Teil der Erde wird verfinstert sein. Dann sagt die Bibel, daß nachdem Johannes das gesehen hatte, er einen Adler sah, der in der Mitte des Himmels flog. Wir wollen nicht darüber spekulieren, wer dieser Adler sein könnte. Es gibt Ausleger, die sich derart auf solche Interpretationen versteifen, daß sie dadurch das Eigentliche, was die Bibel uns sagen will, verfehlen. Wichtig ist nicht, wer der Adler ist, nur das, was er mit lauter Stimme rief, ist wichtig. Er rief: Wehe, wehe, wehe denen, die auf Erden wohnen. Denn jetzt wird es erst recht losgehen.

Können wir uns das vorstellen, und können wir es begreifen? Da könnte jemand sagen: Würde Gott, der ein Gott der Liebe ist, so etwas tun? Wir halten fest: Bis zum Anfang des 8. Kapitels hat Gott Dinge zugelassen, aber nun handelt er. Da ist ein enormer Unterschied. In unserer Zeit läßt Gott Dinge zu, aber ab diesem 8. Kapitel handelt er der Welt gegenüber, der er Langmut und Liebe erwies, die ihn aber mit Füßen getreten und sich willentlich von ihm abgewandt hat, und die immer härter und härter wurde. Seine Gerechtigkeit verlangt nun ein solches Gericht. Von diesem Adler kam die Warnung: Wehe, wehe. Bei den ersten vier Posaunen waren «nur» die Elemente in Bewegung, doch was geschah, war bereits verheerend. Wir müssen uns das vorstellen: Ein Viertel der Menschheit ist während der Trübsalszeit umgekommen, nach dem Auftreten des Antichristen sind viele den Märtyrertod gestorben und viele, die durch die Verseuchung der Flüsse, die Verpestung des Meeres und durch Nahrungsschwierigkeiten – weil die Vegetation angegriffen war – starben. Auf der Erde wird es alles andere als schön sein.

Nun noch etwas für jene, die die Umwelt schützen wollen. Nichts gegen Umweltschutz, eines steht fest, unsere Erde geht nicht kaputt, weil wir die Umwelt nicht schützen, sondern sie geht kaputt um der Sünde willen – denn die Sünde zerstört die Umwelt. Laßt uns vorsichtig sein, daß wir hier nicht die Schwerpunkte verschieben und uns für etwas begeistern lassen, wovon die Bibel wenig spricht. Gott sei Dank wird es einmal eine neue Erde geben. Das wird der Herr Jesus machen, und dann wird es besser werden.

Nachdem die Warnung von diesem Adler kam, wurde die fünfte Posaune geblasen. Die fünfte Posaune bedeutet gleichzeitig das erste Wehe. Hier sagt nun die Bibel im 9. Kapitel etwas Interessantes: «Er sah einen Stern, der vom Himmel auf die Erde gefallen war, und diesem Stern wurde ein Schlüssel zum Schlunde des Abgrunds gegeben.» Nun ist es interessant, daß wir in der Bibel verschiedentlich von Sternen lesen. In der Offenbarung spricht die Bibel von Sternen, zum Beispiel vom Gemeindeleiter, von Menschen, die eine bestimmte Funktion haben. Manchmal spricht die Bibel auch von Sternen, wenn sie sich auf Engel bezieht – sowohl auf gute Engel wie auch auf böse Engel. Sie redet von Sternen, auch wenn sie beispielsweise einen Meteor meint, und sie redet von Sternen, die wir am Himmelszelt, am Firmament, sehen. Aber eines finden wir immer klar, der Zusammenhang erklärt es immer deutlich, was mit dem Ausdruck «Stern» gemeint ist, wenn die Bibel ihn benutzt. Hier redet sie nun von einem Stern, der auf die Erde gefallen war, und dem ein Schlüssel gegeben wurde, also von einer Person, die handeln kann. Ich persönlich glaube, daß die Bibel hier den Teufel meint. Jesus sagte, er sah, wie der Satan auf die Erde gestürzt wurde. Und jetzt wurde ihm ein Schlüssel gegeben. Und was tat er? Er öffnete den Schlund des Abgrunds, wie Schlachter übersetzt. Wir werden später noch mehr darüber hören. Da wird der Teufel einmal hineingeworfen werden, und es ist wahrscheinlich die Stätte, in welcher jetzt viele Tausende gefallener Engel gefangengehalten werden, die jetzt ihr Wesen nicht treiben können, wie viele es unter der Herrschaft des Teufels tun. Ein großer Anführer ist mit dabei, und er wird auch noch gebunden. Aber dann, wenn das erste Wehe kommt, wird dieser Schlund geöffnet werden, und die Bibel gibt uns ein Bild und sagt, daß nun ein Rauch hervorkommen wird, und daß etwas Dämonisches, das bis dahin noch nie da war, über die Erde kommen wird. Ja, sagen wir, kann es denn noch schlimmer werden, als es war? Jawohl. Die Bibel zeigt uns, daß eine Plage über die Menschheit kommen wird. Hier macht Gottes Wort einen Unterschied, indem es heißt: über alle, die nicht versiegelt sind. Ja, wird es dann noch Leute geben, in der Zeit, in welcher die Gemeinde nicht mehr da ist? Vom Volke Israel werden noch manche da sein. Aber die Dämonen werden jene, die versiegelt sind, respektieren müssen. Gott weiß die Seinen zu bewahren. Aber niemand soll sich darauf verlassen, daß – wenn er da hineinkommen sollte – er auch dazu gehören würde. Nein, jetzt ist die angenehme Zeit. Die Bibel spricht davon, daß die Menschen eine Plage erleben werden. Sie werden gestochen werden wie von Skorpionen, d. h. die Auswirkung der Stiche wird wie diejenige von Skorpionen sein. Für einen Menschen soll es nichts Schmerzhafteres geben, als den Stich von einem Skorpion. Soldaten haben berichtet, daß in Ländern, wo es Skorpione gab, die gestochenen Männer sich auf dem Boden wälzten, und Schaum aus ihrem Munde trat. Die Stiche sind zwar nicht tödlich, aber furchtbar schmerzhaft. Und nun sagt die Bibel, daß diese Plage – ausgelöst durch die Dämonen, die aus dem Abgrund hervorkommen werden – über die Menschen auf der Erde kommen wird. Es gibt manche – und ich will keine Regel daraus machen – die meinen, diese Plage, die hier kommen wird und die Beschreibung, die gegeben ist, treffe gut zu auf Waffen, die man heute entwickelt hat. Manche sehen Panzer, andere sehen Hubschrauber, andere sehen wieder etwas anderes. Ich bin nicht so sicher, ob das der Fall sein wird. Aber eines weiß ich, wodurch immer es auch kommen wird, der Ursprung wird dämonisch sein. Das sagt die Bibel. Wir müssen uns das vorstellen: Stiche wie von Skorpionen. Die Menschen werden fünf Monate lang geplagt werden und den Tod nicht finden können. Warum sagt uns die Bibel das alles? Will sie uns Angst machen? Warum predigen wir überhaupt darüber? In Lukas 21, Vers 36 spricht der Herr Jesus: «Darum wachet jederzeit und bittet, daß ihr gewürdigt werdet, zu entfliehen diesem allem, was geschehen soll, und zu stehen vor des Menschen Sohn.»

Wissen wir, was die Bibel uns durch die Offenbarung deutlich machen will? Wovon der Christ erlöst ist, wovon Jesus Christus uns befreit und herausgeholt hat – weil wir sein Eigentum geworden sind. Und die Bibel zeigt, welches unser aller Weg wäre, wenn wir Jesus Christus nicht annehmen würden oder angenommen hätten. Gottes Zorn wird auch jene Menschen treffen, die bis zu jenem Zeitpunkt ohne Gott gestorben sind. Der Tag wird kommen, an welchem auch jene Menschen vor Gott treten müssen. Das werden wir noch sehen. Diejenigen, die vorher sterben, werden keineswegs besser abschneiden, wenn sie Christus nicht angenommen haben. Gott macht keine Ausnahmen. Aber Gott zeigt uns das, um uns klar zu machen, welch ein wundervolles Heil wir in Jesus Christus haben.

Die Bibel zeigt uns, und wir merken es auch, daß sich in unserer Zeit das Geheimnis der Bosheit bereits regt. Was will Gott uns mit dieser heutigen Botschaft sagen? Er möchte uns damit gewiß sagen, daß wir wachen sollen, daß wir mit der Sünde brechen, bereit sein und uns ihm ganz ausliefern sollen. Aber er möchte uns auch noch etwas anderes sagen, nämlich: daß es auch heute noch so viele Menschen gibt, die ihn noch nicht kennen und die dieser Katastrophe entgegengehen – es sei denn, daß sie Jesus Christus und sein Heil annehmen. Gott möchte uns auch daran erinnern, daß er der Gemeinde den Auftrag gegeben hat: Gehet hin und prediget das Evangelium aller Kreatur.

Was danach kommen wird, ist ein gerechtes Gericht. Wir können das kaum fassen. Da könnte jemand fragen, warum zieht Gott es denn so lange hinaus, warum greift er nicht früher ein, damit es nicht so schlimm werde mit der Menschheit? Wissen wir, was die Bibel uns zeigt? Es ist Gottes Langmut und seine Geduld. Er möchte, daß jedermann zur Erkenntnis der Wahrheit komme, Buße tue, umkehre und sich retten lasse. Und diese Möglichkeit besteht, aber für denjenigen, der diese Rettung ablehnt, der sich darüber hinwegsetzt, gibt es keine Hilfe. Und das erste Wehe wird kommen.

Die Bibel gibt uns keinen genauen Plan, wann dieses und wann jenes geschehen wird, aber sie gibt uns ziemlich genaue Angaben darüber, daß diese furchtbare Zeit sieben Jahre dauern wird vom Auftreten des Antichristen an. Aber wann das eine beginnen, das andere aufhören wird und was dann dazwischen liegt, zeigt die Bibel nach meiner Erkenntnis nicht so deutlich. Sie spricht von manchen Ereignissen, die 3½ Jahre dauern und von andern, die kürzer sein werden, aber ob sie alle zur gleichen Zeit beginnen oder ineinanderfließen werden, das weiß ich nicht. Es ist auch nicht so maßgebend. Doch diese Posaunengerichte werden ganz schnell über die Erde kommen, und es wird nicht lange Zeit dauern. Die Vegetation wird vernichtet werden, und kaum wird die Menschheit die Berichte darüber erhalten haben, wird auch schon der große Berg ins

Wasser fallen und die Schiffskatastrophe kommen. Kaum wird das vorüber sein, werden die Flüsse verpestet, und dann wird plötzlich die Plage über die Menschen hereinbrechen und ihnen große Schmerzen bereiten. So wird es fort und fort gehen.

Der Antichrist wird hier auf Erden gegen Gott wüten. Und weh denen, die in der Zeit der Gnade lebten, die das Wort Gottes hörten, an deren Herzen der Heilige Geist wirkte, die Gott berufen hat, die aber «nein» sagten.

Wir wünschen es auch keinem Menschen, in diese Zeit hineinzukommen. Und darum sollten wir als Gemeinde, als Kinder Gottes, unser Licht leuchten lassen, damit in unserer Zeit, in welcher sich die Menschheit leider bereits in einem Fahrwasser gegen Gott befindet, doch noch viele Jesus kennenlernen. Sollten wir nicht als Gemeinde, sollte nicht jedes von uns als Glied der Gemeinde, Nebensächlichkeiten beiseite lassen? Sollten wir nicht aufhören, uns mit uns selbst zu beschäftigen, uns dafür aber viel mehr mit dem Reiche Gottes befassen? Sollten wir nicht aufhören, auf die unangenehmen kleinen Dinge in der Gemeinde zu achten, die wohl oftmals nicht die besten, aber doch unbedeutend sind, an denen man sich aufhalten, über die man reden und auch verleumden kann, während Menschen Jesus brauchen? Nur dann, wenn die Gemeinde ganz Gott ergeben ist, nur dann, wenn sie geschlossen in der Einheit dasteht – gereinigt, Gott hingegeben und bereit ist, das Evangelium zu verkündigen – werden wir als Leib Jesu auftreten und der Menschheit zeigen können, daß Jesus Christus in unserer Mitte ist. Darum geht es Gott doch heute. Es geht nicht um «Kirche spielen», und es geht auch nicht darum, eine Predigt zu hören, sondern es geht darum, daß wir uns von Gott in seinen Plan und in seine Absicht hineinfügen lassen. Wenn es Gott gelingt, das durch den Heiligen Geist und durch sein Wort bei uns allen zu erreichen, dann sind wir auf dem besten Weg, um dabei zu sein, wenn der Herr Jesus kommt.

Die sechste Posaune (9,12–21)

Im Anschluß an die Verse 1–11 des 9. Kapitels, heißt es im 12. Vers: «*Das eine Wehe ist vorüber, siehe, es kommen noch zwei Wehe nach diesem.*» Und nun lesen wir die Verse 13–21 dieses Kapitels:

«*Und der sechste Engel posaunte. Und ich hörte eine Stimme aus den vier Hörnern des goldenen Altars, der vor Gott steht, die sprach zu dem sechsten Engel, der die Posaune hatte, löse die vier Engel, die am großen Strom Euphrat gebunden sind. Und die vier Engel wurden losgebunden, die auf Stunde und Tag und Monat und Jahr bereitstanden, den dritten Teil der Menschen zu töten. Und die Zahl des Reiterheeres war zweimal zehntausendmal zehntausend. Ich hörte ihre Zahl. Und so sah ich im Gesicht die Pferde und die darauf saßen: sie hatten feurige und violette und schwefelgelbe Panzer, und die Köpfe der Pferde waren wie Löwenköpfe, und aus ihren Mäulern geht Feuer und Rauch und Schwefel hervor. Durch diese Plagen wurde der dritte Teil der Menschen getötet, durch das Feuer und den Rauch und den Schwefel, die aus ihren Mäulern gingen. Denn die Macht der Pferde liegt in ihrem Maul und in ihren Schwänzen; denn ihre Schwänze gleichen Schlangen, und sie haben Köpfe, und mit diesen schädigen sie. Aber die übrigen Menschen, die durch diese Plagen nicht getötet wurden, taten nicht Buße von den Werken ihrer Hände, so daß sie nicht mehr die Dämonen und die Götzen von Gold und Silber und Erz und Stein und Holz angebetet hätten, die weder sehen noch hören noch gehen können. Und sie taten nicht Buße, weder von ihren Mordtaten noch von ihren Zaubereien, noch von ihrer Unzucht, noch von ihren Diebereien.*»

Hier handelt es sich um die sechste Posaune, die ein Teil des siebenten Siegels ist, mit dessen Öffnen, so wie ich es verstehe, der große Tag des Zornes Gottes beginnt. Das siebente Siegel beinhaltet die sieben Posaunen und die drei Wehe. Wir haben gesehen, daß bei der ersten Posaune ein Drittel der Vegetation auf der Erde zerstört wurde. Nach der nächsten Posaune sahen wir die große Katastrophe, wodurch der dritte Teil des Meeres betroffen wurde und große Verwüstungen geschahen, dann die Verpestung der Flüsse. All das wird natürlich eine Auswirkung auf jene Bevölkerung haben. Es wird ja nicht so sein, daß nur die Vegetation und die Fische zugrunde gehen oder die Flüsse verseucht werden, sondern die Menschen werden davon ganz direkt betroffen sein, und auch von den Dämonen, von denen sie wie von Skorpionen fünf Monate lang geplagt werden. Hier spricht die Bibel nicht mehr vom dritten Teil der Erde. Wahrscheinlich geht das viel weiter, und bei der ersten Plage werden sich die Menschen den Tod wünschen, ihn aber nicht finden. All das wird in einer relativ kurzen Zeitspanne geschehen. Es wird nicht so sein, wie es bis jetzt der Fall war, daß sich die Erde nach einer Katastrophe während Jahrzehnten oder Jahrhunderten wieder erholen kann, bevor das nächste Ereignis geschieht. Nein, all das wird Schlag auf Schlag erfolgen. Die eine Katastrophe wird kaum zu Ende sein und die Menschen sich von derselben noch nicht erholt haben, dann wird schon die nächste eintreffen. Es wird die Zeit sein, in welcher Gottes Zorn über eine Menschheit ausgegossen wird, die Gelegenheit hatte, Buße zu tun und das Heil anzunehmen, es aber nicht tat.

Im obigen Offenbarungstext haben wir nun das zweite Wehe vor uns. Wir müssen daran denken, daß Johannes all das in einer geistlichen Vision – die ihm der Herr Jesus schenkte – sah, und er war gewissermaßen mit dabei, als die Siegel geöffnet und die Posaunen geblasen wurden, er erlebte das alles mit, er stand dort vor dem Gerichtsthrone Gottes.

Jetzt ist dieser Thron noch ein Gnadenthron. Heute kommt von diesem Thron allen Menschen noch Gnade entgegen. Aber diese Gnadenzeit wird einmal zu Ende gehen. Und Johannes sah da etwas ganz Interessantes. Ein weiterer Engel posaunte, und er hörte eine Stimme, die sagte: Löse die vier Engel, die am großen Strom Euphrat gebunden sind. Der Strom Euphrat ist ein Fluß von rund 2800 km Länge, der durch den Garten Eden ging. In dieser Gegend, von der hier die Rede ist, geschah der erste Angriff des Teufels auf das Geschöpf Gottes – den Menschen – und auf die Erde, die Gott dem Menschen zur Verwaltung übergeben hatte. In dieser Gegend des Euphrat geschah der erste Mord, und es fand dort auch der erste große Widerstand gegen Gott durch Nimrod statt, indem er einen Turm bauen wollte, der bis in den Himmel reichen sollte. Man hat seither viel mehr und viel höhere Häuser gebaut, aber der Gedanke dahinter, daß man zu Gott vorstoßen möchte, bedeutete Auflehnung gegen Gott. Hier in dieser Gegend des Euphrat – in Babylon – hat der erste Weltherrscher sein Reich – ein menschliches Reich – errichtet. Dort hat der Teufel ganz besonders stark gewirkt. Sicher haben große Machtkämpfe im Lufthimmel stattgefunden, ehe es soweit kam, daß diese Dinge hier auf Erden geschehen konnten, denn wir müssen daran denken, daß das nicht so ohne weiteres geschah, sondern daß es vom Bösen in die Herzen der Menschen hineingegeben wurde. Was muß dort alles vorgegangen sein? Nun sagt Gottes Wort, daß da vier gebundene Engel waren, die nun freigelassen werden sollten. Es handelt sich hier um böse Engel, denn nur böse Engel sind gebunden und gefangen. Das sind nicht Diener Gottes, wie der Engel Gabriel und der Engel Michael, es sind gefallene Engel, die sich gegen Gott erhoben haben. Wir lesen im Judasbrief, Vers 6 und im 2. Petrusbrief, Kapitel 2, daß Gott Engel, die ihre ursprüngliche Behausung, ihr Reich, verlassen und gegen Gott rebelliert haben, gebunden hält. Und zweifellos sind diese vier, von denen hier die Rede ist, vier Engelfürsten Satans. Sie wurden gehalten, denn wenn sie ihr Wesen treiben, ist es furchtbar. Kaum werden sie losgelassen sein, werden sie sehr bald ein mächtiges Heer bereit haben. Wir müssen uns vorstellen, daß es sich auch hier nicht um Jahrzehnte – von dem Augenblick an, in welchem sie gelöst werden, bis dieses große Heer auftreten wird – handelt. Gewiß wird alles vorbereitet sein, aber daß es so weit kommen kann, daß dieses Heer marschiert, ist diesen Engeln zuzuschreiben. Wir sehen hier etwas vom Einfluß der dämonischen Mächte auf den Menschen, und wir sehen auch, daß die Natur der Dämonen zerstörerisch und verderbenbringend ist. Nur Gottes Gnade und Güte hält sie zurück. Aber Satan ist von Natur ein Dieb, ein Mörder, ein Räuber, und seine Engel – seine Untertanen – haben seine Natur. Und diese werden losgelassen und anfangen, sich ihrer Natur entsprechend zu benehmen, sehr wahrscheinlich durch Menschen, die die Natur des Teufels haben werden, denn wer nicht Leben aus Gott hat, hat die Natur des Teufels.

Dann sehen wir hier dieses riesige Heer. Es ist interessant, Johannes nannte die Zahl, die er hörte, zweimal zehntausendmal zehntausend. Also zweihundert Millionen. Nun müssen wir bedenken, daß in jenem Zeitpunkt, als Johannes das hörte, nicht einmal zweihundert Millionen Menschen auf der Erde lebten, aber er gab das getreu weiter. Welch ein Vertrauen hatte dieser Mann in seinen Herrn! Wir wären veranlagt, das zu lesen und zu sagen, nun soll mir einmal jemand klar machen, wie das geschehen soll. Wenn wir Auslegungen über die Offenbarung des Johannes, die vor hundert und mehr Jahren geschrieben wurden, lesen, werden wir darin genau diesen Gedanken finden, daß das wahrscheinlich geistlich oder irgendwie anders zu verstehen sei. Aber das Vertrauen des Johannes in seinen Herrn war so groß, daß er wußte, was Gott sagt, ist wahr und es wird geschehen. Ich kann mir gut denken, daß die Bibelkritiker seiner Tage, als sie das lasen, sagten: Johannes, bei dir stimmt etwas nicht ganz. Gottes Wort ist zuverlässig. Ich hoffe aber, daß wir dem Worte Gottes nicht primär darum glauben, weil wir in einer Zeit leben, in der rein rechnerisch gesehen, ein Heer von zweihundert Millionen Menschen im Bereich des Möglichen liegt, und wir damit heute die Möglichkeit der Erfüllung sehen.

Sehen wir einmal den 17. und den 19. Vers an. «Und so sah ich im Gesicht die Pferde und die darauf saßen: sie hatten feurige und violette und schwefelgelbe Panzer, und die Köpfe der Pferde waren wie Löwenköpfe, und aus ihren Mäulern geht Feuer und Rauch und Schwefel hervor. Denn die Macht der Pferde liegt in ihrem Maul und in ihren Schwänzen, denn ihre Schwänze gleichen Schlangen, und sie haben Köpfe und mit diesen schädigen sie.»

Es ist durchaus möglich, daß China mit seinen Verbündeten heute in der Lage ist, ein solches Heer von zweihundert Millionen Menschen aufzustellen. Das sind nicht wenige. Hier wird uns auch etwas gesagt von einer Vernichtungswaffe, die benutzt werden wird. Dabei müssen wir daran denken, daß Johannes die Dinge anhand der Bilder seiner Zeit, die ihm bekannt waren, beschrieben hat. Ob es sich nun hier um Pferde handelt, Panzer oder mobile Raketenbasen. Was immer es sein mag, es wird etwas Furchtbares, etwas Schreckliches sein. Die Bibel sagt, daß Feuer, Rauch und Schwefel die verderbenbringenden Elemente sind, die hier eine Rolle spielen werden. Das deutet, besonders wegen der Auswirkung, ganz markant auf einen nicht konventionellen Krieg hin. Die Bibel spricht davon, daß dann ein Drittel der Menschheit in relativ kurzer Zeit durch Feuer, Rauch und Schwefel getötet wird, was doch sehr wahrscheinlich auf den Einsatz von irgendeiner Art von Atomwaffen hinweist. Als das vierte Siegel einige Zeit zuvor geöffnet wurde, hat Johannes gesehen, daß ein Viertel der damaligen Menschheit in jener Auseinandersetzung mit dem Antichristen getötet wurde. Wir müssen uns einmal vorstellen, wie unsere Erde in jenem Zeitpunkt aussehen wird: ein Viertel der Menschheit durch das Öffnen des vierten Siegels getötet, die Brautgemeinde Jesu entrückt, die unzählbare Schar, die aus der großen Trübsal herauskam, ebenfalls schon zum Herrn genommen, die vielen, die durch die Katastrophen umkommen werden, und nun noch einmal ein Drittel der übriggebliebenen Bevölkerung. Ja, die Erdbevölkerung wird rapid abnehmen. Und nun redet die Bibel davon, daß Johannes, nachdem er dieses Bild, dieses zweite Wehe, gesehen hatte, sagte: Und die Menschen, die übrigblieben, die noch lebten, taten auch jetzt nicht Buße. Das zeigt, daß dann noch Gelegenheit zur Buße vorhanden sein wird. O unser großer Gott! Wer kann ihn begreifen? Während dieser Zeit wäre immer noch Gelegenheit zur Buße für diejenigen, die noch übrig sind, und der Mensch könnte sich von seinem verkehrten Weg noch abkehren und sich zu Gott hinwenden. Aber da erkennen wir etwas von der Verderbtheit des menschlichen Herzens. Wir können das nicht verstehen. Die Menschheit wendet sich auch dann nicht zu Gott. Sie wird offensichtlich das Gericht Gottes, das Eingreifen Gottes, erleben wie nie zuvor, aber sie wird hart bleiben, wie Pharao, der damals ein Eingreifen Gottes nach dem andern erlebte, in seinem Herzen aber hart blieb, weil er sich vor Gott nicht beugen wollte. Das ist die Ursache: der Mensch bleibt in seinem Stolz, er will sich vor Gott nicht beugen, und er will die Herrschaft Gottes nicht anerkennen. Johannes ging aber noch weiter. Nicht nur, daß er sagte, die Menschheit werde unbußfertig bleiben, sie werde sich nicht abkehren von ihren Sünden und sich auch nicht zu Gott hinwenden, sondern er gab eine Beschreibung der Menschen jener Tage und ließ uns erkennen, woran sie hängen. Er zeigte vier Dinge, die jene Zeit kennzeichnen werden: das Morden, die Zauberei, die Unzucht und Diebereien. Die Dinge, die hier genannt wurden, werden ja nicht einfach in jene Zeit hineinkommen, sondern sie sind tief verwurzelt im Herzen des menschlichen Wesens. Sie werden dann sehr stark ausgeprägt sein. Vergleichen wir nur die Situation in der Welt, wie sie vor 25 Jahren war und wie sie heute ist. Wo sind wir hingekommen? Schauen wir diese einzelnen Dinge ein wenig näher an. Morden: Das ist ja heute sehr verbreitet. Mit welch einer Selbstverständlichkeit wird es heute hingenommen, daß – um politische Ziele zu erreichen – Mord als Waffe eingesetzt werden darf. Und man rechtfertigt bald Bombenattentate und das Sterben von Menschen in Massen. Das ist ja nur die eine Seite. Denken wir einmal an die unzähligen Morde, die jeden Tag an nicht geborenen Kindern verübt werden. Möge niemand sagen, daß der Mensch nicht ernten wird, was er sät. Denn wenn der Mensch heute ungeborene Kinder morden kann, dann wird es ihm morgen nichts ausmachen, einen geborenen Menschen zu ermorden. Das ist ein Gesetz, um das wir nicht herumkommen – und wir leben mitten drin.

Das zweite, das hier genannt wird, ist Zauberei, Okkultismus, und dazu gehört auch Drogensucht, die sehr eng damit verknüpft ist. Wenn wir in das Mittelalter hineinschauen, sehen wir, daß es schon immer Okkultismus und Zauberei gab – auch schon im Alten Testament. Auch in unseren Ländern gab es immer so etwas. Aber erst vor etwa 15 Jahren, als die heutige okkulte Welle ausbrach, sind Okkultismus und Zauberei bis in die höchsten Schichten der Bevölkerung, bis in die sogenannte höchste Intelligenz, durchgedrungen. Es gibt sogar Universitäten, die einen Lehrstuhl dafür haben. Wenn eine «Kapazität» wie Elisabeth Kübler-Ross auftritt, strömen alle hin. Okkultismus und Zauberei sind heute modern geworden. Man wagt gar nicht zu glauben, daß dem so ist und daß unsere sogenannte intelligente, vernünftige westliche Welt sich solchen Dingen hingibt. Und doch ist es so. Wir alle leben mitten in der unmittelbaren Zubereitung für diese Zeit, die kommen wird, und wir können gar nichts dagegen machen.

Dann wird als nächstes Unzucht genannt. Hier sehen wir etwas, das ebenfalls zu allen Zeiten existierte, doch wären die Menschen vor 15 oder 20 Jahren noch rot geworden, wenn sie gewisse Dinge gesehen hätten, die man heute sieht. Die Gerichte sprachen damals noch Urteile entsprechend der Verfassung aus, was heute, wo die Dämme reißen, nicht mehr der Fall ist. Dazu wissen die meisten von uns gar nicht, was hier eigentlich gespielt wird, nicht nur von einigen wenigen, sondern daß das, was durchgesetzt werden soll, durchorganisiert wird. Man möchte die Ehe als Institution zerstören und vieles andere mehr. Dabei benutzt der Teufel Tricks und er findet Menschen, die bereit sind, mitzumachen. Wie stark ist die Mode der Frau darauf ausgerichtet, mit Reizen die Männer anzusprechen. Gläubige Frauen kleiden sich aber sittsam.

Weiter werden Diebereien erwähnt. Aus einer Statistik habe ich kürzlich entnommen, daß in einem Jahr die Einbrüche in Privathäuser um fast 30 Prozent zugenommen haben. Können wir uns das vorstellen? Warum eigentlich? Ist denn die Not so groß? Doch sicherlich nicht in unserem Land. Wir merken einfach, daß wir in einer Zeit leben, in der unsere Menschheit dadurch geprägt ist, daß sie Gott abgelehnt hat und dahin kommt, daß das, wovon Johannes hier schrieb – Morden, Zauberei, Okkultismus, Unzucht und Diebereien – für sie zum Normalzustand wird.

Dabei gibt es immer wieder Menschen, die sagen: Ja, wenn es einen Gott gäbe, der alles kann, warum greift er denn nicht ein und macht all dem ein Ende, wenn ihm wirklich das alles nicht paßt? Warum tut er es denn nicht? Ich bin sehr froh, daß er es weder vor 50 noch vor 20 oder vor 10 Jahren getan hat. Warum? Weil Gott langmütig ist und nicht möchte, daß die Menschen verloren gehen, und weil er ihnen Raum und Gelegenheit geben will, Buße zu tun. Gott ist so anders als wir. Wir hätten schon längst einen Schlußstrich gezogen und die Menschen, beinahe hätte ich gesagt, auf den Mond geschickt. So sind wir, aber Gott ist so anders. Und jetzt überlegen wir einmal – nur schon bezüglich unseres eigenen Lebens – sind wir nicht alle froh, daß Gott so anders ist? Was wäre denn mit uns passiert, wenn Gott sofort oder sehr bald gesagt hätte, jetzt ist Schluß mit dir, du hast mich lang genug betrübt. Was wäre dann passiert? Wären wir heute gerettet? Aber Gott ist langmütig, und Gott sei Dank besteht auch heute noch die Gelegenheit, Buße zu tun. Wir als Gemeinde sollten Gott suchen und zu Gott beten für unsere Angehörigen, damit durch den Heiligen Geist in ihrem Leben eine Atmosphäre geschaffen wird, durch die ihre Augen geöffnet werden und sie erkennen können, wer Gott ist. Wir sollten das Zeugnis von Jesus hinaustragen, damit noch viele Menschen hören, daß Gott gut ist und noch manchen die Augen aufgehen und sie dadurch Rettung finden. Jedesmal, wenn heute ein Mensch zu Jesus kommt, können wir nur sagen: Herr, wie gut, daß du langmütig bist und daß du noch nicht den Schlußstrich gezogen hast. Sicher werden noch manche Menschen zu Jesus finden.

Die Bibel sagt uns, daß das Leben im eigentlichen Sinn nichts anderes ist als ein Hauch, wie Gras, das heute steht und morgen verwelkt. Welche Haltung nehmen wir zu unserem Leben ein? Wir Christen sollten doch als Gotteskinder wirklich nicht so leben, als würden wir immer auf dieser Erde bleiben. Wir sollten doch nicht so leben wie die Welt, die nichts anderes kennt, als nur die unmittelbaren Grenzen um sich herum und das, was vor ihren Augen ist. Wir sollten auch nicht so leben, daß wir uns in gleicher Weise nach den Dingen dieser Welt ausstrecken und nach ihnen trachten wie ein Mensch, der Christus nicht kennt. In Lukas 21, Vers 34, warnt uns der Herr Jesus, indem er sagt: «Habt acht auf euch selbst, daß eure Herzen nicht beschwert werden durch Rausch und Trunkenheit und Nahrungssorgen und jener Tag unversehens über euch komme.» Der Herr Jesus deutet hier an, daß es Gotteskinder gibt – und er spricht hier zu solchen – die so bekümmert sind um das tägliche Leben, um Essen und Trinken, daß sie ihr ganzes Leben auf diese Dinge ausrichten, während ihr Inneres dabei verkümmert. Und wenn er kommen wird, werden sie unvorbereitet dastehen. Möchten wir doch erkennen, daß wir zuerst nach dem Reiche Gottes und nach seiner Gerechtigkeit trachten sollten, und wenn wir das tun, werden wir erfahren, daß uns nichts von dem, was wir brauchen, fehlen wird. Ich will damit nicht sagen, daß wir alles, was wir uns wünschen, haben werden, aber es wird uns nichts von dem, was wir benötigen, fehlen. Das ist ein Unterschied. Möge Gott uns durch sein Wort so erfassen, daß wir bewußter für ihn leben und mit ihm wandeln, daß wir bewußter in den Tag hineingehen und unsere Mitmenschen bewußter anschauen, nicht als solche, die verdorben sind. Bei manchen Gläubigen besteht die Gefahr, daß wenn sie Menschen sehen, die so sind, sie ihnen nichts mehr sagen und mit ihnen überhaupt nichts zu tun haben wollen. Nein, sehen wir sie als jemanden an, für den Jesus gestorben ist. Vielleicht kann gerade der eine oder andere von uns durch sein Zeugnis helfen, jemanden aus dem Verderben herauszureißen. Das wäre schön. Es geht ja wirklich nicht darum, daß wir auch während der Woche einen vollen Saal haben oder daß unsere Gemeinde viele Mitglieder hat. Das ist nicht die Motivation, sondern es geht darum, daß Jesus Christus

Raum gewinnen kann in den Herzen vieler Menschen und daß noch viele dem Teufel entrissen werden, ehe der schreckliche Tag kommt. Das ist unsere Aufgabe als Gemeinde. Wir stehen in einer Zeit, in der die Vorbereitungen vonstatten gehen. Es ist eine Zeit, die auf der einen Seite sehr ernst ist, in der wir aber auf der andern Seite Jesus erleben dürfen. Denn eines ist sicher wahr – genauso wahr wie der Tag des Zornes Gottes hereinbrechen wird – genau so wahr sind die Verheißungen Gottes im Leben seiner Kinder. Laßt uns nun hier nicht den Fehler machen zu meinen, daß, weil es jetzt dem Ende entgegengeht, das Wirken Gottes in der Gemeinde zu Ende gegangen sei. Nein, Gottes Wort ist Ja und Amen auf allen Gebieten. Und seine Verheißungen für uns alle sind Ja und Amen – auch für uns als Gemeinde. Wir dürfen uns ohne weiteres nach einer Offenbarung Gottes in unserer Mitte ausstrecken, auch wenn es dem Ende entgegengeht. Vielleicht gerade um so mehr. Vergessen wir es nicht, Gottes Wort, Gottes Liebe, Gottes Barmherzigkeit, Gottes Gnade für uns alle, sie sind da, sie haben sich nicht verändert. Ich glaube, Gott will sie uns allen gerne in vermehrter Weise zukommen lassen. «Hebet eure Häupter auf» ist auch ein Wort, das der Herr Jesus im Zusammenhang mit den ernsten Dingen der Endzeit gesagt hat. Und sollten wir nicht unsere Häupter erheben? Weshalb? Etwa weil wir etwas sind? Nein! Weil unser Herr da ist. Wir erheben unsere Häupter zu ihm und erwarten von ihm Hilfe und Kraft. Wir erwarten auch von ihm Mut zum Zeugen und das Offenbarwerden seiner Herrlichkeit in unserer Mitte.

Der Engel mit dem Büchlein (10,1–11)

In unserer Betrachtung der Offenbarung des Johannes kommen wir zum 10. Kapitel:

«Und ich sah einen andern starken Engel aus dem Himmel herabsteigen, bekleidet mit einer Wolke, und der Regenbogen war über seinem Haupte und sein Angesicht wie die Sonne und seine Füße wie Feuersäulen. Und er hielt in seiner Hand ein offenes Büchlein, und er setzte seinen rechten Fuß auf das Meer, den linken aber auf die Erde, und er rief mit lauter Stimme, wie ein Löwe brüllt. Und als er gerufen hatte, ließen die sieben Donner ihre Stimmen vernehmen. Und als die sieben Donner geredet hatten, wollte ich schreiben; und ich hörte eine Stimme aus dem Himmel, die sprach: Versiegle, was die sieben Donner geredet haben, und schreibe es nicht auf! Und der Engel, den ich auf dem Meer und auf der Erde stehen sah, erhob seine rechte Hand zum Himmel und schwur bei dem, der von Ewigkeit zu Ewigkeit lebt, der den Himmel geschaffen hat und was darin ist, und die Erde und was darauf ist, und das Meer und was darin ist: es wird keine Zeit mehr sein; sondern in den Tagen der Stimme des siebenten Engels, wenn er posaunen wird, ist das Geheimnis Gottes vollendet, wie er es seinen Knechten, den Propheten, als frohe Botschaft verkündigt hat. Und die Stimme, die ich aus dem Himmel gehört hatte, redete abermals mit mir und sprach: Geh hin, nimm das offene Büchlein in der Hand des Engels, der auf dem Meer und auf der Erde steht! Und ich ging zu dem Engel und sprach zu ihm: Gib mir das Büchlein. Und er spricht zu mir: Nimm und verschlinge es, und es wird dir im Bauche Bitterkeit verursachen, in deinem Munde aber wird es süß sein wie Honig! Und ich nahm das Büchlein aus der Hand des Engels und verschlang es; und es war in meinem Munde süß wie Honig. Als ich es aber verschlungen hatte, wurde es mir bitter im Leibe. Und er sprach zu mir: Du sollst abermals weissagen über viele Völker und Nationen und Zungen und Könige.»

Soweit dieses Kapitel. Das 10. und das 11. Kapitel bis zum 14. Vers sind gewissermaßen Einschiebungen in der Berichterstattung, die Johannes gegeben hat. Es ist nicht unbedingt als die chronologische Folge dessen zu verstehen, was vorher war, sondern hier spricht Gott von etwas, das im Zusammenhang mit dem, was früher berichtet wurde, steht, und das auch geschehen wird. Wahrscheinlich wird sich das, was wir im 10. Kapitel gelesen haben, vor der letzten, der siebenten Posaune abspielen. Es ist nicht ausschlaggebend, daß wir den Zeitpunkt konkret festlegen können und anfangen sollen zu rechnen. Die Offenbarung ist uns in keiner Weise dazu gegeben, daß wir Rechenkünstler werden sollen. Es gibt aber leider manche Leute, die das tun. Die Offenbarung ist uns auch nicht dazu gegeben, daß wir Spekulanten werden, sondern sie ist uns gegeben, um uns vieles zu zeigen, was Gott einmal tun und über diese Erde kommen wird – damit wir uns vor allem auf Jesus Christus und sein Wort konzentrieren und ausrichten.

Wir haben hier im 10. Kapitel eine sehr interessante Begebenheit. Es ist die Rede von einem starken Engel, der aus dem Himmel herabstieg. Das Wort Engel wird in der Bibel – wie mancher andere Ausdruck – verschieden angewandt. Von den Engeln sagt uns die Heilige Schrift, daß sie zum Dienst für diejenigen, die das Heil ererben werden, ausgesandt sind. Wir finden Engel Gottes – die ihm dienten – im Alten Testament; wir finden sie auch im Neuen Testament. Und einmal werden wir einen andern Einblick bekommen in den Dienst der Engel. Wir werden einmal staunen, wenn wir sehen, welche Dienste Engel uns erwiesen haben. Ich habe nie einen Engel gesehen, aber ich glaube ganz sicher, daß wir schon oft Engelsdienste erfahren haben. Wir fuhren kurz nach unserer Heirat an einem Novemberabend zusammen mit einem Pastor von einer Evangelisation in Deutschland nach Hause. Es war kalt, die Straßen waren frei, wir sind auch nicht sehr schnell gefahren, aber wir kamen zu einer Rechtskurve, die total vereist war. Unser Wagen ist einfach hinübergerutscht, wir konnten nichts dagegen tun, und während wir drin saßen und uns schon die Böschung hinabstürzen sahen, geschah etwas ganz Interessantes: Plötzlich wurde der Wagen zurückgeschoben, und wir konnten weiterfahren. Es war uns damals ganz klar, hier hatten wir Bewahrung durch Gottes Engel erfahren. Wie viele Bewahrungen haben wir alle erlebt, die wir nicht so klar erkannten. Aus der Bibel können wir auch ersehen, wie Gott seine Engel zum Dienste für jene benutzt, die das Heil ererben sollen.

Aber wir finden in der Bibel auch Engel des Teufels – Satansengel. So wie die Engel Gottes dem Herrn dienstbar sind, dienen die Engel des Teufels dem Satan. Und auch sie sind auf dieser Erde, und sie versuchen gerade das Gegenteil von dem zu erwirken, was Gott erreichen möchte. Und wenn der Mensch nicht mit Gott in Verbindung lebt, wenn er nicht wiedergeboren ist, haben die dämonischen Geister größeren Einfluß und viel direktere Einwirkungsmöglichkeiten auf ihn. Auch das finden wir in der Bibel.

Dann benutzt die Bibel den Ausdruck «Engel» auch für den Engel der Gemeinde. Dem Engel der Gemeinde zu Ephesus, Thyatira, Sardes usw. schreibe, d. h. dem Verantwortlichen, dem Hauptleiter jener Gemeinde, schreibe das. Auch dafür benutzt also die Bibel das Wort Engel. Aber wenn wir in Gottes Wort hineinschauen, sehen wir aus dem Zusammenhang, was mit dem Ausdruck gemeint ist. In der Bibel wird aber das Wort Engel – nicht häufig, aber doch ab und zu – auch für Jesus benutzt. Im Alten Testament war es der Engel Gottes – Jesus –, der unter anderem auch zu Abraham kam und mit ihm verhandelte, als es um die Vernichtung von Sodom und Gomorra ging. Auch da finden wir diesen Ausdruck in bezug auf Jesus. Es läßt sich jeweils aus dem Worte Gottes erahnen, wenn das Wort Engel diese Bedeutung hat. Persönlich bin ich der Meinung, daß es sich bei diesem starken Engel, der hier angeführt wird, auch um Jesus handelt. Ich meine das, weil wir hier sehen, daß dieser starke Engel, der aus dem Himmel herabsteigt, mit einer Wolke bekleidet ist und in einer Wolke erscheint. Wenn Wolken bei himmlischen Erscheinungen vorkommen, finden wir in der Bibel den Bezug auf Gott. Wir sehen das z. B. im 2. Mose, Kapitel 19. Dort erschien der Herr in einer Wolke. Als das Volk Israel aus Ägypten ausgezogen war, und es den Weg nicht kannte, ging Gott des Tages in der Wolkensäule und des Nachts in einer Feuersäule vor ihm her. Als der Herr Jesus in den Himmel fuhr, heißt es, nahm ihn eine Wolke auf. Und in Offenbarung 1, Vers 7, lesen wir: Er kommt mit den Wolken. Gemäß Kapitel 4 der Offenbarung gehört der Regenbogen zu Gott und zum Throne Gottes. Die Bibel sagt, daß dieser Engel, der hier erscheint, den Regenbogen über seinem Haupte hat. Ferner wird uns in Kapitel 10 beschrieben: das Angesicht dieses Engels ist wie die Sonne. Und schauen wir einmal, was im ersten Kapitel der Offenbarung, Vers 16, der sich auf Jesus bezieht, steht: Sein Angesicht leuchtet wie die Sonne in ihrer Kraft. Als Jesus auf dem Verklärungsberg verklärt war, sagt uns Gottes Wort in Matthäus 17, Vers 2, das gleiche: «Und sein Angesicht leuchtet wie die Sonne.» Hier finden wir wiederum diesen Ausdruck, der in der Schrift immer auf Gott oder auf Jesus angewandt wurde. Dann sagt uns die Bibel, die Füße dieses Engels seien wie Feuersäulen. In Offenbarung 1, Vers 15, spricht die Bibel von Jesus, und dort heißt es: «seine Füße waren wie schimmerndes Erz, wie eine Feuerflamme»; also wieder der gleiche Ausdruck. Wenn wir dann in die Offenbarung 11 hineinschauen, sehen wir, daß dort von den zwei Zeugen die Rede ist. Diese zwei Zeugen sind Gottes Zeugen – Jesu Zeugen – und darum ist es für mich sehr wahrscheinlich, daß dieser Engel Jesus ist. Aber weiter sehen wir noch folgendes. Dieser Engel hat ein offenes Büchlein in der Hand, und er stellt den einen Fuß auf die Erde und den andern auf das Meer. Wir müssen uns das einmal vorstellen. Ein starker Engel. Was ist nun dieses Büchlein? Im 5. Kapitel haben wir von einem versiegelten Buch gelesen. Das einzige Buch, das bisher in der Offenbarung erwähnt wurde, ist dieses versiegelte Buch. Wir haben auch gesehen, daß niemand würdig war, die sieben Siegel zu öffnen als nur Jesus, das Lamm. Dann sehen wir in der Offenbarung, daß seit dem 5. Kapitel ein Siegel nach dem andern geöffnet worden ist. Nun ist es natürlich klar, daß dieses vormals versiegelte Buch, das die Eigentumsurkunde der Erde war, zu diesem Zeitpunkt offen sein mußte. Jesus – als der einzige, der würdig war, das Buch zu öffnen – hat es jetzt geöffnet, und nachdem die Siegel offen sind, nimmt Jesus nun rechtmäßigen Besitz von der Erde. Im Alten Testament war das Besitz-Ergreifen eine symbolische Handlung, indem man den Fuß auf etwas stellte. Im 5. Mose, Kapitel 11, Vers 24 steht: «Alle Orte, darauf eure Fußsohle tritt, sollen euer sein», und in Josua, Kapitel 1, Vers 3: «Jeden Ort, darauf eure Fußsohlen treten, habe ich euch gegeben, wie ich Mose versprochen habe.»

Nachdem jetzt alle Siegel geöffnet sind, nimmt Jesus Besitz von der Erde. Da mögen nun manche fragen: Gehört denn die Erde nicht Gott? Wieso nimmt denn Jesus erst jetzt Besitz von der Erde? Es ist wahr: Gott hat die Erde und alles, was darin ist, gemacht, und aufgrund der Schöpfung gehört sie ihm. Aber nachdem Gott die Erde gemacht hatte, hat er den Menschen geschaffen. Und nachdem Gott den Menschen geschaffen hatte, vertraute er ihm die Erde zur

Verwaltung an. Das ist nicht nur wichtig in bezug auf das, was wir in der Offenbarung lesen, es ist auch wichtig in bezug auf die Dinge, die wir heute um uns sehen. In 1. Mose, Kapitel 1, sagt die Bibel in den Versen 26–28 folgendes: «Und Gott sprach, wir wollen Menschen machen nach unserem Bild, die sollen herrschen über die Fische im Meer, über die Vögel des Himmels und über das Vieh auf der ganzen Erde, auch über alles, was auf Erden kriecht. Und Gott schuf den Menschen ihm zum Bilde, zum Bilde Gottes schuf er ihn, männlich und weiblich, und Gott segnete sie und sprach zu ihnen, seid fruchtbar, mehret euch, füllet die Erde und machet sie euch untertan und herrschet über die Fische im Meer, über die Vögel des Himmels, über alles Lebendige, was auf Erden kriecht.» Gott hat die Herrschaft über die Erde dem Menschen übergeben. Dann geschah das Tragische: Durch den Sündenfall ist dieses Pachtrecht, das der Mensch von Gott bekommen hatte, an den Teufel übergegangen, ganz rechtmäßig. Nun ist nicht mehr der Mensch Herrscher dieser Erde, sondern Satan. Gott mußte das anerkennen, weil er dem Menschen dieses Herrschaftsrecht übergeben hatte, aber der Mensch hat es dem Teufel verkauft. Schaut einmal in Lukas, Kapitel 4, wo es sich um die Versuchung Jesu handelt, da heißt es in den Versen 5 und 6: «Da führte der Teufel Jesus auf einen hohen Berg und zeigte ihm alle Reiche der Welt in einem Augenblick. Und der Teufel sprach zu ihm: Dir will ich alle diese Herrschaft und ihre Herrlichkeit geben, denn sie ist mir übergeben, und ich gebe sie, wem ich will.» Nun könnte jemand sagen, der Teufel ist ja ein Lügner, der lügt von Anfang an. Es stimmt, daß er ein Lügner ist, aber denken wir daran, wenn er hier nicht die Wahrheit gesagt hätte, wäre das absolut keine Versuchung für Jesus gewesen. Ihm war die Herrschaft über diese Welt übergeben, und damit wollte er Jesus herausfordern, vor ihm niederzufallen und ihn anzubeten, denn er begehrt angebetet zu werden. Jesus hat es abgelehnt. Dann vergingen viele Jahre, und nun kommt der Augenblick, in dem Jesus die Herrschaft über die Erde, die ihm der Teufel angetragen hatte, rechtmäßig übernehmen wird, aber nicht, weil er sich vor Satan gebeugt hat, sondern weil er die Erlösung vollbracht hat, weil er die Siegel öffnen konnte, weil er den Sieg davontrug, nicht nur für sich allein, sondern für den Menschen, der dem Teufel dieses Recht übertragen hatte. Verstehen wir nun, warum es heute auf unserer

Erde so aussieht? Und sagen wir nicht, wie viele Christen es tun, daß hier alles so läuft, wie Gott es will. Das stimmt nicht. Gott will nicht den Krieg und das Leid. Er will auch nicht das Elend und die Not, und er will auch nicht die vielen ermordeten Kinder, die noch ungeboren waren. Die Ursache ist, daß der Mensch dem Feind das Recht gegeben hat, diese Erde zu beherrschen. Darum haben wir diese Not auf dieser Welt, aber durch die vollbrachte Erlösung war Jesus Christus würdig, diesen Pachtvertrag rückgängig zu machen und diese Erde in Besitz zu nehmen. Hier wird das Wiedereinnehmen dessen, was der Mensch damals verloren hat, geschehen. Ich weiß nicht, ob wir uns mit unserer Phantasie ausmalen können, wie es auf dieser Erde wäre, wenn der Mensch das damals nicht getan hätte. Aber laßt uns niemals die ganze Schuld nur auf Adam und Eva werfen, denn wir alle sind genau so. Aber – Gott sei Dank – wird es für diejenigen, die sich auf die Seite Jesu stellen und sich ihm hingegeben haben, anders.

Die Zeit, bis dieser Engel auf die Erde und auf das Meer kommen und symbolisch davon Besitz nehmen wird, ist sehr kurz. Es wird nicht mehr lange dauern, bis es soweit ist. Aber wollen wir nicht anfangen zu überlegen und in Monaten, Wochen und Tagen zu rechnen. Darum geht es nicht. Wenn wir zurückblicken – ganz gleich wie alt wir sind – denken wir, daß die Zeit unseres Lebens kurz war. Und es wird nicht mehr lange dauern, bis das, was uns im 10. Kapitel der Offenbarung angekündigt ist, geschehen wird.

Nachdem Johannes diesen Engel sah, der sich mit dem Büchlein in der Hand dort hinstellte, wußte er zweifellos etwas damit anzufangen. Er kannte die Praktiken jener Zeit und wußte, was es bedeutet, den Fuß auf etwas zu stellen, um davon Besitz zu nehmen. Er hörte die sieben Donner und verstand auch, was sie sagten. Er wollte es niederschreiben, doch Gott sagte: Nein, Johannes, die Menschen brauchen das nicht zu wissen. Wenn jemals Menschen sagen, sie wüßten, was dort gesagt wurde, dann können wir zum vornherein sicher sein, daß es sich um pure Spekulation handelt. Wir brauchen das nicht zu wissen, denn das, was wir wissen müssen, hat uns Gott in seinem Wort gegeben. Wir haben kein Recht, die Dinge, die Gott uns bewußt vorenthalten hat, hervorholen zu wollen und uns selbst etwas auszumalen. Es ist zwecklos, darüber zu spekulieren.

Dann hörte Johannes, daß dieser Engel einen Schwur ablegte. Er sagte: Es wird keine Zeit mehr sein. Eigentlich sollte das wörtlich heißen: Jetzt gibt es keine Verzögerung mehr. So wäre es viel besser übersetzt. Man könnte auch sagen: Die Zeit ist da. Wenn man das Ganze im Zusammenhang liest, hat man den Eindruck, daß der Herr Jesus über diesen Ausruf froh war, und daß er darum bei dem lebendigen Gott schwur: Jetzt ist die Zeit da, es gibt keine Verzögerung mehr. Welche Zeit? Nämlich diejenige, in der das Geheimnis Gottes vollendet ist (Vers 7, zweiter Teil). Die Zeit, die dem Teufel gegeben worden war, um auf dieser Erde zu herrschen, ist vorbei – und es gibt keine Verzögerung mehr. Nicht wahr, manchmal scheint es uns so, als würde das Böse immer siegen. Hier auf Erden scheint es doch so, daß der Stärkere immer oben bleibt, ganz gleich, ob er gerecht oder ungerecht ist. Solange der Teufel hier regiert und die Menschen sich ihm öffnen, wird es so sein auf dieser Erde. Aber es wird nicht so bleiben, es wird aufhören. Nicht nur, daß es aufhören wird, sondern dann wird Gottes Gerechtigkeit einkehren. Dann werden diejenigen, die jetzt unterdrückt wurden, leuchten, und das, was Gott als wertvoll erachtet, wird wertvoll sein. Das Geheimnis, Gottes Handeln mit den Menschen seit dem Fall, und sein Plan, das Reich zurückzuholen und es den Heiligen zu geben, wird dann da sein. Dieser Moment wird kommen. Gott hat jahrelang – jahrhundertelang – gehandelt, er hat einen Plan gehabt – und dieser Plan wird jetzt in Erfüllung gehen. Gott wird die Herrschaft über die Erde zurückgeben in die Hand dessen, der diese Herrschaft von jeher haben sollte: dem Menschen, der Gott gehorcht; dem Menschen, der sich Gott unterstellt und der nicht wie Adam und Eva sagt: Ich will nicht, daß Gott über mich herrsche. Und wer ist dieser Mensch? Es ist der Mensch, der diese Gesinnung durch die Annahme Jesu Christi als seinen Erlöser und Herrn bewiesen hat. Es ist der Mensch, der auch in dieser bösen Zeit das Heil, welches Gott in Jesus Christus geoffenbart hat, angenommen hat. Diesem Menschen wird dann die Herrschaft über die Erde übertragen. Gottes Absicht, die er von jeher hatte, wird mit all denen, die sich ihm stellen, die ihm gehorsam sind und die nicht in Rebellion gegen ihn leben, in Erfüllung gehen.

Dann geschah etwas Interessantes: Johannes bekam den Auftrag, das Büchlein zu essen. Es schmeckte sehr gut, aber war nicht gut im

Magen. Was ist nun die symbolische Bedeutung dessen, was hier vor sich ging? Der Herr Jesus wird auf die Erde kommen, nachdem er die Siegel geöffnet hat. Er wird die Erde symbolisch in Besitz nehmen und die Urkunde des Eigentumsrechts dem Menschen – der überwunden hat durch des Lammes Blut, wovon Johannes der Repräsentant ist – geben und somit dieses Recht dem Menschen zurückerstatten. Wie sagte es der Herr Jesus in einer seiner Predigten? Selig sind die Sanftmütigen, denn sie werden das Erdreich besitzen. Jetzt wird das ganz konkret und wortgetreu zutreffen. Das Wort wird nun zum Tragen kommen. Und das wird für die Überwinder etwas Wunderschönes, etwas Süßes sein – dieses Recht von Gott zugestanden zu bekommen. Aber es wird auch noch eine bittere Seite geben – denn die gleichen Menschen, die Erlösten, denen dieses Herrschaftsrecht über die Erde gegeben wird, werden mit Jesus kämpfen, um diese Übernahme hier durchzuführen. Die Erde, die Menschen – sie müssen gerichtet werden und das wird durch die Öffnung der Siegel – durch die Wehe – geschehen, woran der Erlöste nicht unbeteiligt sein wird. Das wird sehr schmerzen und die bittere Seite sein. Aber es ist Gottes Gerechtigkeit, die hier eintreffen wird.

Wir sehen ein Vorbild: Als Israel das verheißene Land zugesprochen wurde, und die Israeliten in dieses Land kamen, welches Gott ihnen bereitet hatte, mußten sie noch die Feinde vertreiben. Und so wird es sein, daß auch die Erde gerichtet und gereinigt werden muß – das aber nicht, weil die Menschen es wollen, sondern weil Gottes Gerechtigkeit es fordert. Das wird sehr bitter sein für die Menschen. Aber Gottes Plan wird in Erfüllung gehen. Wenn jemand fragt, ob denn ein liebender Gott so etwas tun kann, dann möge er die Bibel lesen und in der Bibel feststellen, wie langmütig die Liebe Gottes den Menschen und dieser Erde gegenüber ist. Gottes Gerechtigkeit aber fordert das, und es muß geschehen.

Wir sind jetzt an dem Zeitpunkt, zu dem Jesus auf die Erde kommen, sie einnehmen und die Herrschaft wieder den Gerechten – den Gläubigen – übertragen wird. Aber ehe wir den Abschluß betrachten, haben wir noch eine Einschiebung in Kapitel 11,1–14. Hier sehen wir etwas Hochinteressantes. Auf der Erde wird sich auch in dieser Zeit noch etwas Bemerkenswertes abspielen. Zu allen Zeiten hat Gott – wenn ein Gericht über die Menschen kam – das Gericht immer wieder hinausgeschoben, solange er das irgendwie konnte. Er tat das aus dem einen Grund, daß doch noch Menschen gefunden werden könnten, die Buße tun, umkehren und damit dem Gericht entfliehen würden. Wir leben in der Zeit des Aufschubs – ganz sicher. Und hier ist nun etwas sehr Wichtiges: Es ist wahr, daß Gott die Menschen zur Rechenschaft ziehen wird, wenn sie nicht Buße tun, aber es ist auch wahr, daß Gott von uns allen erwartet, daß wir gerade in dieser Zeit des Aufschubs eifrig sind, das Evangelium Jesu Christi zu verbreiten. Darum sind wir hier, darum leben wir in dieser Zeit – damit das Evangelium von Jesus Christus bekannt wird und doch noch etliche herauskommen, Buße tun und zum Herrn finden. Und über jeden, der das tut, freut sich der ganze Himmel. Wollen wir uns gebrauchen lassen? Wir sollen die Gesinnung Jesu haben. Verstehen wir, was damit gemeint ist? Der Herr Jesus war nicht froh, Sohn Gottes zu sein, nur weil sein Verhältnis mit Gott in Ordnung war, sondern die Liebe zum Vater und zu den Menschen trieb ihn, sich ganz zu geben für die Verlorenen. Es ist schön, selbst gerettet zu sein, zweifellos – und ich danke Gott fast jeden Tag dafür, auch daß ihr gerettet seid –, aber laßt uns offen sein, daß wir die Gesinnung haben, die in Jesus war, und daß wir uns einsetzen, damit Menschen gerettet werden und Buße tun können. Das ist die Botschaft und auch die Offenbarung Gottes an uns alle – als Gemeinde in der heutigen Zeit. Ich bitte den Herrn, daß er uns Gnade gibt, daß wir es lernen, innerlich zu sehen, wie wir arbeiten sollen. Das ist ja zum Teil unser Problem, daß wir gar nicht wissen, wie wir die Menschen am besten ansprechen und an sie herankommen können. Es sind so viele ablehnend, aber laßt uns offen sein in den verschiedenen Zweigen der Gemeinde, laßt uns beten «Herr zeige uns, was wir tun können und was wir tun sollen. Gib uns eine Vision in unser Herz und ein Ziel in unser Leben, damit wir mit dir arbeiten und noch manche zu dir führen können, die Buße tun und dabei sind, wenn der Herr Jesus kommt, und die so dem furchtbaren Gericht, das über die Erde gehen wird, entrissen werden.» Laßt uns offen sein dafür. Ich bin zuversichtlich, wir dürfen dann mit Jesus zusammenarbeiten, denn der Herr wünscht das, und wir können einander und auch andern zum Segen sein.

Der Tempel und die zwei Zeugen (11,1–14)

Wir lesen aus der Offenbarung des Johannes die ersten 14 Verse des 11. Kapitels:

«Und mir wurde ein Rohr gegeben gleich einem Stabe, und es wurde mir gesagt, mache dich auf und miß den Tempel Gottes und den Altar und die, welche dort anbeten, aber den Vorhof, der außerhalb des Tempels ist, laß weg und miß ihn nicht, denn er ist den Heiden gegeben, und sie werden die Heilige Stadt zertreten 42 Monate lang. Und ich will meinen zwei Zeugen verleihen, daß sie weissagen sollen, 1260 Tage lang, angetan mit Säcken. Das sind die zwei Ölbäume und die zwei Leuchter, die vor dem Herrn der Erde stehen. Wenn jemand sie schädigen will, geht Feuer aus ihrem Munde und verzehrt ihre Feinde; und wenn jemand sie schädigen will, muß er so getötet werden. Diese haben Macht, den Himmel zu verschließen, damit kein Regen falle in den Tagen ihrer Weissagung; und sie haben Macht über die Gewässer, sie in Blut zu verwandeln und die Erde mit allerlei Plagen zu schlagen, so oft sie wollen. Und wenn sie ihr Zeugnis vollendet haben, wird das Tier, das aus dem Abgrund heraufsteigt, mit ihnen Krieg führen und sie überwinden und sie töten. Und ihre Leichname werden auf der Gasse der großen Stadt liegen, welche im geistlichen Sinn Sodom und Ägypten heißt, wo auch ihr Herr gekreuzigt worden ist. Und viele von den Völkern und Stämmen und Zungen werden ihre Leichname sehen, drei Tage und einen halben, und werden ihre Leichname nicht in ein Grab legen lassen. Und die auf Erden wohnen, werden sich über sie freuen und frohlocken und werden einander Geschenke schicken, weil diese zwei Propheten die Bewohner der Erde gepeinigt hatten. Und nach den drei Tagen und einem halben kam der Geist des Lebens aus Gott in sie, und sie traten auf ihre Füße, und eine große Furcht überfiel die, welche sie sahen. Und sie hörten eine laute Stimme vom Himmel her, die zu ihnen sprach: Steiget hier herauf! Da stiegen sie in den Himmel hinauf in der Wolke, und ihre Feinde sahen sie. Und zur selben Stunde entstand ein großes Erdbeben, und der zehnte Teil der Stadt fiel; und es wurden in dem

Erdbeben siebentausend Menschen getötet, und die übrigen wurden voll Furcht und gaben dem Gott des Himmels die Ehre. Das zweite Wehe ist vorüber; siehe das dritte Wehe kommt schnell.»

Wir haben es hier, wie ich bereits früher erwähnte, mit einer Einschiebung im biblischen Bericht zu tun, und es ist wichtig, daß wir das in dieser Weise betrachten. Als Johannes auf der Insel Patmos diese Schau hatte, war es um das Jahr 95 nach Christus. Der Tempel in Jerusalem, den Jesus Christus noch gekannt hatte, war rund 25 Jahre vorher, um das Jahr 70 nach Christus, durch Titus und die römischen Legionäre zerstört und verwüstet worden. Der Tempel, von dem hier die Rede ist, muß erst noch gebaut werden, es ist nicht der Tempel, der in Jerusalem war. Die Bibel sagt in Daniel 9, Vers 27, daß der Antichrist mit Israel einen Bund machen wird, und daß durch diesen Bund die Möglichkeit geschaffen wird, diesen Tempel zu bauen. In diesem Vers heißt es: «Und man wird vielen den Bund schwer machen eine Woche lang und mitten in der Woche Schlacht- und Speisopfer aufhören lassen, und auf der Zinne werden Greuel des Verwüsters aufgestellt, bis daß sich die bestimmte Vertilgung über die Verwüstung ergossen hat.» Er wird also einen Bund mit Israel schließen und diesen dann nach ca. 3½ Jahren brechen. Es wird ein Vertrag ausgearbeitet werden, damit der Tempel gebaut werden darf. Israel wird wieder Tiere opfern dürfen, wie es früher durch die Anordnung Gottes gewohnt war. Es liegt auf der Hand, daß dafür nur die Stadt Jerusalem in Frage kommen kann. Aber nach einiger Zeit wird dieser Vertrag durch den Antichristen gebrochen und für nichtig erklärt werden. Heute befindet sich dort, wo der frühere Tempel stand, der Felsendom, der unter dem Namen Omar-Moschee besser bekannt ist. Des weiteren steht auf dem früheren Tempelberg die Al-Aksha-Moschee, nach Mekka und Medina die drittwichtigste und -heiligste Moschee der Moslems. Es fällt uns heute überhaupt schwer, sich vorzustellen, daß dort einmal ein neuer jüdischer Tempel errichtet werden soll und errichtet werden wird. Es fiel uns Menschen auch schwer anzunehmen, daß die Juden jemals wieder die Kontrolle über die Altstadt von Jerusalem bekommen würden. 2600 Jahre lang hatten sie keine völlige Kontrolle und Herrschaft über die Altstadt Jerusalems gehabt. Und dann geschah es quasi über Nacht, im Juni 1967, daß das Unglaubliche wahr wurde. Wenn Gottes Zeitpunkt da ist, wird auch das Unglaubliche möglich. Die Klagemauer, die noch erhalten blieb, ist ein noch übrig gebliebener sichtbarer Teil der ehemaligen Westmauer des früheren Tempels. Es ist der einzige Überrest des alten Tempels, und darum ist diese Klagemauer für die Juden so heilig. Aber ein neuer Tempel muß kommen, und er wird kommen. Gott hat einen Plan, und dieser wird in Erfüllung gehen. Es ist zwecklos, daß wir versuchen, nach menschlichem Ermessen zu spekulieren, wie das zustandekommen wird. Nach meinem Dafürhalten ist es völlig unwichtig, wie das geschehen wird. Manchmal benutzt Gott Möglichkeiten und Mittel, die uns verblüffen, damit das, was er will, geschieht. Und so wird auch dieses möglich sein. Dieser neue Tempel wird für die Juden einen nationalistischen Beweggrund haben. Er wird ihrem Wiederaufbau dienen. Sie möchten wieder ein nationales religiöses Symbol haben. Und aus diesem Gedanken heraus werden sie den Tempel errichten. Dieser Tempel, von dem hier die Rede ist, wird auf alle Fälle während der Trübsalszeit erstellt werden oder stehen. Er mag am Anfang der Trübsalszeit errichtet werden, unmittelbar nach Abschluß des Bundes mit dem Antichristen, aber auf alle Fälle wird der Tempel dann angefangen und nach kurzer Zeit fertiggestellt sein. Der Tempel hat mit der Trübsalszeit und mit der Regierung des Antichristen zu tun. Nun kommt der Auftrag Gottes, daß dieser Tempel, der gebaut werden wird, gemessen werden soll. Wir können feststellen, daß immer, wenn Gott Maß nimmt, sei es mit Gewicht oder wie hier mit einem Rohr, er den geistlichen Zustand des Volkes oder des einzelnen prüft. Wenn Gott Maß nimmt an unserem Leben, dann prüft er unseren geistlichen Zustand. Aber hier geht es ihm um den geistlichen Zustand des Volkes, das die Opferungen wieder eingeführt haben wird, aber Jesus – den Messias – werden die Juden noch nicht angenommen haben. Sie werden in dieser Zeit ein ganz gewaltiges Zeugnis über Jesus hören, aber als Volk werden sie ihn als Messias weder akzeptiert haben noch akzeptieren, sondern vielmehr bei ihren alttestamentlichen Tieropferungen bleiben. Die Bibel deutet an, daß Jerusalem in dieser Zeit während 42 Monaten eine von Heiden umgebene und umlagerte Stadt sein wird. Die Bibel spricht hier davon, daß der Vorhof 42 Monate lang zertreten wird. Ich glaube, hier sehen wir die buchstäbliche Erfüllung jenes Wortes aus Lukas 21, wo der Herr Jesus sagt, daß Jerusalem von den Nationen zertreten werden wird, bis die Zeit der Nationen vorüber ist. Obwohl durch die Wiedereroberung Jerusalems im Jahre 1967 schon ein großer Schritt zur Verwirklichung dieser Prophezeiung gemacht wurde, wird die buchstäbliche erst dann geschehen, und Jerusalem wird bis dahin von den Heiden zertreten werden. Es wird also Friedenszeit und doch nicht Friedenszeit sein. Dann wird der geistliche Zustand des Volkes gemessen und geprüft. Nun sagt uns Gottes Wort hier, daß es zwei Zeugen geben wird, und die Bibel zeigt uns, daß diese zwei Zeugen ihr Wirkungsfeld in der Stadt Jerusalem haben werden. Ich möchte nun zunächst auf die Zeit ihres Wirkens aufmerksam machen. Wann wirken sie? Gottes Wort sagt, daß ihr Wirken mit dem zweiten Wehe oder mit der sechsten Posaune zu Ende gehen wird. Wenn ihr Wirken also mit dem zweiten Wehe aufhören wird und die Bibel uns sagt, daß sie 42 Monate lang tätig sein werden, können wir feststellen, daß diese beiden Zeugen wahrscheinlich in der gleichen Zeit in Jerusalem auftreten werden, in der die Siegel geöffnet werden. Sie werden in der Zeit auftreten, in welcher in aller Welt viele Ereignisse stattfinden, und sie werden einen ganz gezielten, interessanten und markanten Dienst haben. Soweit, was die Zeit ihres Wirkens betrifft. Wer sind nun diese beiden? Für den natürlichen Menschen wird das vielleicht noch unglaubhafter sein als die Tatsache, daß Jesus von den Toten auferstanden ist. Der eine dieser beiden Zeugen ist aller Wahrscheinlichkeit nach Elia, der Prophet. Wir lesen in Maleachi 3 die Verse 23 und 24, das sind die letzten beiden Verse des Alten Testamentes, wo Gottes Wort sagt: «Siehe, ich sende euch den Propheten Elia, ehe denn da komme der große und furchtbare Tag des Herrn. Der soll das Herz der Väter den Kindern und das Herz der Kinder wieder ihren Vätern zuwenden, damit ich bei meinem Kommen das Land nicht mit dem Banne schlagen muß.» Da könnte nun jemand sagen, das war doch Johannes der Täufer, von dem hier Gottes Wort berichtet, und hat nicht Jesus selbst gesagt, daß es so war? Und wird nicht immer wieder gelehrt, daß Johannes der Täufer als der vorausgesagte Elia kommen mußte? Gewiß. Es ist aber in der biblischen Prophetie keineswegs ungewöhnlich, daß eine Weissagung sich auf zwei Ereignisse bezieht. Schauen wir einmal, was die Bibel im 17. Kapitel des Matthäusevangeliums in den Versen 10 und 11 sagt: «Seine Jünger sagten zu ihm, warum sagen denn die Schriftgelehrten, daß zuvor Elia kommen müsse? Jesus aber antwortete und sprach zu ihnen: Elia kommt freilich und wird alles in den rechten Stand setzen.» Er sagte hier, nachdem Johannes der Täufer schon tot war, daß Elia kommen werde und weiter heißt es: «Ich aber sage euch, daß Elia gekommen ist; und sie haben ihn nicht anerkannt, sondern mit ihm gemacht, was sie wollten.» Sagt nicht der Herr Jesus hier, daß Johannes auf der einen Seite Elia war bei seinem ersten Kommen, daß aber Elia noch kommen wird, wie uns Maleachi 3 zeigt. Es ist bemerkenswert, daß Elia der Prophet war, der nie gestorben ist. Er wurde auf einem feurigen Wagen mit feurigen Rossen buchstäblich einfach in den Himmel hineingefahren. Das war etwas ganz Außergewöhnliches. Bibelausleger sind der Meinung, daß Elia wirklich wiederkommen wird und er einer dieser beiden Zeugen in Jerusalem sein wird. Menschlich gesehen können wir uns das nicht recht vorstellen, aber bei Gott sind solche Dinge zweifellos möglich. Darüber, wer der andere Zeuge, von dem hier die Rede ist, sein könnte, gibt es manche Spekulationen hin und her. Persönlich bin ich der Meinung, daß es Mose sein wird, denn die Wunder, die er tun wird, sind identisch mit denjenigen, die Mose getan hat, als er vor Pharao trat. Schauen wir einmal, wie das Ende des Mose war. Mose konnte das verheißene Land nur vom Berge aus sehen und ist dann gestorben, aber interessanterweise sagt uns die Bibel, daß sein Grab nie gefunden wurde. Es heißt einfach in der Heiligen Schrift, Gott habe ihn begraben. Aber nun gibt uns das Neue Testament in einem Vers einen Hinweis, der sehr wichtig ist. Im Judasbrief lesen wir im 9. Vers folgendes: «Der Erzengel Michael dagegen, als er mit dem Teufel in Streit geriet und über den Leib Moses verhandelte.» Wo wurde je der Leib eines Menschen von dieser Erde genommen und zu Gott gebracht? Das ist wirklich nicht das, was normalerweise geschieht. Aber es scheint – und wir dürfen das hier ohne weiteres annehmen –, daß Gott, nachdem Mose gestorben war, seinen Leib zu sich nahm, und daß er dann wieder lebendig wird, um für diesen Dienst eingesetzt zu werden. Was geschah, als der Herr Jesus sich mit den drei Jüngern auf dem Berg der Verklärung befand? Wer kam dort zu ihm, um mit ihm über seinen Ausgang zu reden? Die Bibel sagt uns unmißverständlich, daß Mose und Elia dort bei ihm waren. Es ist für uns völlig zwecklos, bei sich selbst zu überlegen, wie Gott sie – ganz menschlich gesagt – aufbewahrt hat. Aber eines steht fest, die beiden Männer standen in einer engen Gemeinschaft mit Gott, und vielleicht werden sie als die einzigen Menschen überhaupt in der Lage sein, Gottes Willen als Gericht für die Menschheit klar zu erkennen. Was wird nun ihr Dienst sein und wozu werden sie kommen? Sie werden in der Zeit auftreten, in der der Antichrist regiert. Sie werden in der Zeit auftreten, in der in dieser Welt alles durcheinanderzugehen scheint. Was wird dann ihr Dienst sein? Einmal: den Antichristen zu entlarven; aber ihr Dienst wird auch sein, auf Jesus Christus aufmerksam zu machen und von ihm zu zeugen. Darüber hinaus werden sie aber – und das beweist ihre Kleidung wie die Bibel sie beschreibt – als Männer und Propheten kommen, die Gericht predigen. Sie werden die Ereignisse, die dann in aller Welt geschehen, mit dem Gericht Gottes in Verbindung bringen. Sie werden die Juden zur Buße und zur Hinkehr zu Gott aufrufen. Die Bibel sagt uns auch, daß sie einen ganz gewaltigen Widerstand haben werden. Das können wir uns gut vorstellen, wenn wir uns die Situation vergegenwärtigen. Der Antichrist wird aufgetreten sein und von einem großen Teil der Welt als der Mann, der die Lösungen hat, gefeiert werden. Selbst das Volk Israel wird einen Bund mit ihm schließen. Er wird Erstaunliches leisten und versuchen, einen Ausweg aus dem Chaos, das auf dieser Welt herrschen wird, zu finden. Dann werden die beiden Männer, die sich direkt gegen den Antichristen stellen, auftreten. Sie werden das auf eine Art tun, die sie in aller Welt bekannt werden läßt, und es wird ein mächtiger Kampf zwischen dem Antichristen und ihnen entstehen. In jener Zeit werden ja so viele Dinge auf dieser Erde geschehen. Es ist aber interessant, daß der Antichrist diese beiden Männer nicht wird vernichten können. 42 Monate lang wird er ihnen absolut nichts anhaben können. Wer sie töten will, wird von ihnen getötet werden. Es wird Feuer aus ihrem Munde gehen und diejenigen, die ihnen etwas anhaben wollen, werden so sterben müssen. Sie werden Macht haben, wie ein Elia sie schon hatte, als er das erste Mal auf Erden war, zu beten, daß der Himmel sich verschließe und daß es keinen Regen geben soll. Sie werden auch Macht haben, das zu tun, was Mose tat, als er zu Pharao kam, d.h. die Gewässer in Blut zu verwandeln. Sie werden Macht haben, allerlei Plagen über diese Erde zu bringen. Ich würde mich gar nicht wundern, wenn das, wovon wir in Kapitel 8 lesen, daß es über diese Erde kommen wird, von ihnen ausgelöst werden könnte, indem sie Dinge aussprechen, die dann von Gott gegeben werden. Und doch, wie es damals bei Pharao war, dessen Herz immer mehr verhärtet wurde, anstatt daß er sich Gott zugewendet hätte, lesen wir auch hier in der Bibel: und trotzdem haben die Menschen nicht Buße getan. Wir können uns denken, was dann passieren wird. Für alle Dinge, die auf dieser Erde geschehen werden, wird man eine plausible Erklärung finden. Man wird auf menschlich logische Art sagen, warum dieses und jenes geschah, wieso alles durcheinandergeriet und weshalb das Wasser verpestet wurde. Soweit sind wir Menschen heute schon. Was immer kommen und geschehen wird, man wird es nicht wahrhaben wollen, daß die Bibel sagt, die Sünde werde den Menschen finden. Man wird versuchen, für alles eine menschliche Erklärung zu geben, die die Menschen, die Christus nicht kennen, zufriedenstellt. So wird es dann sein. Die beiden Propheten werden von Jesus zeugen und der Welt zeigen, daß der Antichrist ein falscher Christus ist. Sie werden sich gegen ihn stellen und viele erstaunliche Dinge auf dieser Welt in Erscheinung bringen. Während all dieser Zeit wird der Antichrist sein Äußerstes versuchen, um sie zu vernichten, aber er wird es nicht können. Werden sie Erfolg haben in ihrem Dienst? Viele werden sie ablehnen, aber es wird doch auch Bekehrungen geben. Und obwohl sie in Jerusalem sein und ihren Dienst dort tun werden, wird die ganze Welt von ihnen beeinflußt und von ihnen wissen. Und dann wird das geschehen, was die Welt für einen Triumph halten wird, nämlich die Bestätigung, daß der Antichrist der Höchste sei. Nach 42 Monaten wird der Antichrist plötzlich Erfolg haben und sie umbringen können. Ihren Tod wird er sich selbst zuschreiben. Er wird Glückwunschtelegramme und Ferngespräche aus aller Welt erhalten, weil diese beiden, die den Erdboden zerstörten und die Menschen beunruhigt hatten, vernichtet sein werden. Wir müssen uns das vorstellen: Die ganze Welt wird sich darüber freuen, man wird anfangen, Feste zu feiern und einander Geschenke zu machen, wie man sich Geschenke machte in Erinnerung an das Kommen Jesu, und man möchte damit zum Ausdruck bringen: der Antichrist ist doch der Höchste. Die Leichname dieser beiden werden, was jeglicher Ethik widerspricht, in Jerusalem auf die Straße gelegt und öffentlich zur Schau gestellt werden, was über Satellitenfernsehen in alle Länder ausgestrahlt werden wird, um zu zeigen, jetzt sind sie tot. Wir können uns die Verderbtheit der Menschen, des menschlichen Herzens gar nicht vorstellen. Und dann, während man mit dem Feiern noch nicht zu Ende sein wird und die Fernsehkameras noch immer auf sie gerichtet sein werden, wird etwas geschehen. Die beiden werden sich plötzlich erheben und wieder lebendig sein. Oh, Gott ist doch groß. Auf die Verhöhnungen der Menschen ihm gegenüber hat er lange geschwiegen. Aber jetzt wird er sich als der Lebende erweisen. Vor den Augen der ganzen Welt werden sie aufstehen, und eine große Furcht wird über die Menschen kommen. Wenn die beiden schon so wirkten, als sie lebten, wie wird es wohl dann sein, wenn sie aus dem Tode zurückgekommen sein werden? Aber Gottes Plan geht in eine andere Richtung. Er wird sagen: Kinder kommt heim – und die beiden zu sich holen. Ich glaube, daß sie dann einen verklärten Leib bekommen und zu ihrem Herrn zurückgehen werden, denn ihr Auftrag wird beendet sein.

Zur gleichen Zeit wird Jerusalem ein Erdbeben erleben, wodurch der zehnte Teil der Stadt zerstört wird und siebentausend Menschen getötet werden. Und all diese Geschehnisse werden dann direkt über Satellitenfernsehen in die ganze Welt ausgestrahlt werden. Die Bibel sagt uns, daß Furcht und Gotteserkenntnis über die Menschen kommen werde und das zweite Wehe werde so zu Ende gehen. Aber schauen wir nun, was Gottes Wort uns im 21. Vers des 9. Kapitels sagt: «Und sie taten nicht Buße weder von ihren Mordtaten, noch von ihren Zaubereien, noch von ihrer Unzucht, noch von ihren Diebereien.» Können wir uns das vorstellen? Genauso war es bei Pharao. Was hat dieser Mann nicht alles an übernatürlichen Wirkungen erlebt und erfahren? Aber sehen wir, wie weit das Menschenherz kommen kann und daß auch das sichtbare Wirken Gottes nicht immer zu ihm hinführt? Dasselbe Feuer, das das Wachs erweicht und schmilzt, erhärtet den Lehm. Das Evangelium von Jesus Christus ist für diejenigen, die sich ihm öffnen, eine Würze zum Leben und für diejenigen, die sich Gott verschließen, ein Mittel, das das Herz verhärtet. Ganz sicher. Wenn immer wir uns verschließen, wenn wir das Evangelium hören und Gottes Geist an uns wirkt, sind wir nicht mehr die gleichen, sondern wir werden härter. Und je öfter wir uns dem Evangelium verschließen, desto härter wird unser Herz. Da kann Gott Wunder und Zeichen tun, da mögen Tote auferstehen, aber wenn unser Herz verhärtet ist, bedeutet das alles nichts mehr für uns. Wer sich jedoch dem Evangelium geöffnet hat, der erlebt Gottes Gnade und Güte in einer immer tieferen Weise. Es ist erschreckend, daß die Menschen angesichts solch klaren Wirkens hart bleiben können, aber es zeigt uns, wie weit die Menschheit, die sich Gott gegenüber verschlossen hat, gekommen ist. Darum wird sie ja auch gerichtsreif geworden sein.

Wir stehen hier am Ende des zweiten Wehe, das auch das Ende der sechsten Posaune ist. Es bleibt dann nur noch eine Posaune am Schluß des 11. Kapitels, die wir später noch genauer betrachten werden. Für uns ist es wichtig, daß wir nebst mancher Erkenntnis, die wir aus Gottes Wort bekommen und lernen, das eine mitnehmen: Herr bewahre mir ein aufnahmebereites Herz! Sicher kennen wir alle die Geschichte von Davids Fall. Es war etwas sehr Trauriges. Als es aber David bewußt wurde, was geschehen war, hatte er nur ein Anliegen: Herr, nimm deinen Geist nicht von mir, bewahre mein Inneres, daß es auf dich ausgerichtet bleibt.

Für uns zählt, daß wir Gott kennen, das Wort Gottes bejahen und uns im Herzen darunterstellen. Laßt uns nicht in die Gefahr hineinrutschen, Gottes Wort immer und immer wieder zu hören, unser Herz aber hart werden zu lassen, weil wir uns nicht darunterstellen. Manche von uns haben das vielleicht auch schon persönlich erlebt, daß Gott sie angesprochen hat und sie aus irgendeinem Grunde nicht wollten. Dann hat er sie wieder und wieder angesprochen, aber sie hatten Ausreden, oder es war ihnen nicht angenehm, und schließlich fühlten sie sich gar nicht mehr angesprochen. Was war geschehen? Ihr Herz war hart geworden. Möge Gott uns helfen, daß wir unsere Herzen nicht verhärten, sondern sein Wort gerne annehmen, damit wir dann auch bereit sind, wenn Jesus Christus kommt, um die Seinen, die Überwinder, zu holen. Möge Gott uns helfen, daß sein Wort in unserem Leben Frucht wirken kann.

Die siebente Posaune des siebenten Siegels (11,15–19)

Wir lesen im 11. Kapitel der Offenbarung die Verse 15–19:
«Und der siebente Engel posaunte, da erschollen laute Stimmen im Himmel, die sprachen, das Weltreich unseres Herrn und seines Gesalbten ist zustande gekommen, und er wird regieren von Ewigkeit zu Ewigkeit. Und die vierundzwanzig Ältesten, die vor Gott auf ihren Thronen saßen, fielen auf ihr Angesicht und beteten Gott an und sprachen: Wir danken dir, Herr, allmächtiger Gott, der da ist und der da war, daß du deine große Macht an dich genommen und die Regierung angetreten hast! Und die Völker sind zornig geworden, und dein Zorn ist gekommen und die Zeit der Toten, daß sie gerichtet werden, und daß du den Lohn gebest deinen Knechten, den Propheten und den Heiligen und denen, die deinen Namen fürchten, den Kleinen und den Großen und daß du die verderbest, welche die Erde verderben. Und der Tempel Gottes im Himmel wurde geöffnet, und die Lade seines Bundes wurde sichtbar in seinem Tempel; und es entstanden Blitze und Stimmen und Donner und Erdbeben und großer Hagel.»

Nachdem die beiden Zeugen in den Himmel entrückt sein werden und das zweite Wehe zu Ende sein wird, wird das kommen, was wir hier gelesen haben, nämlich: die siebente Posaune oder das dritte Wehe. Hier ist nun in einigen Versen etwas wiedergegeben, das wohl das Schlimmste sein wird, das über die Menschen kommen wird. Es werden hier keine Details erwähnt. Einzelheiten über die siebente Posaune finden wir in den Kapiteln 15, 16 und 17, wo von den sieben Zornschalen Gottes die Rede ist, die – wie ich es verstehe – in die siebente Posaune hineingehören. Aber laßt uns alles der Reihe nach betrachten und schauen, was die Bibel uns hier sagt. Das Wesentliche, das Entscheidende, das – was für uns sehr wichtig ist – wird uns hier mitgeteilt. Aus der Bibel sehen wir nämlich, daß das Weltreich unseres Herrn Jesus dann zustande gekommen sein wird. Das bedeutet für manche Leute nicht sehr viel. Manche sagen, sie hätten gedacht, daß die Welt von Gott regiert werde. Würde Gott die Welt regieren, dann hätten wir nicht ein solches Durcheinander, wie wir es hier finden, denn Gott ist ein Gott der Ordnung. Gott wacht über allem, aber der Teufel ist der Fürst dieser Welt und er hat die Herrschaft über die Welt. Er wollte sie einmal Jesus übergeben, wenn er ihn angebetet hätte, aber Jesus hat das abgelehnt, weil er den Plan Gottes kannte und wußte, daß er einmal die Herrschaft über die Welt auf einem andern Weg und nicht durch die Anbetung des Teufels erhalten würde. Nun wird dieser Moment gekommen sein und all das, was bisher geschah, war die Vorbereitung und – auf der andern Seite – eine Abrechnung mit der Welt, mit den Menschen. Und nun wird das Weltreich unseres Herrn zustande gekommen sein.

Haben wir bemerkt, daß durch das ganze Alte Testament alle Gläubigen eine enorme Sehnsucht hatten nach einem irdischen Reich, in dem Frieden und Wohlbefinden herrschen würde? Gott selbst hat dieses Reich durch seine Propheten in vielfacher Weise angekündigt. Es ist schade, daß das Volk Israel und die Schriftgelehrten nur diesen Teil der Botschaft aufnahmen, denn Gott hatte ihnen ebenso gesagt, daß zuerst noch sein Knecht kommen und leiden müsse, bevor dieses Reich kommen werde. Aber das Volk Israel war so auf dieses irdische Reich ausgerichtet, daß es die andere Botschaft gar nicht wahrnahm. Darum warteten ja auch die Jünger mit Sehnsucht darauf, daß der Herr Jesus, als er auf Erden war, dieses irdische Reich aufrichten werde. Wie enttäuscht waren sie nach einiger Zeit, als das nicht geschah. Darum fragten sie auch in Apostelgeschichte 1,6: «Herr, wirst du dann das Reich in Israel aufrichten?» Er antwortete ihnen: «Zeit und Stunde gebührt euch nicht zu wissen, welche der Vater in seiner eigenen Macht festgesetzt hat. Ihr aber werdet Kraft empfangen, wenn der Heilige Geist über euch kommt, und ihr werdet meine Zeugen sein.» Es geht im Neuen Testament darum – und das hat Gott den Gläubigen verheißen – daß sie zu einem geistlichen Reich gehören werden. Sie werden im Geiste eins sein mit Jesus Christus. Und in dem Maße, wie sie sich jetzt im Geiste Gott hingeben, ihm dienen und Gott untergeordnet leben, werden sie einmal an jenem irdischen Reich teilhaben. Für uns ist das jetzt viel leichter zu begreifen, und wir wollen den Menschen im Alten Testament keineswegs irgendwelche Vorwürfe machen – denn im Grunde genommen sind ja auch wir gleich.

Das was uns in der Schrift angenehm ist, darin sind wir Spezialisten, aber das, was uns nicht so paßt, scheint manchmal nach unserem Verständnis gar nicht in der Bibel zu stehen, obwohl es eindeutig dort steht. Somit sind auch wir gleich, und die Bibel sagt, es ist im Grunde genommen kein Unterschied unter den Menschen.

Aber nun wird der Moment kommen, in welchem das irdische Reich unter der Herrschaft Jesu Christi auf Erden aufgerichtet wird. Gottes Wort sagt uns in Offenbarung 10, Vers 7: «Das Geheimnis Gottes ist vollendet, wie er es seinen Knechten, den Propheten, als frohe Botschaft verkündigt hat.» Wann? Wenn der siebente Engel posaunt. Das Geheimnis Gottes wird vollendet sein. Der Plan Gottes geht in Erfüllung, und er wird in Erfüllung gehen, ganz gleich ob und wie der Mensch ihn ändern wollte. Der Mensch möchte sich hier ein Paradies für alle Zeiten bauen, aber es wird ihm nicht gelingen. Mit der Regierungsherrschaft Jesu auf dieser Erde werden alle irdischen Regierungsformen zu einem Ende kommen. Wenn wir «in» sein wollen, dann treten wir am besten der «Partei» Gottes bei. Diese wird ganz sicher einmal regieren, und dann sind wir ein Teil davon. Aber alle diejenigen Regierungsformen werden aufhören, für die der Mensch sich so lange bemüht hat und die zum allergrößten Teil vom Feind beherrscht waren. Wieso können wir das sagen? Aus dem einfachen Grund, weil sie das Wesen des Feindes widergespiegelt haben. Da war Macht, Selbstsucht und Ichbezogenheit – und das alles immer unter dem Vorwand der Wohltat für den Nächsten. Gottes Volk hat so lange gebetet und betet heute immer noch: «Dein Reich komme.» Meine lieben Leser und Leserinnen, Gottes Reich kommt, es wird kommen! Wenn die Menschen doch erkennen würden, welchen Plan Gott für diese Erde hat, und wenn sie erkennen könnten, wie Gott uns Menschen in seinen Plan mit einbeziehen will. Aber Gott nimmt nur diejenigen, welche freiwillig in sein Reich hineingeboren werden und die feindliche Seite verlassen. Die Bibel sagt uns, man könne nicht zwei Herren dienen. Das ist ein Ding der Unmöglichkeit. Darum ruft Gottes Wort uns alle – ob jung oder alt – auf, mit dem Herrn ganze Sache zu machen. So viele junge Menschen meinen, sie würden im Leben etwas verpassen. Wissen wir, wann wir etwas verpassen? Wenn wir Jesus nicht annehmen, wenn wir Jesus auslassen, dann verpassen wir alles. Denn diese kurze Erdenzeit von 50, 60, 70 oder 80 Jahren bedeutet doch im Vergleich zur Ewigkeit gar nichts. Es ist wie ein Augenblick. Wir müssen es uns von Gottes Wort her sagen lassen, daß wir nicht nur zeitlich sind, sondern daß wir ewig leben. Wir sind ewige Wesen; wir sind geistliche Wesen. Wir haben jetzt die Behausung unseres Leibes, den wir einmal ablegen werden; denn wir alle werden einmal einen andern Leib bekommen, der wunderbar sein wird. Und ich glaube, daß dieser Leib, je mehr wir Gott gedient haben und je tiefer wir ihm hingegeben waren, um so wunderbarer sein wird. Es lohnt sich sicher, Gott hingegeben zu sein, denn er wird seinen Plan erfüllen, sein Reich errichten. Dein Reich komme! – Es wird kommen.

Die siebente Posaune schließt noch folgendes mit ein: Nicht nur, daß hier das Weltreich unseres Herrn zustande kommen wird, die siebente Posaune schließt auch – wie ich es schon erwähnte – die sieben Zorngerichte, die wir in Offenbarung 15,16 und 17 finden, ein. Das siebente Siegel hat die sieben Posaunen eingeschlossen, und die siebente Posaune schließt die sieben Zornschalen ein. Aus der Bibel sehen wir, daß das siebente Siegel auch die Vernichtung derer, welche die Erde verderben, einschließt. Das lesen wir im letzten Teil des 18. Verses. Wer ist es denn eigentlich, der die Erde verdirbt? Es ist das Tier, der falsche Prophet, es ist der Satan, es ist der Antichrist, und ich meine, daß darüber hinaus all die Fürsten Satans über die verschiedensten Reiche der Erde dazu gehören. Während der Teufel an der Spitze ist und wahrscheinlich noch einige unmittelbare Untertanen besitzt, hat er über jedes Land einen besonderen Fürsten eingesetzt, die dann alle wieder viele Dämonen unter sich haben. Er hat ja seine Strategie der göttlichen Ordnung abgeschaut. Diese Fürsten über ein Land sollen darauf achten, daß das Werk Gottes in ihrem Land möglichst aufgehalten wird; und nichts anderes ist in der Lage, diesen Fürsten zu widerstehen, als nur gläubige Menschen, die beten. Ist es nicht wunderbar, daß das Gebet eines gläubigen Menschen durch diese Mauer der Finsternis hindurchdringen kann und dadurch die Hilfe von Gott in das Land kommt? Die Bibel zeigt uns, daß in der Welt der Finsternis manchmal Kämpfe damit verbunden sind, von denen wir keine Ahnung haben, und daß wir darum im Gebet ausharren sollen und müssen. Ich weiß nicht, ob ich falsch denke, wenn ich meine, daß nach all den Jahrhunderten der Erfahrung, die der Teufel hat, er heute noch mehr versucht als je zuvor, das Werk Gottes aufzuhalten. Darum ist es von uns, von Gottes Volk her um so notwendiger, daß wir gläubig im Gebet stehen. Aber auch diese Fürsten, die die Erde verderbt haben, werden vernichtet – Gott wird mit ihnen abrechnen. Im Grunde genommen sind sie die Drahtzieher hinter all dem Elend und all der Not in dieser Welt, sie sind es, die die Menschen zu Kriegen, zu Grausamkeiten, zu Brutalitäten inspiriert haben – und zu seiner Zeit wird Gott auch mit ihnen abrechnen. Wenn wir nur eine tiefere Einsicht in das geistliche Reich haben könnten oder hätten! Ich glaube, daß wir es könnten, indem wir uns das Gebet des Apostels Paulus mehr und mehr zu eigen machen: «Herr, gib mir den Geist der Weisheit, der Offenbarung in der Erkenntnis deiner selbst, gib mir erleuchtete Augen des Herzens, daß ich Dinge sehe, die das natürliche Auge nicht sehen kann, daß ich Dinge verstehe, die der natürliche Verstand nicht verstehen kann.» Es wird nicht immer so bleiben, wie es ist. Wie oft haben wir gedacht, daß das Böse immer mehr überhand nehmen wird und daß das Gute doch nicht siegen kann? Nein, es wird anders kommen, Gott sei Dank.

Die siebente Posaune schließt aber noch etwas ein. Der Vers, den wir gelesen haben, sagt, sie beinhalte die Belohnung der Heiligen und der Propheten. Wie sagt es Gottes Wort im 2. Kor. 5 Vers 10? «Wir müssen alle offenbar werden vor dem Richterstuhl Jesu Christi, auf daß ein jeder empfange, wie er gehandelt hat bei Leibes Leben, es sei gut oder böse.» Von wem spricht die Bibel hier? Nicht von den Ungläubigen. Sie spricht hier von denjenigen, die gerettet sind, von Kindern Gottes. Ich stelle mir das so vor, daß während hier auf dieser Erde die Zornschalen Gottes von den sieben Engeln ausgegossen werden, dort das Preisgericht derer, die Christen waren, in Gottes Gegenwart stattfinden wird. 1. Korinther 3 redet davon. – Unser aller Christenleben wird einmal einer Untersuchung ausgesetzt sein. Dann wird es nicht mehr darum gehen, ob wir gerettet werden oder nicht. Die Frage der Rettung entscheidet jeder einzelne in seiner persönlichen Stellungnahme zu Jesu Werk auf Golgatha. Aber unser Herr Jesus wird darüber befinden, wie wir alle als Christen gelebt haben, und ob unser Glaube nur ein Bekenntnis war oder ob unser Glaube Werke hervorgebracht hat. Der Herr Jesus wird einmal unsern Glauben, unsere Werke wägen und durchs Feuer gehen lassen, wie das Wort Gottes sagt. Je nachdem, wie der Herr sie findet, werden unsere Werke beurteilt werden. Gottes Wort sagt eines deutlich und klar: Gott richtet nicht hauptsächlich nach der Größe der Tat, sondern er richtet nach der Herzensmotivation. In jenem göttlichen Feuer werden einmal große Taten verbrennen, während sogenannte kleine Taten bestehen bleiben werden. Es wird auf unsere Herzensmotivation, auf unser inneres Umgewandeltsein in das Wesen unseres Herrn Jesu ankommen. Wenn wir etwas tun oder viel spenden, um von den Menschen angesehen zu werden, können wir sicher sein, daß dieses Werk vor Gott verbrennen wird. Darum sagt die Bibel, wir sollen alles, was wir tun, in Wort oder Tat, im Namen unseres Herrn Jesus tun. Damit meint die Bibel keineswegs, wir sollen immer sagen: Ich tue das im Namen Jesu. Es geht nicht um eine Formel, die wir bekennen, es geht um die Gesinnung des Herzens. Ich glaube, daß diese Beurteilung für viele ein Moment großer Freude sein wird. Da wird es manchen so ergehen, daß sie fragen: Herr, wann habe ich das für dich getan, wann? Und Jesus wird sagen: Was du einem meiner Geringsten getan hast, das hast du aus der rechten Haltung heraus mir getan. Aber ich glaube, daß es auch viele geben wird, die dort weinen werden. Im Neuen Jerusalem werden die Tränen abgewischt sein, aber hier – ich weiß nicht –, wenn wir zurückdenken werden an all die Gelegenheiten, die Gott uns gab, damit wir in die Gesinnung Jesu hineinkämen, wir aber einfach an unserer Ichbezogenheit festhielten und dann feststellen müssen, was das bedeutet. Darum sagt die Bibel – und sie meint damit nicht nur die Ungläubigen: Heute so ihr seine Stimme hört, verstocket eure Herzen nicht. Das bezieht sich auch auf uns, die wir Kinder Gottes sind. Es ist wunderbar, gerettet zu sein, aber die Bibel lehrt uns, daß Gott uns tiefer führen möchte. Er möchte uns dahin bringen, daß unsere Werke vor ihm Bestand haben. Ich wünsche es einem jeden, daß wir unser Leben zwar im Lichte der Erlösungstat Jesu anschauen, ob wir wiedergeboren sind oder nicht, daß wir uns aber auch dahin prüfen, inwieweit wir umgewandelt sind in die Gesinnung Jesu, damit unsere Werke vor Gott Bestand haben werden. Weiter sagt uns Gottes Wort, daß zur Zeit der siebenten Posaune die Toten gerichtet werden. Die siebente Posaune wird alles zum endgültigen Abschluß bringen. Die Bibel zeigt uns, daß die Toten zur Zeit der letzten Posaune auferstehen werden, und sie sagt in Johannes 5 in den Versen 28 und 29: «Denn es kommt die

Stunde, in welcher alle, die in Gräbern sind, seine Stimme hören werden; und es werden hervorgehen, die das Gute getan haben zur Auferstehung des Lebens; die aber Böses getan haben, zur Auferstehung des Gerichts.» Es werden alle auferstehen. Die Gerechten werden im Gericht der Gotteskinder schon beurteilt worden sein. Offenbarung 20 zeigt uns, daß zwischen der Auferstehung der Gerechten und derer, die nicht gerecht sind, eine große Zeitspanne von rund 1000 Jahren liegt. Hier bezieht sich die Bibel, wenn sie davon redet, daß Tote gerichtet werden, auch auf jene Zeit, wenn nach dem tausendjährigen Reich die Toten auferstehen werden und Gott diejenigen Menschen, die nicht gerettet waren, beurteilen wird. Genauso wie der Herr das Gotteskind nach seinen Werken richten wird, werden auch die Werke des Menschen, der Christus nicht angenommen hat, beurteilt. Das Gotteskind ist gerettet, der Nichtwiedergeborene ist nicht gerettet; aber vergessen wir nicht, Gott ist gerecht. Er wäre doch nicht gerecht, wenn er einen Menschen, der sich ihm nach seiner Bekehrung ganz hingab, und der für den Herrn Jesus lebte, gleich behandeln würde wie einen, der sich zu Jesus bekehrte und dann mehr oder weniger gleichgültig in den Tag hineinlebte. Beide sind zwar gerettet durch das Blut Jesu und doch besteht ein enormer Unterschied. Gott wäre auch nicht gerecht, wenn er einen Menschen, der moralisch einwandfrei lebte, nett und freundlich war, gleich behandeln würde wie einen, der tief in der Sünde steckte. Auch da wird es in der Beurteilung der Werke der Ungläubigen einen Unterschied geben. Zwar wird der Ungläubige immer von Gott getrennt sein. Das ist dann der zweite Tod, ein Zustand, der an und für sich schon schlimm ist. Dazu wird noch die Beurteilung der Lebensweise des Menschen kommen. Die Verdammnis wird furchtbar sein. Ich glaube, die siebente Posaune schließt all das ein bis zum vollständigen Ende, wie es uns von der Bibel berichtet wird. Wir lesen hier in unserem Text, daß in der siebenten Posaune auch das Öffnen des Tempels im Himmel stattfinden wird. Ich will mich nun nicht in Spekulationen einlassen; man könnte manches über den Tempel sagen. Mose hatte z. B. die Anordnungen bekommen, die Stiftshütte nach dem genauen Vorbild des Tempels im Himmel zu bauen usw. Aber in diesem Zusammenhang sind es zwei Dinge, die mich bewegen: Entsprechend dem 15. Kapitel wird es notwendig sein, daß der Tempel im Himmel geöffnet wird, damit die sieben Engel mit den sieben Zornschalen heraustreten können. Auf der einen Seite Gericht: Der Tempel im Himmel wird geöffnet werden, um das letzte Gericht über diese Erde kommen zu lassen. Aber dann finden wir das andere Bild: Die Lade seines Bundes wird sichtbar. Obwohl Gottes Gericht über eine sündenbeladene Welt kommen wird, zeigt er immer wieder, daß er seinen Bund hält. Das ist etwas Wunderschönes, etwas Großes, etwas Herrliches. Wenn Gott mit uns einen Bund geschlossen hat bzw. wir mit ihm, dann dürfen wir wissen, daß Gott seinen Bund nie, nie brechen wird. Wir können ihn brechen, aber Gott bricht ihn nie. Wenn wir doch die Liebe, die Gnade und Barmherzigkeit unseres Vaters besser verstehen könnten! Ich glaube, wir würden ihm noch viel hingegebener dienen und ihn noch mehr schätzen. Nur der Mensch, der diese Liebe und Gnade Gottes abweist, wird verlorengehen. Wir müssen uns merken, daß Liebe das Stärkste ist, was es überhaupt gibt, genauso wie Haß das Furchtbarste ist, was es geben kann. Es gibt keine größere Macht als Liebe und das ist unser Gott, unser Vater. Wer aber diese größte Macht abweist, der geht verloren. Gott macht es keinem Menschen leicht, verlorenzugehen. Manche haben versucht, sich von Gott zu lösen, aber seine Liebe, diese Macht war da, und sie konnten es schließlich nicht. Und heute sind sie so dankbar für diese Liebe Gottes. Nur wer diese Liebe ablehnt, geht verloren. Gott hat einen wundervollen Plan für jeden Menschen. Wie können wir den Leuten nur Gottes Botschaft so bringen, daß sie sie begreifen und Gottes Plan verstehen? Es würden sich noch manche zu ihm wenden und sich bekehren, wenn sie ihn verstehen könnten. Gott ist ein guter Gott und er bleibt gut. Es ist nur seiner Güte zuzuschreiben, daß wir überhaupt noch auf dieser Erde sind. Es ist nur wegen seiner Barmherzigkeit und Liebe, daß unsere Welt noch weiter existiert. Wenn Gott nur annähernd so wäre wie wir Menschen, dann wäre ganz sicher schon längst alles zu Ende gegangen. Aber seine Barmherzigkeit allen Menschen gegenüber ist unendlich groß. Und eines müssen wir uns sagen lassen: Gott denkt ganz sicher gar nicht daran, Menschen aufzugeben, die wir schon längst aufgegeben haben. Und wenn er uns in seinem Wort zeigt, was über diese Welt kommen wird, dann ist es nicht, weil das so kommen muß, weil er sich entschlossen hat, einen gewissen Prozentsatz der Menschen für die eine oder andere Kategorie zu bestimmen – nein, sondern weil Gott in seiner Vorsehung sah, daß das Herz des Menschen trotz all seiner Liebe böse ist. Durch diese Warnung möchte er uns doch noch herausholen, indem er uns klar zeigt, was mit denen passieren wird, die seine Liebe mißachten. Laßt uns doch das Wort Gottes beherzigen, einmal zur Erlösung und zur Rettung, dann aber auch zu einem Leben, zu einem Wandel, in welchem unser Glaube nicht nur Lippenbekenntnis ist, sondern in dem unser Glaube sich durch konkrete Werke ausweist: Werke der Liebe, Werke der Barmherzigkeit, Werke, die aus einem Herzen des Umgewandeltseins in das Bild Jesu entstehen. Und laßt uns daran denken, daß wir noch ein Licht sein dürfen, um andern Menschen Erleuchtung zu bringen, damit sie Gottes Weg und Gottes Wort kennenlernen.

Das, was wir hier gelesen haben, wird sehr wahrscheinlich bald kommen. Mit der siebenten Posaune und all dem, was darin eingeschlossen ist, geht das Geheimnis Gottes zu Ende.

Von jetzt an werden wir uns in der Offenbarung mit Dingen befassen, die mehr ins Detail gehen und die noch mehr zu Spekulationen reizen als die bisherigen. Aber ich werde versuchen, weiterhin möglichst ferne von Spekulationen zu bleiben. Wir wollen uns darauf beschränken, das, was wir erkennen können und was wir verstehen, zu unseren Herzen reden zu lassen. Wir werden auf manche Dinge stoßen, die detailliert angegeben werden, durch welche wir auch unsere Zeit, die Entwicklung in unserer Zeit besser verstehen und die Entwicklung in der religiösen Welt besser begreifen lernen. Gott hat uns in seinem Wort so viele Dinge gezeigt. Wofür? Damit wir unsere Häupter erheben, damit wir sagen: Komme bald, Herr Jesus, damit wir uns auf ihn ausrichten, aber auch, damit wir seine Zeugen sind, wo immer Gott uns hingestellt hat.

Die mit der Sonne bekleidete Frau, das Kind und der Drache (12,1–17)

Wir sind nun beim 12. Kapitel der Offenbarung angelangt. Wir wollen dasselbe zunächst lesen und uns dann einige Gedanken darüber machen.

«*Und ein großes Zeichen erschien im Himmel: ein Weib, mit der Sonne bekleidet, und der Mond unter ihren Füßen, und auf ihrem Haupte eine Krone mit zwölf Sternen. Und sie war schwanger und schrie in Wehen und Schmerzen der Geburt. Und es erschien ein anderes Zeichen im Himmel: siehe, ein großer, feuerroter Drache, der hatte sieben Köpfe und zehn Hörner und auf seinen Köpfen sieben Kronen; und sein Schwanz zog den dritten Teil der Sterne des Himmels nach sich und warf sie auf die Erde. Und der Drache stand vor dem Weibe, das gebären sollte, auf daß, wenn sie geboren hätte, er ihr Kind verschlänge. Und sie gebar einen Sohn, einen männlichen, der alle Heiden mit eisernem Stabe weiden soll; und ihr Kind wurde entrückt zu Gott und zu seinem Thron. Und das Weib floh in die Wüste, wo sie eine Stätte hat, von Gott bereitet, damit man sie daselbst ernähre tausendzweihundertsechzig Tage lang.*

Und es entstand ein Kampf im Himmel: Michael und seine Engel kämpften mit dem Drachen. Auch der Drache und seine Engel kämpften, aber sie siegten nicht, es wurde für sie kein Platz mehr gefunden im Himmel. So wurde geworfen der große Drache, die alte Schlange, genannt der Teufel und der Satan, der den ganzen Erdkreis verführt, geworfen wurde er auf die Erde, und seine Engel wurden mit ihm geworfen. Und ich hörte eine laute Stimme im Himmel sagen: Nun ist das Heil und die Kraft und das Reich unseres Gottes und die Macht seines Gesalbten gekommen! Denn gestürzt wurde der Verkläger unserer Brüder, der sie vor unserem Gott verklagte Tag und Nacht. Und sie haben ihn überwunden durch des Lammes Blut und durch das Wort ihres Zeugnisses und haben ihr Leben nicht geliebt bis in den Tod! Darum seid fröhlich, ihr Himmel, und die ihr darin wohnet! Wehe der Erde und dem Meere!

Denn der Teufel ist zu euch hinabgestiegen und hat einen großen Zorn, da er weiß, daß er nur wenig Zeit hat.

Und als der Drache sah, daß er auf die Erde geworfen war, verfolgte er das Weib, welches den Knaben, den Männlichen, geboren hatte. Und es wurden dem Weibe zwei Flügel des großen Adlers gegeben, damit sie in die Wüste flöge an ihre Stätte, woselbst sie ernährt wird eine Zeit und zwei Zeiten und eine halbe Zeit, fern von dem Angesicht der Schlange. Und die Schlange schleuderte aus ihrem Maul dem Weibe Wasser nach, wie einen Strom, damit sie von dem Strom fortgerissen würde. Und die Erde half dem Weibe, und die Erde tat ihren Mund auf und verschlang den Strom, welchen der Drache aus seinem Maul geschleudert hatte. Und der Drache ergrimmte über das Weib und ging hin, Krieg zu führen mit den übrigen ihres Samens, welche die Gebote Gottes beobachten und das Zeugnis Jesu haben.»

Bis zum 11. Kapitel gibt uns die Offenbarung eine Beschreibung der Dinge, die bis zur Erfüllung des Geheimnisses Gottes geschehen werden. Ich sagte bereits früher, daß die siebente Posaune eigentlich mit dem abschließt, wovon die Bibel hier spricht: «Das Weltreich unseres Herrn und seines Gesalbten ist zustande gekommen.» Anhand der ersten elf Kapitel der Offenbarung können wir ziemlich gut erkennen, wie Gott die Dinge in der Zukunft lenken wird. Wenn das 11. Kapitel alles zu einem gewissen Abschluß gebracht hat, wo beginnt dann das 12. Kapitel in der chronologischen Folge? Ist das ein Anhängsel an das, was im 11. Kapitel gesagt wird, oder wie ist das zu verstehen? Am Anfang unserer Betrachtungen sagte ich schon, daß ich der Auffassung bin, Johannes habe ein Doppelzeugnis der Ereignisse, die geschehen würden, bekommen. Es ist nichts Außergewöhnliches, daß der Herr seinen Knechten Dinge, die äußerst wichtig sind, zweimal hintereinander zeigt, ohne daß diese Dinge in den beiden Gesichten oder Träumen unbedingt ganz identisch sein müssen. Sie beziehen sich aber doch auf das gleiche und ergänzen einander. Wir sehen das so bei Joseph. Er hatte zwei Träume; sie waren nicht ganz gleich, bezogen sich aber auf dasselbe. Wir sehen das auch bei Pharao. Auch er hatte zwei Träume von Dingen, die geschehen sollten. Die Träume waren verschieden, und er wunderte sich, wieso das überhaupt so sein könnte. Joseph gab ihm die Deutung und wies darauf hin, daß es sich um ein und dasselbe handelte. Wir finden das auch im Buch Daniel. Dort zeigte Gott im 2. Kapitel dem Nebukadnezar etwas, das später im 7. Kapitel auch Belsazar gezeigt wurde, wobei sich beides auf das gleiche bezog, ohne daß es in der Schau ganz gleich aussah. Das als Erklärung.

Ich glaube, es ist so, daß Johannes ein Doppelzeugnis der Dinge, die geschehen würden, sah, wovon das eine mit dem 11. Kapitel einen Abschluß findet, während ihm – beginnend mit dem 12. Kapitel – gewissermaßen die gleichen Ereignisse in einer andern Form nochmals gezeigt wurden. Und eigentlich finden wir vom 12. Kapitel an in gewissen Dingen und Fragen viel mehr Details als in den vorhergehenden Kapiteln. Andererseits finden wir wiederum vom 12. Kapitel an gewisse Dinge, die nicht direkt erwähnt werden, während von andern wieder sehr ausführlich gesprochen wird, aber es bezieht sich auf das, was vorher schon einmal gesagt wurde. Mir scheint, daß wir das 12. Kapitel chronologisch kurz vor dem Ende des Gemeindezeitalters und unmittelbar vor dem Auftreten des Antichristen einzuordnen haben.

Die Frage, wer dieses Weib, von dem hier die Rede ist, sein könnte, ist die Frage, welche die Christen im allgemeinen beschäftigt. Wenn wir über viele andere Dinge verschiedener Meinung sind und die Meinungen über viele andere Dinge der Offenbarung auseinandergehen, dann ganz besonders über diese Frage. Fast jeder Ausleger hat wieder eine andere Meinung. Die Deutungen gehen von Israel bis zur Gemeinde und bis zur Stadt Jerusalem, sie beziehen sich aber auch auf Maria und verschiedenes andere. Was ist nun richtig? Zwei Auslegungen sind allerdings sehr verbreitet, die eine, daß es sich bei dem Weib um Israel handelt, und die andere, daß es sich auf die Gemeinde bezieht. Wichtig ist zu beachten, daß der Herr dem Johannes sagte, es handle sich um Dinge, die da sind und die da kommen werden oder darnach geschehen sollen (Offenbarung 1,19). Mit andern Worten: Jesus hat dem Johannes in der Offenbarung Dinge gezeigt, wie sie in seinen Tagen waren, und wie sie hernach kommen würden. Vom Standpunkt des Johannes aus betraf es also Gegenwart und Zukunft. Das ist einmal, glaube ich, wichtig zu beachten. Gewiß, die Gegenwart des Johannes und seine Zukunft war sehr in der Geschichte der Vergangenheit verankert, aber Johannes sah nicht die Geschichte, er sah seine Gegenwart und seine Zukunft. Ich glaube, das ist sehr wichtig. Nun gibt es in der Schrift gewisse Hinweise, die zum Gedanken Anlaß geben, daß es sich bei diesem Weib um Israel handelt, und daß das Kind, von dem hier die Rede ist, Jesus sei. Einmal wird das Volk Israel in der Bibel oft als Frau hingestellt, als Weib, das mit Gott vermählt ist. Wir finden, daß der Herr Jesus, nachdem er geboren war, auch in den Himmel entrückt wurde. In Johannes 12, Vers 31, wird uns im Zusammenhang mit dem Kommen Jesu berichtet, daß der Fürst dieser Welt hinausgeworfen werden wird – und das finden wir auch hier. In Psalm 2, 8 und 9 spricht die Bibel davon, daß Jesus kommen und mit eisernem Stab regieren werde. Deswegen sind manche ganz entschieden der Ansicht, dieses Weib sei niemand anders als Israel und das Knäblein, das geboren wurde, sei Jesus. Doch Johannes spricht hier davon, was in Zukunft geschehen wird. Als er diese Schau hatte, war Jesus schon geboren, und er war schon entrückt. Ich glaube, daß dieses Bild sich auf Israel und Jesus bezieht, aber sicher nicht auf das rein natürliche Israel höchstens auf das geistliche Israel. Beachten wir zudem, daß uns in den Versen 7 bis 12 dieses Kapitels gesagt wird, daß ein Kampf mit dem Drachen, mit dem Teufel, entstehen wird, und daß er dann vom Himmel auf die Erde geworfen wird. In Epheser 6, Vers 12, lesen wir: «Wir haben es nicht mit Fleisch und Blut zu tun, sondern mit Mächten der Finsternis, Herrschaften, und unser Kampf richtet sich wider die geistlichen Mächte der Bosheit in den himmlischen Regionen.» Merken wir hier etwas? Wenn also Satan im Zusammenhang mit diesem Weib und ihrem Kind auf die Erde geworfen wird, ist es auch für uns noch etwas Zukünftiges, denn noch herrscht er in den himmlischen Regionen. Er übt zwar seine Macht auf der Erde aus, aber jetzt hat er noch Zugang zu Gott als Verkläger der Brüder, und er wird die himmlischen Regionen erst am Ende des Kampfes, von dem die Rede ist, verlassen müssen. Dann wird auch sein Verklagungsrecht aufhören. Aber noch ist es nicht so weit, und es ist demzufolge etwas Zukünftiges. Es wird uns hier ebenso gesagt, daß der Drache, der Teufel, nachdem er auf die Erde geworfen sein wird, weiß, daß ihm nur kurze Zeit bleibt. Vom ersten Kommen Jesu bis zu seiner Wiederkunft besteht doch eine relativ längere Zeitspanne, so daß es sich auf etwas anderes beziehen muß, denn der Teufel wird nur sehr wenig Zeit haben. Die Bibel zeigt uns, daß – nachdem er auf die Erde geworfen sein wird und das Kind, ich nenne es jetzt einmal weiter so, entrückt wurde – andere Kinder, anderer Same des Weibes, auf der Erde bleiben, gegen die er Krieg führen wird.

Nun, wer ist dieses Weib? Ich meine, es ist die Gemeinde, die aus dem geistlichen Israel und aus Jesus Christus hervorging. Diese Frau, von der hier die Rede ist, hatte zwar ihren Anfang in der Prophezeiung in 1. Mose 3,15, wo der Herr sagt: «Ich will Feindschaft setzen zwischen dir und dem Weibe, zwischen deinem Samen und ihrem Samen.» Wenn auch alles indirekt aus Jesus und dem geistlichen Israel kommt, wird doch das Weib, in dem Moment, wo das geschehen wird, die Gemeinde darstellen. Denn, was sagt uns Gottes Wort in Epheser 2, Vers 6? «Gott hat uns mit Christus mitauferweckt und mitversetzt in die himmlischen Regionen in Christus.» Achten wir einmal darauf, wo Johannes dieses Weib gesehen hat.

Nun, wer ist aber das Kind? Wann wird das Kind geboren? Diese Frage ist einigermaßen aus Gottes Wort heraus zu beantworten. Wir finden hier wohl eine gewiße Zeitmessung. Im 3. Vers des 12. Kapitels lesen wir von dem andern Zeichen. Das eine Zeichen war das Weib, das andere Zeichen der Drache. Und es heißt von diesem Drachen: ein großer, feuerroter Drache, der hatte sieben Köpfe und zehn Hörner und auf seinen Köpfen sieben Kronen.

Es wird nicht gesagt, daß die Hörner Kronen hatten, wenigstens nicht in diesem Kapitel. Aber wenn wir dann ins 13. Kapitel hineinschauen, finden wir, daß dort die Hörner bereits Kronen haben. Nun, ein Haupt, ein Horn und Kronen, was können wir damit anfangen? Interessanterweise sind sich fast alle Bibelausleger über diesen einen Gedanken einig. Die sieben Hörner, so meinen fast alle Bibelausleger, sind die sieben Weltreiche, angefangen vom ägyptischen, assyrischen, babylonischen, medisch-persischen, griechischen, römischen bis hin zum antichristlichen. Und nun sagt uns die Bibel, diese sieben Häupter oder diese sieben Weltreiche seien gekrönt oder schon zur Macht gekommen. Nur was in der Bibel zur Macht gelangte, ist und wird gekrönt, während die zehn Hörner auf den Zehnstaatenbund hindeuten. Dieser Zehnstaatenbund, der entstehen soll, wird zu diesem Zeitpunkt noch nicht gekrönt sein, aber später, im 13. Kapitel, wenn der Antichrist auftreten und zur Macht kommen wird, ist er dann gekrönt. Daraus schließe ich, daß der

Zeitpunkt, in dem das Kind geboren wird, folgender sein wird: unmittelbar am Ende des Gemeindezeitalters, vor der Trübsalszeit. Diese Zeitrechnung kann – und darüber sind sich die Bibelausleger einig – nicht anders gerechnet werden. Aber wer ist nun dieses Kind? Die Bibel sagt uns, es wird die Heiden mit eisernem Stabe weiden, es wird zu Gott entrückt, zu seinem Thron. Und nun lesen wir in der Offenbarung im 2. Kapitel, in den Versen 26 und 27 folgendes: «Wer überwindet und meine Werke bis ans Ende bewahrt, dem will ich Macht geben über die Heiden, und er wird sie mit eisernem Stabe weiden, wie man irdene Gefäße zerschlägt.» Im gleichen Kapitel wird auch die Gemeinde zu Thyatira gewarnt: Wer nicht überwindet, über den wird Trübsal und Not kommen.

So muß es sich um die Überwinderschar handeln, um diejenigen, die entrückt werden, um, wie wir früher in der Offenbarung gesehen haben, mit Jesus auf dem Thron zu sitzen, die dort Kronen empfangen und mit ihm regieren werden. Wir könnten sie auch in einem andern Bild der Bibel sehen: Es wird die Gruppe derer sein, die zu den klugen Jungfrauen gehört, diejenigen Gotteskinder, die auf Jesu Erscheinung warten, die Jesu Kommen liebhaben, die ein Überwinderleben führen, die ganz und gar Gott ausgeliefert sind und deren ein und alles Jesus geworden ist. Im 3. Kapitel des Philipperbriefes sagt Paulus im 10. Vers, daß er alles für Kot hält, um Christus zu gewinnen, ob er seinem Tode ähnlich werde, ob er vielleicht zur Auferstehung aus den Toten gelangen möchte. Im Griechischen sagt das Wort hier: ob ich zur Ausauferstehung aus den Toten gelangen möchte. Wir können feststellen, daß Paulus auf der einen Seite über sein Christsein, über sein Gerettetsein, ungeheure Gewißheit hatte. Er sagte: Ich weiß, an wen ich glaube; ich habe einen guten Kampf gekämpft; ich weiß, wohin ich gehe. Er hatte ein klares Zeugnis der Gotteskindschaft, und er predigte klar, daß alle, die Jesus angehören, Gotteskinder sind. Und nun war er plötzlich in einer Angelegenheit unsicher. Welche Angelegenheit war das? Er wußte, daß er ein Kind Gottes war, er wußte, daß er einmal bei Jesus sein werde, aber er hoffte, auch einst bei dieser Schar der Überwinder zu sein. Er sagte, er strecke sich aus danach und gebe alles hin, damit er doch dazu gezählt werde. Heißt das also, daß nicht jeder vor der Trübsal entrückt wird? Ich meine ja; alles deutet darauf hin, daß nicht alle Gotteskinder bei der Entrückung vor der

Trübsal dabei sein werden. Und darum finden wir immer wieder das Wort des Herrn in den Sendschreiben: Wer überwindet, wer überwindet, dem wird Gott das und das schenken. In diesem Kapitel ist auch vom Drachen die Rede und das ist der Teufel, der Satan. Er war von jeher, seit er gegen Gott rebellierte, in Feindschaft gegen Gott und alles Göttliche. Nun finden wir ihn hier, und er wird unbedingt verhindern wollen, daß dieses Kind, diese Überwinderschar, zu Gott entrückt wird. Ein Kampf wird entstehen und Gott wird Michael, den Erzengel in diesen heftigen Kampf senden müssen. Der Teufel wird mit all seinen Engeln da sein. Das müssen wir uns einmal vorstellen, die ganze Macht der Hölle wird gegen Gottes Volk, das sich Gott hingegeben hat, das ihm angehören und dienen will, aufgebracht sein. Die Bibel sagt uns, daß Michael für Gottes Volk kämpfen wird, daß aber auch die Überwinder einen Anteil an diesem Sieg haben werden, denn sie werden ihn durch des Lammes Blut, durch das Wort ihres Zeugnisses und durch die volle Hingabe ihres Lebens überwunden haben. Oh, die Macht des Blutes Jesu und die Macht des Wortes des Zeugnisses! Und dann wird der Teufel mit seinen Engeln als Folge dieser Entrückung auf die Erde geworfen werden. Es scheint, daß zu diesem Zeitpunkt die eigentliche Trübsalszeit hier auf Erden beginnen wird. Der Teufel weiß, daß er nur eine kleine Zeitspanne zur Verfügung hat. Was wird er tun? Sein Kampf wird sich gegen die übrigen des Samens dieser Frau, gegen die übrigen Gläubigen richten. Wenn die Trübsalszeit beginnt, wird ein Teil der Gemeinde Jesu, ein Teil der Gotteskinder, plötzlich verschwunden sein. Auch wenn es gar nicht so viele sein werden, so werden es auf alle Fälle so viele sein, daß man es merken wird! Was wird dann die Welt sagen? Man wird es aber kennen und vernunftmäßig erklären wollen, daß so etwas gar nicht geschehen ist. Man wird sagen: Seid beruhigt, so etwas gibt es nicht, wissenschaftlich hat man das noch nicht belegen können. Man wird sagen, da wird euch nur etwas vorgemacht. Andere werden spotten. Wie war es denn, als Elia entrückt wurde? Da kam Elisa, und was tat man mit ihm? Man sagte: Was, dein Herr soll entrückt sein? Willst du nicht auch entrückt werden? Und man fing an, zu spotten. – Man wird erklären wollen, daß das alles nicht wahr sei. Man wird das Ganze verachten, und doch wird es manche geben, die wissen, daß Gottes Wort in Erfüllung gegangen ist. Die Bibel sagt uns, daß die Gläubigen anfangen werden zu fliehen in Orte, wo sie vor dem Feind sicher sein werden. Das wird dann einen Massenexodus aus gewissen Ländern geben, vielleicht sogar mit Flugzeugen. Ob das nicht hier angetönt ist, wenn vom Adler, von Flügeln des Adlers die Rede ist? Man wird versuchen zu fliehen, und der Drache wird gegen das Volk Gottes, das noch auf dieser Erde sein wird, ankämpfen. Die Bibel sagt uns, daß dann viele von dieser Schar den Märtyrertod sterben werden. Das ist das Bild, das Johannes sah. Sie sind zwar gewaschen durch das Blut Jesu, haben Palmen in ihren Händen, sind aber nicht gekrönt. Gerettet ja, Gott sei Dank, aber viele werden den Märtyrertod sterben müssen, und würde Gott die Zeit nicht verkürzen, würde es kaum jemand überstehen. Für die Gläubigen wird das eine bitterschwere Zeit werden. Wenn wir denken, jetzt sei es schwer, haben wir keine Ahnung, wie es sein wird. Der Teufel wird seine ganze Macht ausüben, um die Gläubigen auf Erden auszurotten. Wenn es ihm auch gelingen wird, viele zu töten, so wird er doch sein Ziel, endgültiger Herrscher auf dieser Erde zu sein, nicht erreichen. Denn die Bibel sagt uns, als er gestürzt wurde, ist im Himmel diese frohe Botschaft bereits erschollen: «Nun ist das Heil und die Kraft und das Reich unseres Gottes und die Macht seines Gesalbten gekommen.» Mit andern Worten, jetzt ist der Moment da, wo die Macht Jesu, die er auf Golgatha erworben hat, offenbar wird. Das ist der Moment, in welchem Jesus – als das Lamm, das würdig gefunden war – anfangen wird, die Siegel zu öffnen und in welchem der ganze Prozeß der Endabrechnung mit einer verlorenen Menschheit beginnen wird. Aber sehen wir hier – und das ist mein Verständnis dieses Schriftwortes – die Entrückung derer, die überwunden haben. Darum bitte ich uns alle, laßt uns die Botschaft der Sendschreiben ernst nehmen; laßt uns das, was Gott uns in der Offenbarung sagt, nicht einfach mit dem Gedanken abtun, wir wissen es, sondern laßt uns unser Leben darauf ausrichten; laßt uns eine ganze Hingabe an Jesus, an seinen Dienst machen und laßt uns aber auch mit Gottes Wort gefüllt sein. Nur das gibt Macht, den Feind zu überwinden. Das ist nicht nur eine Angelegenheit von einem Moment der Überwindung, sondern es ist eine Angelegenheit, die schon jetzt in unser aller Leben angefangen hat. Es ist etwas, das sich jetzt schon abspielt, und unsere Gebete werden jetzt schon gesammelt, um dann wirksam sein zu können, wenn der Moment kommt. Laßt uns erfüllt sein mit dem Worte Gottes und offen sein für das, was Gott uns immer wieder neu zu sagen hat.

Jesus wird bald kommen, auch wenn die Menschen meinen, daß wir einer Entwicklung entgegengehen, in der bald alle Schwierigkeiten überwunden sein werden und der Mensch endgültiger Herr des Universums sein wird. Auch wenn die Menschen über diese Botschaft, daß Jesus wiederkommt, lachen – er kommt wieder. Die Engel sagten, er werde kommen, wie er gegangen ist. Sind wir bereit? Sind wir hingegeben? Wie steht ein jeder von uns in seinem persönlichen Verhältnis zu Gott? Jung oder alt, Gott sucht unser Herz, unsere Hingabe. Sind wir alle von neuem geboren?

Nicht unser Wissen um Gottes Wort tut es, sondern unsere innere Verbindung mit Gott durch die Wiedergeburt ist maßgebend. Darum wollen wir nicht ruhen und uns nicht mit weniger zufrieden geben, als mit einem tiefen Verhältnis zu Jesus. Manche Menschen meinen, sie seien Christen, weil sie dieses, jenes und das andere nicht tun. Christen tun dieses und jenes nicht, aber sie sind nicht Christen, weil sie das nicht tun, sondern sie sind Christen, weil sie das Leben Gottes in sich haben. Aber man kann nicht einfach durch das Vermeiden von Dingen ein Gotteskind werden, sondern ein Gotteskind wird man, indem man die Natur Gottes bekommt und mit ihm in Verbindung bleibt. Ist das in unser aller Leben der Fall?

Heute gibt Gott uns Gelegenheit und Gnade, unser Leben in seinem Licht anzuschauen, und heute wollen wir ihm Antwort geben auf dieses – sein Wort, auf dieses – sein Reden. Wir wollen uns entschließen, dabei zu sein, wenn er kommt, um diese Überwinderschar zu holen. Wissen wir, daß dieser Entschluß in unserem Leben sehr wichtig ist? Dieser Entschluß wird uns helfen, in der Versuchung auch beim Herrn zu bleiben und manche Dinge, die die Welt als reizvoll an uns heranbringt, zu meiden. Er wird uns eine innere Kraft verleihen. Darum rufen wir so oft auf, Entscheidungen zu treffen. Es ist eine Hilfe für uns alle, denn wenn immer Gott uns anspricht und wir uns nicht für ihn entscheiden, bleiben wir gleichgültig und wir werden gelähmt. Aber wenn wir uns für Gott, sein Wort und seine Sache entscheiden, bekommen wir Kraft, innere Kraft, die sich nicht im selben Moment auswirkt, die sich aber dann auswirkt, wenn wir sie brauchen.

Haben wir die Entscheidung getroffen, Jesus anzugehören? Den

Entschluß, die Sünde zu meiden, trifft man nicht, wenn die Versuchung da ist, wenn die Versuchung wie eine Lawine über einen hinwegrollt. Den Entschluß, die Sünde zu meiden, der Sünde zu widerstehen, trifft man dann, wenn sie weit weg ist. Daniel nahm sich in seinem Herzen vor, die Sünde zu meiden, ehe er mit der Versuchung konfrontiert war, und als er dann mit der Sünde konfrontiert wurde, konnte er widerstehen. Darum die Aufforderung an uns alle, uns zu entscheiden. Entscheiden wir uns heute. Jesus kommt bald. Wollen wir nicht dabei sein? Und Gott will, daß auch wir dabei sind.

Der Antichrist und sein Prophet (13,1–18)

Wir lesen das 13. Kapitel der Offenbarung des Johannes:

«Und ich sah aus dem Meer ein Tier aufsteigen, das zehn Hörner und sieben Köpfe hatte und auf seinen Hörnern zehn Kronen und auf seinen Köpfen Namen der Lästerung. Und das Tier, das ich sah, war einem Panther gleich, und seine Füße waren wie die eines Bären und sein Rachen wie ein Löwenrachen; und der Drache gab ihm seine Kraft und seinen Thron und große Macht. Und ich sah einen seiner Köpfe wie zu Tode verwundet, und seine Todeswunde wurde geheilt. Und die ganze Erde sah verwundert dem Tiere nach. Und sie beteten den Drachen an, weil er dem Tiere die Macht gegeben, und beteten das Tier an und sprachen: Wer ist dem Tiere gleich und wer vermag mit ihm zu streiten? Und es wurde ihm ein Maul gegeben, das große Dinge und Lästerungen redete; und es wurde ihm Macht gegeben, Krieg zu führen zweiundvierzig Monate lang. Und es tat sein Maul auf zur Lästerung gegen Gott, zu lästern seinen Namen und sein Zelt und die im Himmel wohnen. Und es wurde ihm gegeben, mit den Heiligen Krieg zu führen und sie zu überwinden; und es wurde ihm Macht gegeben über alle Geschlechter und Völker und Zungen und Nationen. Und alle Bewohner der Erde werden es anbeten, deren Namen nicht geschrieben sind im Lebensbuche des Lammes, das geschlachtet ist von Grundlegung der Welt an. Hat jemand ein Ohr, der höre! Wer in Gefangenschaft führt, geht in Gefangenschaft; wer mit dem Schwerte tötet, soll durchs Schwert getötet werden. Hier ist die Standhaftigkeit und der Glaube der Heiligen.

Und ich sah ein anderes Tier aus der Erde aufsteigen, und es hatte zwei Hörner, gleich einem Lamm und redete wie ein Drache. Und es übt alle Macht des ersten Tieres vor seinen Augen aus und macht, daß die Erde und deren Bewohner das erste Tier anbeten, dessen Todeswunde geheilt wurde. Und es tut große Zeichen, so daß es sogar Feuer vom Himmel auf die Erde herabfallen läßt vor den Menschen. Und es verführt die Bewohner der Erde durch die Zeichen, die vor dem Tiere zu tun ihm gegeben sind, und es sagt den Bewohnern der Erde, daß sie ein Bild machen sollen dem Tier, welches die Wunde vom Schwert hat und am Leben geblieben ist. Und es wurde ihm verliehen, dem Bilde des Tieres einen Geist zu geben, so daß das Bild des Tieres auch redete und bewirkte, daß alle getötet wurden, die das Bild des Tieres nicht anbeteten. Und es bewirkt, daß allen, den Kleinen und den Großen, den Reichen und den Armen, den Freien und den Knechten, ein Malzeichen gegeben wird auf ihre rechte Hand oder auf ihre Stirn, und daß niemand kaufen oder verkaufen kann als nur der, welcher das Malzeichen hat, den Namen des Tieres oder die Zahl seines Namens. Hier ist die Weisheit! Wer Verstand hat, der berechne die Zahl des Tieres, denn es ist eine Menschenzahl und seine Zahl ist 666.»

Im 12. Kapitel haben wir gesehen, daß Gott etwas detaillierter von der Entrückung der Braut gesprochen hat. Wenn die Braut entrückt sein wird, werden der Drache und seine Engel auf die Erde geworfen. Das ist dann auch der Zeitpunkt, in welchem hier auf Erden der Antichrist auftritt und offenbar wird. Von ihm handelt dieses 13. Kapitel der Offenbarung.

Der Antichrist, ist sowohl ein System, wie ein Reich, wie auch eine Person. Manche finden, es sei schwierig, das zu vereinen. Und doch ist es so. Die ersten Christen wußten bereits um den Antichristen. Das ist nicht eine Lehre, die erst später in die Gemeinde hineinkam, sondern es wurde bereits in der ersten Gemeinde vom Antichristen gelehrt. Johannes schreibt im 2. Kapitel des 1. Briefes im 18. Vers folgendes: «Wie ihr gehört habt, daß der Antichrist kommt, so sind nun viele Antichristen geworden.»

Gibt es viele Antichristen oder gibt es nur einen Antichristen? Im eigentlichen Sinne gibt es nur einen, aber es gibt viele Vorläufer, es gibt viele, die sein Wesen angenommen haben und ihn in gewisser Weise verkörpern oder darstellen. Paulus schreibt im zweiten Brief an die Thessalonicher, Kapitel 2, in den Versen 3 und 4: «Niemand soll euch irreführen in irgendeiner Weise, denn es muß unbedingt zuerst der Abfall kommen und der Mensch der Sünde, der Sohn des Verderbens, geoffenbart werden, der Widersacher, der sich über alles erhebt, was Gott oder Gegenstand der Verehrung heißt, so daß er sich in den Tempel Gottes setzt und sich selbst als Gott erklärt.»

Es fällt niemandem schwer zu begreifen und zu verstehen, daß wenn nun ein Antichrist auftreten soll – und er wird auftreten – eine gewisse Entwicklung vorausgehen wird und der Boden zubereitet sein muß, damit er in Erscheinung treten kann. Das ist bei allen Ereignissen so gewesen. Auch für das Kommen Jesu mußte die Zeit reif sein. Vieles im Alten Testament war als Vorbereitung für das Kommen Jesu anzusehen. Wir finden manche Gottesmänner im Alten Testament, die gewisse Hinweise auf Jesus waren. Aber die ganze Entwicklung im Alten Testament lief auf den Gipfel hinaus, daß Jesus, der Messias, kommen würde. «Und als die Zeit erfüllet war, sandte Gott seinen Sohn.» So sagt es die Bibel. Seit Jesus auf diese Erde kam, geht nun eine andere Entwicklung vor sich,und zwar diejenige, daß der Boden zubereitet wird, damit der Antichrist kommt. Natürlich geschieht auf der anderen Seite eine weit schönere Entwicklung – und das ist diejenige der Gemeinde Jesu. Aber in der Welt ohne Gott geht die Entwicklung vor sich, die darin gipfelt, daß der Antichrist kommt. Darum sage ich: es ist ein System. Seit Jesus auf der Erde war, finden wir in unserer Geschichte viele Menschen und Charaktere, die ein Typus oder Vorgänger des Antichristen waren bzw. sind, aber der eigentliche Antichrist ist noch nicht in Erscheinung getreten, der wird erst kommen. Er hatte viele Vorläufer in manchen Systemen, aber immer wieder haben wir folgendes gesehen: Gott gab immer wieder durch die Gemeinde Durchbrüche seiner Kraft, seiner Herrlichkeit und seines Sieges – und er hat dieser Entwicklung Halt geboten. Warum? Weil Gott in seiner Gnade gütig ist und weil er möchte, daß jeder gerettet wird. Aber die Entwicklung schreitet voran. Auch in unserer gegenwärtigen Zeit ist sie in der Welt außerhalb der Gemeinde darauf ausgerichtet, daß sie auf das Kommen des Antichristen hindeutet.

Hier im 13. Kapitel sehen wir nun – es wird in einer Bildersprache gesprochen – daß das Tier aus dem Meer aufsteigt. Das Tier ist niemand anders als der Antichrist. In Offenbarung 17 wird das Ganze sehr klar gedeutet. Dort wird uns gesagt, der Antichrist komme aus dem Völkermeer hervor. Er kommt also von den Menschen. Er ist ein Mensch, aber seine Kraft und seine Macht wird er vom Teufel haben. Wir finden hier, daß – wenn der Antichrist auftritt oder aus dem Völkermeer erscheinen wird – er nicht nur die sieben Köpfe und die Hörner haben wird, sondern daß die zehn Hörner dann gekrönt sein werden. Das ist nicht unwichtig. Wir sehen also, daß die zehn Staaten – das ist das Bild von den zehn Hörnern – dann, wenn der Antichrist auftritt, zur Macht gekommen sein werden und daß er an der Spitze dieser Macht sein wird. Gott kennt die Dinge, die morgen geschehen werden, als wären sie schon geschehen. Rund 600 Jahre ehe Johannes dieses Gesicht auf Patmos hatte, wurde es Daniel bereits vom Herrn geoffenbart. Im 7. Kapitel lesen wir vom 19. Vers an: *«Hierauf verlangte ich nach einer sicheren Auskunft über das vierte Tier, das sich von allen andern unterschied, das so furchterregend war, eiserne Zähne und eherne Klauen hatte, fraß und zermalmte und das Übrige mit seinen Füßen zertrat; auch betreffs der zehn Hörner auf seinem Haupte und über das andere, das hervorbrach und vor welchem drei ausfielen; von jenem Horn, welches Augen hatte und ein Maul, das große Dinge redete und das so viel größer aussah als seine Gefährten. Ich hatte auch gesehen, daß jenes Horn Krieg führte mit den Heiligen und sie überwand. Wie lange? Bis der Hochbetagte kam und den Heiligen des Allerhöchsten das Gericht übergab und die Zeit eintraf, da die Heiligen das Reich in Besitz nahmen. – Er sprach: Das vierte Tier bedeutet ein viertes Reich, das auf Erden entstehen wird; das wird sich von allen andern Königreichen unterscheiden und wird alle Länder fressen, zerstampfen und zermalmen. Und die zehn Hörner bedeuten, daß aus diesem Reich zehn Könige aufstehen werden; und ein anderer wird nach ihnen aufkommen, der wird verschieden sein von seinen Vorgängern und wird drei Könige erniedrigen. Und er wird freche Reden gegen den Höchsten führen und die Heiligen des Allerhöchsten bedrücken und wird sich unterstehen, Festzeiten und Gesetze zu ändern* (das bezieht sich auf die Juden) *und sie werden in seine Gewalt gegeben sein eine Zeit, zwei Zeiten und eine halbe Zeit. Aber das Gericht wird sich setzen und ihm die Gewalt wegnehmen, sie endgültig vertilgen und vernichten. Aber die Herrschaft, die Gewalt und die Macht über die Königreiche unter dem ganzen Himmel wird dem heiligen Volk des Allerhöchsten gegeben werden.»*

Das ist zum Staunen. Daniel hatte noch keine Ahnung von der Gemeinde. Welch ein Mut hatte dieser Mann, diese Dinge, die er weder verstand noch begriff, niederzuschreiben und genauso erstaunlich ist der Mut des Johannes. Aber beide wußten, wer ihnen diese Botschaft gegeben hatte. Wir leben nun in einer Zeit, in der wir diese Dinge begreifen und verstehen können, einmal, weil Gottes Geist uns vieles aufschließt, und zum andern, weil sich in unserer Zeit viele dieser Dinge erfüllen. Der Antichrist wird aus dem Völkermeer auftreten. Er wird – darauf lassen die zehn Hörner, die gekrönt sind, schließen – an der Spitze eines Zehnstaatenbundes sein. Die Bibel deutet an – und ich möchte hier nicht näher auf Spekulationen eingehen – daß drei dieser Herrscher ihm zunächst Widerstand leisten werden und ihn nicht wollen. Schließlich werden sie sich ihm aber doch beugen, ihn akzeptieren und ihn als Führer anerkennen. Es wird so aussehen, als ob er für diese Nationen zunächst der Mann der Lösung sein werde. Er wird Lösungen anbieten, die viel Erfolg versprechen. Er wird kommen und den Menschen sagen, wir brauchen Frieden, Gewaltlosigkeit, Ruhe, Ordnung, und ihr müßt genügend Nahrung haben. Ich las unlängst eine Rede oder einen Auszug aus einer Rede, die Adolf Hitler hielt, ehe er seine Macht antrat. Es war von Straßenunruhen, Krawallen usw. die Rede, so daß ich zunächst dachte, es spreche ein Politiker unserer Tage. Aber dann hieß es: das sagte Adolf Hitler. Mit solchen Botschaften wird auch der Antichrist kommen, und er wird Lösungen anbieten, die den Menschen vernünftig scheinen. Die Bibel sagt uns, daß seine Macht und seine Weisheit vom Teufel kommen. Glauben wir ja nicht, daß der Teufel nicht klug ist. Es ist nun interessant, daß Gottes Wort ebenfalls erwähnt, dieser Mann werde, wenn er auftritt – und ich spekuliere auch nicht über das Wie – gleich von Anfang an eine sehr schwere Verletzung erleiden, so daß die Leute meinen, er sei tot. Die Bibel deutet hier an «wie zu Tode verwundet». Dann wird er aber auf spektakuläre Art genesen, was die Leute verblüffen wird. Er wird sich wahrscheinlich auf seine Sendung durch eine höhere Macht, die ihm auch hier geholfen habe, berufen. Die Bibel sagt uns, daß die Leute diese höhere Macht – seinen «Gott», den Teufel selbst – anbeten werden. Ja, fragen wir, wie ist es denn möglich, daß eine Menschheit sich zum Teufelskult, zur Teufelsanbetung, hergibt? Im 2. Thessalonicherbrief 2, sagt uns Gottes Wort in den Versen 11–12: «Weil die Menschen die Liebe zur Wahrheit ablehnten, sendet ihnen Gott kräftige Irrtümer, daß sie der Lüge glauben werden.» Wißt ihr, daß diese Elemente sich heute schon in unserer Gesellschaft regen? Ich meine nicht einmal nur die sich direkt bekennenden Teufelskirchen, die es schon gibt, sondern ich denke auch an die Tausende junger Leute, die, vielleicht noch unbewußt, durch Schallplatten, durch Musik, den Teufel verehren. Es gibt heute Gesangsgruppen in der Welt, die sich buchstäblich dem Teufel verschrieben haben mit dem einen Ziel, Teufelsanbetung einzuführen. Es gibt auch schon Konzerte, in denen ein Aufruf gemacht wird, den Teufel anzunehmen. Viele Platten, die verkauft werden, beinhalten geheime Botschaften, die auf das Okkulte und Teuflische hinweisen. Das Größte, was der Teufel sucht, sind nämlich Anbeter. Er hat es im Garten Eden versucht, und ganz besonders hat er es bei Jesus Christus versucht, indem er sagte: «Alles, was mir unterstellt ist, gebe ich dir, wenn du niederfällst und mich anbetest.» Jesus hat ihn abgelehnt. Und jetzt versucht er die Anbetung von Menschen zu bekommen, die Anbetung, die Gott, unserem Schöpfer gebührt und die Gott allein haben soll. Das ist das höchste Ziel des Teufels. Dann – wenn der Antichrist auftreten wird und der Teufel auf die Erde geworfen wurde – wird es eine kurze Zeit geben, während der er das von einem Teil der Menschheit, die Gott und sein Werk abgelehnt hat, bekommen wird. Wir müssen uns ein wenig vergegenwärtigen, wie die Situation auf der Erde sein wird, wenn der Antichrist auftritt. Die Entrückung der Braut wird stattgefunden haben. Viele werden darüber reden. Diejenigen Menschen, die so auf das Sichtbare eingestellt sind, werden die Entrückung hinwegdiskutieren wollen, aber das wird ein Gespräch geben, das nicht abreißt. Es wird zu weltumfassend, zu umwälzend und zum Teil zu eindeutig sein. Es werden zu viele Menschen verschwunden sein, und zwar gerade diejenigen, die immer wieder davon redeten, daß Jesus sagte: Bereitet euch vor, ich hole euch zu mir. Durch das scheinbare Wunder, das der Antichrist nach seiner Verletzung an sich selbst erleben wird, wird die Aufmerksamkeit der Menschen von dem Gespräch über die Entrückung abgelenkt. Der Antichrist wird sich dann plötzlich als Heiland ausgeben und sagen: Seht, ich habe die Kraft, nicht jene. Das ist ja das Ziel des Teufels. Die Bibel spricht davon, daß er gegen Gott, gegen diejenigen, die im Himmel wohnen und gegen die, die entrückt wurden, lästern wird. Er wird sie lächerlich machen und sagen: Das, wovon sie sprachen, stimmt nicht; schaut – ich habe die Kraft Gottes, und bei mir ist sie offenbar geworden. Aus der Bibel sehen wir, daß er ein mächtiger Mann auf der Erde werden wird und daß die

Mehrheit der Menschen sich ihm hingeben, ihm vertrauen, auf ihn hören und auf ihn achten wird.

Im 13. Kapitel ist die Rede von einem zweiten Tier, das aus der Erde aufsteigt. Der Antichrist wird auch Religion benötigen. Aber er wird keine Religion benötigen, in der es nur Gesetzesbefolgungen gibt, sondern er wird in diesem Zeitpunkt Religion brauchen, die mit Wunderwirkungen verbunden ist. Und hier sagt uns die Bibel, es werde nun ein anderer Mann auftreten und der wird sein Prophet sein. Der Teufel will Gott in allem nachahmen. Gott sandte seinen Sohn, der starb und wieder auferstanden ist. Er wurde zum Retter der Menschen, und als er gen Himmel fuhr, sandte er den Heiligen Geist. So ist die Dreieinigkeit Gottes bis zum heutigen Tag in der Erlösung und Hilfe des Menschen voll beteiligt. Der Drache wird seinen Antichristen senden, ihn durch einen Scheintod gehen lassen, ihn zum Leben auferwecken und sich einen Propheten als Sprachrohr holen, um die diabolische, teuflische Dreieinigkeit herbeizuführen. Welches wird nun die Aufgabe dieses Propheten sein? Wie es die Aufgabe des Heiligen Geistes ist, auf Jesus hinzuweisen, so wird es die Aufgabe dieses Propheten sein, den Antichristen zu erheben, Wunder und Zeichen zu tun. Kann der Teufel das? Jawohl. Die Bibel sagt sogar, er werde Feuer vom Himmel fallen lassen. Denken wir einmal an das Alte Testament zurück, als Mose den Auftrag erhielt, das Volk Israel aus Ägypten herauszuführen, was da die Zauberer Ägyptens an Wundern und Zeichen taten! Und Pharao verhärtete sein Herz. Es gibt eine gute Macht und es gibt eine böse Macht. Der Antichrist wird diesen Propheten haben, der ihn heben und die Menschen veranlassen wird, dem Antichristen zu dienen. Er wird ein Bildnis des Antichristen erstellen lassen, das angebetet werden muß, und – siehe da und staune – dieses Bild wird reden. Nun mag jemand denken, das werde eine mechanische Täuschung sein, was ja heute möglich wäre. Der Teufel hat eine große Macht, und die Menschen werden sich von der Lüge verführen lassen, nachdem sie die Wahrheit abgelehnt haben. Er wird eine totale Hingabe an den Antichristen verlangen. Und damit das unter Kontrolle gebracht werden kann, wird er ein Malzeichen an den Händen oder an den Stirnen der Menschen anbringen lassen, damit jeder dadurch bekundet: Ich bin dem Antichristen hingegeben. Diejenigen, die dieses Malzeichen dann nicht annehmen, werden verhungern, sie werden nicht kaufen und nicht verkaufen können. Wer dann in den Supermarkt oder zur Bäckerei geht, um einen Laib Brot zu kaufen, wird kein Brot bekommen, wenn er das Malzeichen nicht hat. Wenn wir dann ein Kind in ein Geschäft schicken, um einen Liter Milch zu holen, wird es keine Milch bekommen, wenn es das Malzeichen nicht hat. – Viele Menschen haben Furcht wegen des Nummernsystems, das wir heute schon haben. Noch ist es nicht so weit. Wenn dann dieses Malzeichen kommt, wird es in Verbindung gebracht werden mit der Verehrung des Antichristen. All das, was heute geschieht, sind Entwicklungen, die dahin gehen, damit es nachher leicht sein wird, das einzuführen. Die Entwicklungen, die es heute auf diesem Gebiet in einem guten Sinn zur Erleichterung des Umgangs im menschlichen Leben gibt, werden vom Antichristen benutzt werden. Sehr wahrscheinlich wird das eine unsichtbare Nummer sein, die nur über einen Apparat gelesen werden kann. Man wird sie mit dem bloßen Auge gar nicht feststellen können, aber die Menschen werden sich hergeben müssen, sie anzunehmen, wenn sie noch auf der Erde sind. Der Prophet wird alles mögliche versuchen, damit die Menschen dem Antichristen ganz ergeben sind und jenen, die es nicht sind, wird es schlecht gehen. Ich fürchte, daß es in jener Zeit Menschen geben wird, die – geprägt durch das Leben in der jetzigen Endzeit – Kompromisse machen wollen und Kompromisse machen werden. Halbheit genügt nicht; Gott sucht etwas Ganzes.

Aber nun noch etwas anderes über diese Zeit. Alles wird aber nicht so laufen, wie der Antichrist es sich wünscht. Ich habe ihn bisher ein wenig beschrieben, ich habe auch seinen Propheten kurz erwähnt, und was dessen Aufgabe sein wird, und doch wird nicht alles nach seinem Wunsch laufen. Wer wird denn in jenem Zeitpunkt außer ihnen noch auf der Erde sein? Einmal viele Gläubige, die nicht zur Braut gehörten und die kein Öl in ihren Lampen hatten, die aber dann aufgewacht sein werden und ihren Stand für Jesus Christus einnehmen wollen. Diese werden noch auf der Erde sein. Dann finden wir die 144 000 Versiegelten aus dem Volke Israel. Sie werden auf der Erde sein. Und dann finden wir die zwei Zeugen in Jerusalem, die auch auf der Erde sein werden. All diese Menschen werden den Antichristen entlarven und predigen, daß er der verkehrte Christus sei. Das wird ihm natürlich ein Dorn im Auge sein, und es wird Verfolgung im höchsten Grade bringen. Sehr viele Gläubige werden dann einen Märtyrertod sterben. Die Bibel sagt, daß niemand von den Gläubigen am Leben bleiben würde, wenn Gott die Zeit nicht verkürzen würde. Aber eine Verfolgung sondergleichen, wird gegen die Gläubigen, die dann noch auf der Erde sind, eintreten. Der Antichrist wird erbost sein, daß es ihm nicht gelingt, diese Leute unter seine Herrschaft zu bringen und sie auszurotten. Wir verstehen nun, warum er ein solches Riesenfest veranstalten wird, wenn die beiden Zeugen in Jerusalem plötzlich sterben. Diese werden ihm einen großen Widerstand geleistet haben, was ihm ein Dorn im Auge war und während 3½ Jahren wird er keine Möglichkeit haben, gegen sie anzukommen. Immer wieder wird es auch Menschen geben, die sich weigern, das Malzeichen anzunehmen. Das wird ihn in eine furchtbare Situation hineinbringen, so daß er gegen die Gläubigen rast. Dann wird plötzlich die Zeit der beiden Zeugen vorbei sein und Gott wird es erlauben, daß sie sterben. Auf den Fernsehschirmen in aller Welt wird man ihre Leichen öffentlich in Jerusalem liegen sehen. Aber dann werden sie, ebenfalls vor den Augen der Welt, nach 3½ Tagen plötzlich auferstehen.

Dann werden die Ereignisse rasch vor sich gehen. Das Gericht Gottes wird über den Antichristen und über die Menschen auf der Erde kommen. Bei all dem, was geschehen wird, dürfen wir eines nicht vergessen: Gott, der Herr, verliert nie die Kontrolle. Gott weiß, was vor sich geht, und Gott wird bei allem gerecht bleiben. Die Entwicklung in unseren Tagen geht mit raschen Schritten auf diese Vorbereitung zu. Wir finden einmal die Ratlosigkeit, die unter den Staatsmännern immer mehr um sich greift. Sie wird dem Antichristen, wenn er mit seinen Lösungen auftritt, einen leichten Einstieg verschaffen. Er wird als politische Macht akzeptiert werden. Die Wirtschaftskrise, die immer weltumfassender wird – wir müssen uns da gar nichts vormachen, es sieht nicht gut aus – ruft geradezu nach weltweiter Wirtschaftsplanung. Und der Mann, der die Lösung dafür haben wird, der wird akzeptiert werden. Die Entwicklung zu einer Weltkirche, wie wir sie heute sehen, wird den Aufstieg des falschen Propheten erleichtern. Eine Weltkirche ohne Jesus Christus als Herr. Zwar nennt man ihn «Herr, Herr», aber sein Wille wird nicht getan. Diese drei Entwicklungen in unserer

Zeit führen dahin, daß der Boden für das Kommen des Antichristen reif wird.

In dieser Vorbereitungszeit auf das Ende und auf das Offenbarwerden des Antichristen hin, geht auf unserer Erde noch etwas Herrliches vor. Der Herr Jesus Christus baut sich seine Gemeinde. Jede Erweckung hält das Kommen des Antichristen auf. Möchten wir uns doch mit einem reinen, hingegebenen, kompromißlosen Leben heiligen, damit Gott eine Erweckung in unsere Mitte und dann durch uns in das Volk senden kann, damit hier noch viele Menschen zum Heil und zum Lobe unseres Herrn Jesus Christus gerettet werden und das Auftreten des Antichristen gebremst werden kann.

Gott ist dabei, sich seine Gemeinde zu bauen. Wir sollten niemals resignieren und denken: Es kommt einfach alles, wie es kommen muß, wir können doch nichts aufhalten. Der Herr Jesus hat nicht umsonst gesagt, daß wir das Evangelium predigen und ihm hingegeben leben sollen, damit sein Name geehrt wird und viele Menschen gerettet werden. Laßt uns Gott suchen und uns von ihm zeigen, wie wir die Botschaft verkündigen können in einer Weise, damit viele Menschen sie begreifen. Und ich möchte zu einem kompromißlosen Leben für unseren Herrn und Erlöser aufrufen. Es lohnt sich, ihm zu dienen: «O Herr, gebrauche doch unsere Gemeinde, gebrauche uns alle, daß manch einer zu dir findet und nicht eine Beute des Antichristen, sondern eine Beute Jesu Christi wird.» Dazu sind wir erlöst, dazu hat Gott uns berufen, daß wir in dieser Zeit, in der wir leben, uns ihm hingeben und uns zu seiner Ehre von ihm gebrauchen lassen.

Das Lamm auf dem Berg Zion und die drei Engel, welche predigen (14,1–13)

Wir lesen aus dem 14. Kapitel der Offenbarung die ersten 13 Verse:

«Und ich sah, und siehe, das Lamm stand auf dem Berg Zion und mit ihm hundertvierundvierzigtausend, die seinen Namen und den Namen seines Vaters auf ihren Stirnen geschrieben trugen. Und ich hörte eine Stimme aus dem Himmel wie das Rauschen vieler Wasser und wie die Stimme eines starken Donners; und die Stimme, die ich hörte, war wie von Harfenspielern, die auf ihren Harfen spielen. Und sie sangen ein neues Lied vor dem Throne und vor den vier lebendigen Wesen und den Ältesten, und niemand konnte das Lied lernen, als nur die Hundertvierundvierzigtausend, die erkauft sind von dieser Erde. Diese sind es, die sich mit Weibern nicht befleckt haben; denn sie sind Jungfrauen. Diese sind es, die dem Lamme nachfolgen, wohin es auch geht. Diese sind aus den Menschen erkauft worden als Erstlinge für Gott und das Lamm, und in ihrem Munde ist kein Betrug gefunden worden; sie sind unsträflich. Und ich sah einen anderen Engel durch die Mitte des Himmels fliegen, der hatte ein ewiges Evangelium den Bewohnern der Erde zu verkündigen, allen Nationen und Stämmen und Zungen und Völkern. Der sprach mit lauter Stimme: Fürchtet Gott und gebet ihm die Ehre, denn die Stunde seines Gerichts ist gekommen; und betet den an, der den Himmel und die Erde und das Meer und die Wasserquellen gemacht hat! Und ein anderer, zweiter Engel folgte ihm, der sprach: Gefallen ist Babylon, die Große die mit dem Glutwein ihrer Unzucht alle Völker getränkt hat! Und ein dritter Engel folgte ihnen, der sprach mit lauter Stimme: Wenn jemand das Tier und sein Bild anbetet und das Malzeichen auf seine Stirne oder auf seine Hand nimmt, so wird auch er von dem Glutwein Gottes trinken, der unvermischt eingeschenkt ist in den Kelch seines Zornes, und er wird mit Feuer und Schwefel gepeinigt werden vor den heiligen Engeln und dem Lamm. Und der Rauch ihrer Qual steigt auf von Ewigkeit zu Ewigkeit; und keine Ruhe haben Tag und Nacht, die das

Tier und sein Bild anbeten, und wer das Malzeichen seines Namens annimmt! Hier ist die Standhaftigkeit der Heiligen, welche die Gebote Gottes und den Glauben an Jesus bewahren. Und ich hörte eine Stimme aus dem Himmel, die sprach: Selig sind die Toten, die im Herrn sterben, von nun an! Ja, spricht der Geist, auf daß sie ruhen von ihren Mühen; ihre Werke aber folgen ihnen nach.»

Wir sehen hier das Lamm. Es ist nicht schwer, herauszufinden, wer das ist. Es ist Gottes Lamm, welches der Welt Sünde hinwegträgt. Wir sahen das Lamm bereits in den ersten Kapiteln. Es war würdig, die Siegel zu öffnen, das Buch zu nehmen; das Lamm ist aber auch würdig, Lob, Preis, Ehre und Anbetung zu empfangen. Dieses Lamm, Jesus Christus, wird hier auf dem Berge Zion gezeigt. Der Berg Zion hat in der Bibel eine doppelte Bedeutung. Der Berg Zion kann sowohl Jerusalem sein –, in Micha, Kapitel 4, Vers 2, wird davon gesprochen; der Berg Zion ist aber auch ein himmlischer, ein geistlicher Berg, der Thron Gottes. Hier ist wohl vom himmlischen Berg Zion die Rede, wie uns der Hebräerbrief, Kapitel 12, in den Versen 22–24 sagt, wo genau dieser Ausdruck benutzt wird: «Ihr seid gekommen zu dem Berge Zion und zu der Stadt des lebendigen Gottes, dem himmlischen Jerusalem.»

Die Hilfe geht von Zion aus! – Das war ein Ruf im Alten Testament, der im Neuen Testament immer noch wahr ist, nur geht sie jetzt vom himmlischen Zion aus, vom himmlischen Berg Zion. Ein weiterer Grund, daß es sich um das himmlische Jerusalem – und nicht um das irdische Zion– handelt, ist folgender: Wir lesen hier im 14. Kapitel, daß zum Zeitpunkt, als Johannes das Lamm auf dem Berg Zion sah, der Antichrist noch auf der Erde war. Demzufolge war Jesus noch nicht auf die Erde gekommen, denn wenn er auf die Erde kommen wird, wird er den Antichristen gefangennehmen. Darum werden diese Geschehnisse noch immer in der Trübsalszeit stattfinden, und Jesus wird dann noch nicht auf die Erde gekommen sein. Nun sagt Gottes Wort hier etwas Interessantes. Mit Jesus, mit dem Lamm, sah Johannes hundertvierundvierzigtausend. Es heißt hier: mit ihm hundertvierundvierzigtausend, also mit dem Lamm. Wo ist das Lamm? Das Lamm ist vor dem Thron Gottes, das ist das himmlische Zion, das himmlische Jerusalem, nicht das neue Jerusalem. Und mit dem Lamm dort vor dem Thorn sah Johannes hundertvierundvierzigtausend. Es gibt nur zwei Möglichkeiten, mit Jesus dort oben zu sein. Erstens – zu sterben. Wenn der Gläubige stirbt, geht sein Geist ohne den Leib zu Jesus. In Philipper 1,23 sagt Paulus das sehr deutlich: «Ich habe Lust, abzuscheiden und bei Christus zu sein, was auch viel besser wäre, aber es ist nötiger im Fleische zu bleiben um euretwillen.» Hier macht Paulus eine interessante Aussage. Wenn er hier von «ich» spricht, dann spricht er nicht von seinem Leib. Paulus sagt: Ich habe Lust, abzuscheiden, um bei Christus zu sein, aber es ist notwendig, daß ich im Fleisch bleibe. Was meint er? Es war wichtig für die Gemeinde der damaligen Zeit und auch für uns, daß Paulus noch im Leibe blieb. Aber Paulus sagte, wenn er sterbe, sei er bei Jesus. Das ist die eine Möglichkeit, mit Christus zu sein. Die andere Möglichkeit, mit ihm zu sein, ist im verherrlichten Leib, entweder durch die Auferstehung oder durch die Verwandlung. Im 4. Kapitel schreibt Paulus an die Thessalonicher von dieser andern Möglichkeit, zu Christus zu kommen. Es liegt ja nicht an uns, daß wir uns die Möglichkeiten aussuchen, das alles hat seine bestimmte Ordnung, aber diese beiden Möglichkeiten sind eben da. Paulus sagt in den Versen 16 und 17 des 4. Kapitels: «Denn er selbst, der Herr, wird, wenn der Befehl ergeht und die Stimme des Erzengels und die Posaune Gottes erschallt, vom Himmel herniederfahren, und die Toten in Christus werden auferstehen zuerst. Darnach werden wir, die wir leben und übrigbleiben, zugleich mit ihnen entrückt werden in Wolken, zur Begegnung mit dem Herrn in der Luft.» Er spricht hier von der Auferstehung der Gestorbenen mit einem Auferstehungsleib und von der Umwandlung der dann lebenden Gläubigen. Andere Möglichkeiten, mit Jesus vor dem Thron zu sein, gibt es nicht. Und nun heißt es hier, die Hundertvierundvierzigtausend sind mit ihm. Ich glaube, diese Hundertvierundvierzigtausend werden durch Verwandlung bereits im verklärten Leib dort mit ihm sein. Die Bibel sagt uns, daß sie den Namen Jesu und den Namen des Vaters auf ihrer Stirn tragen. Es werden also Gotteskinder sein. Es ist wichtig zu bemerken, daß es nicht die Ältesten sind, und daß sie auch nicht zu jener unzählbaren Schar unter dem Thron gehören, von der wir bereits in den früheren Kapiteln gelesen haben. Die Bibel nennt sie einfach Erstlinge. Wenn es Erstlinge gibt, muß es auch Spätlinge geben. Wenn es eine Erstlingsfrucht gibt, wird es auch eine spätere Frucht geben. Sie werden Erstlinge sein. Und die Bibel sagt: Sie singen ein Lied, das nur sie singen können. Haben wir gedacht, daß wir bei Gott einmal alle alles gleich haben werden? Wir kennen die verschiedenen Ausdrücke und Meinungen der Menschen: Oh, im Himmel gibt es keine Grenzen mehr, dort sind wir alle eins. Das stimmt nur zum Teil. Wissen wir, daß die Bibel von Rangordnungen spricht? Im 1. Kor. 15,23 und im 1. Kor. 15,41 sagt die Bibel ganz deutlich: So wie es einen Unterschied gibt in der Sternenwelt – helle Sterne, noch hellere, dunklere usw. –, so wird es bei der Auferstehung der Toten werden. Gewiß: alle werden eins sein in Jesus Christus, aber es wird Rangordnungen geben – und das gefällt manchen gar nicht. Nennen wir sie nur Ordnungen, dann gefällt es den Leuten besser, als wenn das Wort «Rang» beigefügt wird. Aber es wird verschiedene Ordnungen geben. Und von diesen Hundertvierundvierzigtausend wird uns gesagt, daß sie ein Lied singen, das nur sie singen können. Ich bin gespannt, wie das sein wird. Das wird einen herrlichen Gesang geben. Es wird ein wundervolles Rauschen geben, wenn die Schar der Ältesten und die anderen mit ihnen das Lamm loben und preisen. Die Bibel sagt: es wird wie ein gewaltiger Donner sein. Aber hier, ein Lied, das nur diese singen können. Die Meinungen gehen auseinander, wer diese Hundertvierundvierzigtausend wohl sind. Ich neige dazu anzunehmen, daß es die in Kapitel 7 erwähnten Hundertvierundvierzigtausend von Israel sind. Manche sind der Ansicht, diese Zahl stehe nur symbolisch da für eine ganze große Zahl von anderen Gläubigen. Es spricht manches für dieses und manches für das andere. Eines ist sicher: es sind Erstlinge, sie sind von Frauen unbefleckt. Das bezieht sich nun nicht auf Heirat oder Nichtheirat, sonst wären alle Verheirateten schlecht dran. Im 1. Korinther 7 finden wir ein klares Wort, bezüglich Ledigsein und Heiraten, aber die Bibel bezieht sich hier – und das sehen wir im 2. Korinther 11, Vers 2, wo dieser Ausdruck gebraucht wird – auf die geistliche Treue zu Jesus. Dort sagt Paulus: «Ich eifere um euch mit göttlichem Eifer; denn ich habe euch einem Mann verlobt, um euch als eine reine Jungfrau Christus zuzuführen. Ich fürchte aber, es könnten wie die Schlange mit ihrer List Eva verführte, so auch eure Sinne verdorben und von der Einfalt gegen Christus abgelenkt werden.» Es geht also hier darum, daß die Bibel uns sagt, der Welt Freundschaft sei Feindschaft wider Gott, und wer der Welt Freund sei, der breche, geistlich gesehen, die Ehe mit dem Herrn

Jesus. Das ist ein hartes Wort. Jakobus 4,4 sagt auch ganz deutlich: «Ihr Ehebrecher und Ehebrecherinnen, wisset ihr nicht, daß die Freundschaft mit der Welt Feindschaft gegen Gott ist?» Hier spricht nun die Bibel von diesen Hundertvierundvierzigtausend. Und die Qualifikation als Erstlinge, die Gott hier für sie als notwendig erachtete, ist auch notwendig für diejenigen, die bei der Braut sein möchten: unbefleckt, geistlich klar zu Jesus Christus stehend und keine Kompromisse eingehend mit der Welt. Die Bibel deutet im 2. Korinther 11 an, daß die geistliche Befleckung im Sinn, in der Gedankenwelt der Gläubigen, beginnt. Wenn diese verdorben ist, dann hat der oder die Betreffende geistliche Unreinigkeit betrieben. Ein hartes Wort, aber ein klares Wort. Nicht umsonst redet die Bibel immer wieder von der Erneuerung unserer Gesinnung, von einem Denken, das auf Christus ausgerichtet sein soll. Es gibt allerdings manche Christen, die, wenn sie von einem geistlichen Heiligungsleben reden, immer nur an Geschlechtlichkeit denken. Aber genauso verkehrt, verdorben und verdreht wie Unzucht, ist es, wenn wir in unserem Herzen mit unseren Mitmenschen uneins sind. Es ist genauso verkehrt, wenn wir unversöhnlich oder nachtragend sind. Die Sinne sollen umgewandelt werden in die Gesinnung Jesu Christi. Hier spricht die Bibel von diesen Hundertvierundvierzigtausend, sie seien Gott wohlgefällig, nicht befleckt, sondern rein. Und das Wort Gottes sagt uns auch, sie seien es, die dem Herrn nachfolgen, wohin er auch gehe. Es geht in unserem Leben zu guter Letzt doch nicht darum, nur ein äußeres Bekenntnis zu haben, sondern es geht um die echte Nachfolge Jesu Christi, auch in unserer Zeit. Wißt ihr, was das heißt? Es bedeutet das, was Jesus Christus seinen Jüngern sagte: «Wer nicht allem absagt, der kann nicht mein Jünger sein.» Sind wir alle bereit, Jesus Christus jetzt ganz nachzufolgen? Viele Menschen wollen zwar um keinen Preis in die Hölle gehen, aber wahre Nachfolger wollen sie nicht werden. Doch es werden nur solche bei den Erstlingen sein, die sich Jesus ganz ergeben haben. Die Bibel sagt weiter, daß sie auch keinen Betrug in ihrem Munde hatten. Ihr Reden war «ja, ja», «nein, nein». Das hat Johannes gesehen. Er sah den Thron Gottes und diese Hundertvierundvierzigtausend, die ein neues Lied singen, das nur sie kennen.

In diesem Abschnitt finden wir dann weiter, daß Johannes von drei Engeln berichtet, und zwar, was sehr bemerkenswert ist, von Engeln, die predigen. Würde nur das Wort Engel stehen, könnte man meinen, da seien vielleicht Menschen gemeint, aber Johannes sah sie in der Mitte des Himmels fliegen, und alles deutet darauf hin, daß es sich um Engel Gottes und nicht um Menschen handelt. Das zeigt mir, daß ein gewisser Abschnitt zu Ende gegangen sein und ein anderer Abschnitt begonnen haben wird. Seit dem Kommen Jesu auf diese Erde und seinem Abschiednehmen in den Himmel, bis zu diesem Zeitpunkt, in welchem Johannes diese Engel sah, war der Auftrag, das Evangelium zu verkündigen, seiner Gemeinde übergeben – und wir alle haben diesen Auftrag, das Evangelium zu verkündigen, auch jetzt noch. Aber dann scheint dieser Abschnitt zu Ende zu gehen, und es wird den Engeln übergeben, zu predigen. Dabei kann es sich nicht um eine lange Zeitspanne handeln, möglicherweise wird sie nicht mehr als 3½ Jahre dauern, wenn überhaupt so lange. Die Bibel sagt uns, der erste Engel werde das ewige Evangelium verkündigen. Es wird zwar die gleiche Botschaft sein, weil es nur ein Evangelium, das Evangelium von Jesus Christus, gibt. Aber er wird die Botschaft jetzt anders anwenden. Er wird auch von einer Hinkehr zu Gott sprechen, aber in einer anderen Weise, als wir es jetzt tun. Der Unterschied besteht darin: Wir sollen die Menschen aufrufen, an Jesus Christus zu glauben, sich ihm zu übergeben und Frucht in ihrem Leben entstehen zu lassen – Geistesfrucht, damit sie beim Kommen Jesu bereit sind. Das ist die Botschaft der Gemeinde an die Menschen.

Dieser Engel wird nun zwar das Evangelium verkündigen, die Bedeutung aber auf etwas anderes legen. Aus der Bibel sehen wir, daß er die Menschen auffordern wird, Gott anzuerkennen, anzubeten und ihn zu fürchten; sich von allen Götzen und Abgöttern abzuwenden, und einzig und allein den wahren Gott anzubeten. Alle Nationen, Stämme, Zungen und Völker werden dieses Evangelium hören. Ob dann nicht viele sogenannte Heiden, die wir heute als solche ansehen, das Evangelium hören und sich zu Gott bekehren werden? Ob nicht dieser Engel hauptsächlich ihretwegen kommen muß, um ihnen noch eine letzte Gelegenheit zu geben und nicht unsertwegen oder unserer westlichen Welt wegen, die das Evangelium früher schon so viel gehört hat – obwohl sie es auch wieder hören wird? Der Engel sagt dann, sie sollen Gott anerkennen und dabei festbleiben. Wie ist die Gnade Gottes unermeßlich groß.

In diesem Abschnitt sind wir wahrscheinlich schon in der Mitte der Trübsalszeit angekommen – die Hauptverkündiger des Evangeliums, die Gott gesetzt hatte, die Braut Jesu, ist schon längst von der Erde fort. Es wird hier kaum noch Menschen geben, die es wagen, für Gott den Mund aufzutun, und nun wird er einen Engel schicken und der Menschheit sagen lassen: glaubt an mich, an den einzig wahren Gott. Gott will nicht den Tod des Sünders. Vom zweiten Engel wird gesagt, er verkündige die Botschaft, daß Babylon, die Große, gefallen sei. Er klagt hier die abgefallene christliche Kirche an. Wir werden besonders im 17. Kapitel darauf zu sprechen kommen. Das geistliche Babylon ist das Bild für die abgefallene Christenheit.

Der dritte Engel bietet gewissermaßen den direkten Gegensatz zur Predigt des Propheten des Antichristen. Der Prophet des Antichristen wird auftreten und predigen: Wer das Malzeichen nicht annimmt und nicht niederfällt vor dem Bild, der muß sterben. Das bedeutet physischen Tod. Und nun wird der Engel Gottes kommen, der sagt: Wer das Malzeichen annimmt und sich vor dem Standbild des Antichristen niederbeugt, der wird in die Verdammnis gehen, ewig sterben. Merken wir hier die große Auseinandersetzung, auch im geistlichen Sinn? Der eine sagt: Du mußt leiblich sterben, wenn du das Malzeichen nicht annimmst; und Gott wird vom Himmel her verkündigen lassen: Du wirst ewig verlorengehen, wenn du das Malzeichen annimmst. Die Menschen werden gewarnt werden, sich vor dem Tier nicht zu beugen und das Zeichen nicht anzunehmen.

Diese drei Engel werden eine zusammenhängende Botschaft haben. Der erste wird gewissermaßen die Botschaft verkünden, die Menschen sollen Abstand nehmen von falschen Göttern und von falscher Anbetung; der zweite Engel wird sagen, die Weltkirche – die dann bestehen wird – habe nichts mit Gott zu tun, und der dritte Engel wird vor der verkehrten Hingabe an den verkehrten Meister warnen. Er wird sagen: Betet Gott an, werft euch Gott zu Füßen, auch wenn ihr leiblich sterben müßt. Nun zeigt uns Gottes Wort in den letzten beiden Versen 12 und 13, die wir gelesen haben, drei wichtige Dinge: Viele werden auf die Stimme der Engel hören, ganz gleich, was es kostet. Alle diejenigen, welche die Botschaft der Engel annehmen, werden in Gefahr sein, den physischen Tod zu erleiden. Wir müssen uns das vorstellen. Da wird es hart auf hart gehen. Der Antichrist wird nicht spielen. Es wird eine Massenverfolgung der Christen geben wie nie zuvor. Er wird kämpfen; er möchte sie ausrotten; es werden Geheimagenten eingesetzt werden: es wird Hausdurchsuchungen geben. Und wenn er auch nicht alle erreichen wird, wird ein großer Teil derer, die sich dann zu Gott bekehren und zu Gott bekennen, die das Malzeichen nicht annehmen, weil sie Gott die Ehre geben wollen, den Märtyrertod sterben. Von ihnen sagt Gott: Wer in jener Zeit stirbt, ist ein Zeuge für Gott und für andere. Er sagt: Ihre Werke folgen ihnen nach. Die Menschen, die dann sterben, werden für viele andere ein Ansporn sein, sich ebenfalls Gott zu stellen, Gott zu vertrauen und Gott treu zu bleiben. – Möge niemand von uns dort dabei sein. Es gibt einen Ausweg, und es muß nicht so weit kommen, daß die Menschen, die jetzt das Evangelium hören und unter dem Wirken des Geistes Gottes sitzen können, in die Trübsalszeit hineinkommen und all das erleben müssen.

Die Ernte und die Weinlese (14,14–20)

Wir lesen im 14. Kapitel der Offenbarung die Verse 14–20:

«Und ich sah, und siehe, eine weiße Wolke, und auf der Wolke saß einer, der glich einem Menschensohn; er hatte auf seinem Haupte eine goldene Krone und in seiner Hand eine scharfe Sichel. Und ein anderer Engel kam aus dem Tempel hervor, der rief mit lauter Stimme dem zu, der auf der Wolke saß: Sende deine Sichel und ernte; denn die Stunde des Erntens ist gekommen, denn die Ernte der Erde ist reif geworden! Und der auf der Wolke saß, warf seine Sichel auf die Erde, und die Erde wurde geerntet.

Und ein anderer Engel kam hervor aus dem Tempel, der im Himmel ist, und auch er hatte eine scharfe Sichel. Und ein anderer Engel kam von Altar her, der hatte Macht über das Feuer und rief mit lauter Stimme dem zu, der die scharfe Sichel hatte und sprach: Sende deine scharfe Sichel aus und schneide die Trauben des Weinstocks der Erde ab, denn seine Beeren sind reif geworden! Und der Engel warf seine Sichel auf die Erde und schnitt den Weinstock der Erde und warf die Trauben in die große Kelter des Zornes Gottes. Und die Kelter wurde außerhalb der Stadt getreten, und es floß Blut aus der Kelter bis an die Zäume der Pferde, tausendsechshundert Stadien weit.»

Bis zu diesem Zeitpunkt war in der Schau des Johannes bereits folgendes passiert: Der Antichrist war aufgetreten. Heute sagen wir, er wird kommen. Aus der Sicht der Vision heraus war er bereits aufgetreten. Er kam als Friedensstifter – und er wird als Friedensstifter kommen. Er wird also ein sehr anziehendes Erscheinungsbild haben. Wir können eigentlich verstehen, warum die Welt ihn akzeptieren wird. Die Gefahren eines Atomkrieges häufen sich, und wer möchte diesen schon? Die Menschheit ist – jedenfalls in unserer westlichen Welt – so eingestellt: ganz gleich, was kommt, nur kein Atomkrieg. Ich würde mich nicht wundern, wenn diese Situation des Rüstens, des Wettrüstens und der atomaren Bedrohung immer mehr zunähme und die Menschen immer ängstlicher würden. Von daher ist es verständlich, daß der Mensch bei jemandem, der ihm Frieden verspricht, Halt suchen wird. Die Welt hat zum großen Teil den eigentlichen Friedefürsten abgelehnt. Gerade in unserer westlichen Welt ist die Botschaft vom Fürsten des Friedens erschollen wie sonst nirgendwo. Und viele Menschen haben den wahren Friedefürsten abgelehnt und lehnen ihn noch ab. Dafür werden sie sich an einen Menschen klammern, der menschliche Hilfe versprechen wird. Er wird in einer sehr anziehenden Gestalt kommen und sehr viel Zulauf haben, aber es wird sich bald zeigen, welches seine eigentliche Wesensart ist. Als wir darüber sprachen, sagte ich, daß die Vorläufer des Antichristen – die ja ein Hinweis auf ihn waren – immer in dieser Weise in Erscheinung traten. Zunächst kamen sie mit einer Politik der Hilfe, des Lösens der Probleme, und kaum waren sie an der Macht, haben sie ihr eigentliches Gesicht gezeigt. Das war so bei Hitler, bei Mussolini, auch bei Stalin und bei vielen anderen mehr. Der Antichrist wird auch zeigen, wer er ist, er wird sich als Gegner Gottes und als Gegner Jesu Christi entpuppen und als jemand, der Anbetung sucht und dem die Menschen unterworfen sein müssen. Während bei seinem Auftreten auch Israel einen Bund mit ihm eingehen wird, wird Israel diesen Bund brechen. Dann wird der Antichrist anfangen gegen alles, was göttlich ist, zu kämpfen, gegen die beiden Zeugen, gegen die Gläubigen, die dann auf dieser Erde sind, gegen die Menschen, die sich in seiner Regierungszeit noch zu Gott bekehren. Der Prophet, der mit ihm herrschen und ihm zur Seite stehen wird, wird auf die tollsten Ideen kommen, wie die Menschen gezwungen werden können, sich vor dem Antichristen niederzuwerfen. Dann wird auch ein Gesetz erlassen werden, und es wird wohl das raffinierteste sein, das je in Kraft gesetzt wurde. Im Buche Daniel im Alten Testament finden wir, daß sich die Menschen vor einem Standbild niederwerfen mußten, und sie wurden beobachtet, ob sie es taten oder nicht. Aber wenn der Antichrist kommt und das Gesetz entwerfen wird, dessen Idee der Prophet hervorbringt, dann wird das nackte Leben davon abhängen, ob man sich vor ihm beugt oder nicht. In Deutschland sind sie jetzt so weit, daß man durch den Bildschirm von zu Hause aus überallhin verbunden werden kann. Man spricht davon, und es befindet sich in Entwicklung, daß die Hausfrau zu Hause nur ein paar Tasten zu drücken braucht und dann im Lebensmittelgeschäft abgelesen werden kann, was sie wünscht, und es ihr zugestellt wird. Sie wird also nicht mehr von zu Hause weggehen müssen. Überlegen wir uns einmal, wenn das gesetzlich eingeführt wird, daß man nur noch so einkaufen kann, dann werden nur die kaufen können, die das Symbol des Antichristen an ihrem Knopf zu Hause drücken. Wir leben in einer Zeit, in welcher diese Möglichkeit technisch besteht, ohne daß eine Überwachung durch die Nachbarn notwendig ist. Wer das dann nicht tut, der wird ein Kandidat des Todes sein, er wird keine Nahrungsmittel haben. Niemand wird kaufen oder verkaufen können, der das Malzeichen des Antichristen nicht annimmt, der sich nicht vor ihm niederbeugt und ihn als den Gott, der er sein möchte, anerkennt. Und dennoch – und das ist nun das Interessante, werden gerade in dieser Zeit viele Menschen zum Glauben an Gott kommen. Wie wunderbar, daß auch dann noch Menschen zum Glauben an Gott kommen können; aber sie werden unter großem Druck stehen, denn eine Entscheidung für Gott wird gleichviel bedeuten wie ein Kandidat des Todes zu werden. Viele, viele Menschen werden den Märtyertod sterben. In dieser Zeit, während der Antichrist sein Wesen gegen die Gläubigen, die noch auf dieser Erde sind, treiben wird, während er sie verfolgt, sie peinigt und plagt, um sie auszurotten, wird etwas ganz Wundervolles und Interessantes geschehen. Plötzlich werden alle, die er verfolgt, verschwinden. Wir haben es in den Versen 14–16 gelesen, wo uns die Bibel von der Ernte berichtet. Und das ist gerade das, was ich anführte, das Verschwinden der Gläubigen, die – während der Antichrist hier herrscht – leben. Jesus wird auf der Wolke erscheinen, denn dieser Menschensohn ist niemand anders als Jesus Christus. Er wird eine goldene Krone haben, da er zu diesem Zeitpunkt schon gekrönt sein wird. Nachdem er das Buch mit den Siegeln entgegennehmen konnte, war es soweit, daß ihm die Krone aufgesetzt wurde. Jesus selbst wird nun an diesem Ereignis, das hier beschrieben ist, teilnehmen und es überwachen. Was ist denn diese Ernte, von der hier die Rede ist? Ich erwähnte es bereits. Laßt uns aber in Gottes Wort nachlesen. In Matthäus 24 möchte ich die drei Verse 29–31 lesen. Hier sprach der Herr Jesus gerade von dieser Zeit:

«Bald aber nach der Trübsal jener Tage wird die Sonne verfinstert werden, und der Mond wird seinen Schein nicht mehr geben, und

die Sterne werden vom Himmel fallen und die Kräfte des Himmels in Bewegung geraten. Und dann wird das Zeichen des Menschensohns am Himmel erscheinen, und dann werden alle Geschlechter der Erde sich an die Brust schlagen und werden des Menschen Sohn kommen sehen auf den Wolken des Himmels mit großer Kraft und Herrlichkeit. Und er wird seine Engel aussenden mit starkem Posaunenschall, und sie werden seine Auserwählten versammeln von den vier Winden her, von einem Ende des Himmels bis zum anderen.»

Das ist die Ernte. Erntezeit ist eine Freudenzeit für Gott. Wir lesen etwas Ähnliches in Matthäus 13, und auch da wollen wir Gottes Wort zu uns reden lassen. Dort spricht der Herr Jesus in einem Gleichnis vom Sämann, der guten Samen säte, und dann der Feind kam und Unkraut in denselben Acker hineinsäte. Die Diener stellten dann plötzlich fest, daß sowohl der gute wie auch der schlechte Same aufging. Dann sagten die Diener, wir sehen, daß Unkraut da ist, willst du, daß wir hingehen und das Unkraut ausreißen. Und nun hört, was ihnen in Matthäus 13, Vers 30 gesagt wird: «Lasset beides miteinander wachsen bis zur Ernte, und zur Zeit der Ernte will ich den Schnittern sagen: Leset zuerst das Unkraut zusammen und bindet es in Bündel, daß man es verbrenne; den Weizen aber sammelt in meine Scheune!» Dann lesen wir weiter von Vers 37 bis 39: «Und Jesus sprach zu ihnen: Der den guten Samen sät, ist des Menschen Sohn. Der Acker ist die Welt; der gute Same sind die Kinder des Reichs; das Unkraut aber sind die Kinder des Bösen. Der Feind, der es sät, ist der Teufel; die Ernte ist das Ende der Weltzeit, die Schnitter sind die Engel.» Merken wir, was Jesus hier sagt: Gleichwie man das Unkraut sammelt und es mit Feuer verbrennt, so wird es am Ende der Weltzeit sein. Die Ernte, von der hier die Rede ist, an der Jesus beteiligt sein wird, ist nicht anderes als das Wegnehmen, das Eingeerntet-Werden der noch lebenden Gläubigen, die nach der Trübsalszeit, vor dem großen Tag des Zornes Gottes, noch auf dieser Erde sein werden. Es sind die Gläubigen, die durch die Trübsalszeit gegangen sind. Es sind nicht alle Gläubigen, sondern die, welche durch die Trübsalszeit gingen bzw. gehen. Und nun merken wir etwas: Seit der Existenz des Menschen bis zu diesem Zeitpunkt war guter und schlechter Same Seite an Seite auf dieser Erde. Aber nun wird der Moment gekommen sein, wo es anders wird. Wieviel Not haben die Kinder des Bösen den Gläubigen gemacht. Aber der Moment kommt, wo geerntet wird, dann wird die Trennung kommen. Das finden wir zu diesem Zeitpunkt; während der Antichrist wüten und toben wird und das Gesetz erläßt, daß Gläubige verfolgt werden, da wird Gott sagen: jetzt ist Schluß. Und Jesus Christus wird selbst beteiligt sein an der Entrückung derer, die durch die Trübsal gegangen sind und jetzt zu ihm kommen dürfen. Ja, sagt vielleicht jemand, das ist herrlich. Ich glaube einerseits ja, andererseits hoffe ich nicht, daß irgend jemand hier ist, der seine Hoffnung auf diese Entrückung setzt, sondern daß er vielmehr seine Hoffnung und sein Augenmerk, sein ganzes inneres Trachten darauf setzt, daß er bei der Entrückung vor der Trübsal dabei sein wird. Ich möchte nun zusammenfassend sagen, warum ich glaube, daß es eine Entrückung vor der Trübsal geben wird und dann auch eine unmittelbar nachher und demzufolge ein Teil der Gläubigen durch diese Trübsalszeit hindurchgehen muß. Wir finden verschiedene Ausdrücke für die, die wie ich es verstehe, vor der Trübsalszeit entrückt werden. Ich nannte sie Braut, ich nannte sie Überwinder oder Erstlingsfrucht oder auch Erstlinge. Und ich sehe in der Heiligen Schrift schon im Alten Testament Vorbilder dafür in Henoch und in Elia. Ich glaube nicht, daß Henoch und Elia schlichtweg Vorbilder für die allgemeine Auferstehung bzw. Entrückung sind, sondern vielmehr für diejenigen, die bereit sind, wenn der Herr Jesus kommen wird, um die Gemeinde, die Braut des Herrn, zu holen. Ich sehe ferner einen Beweis in dem, was der Herr Jesus im Gleichnis der zehn Jungfrauen erzählte. Da sprach er von zehn Jungfrauen, die alle ausgingen – und der Begriff «ausgehen» ist im Neuen Testament gleichbedeutend wie der Begriff «sich bekehren». Zu einem gewissen Zeitpunkt hatten alle zehn Öl in ihren Lampen, alle zehn hatten Leben aus Gott, alle zehn warteten auf den Bräutigam, und sie waren schläfrig geworden. Und als dann der Moment kam, da der Herr Jesus erschien, waren fünf in einem Zustand der Nichtbereitschaft, mit ihm zu gehen, und fünf gingen mit zur Hochzeit ein. Ein weiterer Überlegungsgrund, warum ich das so sehe, ist dieser: Paulus trachtete danach, bei dieser Entrückung dabeizusein. Paulus sagte zwar, er wisse, an wen er glaube; er wisse, daß er ein Kind Gottes sei; er wisse daß er an der allgemeinen Auferstehung teilnehmen werde, aber er sagte auch: Ich richte mein ganzes Trachten darauf ein, daß ich zur Ausauferstehung gelange.

Dann sehen wir auch in der Offenbarung, daß unmittelbar nach dem Abschnitt der Gemeindezeit in den 24 Ältesten eine Schar vor Gottes Thron ist, die mit Jesus regieren darf. Und hernach finden wir nie, daß andere mit Christus auf dem Thron sitzen. Am Ende der Offenbarung sagt uns dann die Bibel, daß Jesus mit den Heiligen kommen wird, um mit ihnen zu regieren. Deshalb werden wir in Lukas 21, Vers 36, ermahnt: «Darum wachet jederzeit und bittet, daß ihr gewürdigt werdet, zu entfliehen diesem allem, was geschehen soll, und zu stehen vor des Menschen Sohn.» Wir sollen in einer solchen Verbundenheit mit ihm leben, daß wir bei der Entrückung vor der Trübsal dabei sein und all dem entfliehen können und entfliehen werden, was kommen wird. Dann finden wir im 3. Kapitel der Offenbarung das gleiche, was Jesus in Lukas 21 sagt. Offenbarung 3,10,11 an die Gemeinde zu Philadelphia: «Weil du das Wort meiner Geduld bewahrt hast, will auch ich dich bewahren vor der Stunde der Versuchung, die über den ganzen Erdkreis kommen wird, zu versuchen, die auf Erden wohnen. Ich komme bald; halte fest, was du hast, damit niemand deine Krone nehme.» Wenn die Bibel davon spricht, daß wir wachen und beten sollen, um all dem zu entfliehen, was da kommen soll, und wenn wir auf der andern Seite in der Offenbarung sehen, daß eine Entrückung nach der Trübsalszeit stattfinden wird, dann merken wir, daß es Menschen geben wird, die durch die Trübsalszeit hindurchgingen und dennoch entrückt werden. Aber wißt ihr, wenn sie dann vor Gott stehen, werden sie nicht mit Kronen auf ihren Häuptern und auch nicht mit Zeptern in ihren Händen als Regierende dort stehen. Wir finden diese Schar, die entrückt wird nach der Trübsal im 15. Kapitel. Die Bibel sagt uns, sie werden dort stehen, sie werden zwar als Überwinder über das Tier und über sein Bild hervorgegangen sein, das Lied Moses, des Knechtes Gottes singen, aber sie werden Palmen in ihren Händen – nicht Kronen auf ihren Häuptern – haben. Darum spricht der Apostel Paulus unmißverständlich davon –, daß es bei Gott Rangordnungen gibt. Die Bibel spricht von Rangordnungen, von Unterschieden; so wie die Sonne, der Mond und die Sterne unterschiedlich sind, so wird es sein bei der Auferstehung der Toten. Darum mahnt uns Jesus, darum mahnt uns Gottes Wort, daß wir wachen und beten sollen, um dabei zu sein, wenn die Entrückung vor der Trübsal stattfinden wird.

In Kapitel 19 werden wir mehr von der Weinlese zu reden haben. Wir müssen uns einmal vorstellen, wie die Erde nach der großen Trübsalszeit, die ja nur eine Zeitspanne der antichristlichen Regierung ist, aussehen wird. Nach dieser Trübsalszeit wird der Tag des Zornes Gottes beginnen; das ist der letzte Abschnitt der antichristlichen Zeit, wenn die Gläubigen, die dann noch auf der Erde sind, entrückt werden. Was bleibt danach auf dieser Erde noch übrig? Der Antichrist mit seinem Propheten, der Teufel mit seinen Engeln – er wurde auf diese Erde geschleudert – und eine gottlose Menschheit wird noch da sein. Das wird eine Dunkelheit sein, wie sie nie zuvor da war. Das wird der Moment sein, wo Gottes Gericht in vollem Ausmaß über diese Erde kommen wird. Die Bibel nennt das den Tag der großen Kelter Gottes, des Zornes Gottes. Und dieser Tag der Weinlese wird mit der sogenannten Schlacht bei Harmagedon enden. Wir werden im 19. Kapitel näher darauf zu sprechen kommen. Das Furchtbarste, das je auf dieser Erde geschah und geschehen wird, steht noch bevor. Möge sich niemand täuschen. Gott sei Dank wird dann kein Gotteskind mehr hier sein. Wenn wir Christen sind, brauchen wir, was Harmagedon betrifft, keinerlei Angst zu haben.

Wer wird bei der Entrückung der Braut dabei sein?

Wie schon erwähnt, sehe ich die Entrückung der Braut vor der großen Trübsal, und ich sehe eine Entrückung aus der Trübsal. Diese beiden Gruppen von Gläubigen sind zwar alle Gotteskinder, aber sie haben in der Herrlichkeit, was ihre Aufgabe oder ihre Rangordnung betrifft, keineswegs alle die gleiche Bestimmung.

Es ist viel zu wenigen Gotteskindern bewußt, daß noch viel zu gewinnen oder verpassen ist, wenn man gläubig geworden ist. Philipper 3,13–14 sagt: «Brüder, ich halte mich selbst nicht dafür, daß ich es ergriffen habe; eines aber tue ich, ich vergesse, was dahinten ist und strecke mich aus nach dem, was vor mir ist und jage nach dem Ziel.» Was ist das Ziel? Der Kampfpreis der himmlischen Berufung Gottes in Jesus Christus.

Paulus meinte hier nicht die Bekehrung und auch nicht die Wiedergeburt. Er war nämlich schon bekehrt und wiedergeboren. Es ist sehr wichtig, daß wir klar sehen. Er dachte hier nicht an das neue Leben, das der Mensch bekommt, wenn er Christus annimmt. Paulus hatte das erfahren, und er stand fest in diesem neuen Leben. Er ging so weit, daß er sagte, nichts könne ihn scheiden von der Liebe Christi oder von der Liebe Gottes, die in Christus Jesus ist, weder Tod noch Teufel, noch Schwierigkeiten, Trübsal oder sonst etwas. Er sagte: «Ich weiß, an wen ich glaube und bin gewiß, daß der Herr das mir anvertraute Gut bewahren wird bis an jenen Tag.» Was seine Rettung, seine Bekehrung, seine Wiedergeburt, seine Gotteskindschaft anbelangt, war sich Paulus völlig klar: die hatte er. Und er schrieb an alle Gemeinden: Freut euch in Jesus Christus, daß ihr gerettet seid. Er schrieb: Ihr seid mit Jesus Christus gerecht geworden durch den Glauben, so gibt es nun keine Verdammnis für die, die in Jesus Christus sind. Er sagte: Glauben wir an Gott, haben wir Jesus im Glauben angenommen, so haben wir Frieden mit Gott, unserem Vater. An die Gemeinde der Philipper schrieb er im 1. Kapitel an die Heiligen, im 2. Kapitel sagte er, Gott werde das, was er angefangen habe, vollenden. Und doch schrieb er, der so sicher war, daß er ein Kind Gottes und gerettet sei, der so sicher war, daß ihn nichts von der Liebe Christi scheiden könne, er strecke sich nach etwas aus, was er noch nicht ergriffen habe. Und er sagte hier, es gehe im Leben des Christen, des Gläubiggewordenen, des Wiedergeborenen, um das Erlangen eines Kampfpreises. Viele Menschen meinen, wenn sie gerettet seien, sei der Kampf beendet. Jetzt heißt es nur noch, treu zu bleiben bis zum Ende und Christus nicht abzusagen. Aber Gottes Wort zeigt uns, daß es selbst für gerettete Menschen gilt, einen Preis zu erlangen. Paulus sagte uns im 11. Vers des 3. Kapitels von Philipper was dieser Kampfpreis ist. Dieser Kampfpreis sei, daß er zur Ausauferstehung der Toten gelangen möchte. So steht es im Urtext. Paulus war sich völlig klar, er schrieb es an die Korinther, er schrieb es an die Thessalonicher, daß wir auferstehen werden von den Toten. Aber nun sah er dieses Kampfziel, diesen Kampfpreis vor sich, die Möglichkeit herauszukommen und bei der Auferstehung, bei der Entrückung dabeizusein bei denen, die vor der Trübsal entrückt werden, bei denen, die mit Christus auf dem Thron sitzen und mit Christus regieren werden. Das ist der Preis, den wir alle als Christen erlangen können. Während wir zu unserer Rettung, zu unserer Gotteskindschaft nichts hinzutun können, können und müssen wir, wenn wir diesen Preis erlangen wollen, etwas von uns aus tun. Wir müssen uns anstrengen, wir müssen uns hingeben; das sagt uns Gottes Wort. Und nun sehen wir, warum Gläubige zu allen Zeiten vom Herrn aufgerufen wurden, in der Bereitschaft zu leben, daß er jeden Tag kommen könnte. Gott wußte doch von allem Anfang an, daß es eine Anzahl Generationen von Gläubigen geben werde, die seine Wiederkunft nicht während ihrer Lebzeit miterleben würden. Und doch hat er alle Generationen von Gläubigen durch das Wort, durch den Heiligen Geist angehalten, so zu leben, als würde Jesus heute wiederkommen. Warum? Wenn die Entrückung stattfinden wird, wird die Haltung zählen, die sie hatten. Alle diejenigen, welche diese gleiche Haltung hatten, die die Menschen haben werden, wenn Jesus tatsächlich kommen wird, werden zu jenem Zeitpunkt auferstehen und entrückt werden und mit dabei sein bei der Schar derer, die die Bibel Überwinder, Erstlingsfrucht oder Braut nennt. Diese werden mit Jesus auf dem Thron sitzen und mit ihm regieren. Die Haltung während unserer Lebzeit ist so entscheidend!

Ich sehe in der Bibel gewisse Merkmale, die die Menschen, die bei dieser Entrückung dabei sein werden, haben müssen. Wir verstehen, daß sich das sowohl auf jene bezieht, die bei jener Schar dabeisein wollen, die jedoch sterben, ehe die eigentliche Entrückung stattfindet, wie auch auf die, die noch leben werden, wenn diese Entrückung geschehen wird. Es sind gläubige, wiedergeborene Menschen – die wie Henoch, der ein Vorbild auf diese Entrückung ist, mit Gott wandeln. Wenn wir uns diesen Gedanken vor Augen führen, dann merken wir bald, daß das etwas anderes ist, als sich lediglich bekehrt zu haben und wiedergeboren zu sein. Das schneidet mitten in unser aller Leben hinein. Was bedeutet es denn, mit Gott zu wandeln?Immer miteinander zu gehen, zusammen zu leben bei Tag und bei Nacht. Wie würde unser Leben aussehen, wenn der Herr sichtbar bei und mit einem jeden von uns wäre? Haben wir schon einmal darüber nachgedacht? Wie wären unsere Gedankengänge – das, was wir in unsere Phantasie hinein lassen? Wie wäre unser Reden? Wie wäre unser Reden, wenn der Herr immer bei uns wäre? Wie wäre unser Handeln, wenn der Herr immer mit uns wäre? Welche Orte würden wir aufsuchen, und welche würden wir nicht aufsuchen, wenn der Herr immer bei uns wäre? Welche Lektüre würden wir lesen und welche würden wir nicht lesen, wenn der Herr immer sichtbar in unserer Nähe wäre? Welche Dinge würden wir uns anschauen, wenn Gott immer sichtbar in unserem Leben anwesend wäre? Welche Freunde würden wir haben, welches Ziel im Leben würden wir anstreben, wenn der Herr immer bei uns wäre? Welche Pläne würden wir machen und verfolgen? Henoch wandelte mit Gott. Das heißt nicht, daß er 5 km weit mit Gott zusammen gewandelt ist, sondern Henoch führte ein Leben des Zusammenseins mit Gott Tag und Nacht, in Gedanken, in Handlungen, in allen Dingen. Die Menschen, die bei der Entrückung vor der Trübsal dabei sein werden, sind Menschen, die mit Gott wandeln, ganz sicher. Verstehen wir nun, warum uns die Bibel in Hebräer 11,5 von Henoch sagt, er hatte das Zeugnis, daß er Gott gefiel, noch ehe er von dieser Erde genommen wurde?

Zweitens werden Menschen, die bei dieser Entrückung dabei sein werden, Beter sein. Jesus sagt in Lukas 21: «Wachet und betet, daß ihr würdig erfunden werdet, diesem allem zu entfliehen.» Im Alten Testament ist Elia ein Vorbild dieser Entrückung vor der Trübsal. Gottes Wort sagt uns: Elia war ein Mensch von gleichen Empfindungen wie wir alle. Als Kind habe ich früher die Propheten immer bewundert, und ich dachte, das seien Supermenschen – Menschen von einer anderen Art, als wir es sind – gewesen, bis ich eines Tages auf den Satz in der Bibel stieß: «Elia war ein Mensch von gleichen Empfindungen wie wir.» Da dachte ich, gibt's denn das? Haben wir nicht alle eine Vorstellung von Männern und Frauen Gottes, die so weit über das hinausgeht, was wir sind? Aber Elia war ein Beter. Und die Menschen, die bei der Entrückung vor der Trübsal dabei sein werden, werden Beter sein. Wie ist unser Gebetsleben? Die Bibel zeigt uns weiter, daß sie Überwinder sein werden. Wenn wir die Sendschreiben anschauen, enden sie alle mit dem Gedanken, wer überwindet, dem werde ich geben, daß er auf dem Thron sitzt usw. Was gibt es denn für uns als Gotteskinder zu überwinden? Die Bibel gibt uns hier Antwort. Im 1. Johannesbrief 2,13 sagt Gottes Wort, daß wir den Sieg Jesu über den Teufel erhalten dürfen. Denn im 1. Johannesbrief 5,4 heißt es in der Bibel: «Wer aus Gott geboren ist, überwindet die Welt.» Ferner lesen wir, in Römer 8,37: «Wer in Christus ist, wird Angst, Verfolgung, Trübsal und sein eigenes Fleisch – die Fleischeslust – überwinden.» Überwinder sind Männer und Frauen, die im Angesicht all der Not, Trübsal, Verfolgung und Anfechtung in diesem Leben an den Sieg glauben. Aus der Bibel sehen wir, daß das der Kampfpreis ist, den es zu gewinnen gibt, indem wir überwinden. Die Bibel zeigt uns weiter, daß Gotteskinder, die bei dieser Entrückung vor der Trübsal dabei sein werden, Jungfrauen sind. Damit sind nicht lediglich Frauen gemeint; Männer sind da mit eingeschlossen. Das ist ein Ausdruck, den die Bibel braucht, um eine Haltung anzuzeigen und kundzutun. Er spricht von dem Getrenntsein von der Welt und von der praktischen Heiligung. Ich bin mir voll bewußt, daß dieses Wort Heiligung nicht von jedermann gerne gehört wird. Es gab Zeiten, da wurde unter Heiligung manches verkündigt und manches gefordert, das der Mensch aus eigener Kraft vollbringen sollte. Die Bibel sagt uns in Matthäus 5,8: «Selig sind, die reinen Herzens sind, denn sie werden Gott schauen.» Gottes Wort sagt im 1. Thessalonicher 4,3: «Es ist der Wille Gottes eure Heiligung.»

Und in Hebräer 12,14 sagt die Heilige Schrift: «Jaget nach dem Frieden gegen jedermann und der Heiligung, ohne welche niemand den Herrn sehen wird.» Es ist traurig festzustellen, daß Weltlichkeit in vieler Leben eingekehrt und auch in viele Gemeinden eingezogen ist. Und aus der Bibel sehen wir, daß die Liebe zur Welt laues Christentum hervorbringt. «Wisset ihr nicht, daß der Welt Freundschaft Feindschaft wider Gott ist?» In diesem Zusammenhang benutzt Gott ein Wort, das sehr stark ist. Er sagt, daß Menschen, die die Welt liebhaben, geistliche Huren und Ehebrecher sind. Das sagt Gottes Wort. Wir leben in einer Zeit – und das ist für mich als Gemeindeleiter oft schmerzlich mitzuerleben – in der Weltlichkeit in der Gemeinde als normal angesehen wird. Wir leben in einer Zeit, in der, wenn wir jemanden, der in dieser Haltung steht, in Liebe ermahnen, er beleidigt ist, böse wird und leider um ein paar Ecken herum eine Gemeinde findet, die ihn trotz seiner Haltung gerne aufnimmt und willkommen heißt. Das soll nie Anlaß geben, den Maßstab der Heiligung als Gemeinde herabsetzen. Wir möchten ihn vielmehr hochhalten: Heiligung, Absonderung, anders sein, anders denken, anders reden, sich anders benehmen, keine Kompromisse schließen. Die meisten der heutigen Kinos, Tanzsäle und Vergnügungshallen sind keine geeigneten Orte, um Heiligung zu pflegen. Das Trachten nach Materialismus ist genauso abscheulich in Gottes Augen und trägt zum Heiligungsleben überhaupt nichts bei. Das Trachten nach Reichtum auf Kosten des Innenlebens schießt am Ziel vorbei. Die Bibel sagt: Das ist der Wille Gottes, eure Heiligung. Denken wir nur eines: es ist die Sünde, die Jesus ans Kreuz genagelt hat, es ist die Sünde, die es notwendig werden ließ, daß Gott seinen Sohn gab und da sollte jeder Christ einen möglichst weiten Bogen um die Sünde machen. Wir sollten nicht – wie manche es tun – denken, das spielt ja keine Rolle: ich bin ja schwach und elend, wenn ich auch da hineinplumpse, kann ich ja wieder zu Gott gehen und sagen: Herr, verzeih mir. Und es ist wahr, Gott in seiner Gnade und Güte sagt, wenn jemand siebenmal siebzigmal am Tag zu uns kommt, sollen wir ihm vergeben. Er wird auch jedem von uns vergeben, aber wir haben dann keine Ahnung, was Heiligungsleben ist. Und es möge ja niemand meinen, daß er bei dieser Gruppe der Überwinder dabei sein werde. Die Bibel spricht von einer Gruppe von Gläubigen, die wie durchs Feuer gerettet werden, dabei aber noch Schaden leiden werden. Die Menschen, die bei dieser Gruppe, die vor der Trübsal entrückt wird, dabei sein werden, folgen dem Lamme nach, wohin es geht. Das weist auf den Gehorsam hin. Wohin geht das Lamm in unserem Leben? Wie können wir das erkennen? Wohin geht das Lamm? Wie zeigt Gott uns, wohin er in unserem Leben geht? Tief in uns fängt er an, durch das Wort Gottes, durch unser Gewissen, zu uns zu reden. Es gibt Menschen, die im Unterdrücken ihres Gewissens Spezialisten geworden sind. Sie sind in der Gemeinde, geben mitunter noch ihren Zehnten, können sogar ein Amt in der Gemeinde haben, aber Gehorsam? – Die Menschen, die dem Lamm folgen, sind auch dem einen großen Wunsch des Herrn Jesus, das Evangelium zu verkündigen, gehorsam. Ist es uns aufgefallen, daß diese eine Seite – Bereitschaft, die Botschaft des Friedens zu verkündigen – mit zur Waffenrüstung Gottes für die Gläubigen gehört? Das ist der große Herzenswunsch Gottes. Er hat gesagt, dieses Evangelium vom Reich Gottes muß gepredigt werden in aller Welt. In allen Gemeinden gibt es Männer und Frauen, die der Herr aus den verschiedensten Welten herausgerettet hat. Wozu? Damit sie nun hingehen und in ihrer Welt das Evangelium weitersagen und dem Lamme folgen, wohin es geht. Sind wir gehorsam? In diesem Zusammenhang sagt uns Gottes Wort auch, daß die Menschen dieser Gruppe wahr sind, daß kein Betrug in ihrem Munde erfunden wird und ihr Reden geläutert ist. Die Bibel zeigt uns ferner, daß die Menschen, die bei dieser Entrückung vor der Trübsal dabei sein werden, Menschen sind, die Öl in ihren Lampen haben. Öl ist das Symbol des Heiligen Geistes. Wenn die Bibel davon spricht, daß sie Öl in ihren Lampen haben, kann es sich hier keineswegs nur um eine Einzelerfahrung mit dem Heiligen Geist handeln, sondern daß wir das Wesen des Heiligen Geistes haben. Die Menschen, die bei dieser Entrückung dabei sein werden, ob sie nun vorher gestorben sind oder dann noch leben, werden alle während der Zeit ihres Lebens auf dieser Erde das Erscheinen Jesu liebgehabt haben. Ich möchte noch die Verse 7 und 8 im 2. Timotheus 4 lesen, wo Paulus sagt: «Ich habe den guten Kampf gekämpft, den Lauf vollendet, den Glauben bewahrt; hinfort liegt für mich die Krone der Gerechtigkeit bereit, welche mir der Herr, der gerechte Richter, an jenem Tage zuerkennen wird, nicht aber mir allein, sondern auch allen, die seine Erscheinung liebgewonnen haben.» Soll ich einem jeden von uns einen einfachen Prüfstein für unser Leben geben? Wie reagieren wir auf den Gedanken der Wiederkunft Jesu? Oh, denken wir, die Wahrscheinlichkeit, daß er nicht bald kommt, ist sehr groß und darum brauchen wir gar nicht zu reagieren. Bitten wir doch einmal den Herrn Jesus, uns das klarzumachen und werden wir einmal still und ehrlich vor Gott. Wie reagieren wir auf den Wiederkunftsgedanken Jesu? Haben wir sein Erscheinen lieb, oder sagen wir wie viele andere: Ja, mir wäre es eigentlich lieber, wenn er noch ein wenig warten würde? Ich kenne das aus meinem eigenen Leben. Ich kenne eine Zeitspanne in meinem Leben, in welcher ich immer hoffte: Herr, komme nicht zu bald. Und wenn ich heute zurückblicke, bin ich so froh, daß er damals nicht kam. Da waren keine groben Dinge, keine groben Schnitzer, aber da war auch keine Freude der Wiederkunft. Nur wenn wir den Herrn Jesus zum Liebsten in unserem Leben gemacht haben, wenn er das Liebste in unserem Leben geworden ist, werden wir Freude haben am Gedanken seiner Wiederkunft. Wenn uns aber irgendwas lieber ist als Jesus, dann merken wir, daß wir beim Gedanken «Herr, komme bald» keine Freudigkeit haben. Ich möchte einem jeden von uns raten, was immer es sein mag, ob es eine Person oder ein Ding ist, ob es das Geschäft oder der Beruf ist, ob es ein Hobby ist – trennen wir uns davon. Lassen wir Jesus das Liebste in unserem Leben werden.

Menschen, die bei jener Entrückung dabei sein werden, sind Leute, ob jung oder alt, die jetzt schon beten: Komm. Herr Jesus, komme bald Herr Jesus. Wir können uns heute an den Kennzeichen, die die Heilige Schrift uns gibt – orientieren. Menschen, die zu dieser Gruppe gehören, leben in einer täglichen Abhängigkeit von Gott, nicht in Selbstsicherheit, daß sie es geschafft haben, sondern in einer täglichen Abhängigkeit von ihm.

O Vater, auch an diesem Tage möchte ich in der Heiligung stehen, an diesem Tage möchte ich in der Erwartung leben und mit dir wandeln, an diesem Tage bete du, Heiliger Geist, durch mich, an diesem Tage stelle ich mich dir zur Verfügung, reinige mich immer mehr und mehr.

Fragen wir uns einmal, wenn der Herr Jesus heute nacht käme, würden wir alle mit ihm gehen? Wir merken, diese Menschen treffen nicht nur einmal eine Entscheidung und vergessen sie dann, sondern sie richten ihr ganzes Leben auf den Herrn aus. Oh, sagen wir, soll das nicht jeder Christ? Das ist Gottes Wunsch für jeden Christen. Aber tut es jeder Christ? Gibt es nicht so viele, denen es ziemlich gleichgültig ist, wie sie leben? Sie machen dann wieder einmal einen Anfang mit Gott, eine Generalreinigung in ihrem Leben, gehen wieder in der gleichen Weise weiter und machen dann wieder eine Generalreinigung. Sie gehen nicht ein in die Nachfolge des Lammes, sie geben ihr Leben nicht preis. Wenn es uns schwerfällt, wo wir keine Verfolgungen erleben, uns mit Hingabe an den Herrn zu halten, was wollen wir dann machen, wenn der Antichrist regieren und mit allen Künsten der Finsternis gegen Gotteskinder vorgehen wird? Wir wollen uns Gott weihen, ihm unser Leben hinlegen, daß wir mit den Dingen brechen, die Gott nicht wohlgefallen, und von denen wir in unseren Herzen schon längst empfinden, daß wir es tun sollten und uns auf das ausrichten, was der Herr möchte, um diesen Kampfpreis zu gewinnen. Das möchte Gott für jeden einzelnen von uns. Und da wollen wir einander behilflich sein und einander anspornen, kein gleichgültiges Leben zu führen. Auch die jungen Leute mögen einander anspornen, ein Leben in der Heiligung, in der Hingabe, zu führen. Wenn eines schwach wird und etwas tun möchte, das nicht richtig ist, soll ein anderes, das sich stark fühlt, sich vom Herrn gebrauchen lassen und sagen: Das würde uns nicht guttun, laß uns vielmehr etwas anderes machen, das Gott wohlgefällt. Laßt uns einander ermuntern, einander ermutigen und miteinander dem Herrn entgegenleben, denn er kommt bald, und da sollen wir alle auch dabei sein.

Die Zornschalengerichte (15,1–16,21)

Jetzt wollen wir das 15. und das 16. Kapitel in der Offenbarung lesen:

«Und ich sah ein anderes Zeichen im Himmel, groß und wunderbar; sieben Engel, welche die sieben letzten Plagen hatten, denn mit ihnen ist der Zorn Gottes vollendet. Und ich sah etwas wie ein gläsernes Meer, mit Feuer vermischt; und die, welche als Überwinder hervorgegangen waren über das Tier und über sein Bild und über die Zahl seines Namens, standen an dem gläsernen Meere und hatten Harfen Gottes. Und sie singen das Lied Moses, des Knechtes Gottes und des Lammes und sprechen: Groß und wunderbar sind deine Werke, o Herr, Gott, Allmächtiger! Gerecht und wahrhaft sind deine Wege, du König der Völker! Wer sollte dich nicht fürchten, Herr, und deinen Namen preisen? Denn du allein bist heilig. Denn alle Völker werden kommen und vor dir anbeten; denn deine gerechten Taten sind offenbar geworden. Und danach sah ich, und siehe, der Tempel der Hütte des Zeugnisses im Himmel wurde geöffnet, und die sieben Engel, welche die sieben Plagen hatten, kamen aus dem Tempel hervor, angetan mit reiner und glänzender Leinwand und um die Brust gegürtet mit goldenen Gürteln. Und eines der vier lebendigen Wesen gab den sieben Engeln sieben goldene Schalen voll vom Zorn Gottes, der da lebt von Ewigkeit zu Ewigkeit. Und der Tempel wurde voll Rauch von der Herrlichkeit Gottes und von seiner Kraft, und niemand konnte in den Tempel hineingehen, bis die sieben Plagen der sieben Engel vollendet waren.

Und ich hörte eine laute Stimme aus dem Tempel, die sprach zu den sieben Engeln: Gehet hin und gießet die sieben Schalen des Zornes Gottes aus auf die Erde. Und der erste Engel ging hin und goß seine Schale aus auf die Erde; da entstand ein böses und schmerzhaftes Geschwür an den Menschen, die das Malzeichen des Tieres hatten und die sein Bild anbeteten. Und der zweite goß seine Schale aus in das Meer, und es wurde zu Blut wie von einem

Toten, und alle lebendigen Wesen im Meer starben. Und der dritte goß seine Schale aus in die Flüsse und in die Wasserquellen, und sie wurden zu Blut. Und ich hörte den Engel der Gewässer sagen: Gerecht bist du, Herr, der du bist und der du warst, du Heiliger, daß du so gerichtet hast! Denn das Blut der Heiligen und Propheten haben sie vergossen, und das Blut hast du ihnen zu trinken gegeben; sie verdienen es. Und ich hörte vom Altar her sagen: Ja, Herr, allmächtiger Gott, wahrhaft und gerecht sind deine Gerichte! Und der vierte goß seine Schale aus auf die Sonne; und ihr wurde gegeben, die Menschen zu versengen mit Feuerglut. Und die Menschen wurden versengt von großer Hitze, und sie lästerten den Namen Gottes, der Macht hat über diese Plagen, und taten nicht Buße, ihm die Ehre zu geben. Und der fünfte goß seine Schale aus auf den Thron des Tieres, und dessen Reich wurde verfinstert, und sie zerbissen ihre Zungen vor Schmerz und lästerten den Gott des Himmels wegen ihrer Schmerzen und wegen ihrer Geschwüre und taten nicht Buße von ihren Werken. Und der sechste goß seine Schale aus auf den großen Strom Euphrat; und sein Wasser vertrocknete, damit den Königen vom Aufgang der Sonne der Weg bereitet würde. Und ich sah aus dem Maul des Drachen und aus dem Maul des Tieres und aus dem Maul des falschen Propheten drei unreine Geister herauskommen, gleich Fröschen. Es sind nämlich Geister von Dämonen, welche Zeichen tun und zu den Königen des ganzen Erdkreises ausziehen, um sie zum Kampf an jenem großen Tage Gottes, des Allmächtigen, zu versammeln. – Siehe, ich komme wie ein Dieb! Selig ist, wer wacht und seine Kleider bewahrt, damit er nicht bloß einhergehe und man nicht seine Schande sehe! Und er versammelte sie an den Ort, der auf hebräisch Harmagedon heißt. Und der siebente goß seine Schale aus in die Luft; da kam eine laute Stimme aus dem Tempel des Himmels vom Throne her, die sprach: Es ist geschehen! Und es entstanden Blitze und Stimmen und Donner, und ein großes Erdbeben entstand, wie dergleichen noch nie gewesen ist, seit es Menschen gab auf Erden, ein solches Erdbeben, so groß. Und die große Stadt wurde in drei Teile zerrissen, und die Städte der Heiden fielen, und Babylon, der Großen, wurde vor Gott gedacht, ihr den Becher des Glutweins seines Zornes zu geben. Und alle Inseln flohen, und Berge wurden nicht mehr gefunden. Und ein großer, zentnerschwerer Hagel kam vom Himmel auf die Menschen herab, und die Menschen lästerten Gott wegen der Plage des Hagels, weil seine Plage sehr groß war.»

Wenn man diese beiden Kapitel liest, dann wird man stille vor dem Herrn. Wo ist ein Gott, wie du es bist? Das 14. Kapitel endet mit der Ernte und der Weinlese. Das sind zwei Ereignisse, die total getrennt sind voneinander. Die Ernte ist das Einholen der Gerechten zur Zeit des antichristlichen Reiches. Wir haben das bereits gesehen. Aber Offenbarung 14 redet auch noch von der Weinlese; und das, was nun vom 5. Vers des 15. Kapitels an folgt, ist die Beschreibung dieser Weinlese. Diejenigen, die dann auf dieser Erde zurückbleiben, kommen in die Weinkelter Gottes, in diese Weinlese. Das Gericht wird nun über sie kommen. Die Bibel zeigt uns, daß das Gericht mit einem gewissen Vorgang im Himmel beginnen wird. Das wird uns in den Versen 5–8 beschrieben. Der Himmel bereitet sich vor für das, was nun hier auf Erden geschehen wird. Keiner von uns kann das Ausmaß des Schreckens begreifen, noch es sich vorstellen. In aufeinanderfolgenden Begebenheiten wird ein Gericht nach dem anderen kommen, ausgelöst durch die sieben Zornschalen Gottes, über eine Menschheit, die von Gott nichts wissen will, aber auch über den Teufel, über den Antichristen und über seinen Propheten. Es wird im Himmel beginnen: sieben Engel werden gerufen und werden sich vorbereiten. Und ihnen werden sieben Schalen gegeben, gefüllt mit dem Zorn Gottes. Laßt uns nicht verkennen, der Gott der Liebe und der Barmherzigkeit ist auch ein heiliger Gott. Die Bibel zeigt uns, daß er hier und an andern Stellen nicht in dem Sinne zornig ist, wie wir Menschen es sind, daß er aber aufgrund seiner Gerechtigkeit ein gerechtes Gericht über die Menschen, die ihm widerstehen, kommen lassen wird, und zwar nicht erst in der Trübsalszeit. Die Bibel sagt uns in den Evangelien: Wer an den Sohn glaubt, der hat das Leben, wer aber dem Sohn nicht glaubt, über dem bleibt der Zorn Gottes ruhen, auch in unserer Zeit der Gnade. Hier wird nun der Moment gekommen sein; die Erde wird dann leer sein von irgendwelchen Heiligen und in jenem Zeitpunkt werden hier auf der Erde nur noch der Antichrist, Dämonie und Menschen, die sich dem Antichristen und den Dämonen voll übergeben und geöffnet haben, sein; aber auch Menschen, die eine bewußte Stellung gegen Gott eingenommen haben. Ich glaube, daß die sieben Engel, von denen hier die Rede ist, erlöste Menschen sein werden. Ob es sich um Einzelpersonen handeln wird, ist nicht maßgebend, aber ich glaube, sie werden von der Schar sein, die bei der Braut dabei war. Aus zwei Gründen. Aus der Bibel sehen wir, daß diejenigen, die überwinden, die bei der Auferstehung dabei sein werden, mit Jesus Christus die Heiden mit einem eisernen Stab weiden werden. Das wird uns an vier Stellen in der Bibel gesagt: in Offenbarung 2,27, Offenbarung 12,5, Offenbarung 19,15 und Psalm 2,9, und das bezieht sich nicht auf das tausendjährige Reich, denn während des tausendjährigen Reiches wird der Herr Jesus nicht mit eisernem Stabe regieren und die Heiden nicht brechen. Es bezieht sich vielmehr auf die Zeit des Gerichtes über diejenigen, die Gott abgelehnt haben. Und hier werden nun diese Erlösten, die Gemeinde Jesu, die Überwinderschar mitbeteiligt sein. Der zweite Grund, warum ich so denke, ist der, daß Johannes in Offenbarung 21,9 von einem dieser sieben Engel genommen wurde, der ihm verschiedene Dinge zeigte, und als Johannes diese Dinge sah und die Größe Gottes feststellte, da lesen wir in Offenbarung 22,9, daß er vor diesem Engel niederfallen und ihn anbeten wollte. Dieser Engel aber sagte dann: Nein, stehe auf, tue es nicht, du sollst Gott anbeten; ich bin nämlich dein Mitbruder, ein Mitknecht der Propheten wie du.

Während des Gerichts wird der Tempel Gottes mit der Herrlichkeit des Herrn erfüllt werden. Die Offenbarung der Herrlichkeit Gottes ist für die einen Würze zum Leben, für die anderen zum Tode. Auch in unseren Gottesdiensten, auch in unserer heutigen Zeit. Möge niemand Gott nur als den barmherzigen Gott ansehen, der immer ein Auge zudrückt – das tut er nämlich nicht. Hier sehen wir nun, daß Gott dabei sein wird, die Erde aus der Hand des Teufels zurückzunehmen. Wir haben gesehen, daß das Lamm, als es das Buch mit den Siegeln bekam, allein würdig war, dieses Buch zu nehmen. All die Ereignisse, die wir bisher gesehen haben, geschahen infolge der Öffnung der sieben Siegel. Und nun wird der Moment kommen, wo der, der würdig ist, sein Reich auf dieser Erde antreten wird. Aber zuvor wird das Gericht kommen.

Der erste Engel wird seine Schale ausgießen, und was geschieht dann? Die Bibel berichtet uns, daß ein böses, schmerzhaftes Geschwür alle Leute auf dieser Erde befallen wird – nicht nur einige, nicht nur in einer Stadt, sondern: alle Menschen werden von diesem

Geschwür befallen, und die Bibel deutet an, daß es etwas Furchtbares, etwas Verheerendes sein wird. Wie es in Ägypten war, als zur Zeit Mose eine sehr ähnliche Plage über die Ägypter kam, werden die Ärzte kein Mittel gegen diese Geschwüre haben. Es scheint, daß die einzelnen Zorngerichte noch immer im Gange sein werden, wenn die nächsten kommen, das heißt, daß das Gericht der ersten Schale nicht aufhören und das zweite einfach hinzukommen wird, wenn der zweite Engel seine Schale ausgießt. Das wird das Verheerende, das Schlimme sein.

Die Bibel sagt uns, daß, wenn der zweite Engel seine Schale ausgießen wird, das Meer (über zwei Drittel der Fläche unserer Erde ist Meer) wie das Blut eines Toten werden wird. Wir müssen gut lesen, er sagt nicht, es werde Blut, sondern es werde wie das Blut eines Toten. Irre ich mich, wenn ich sage, das Meer wird zu einer nicht brauchbaren Masse werden? Können wir uns vorstellen, was das verursachen wird? Gewiß den Tod aller im Wasser lebenden Tiere, das ist klar, die Schiff- und Fischindustrie wird vernichtet werden. Aber stellen wir uns einmal vor, die frischen Winde, die guten Lüfte, die wir jetzt vom Meer bekommen, wie werden diese dann sein?

Dann sehen wir aus der Bibel, daß der dritte Engel seine Schale in die Flüsse, die Quellen und die Seen ausgießen wird, die diesmal zu Blut werden. Wieviel Blut ist auf dieser Erde geflossen? Wieviel Blut fließt auch heute? Und Gott scheint zu schweigen, aber er nimmt davon Notiz, und bei all dem bleibt er gerecht. Was Gott hier tun wird, ist ein ganz gerechtes Gericht.

Dann wird der vierte Engel seine Schale ausgießen, und das wird die Sonne betreffen. Eine Hitzewelle sondergleichen wird über die Erde kommen. Die Menschen werden vor Hitze verschmachten. Was das bedeutet, können wir uns nicht vorstellen: die Flüsse in Blut verwandelt, das Meer eine unbrauchbare Masse, kein Lebewesen, nur Verwesung und dann die große Hitze auf dieser Welt. O ja, der Mensch versucht heute, die Natur zu retten. Ich sage nicht, daß wir das nicht tun sollen, aber ich bin so froh, daß die Bibel uns sagt, Gott werde einen neuen Himmel und eine neue Erde machen. Dann wird keine Umweltverschmutzung mehr sein.

Der fünfte Engel wird seine Schale ausleeren, und eine Dunkelheit sondergleichen wird über diese Erde kommen. Das ist symbolisch für geistliche Dunkelheit, in der sich die Menschheit befindet.

Dann lesen wir vom sechsten Engel, der seine Schale ausgießen wird, worauf folgendes geschehen wird: dämonische Geister werden ausgehen können, drei Hauptdämonen, in alle Welt. Deren Aufgabe wird es sein, die Heere der Menschen zusammenzuziehen und an einem Ort zu versammeln. Der Fluß Euphrat wird dazu ausgetrocknet sein, damit sie hier hineinmarschieren und ihn benutzen können. Wir sehen hier die Erfüllung der Prophezeiung. Hesekiel 38 spricht davon, daß der Fürst von Rosch aus dem Lande Magog mit seinen Verbündeten gegen das Land kämpfen wird, das von vielen Völkern wieder gesammelt wurde; auf den Bergen Israels werden sie einander wieder begegnen. Bibelausleger sind sich klar, daß der Fürst von Rosch aus dem Lande Magog niemand anders ist als Rußland, die Sowjetunion mit ihren Verbündeten, und es ist bemerkenswert, daß einige der Verbündeten, die in der Bibel direkt mit Namen genannt werden, schon jetzt ganz stark Verbündete dieses Ostblockstaates sind. Sie werden aber Widerstand bekommen, nicht nur allein von Israel, sondern Hesekiel 38, Vers 13, spricht davon, daß auch anderer Widerstand sein wird und zwar:

«Alsdann werden Seba und Dedan und die Kaufleute von Tarsis und alle ihre jungen Löwen zu dir sagen: Bist du da, um Beute zu machen? Hast du deine Menge gesammelt, um zu plündern, um Silber und Gold zu nehmen, um Vieh und Güter wegzuführen und großen Raub an dich zu reißen?»

Man vermutet, mit diesen erwähnten Ländern seien England mit seinen Verbündeten und die USA gemeint. Ob dem nun so ist oder nicht, ist nicht ausschlaggebend. Aber eines ist klar: Rußland wird mit seinen Verbündeten gegen Israel kämpfen und in einer Schlacht bei Harmagedon wird etwas stattfinden, was auf dieser Erde noch nie stattgefunden hat. Es wird eine Schlacht sein mit einem Blutbad, wo sich die Völker gegenseitig kaputtmachen. Möge niemand denken, daß wir im 20. Jahrhundert so vernünftig geworden sind, daß das nicht passieren könnte. Da kennen wir die Macht des Bösen nicht, der die intellektuellsten Menschen mit Blindheit, mit Dunkelheit, mit Unvernunft schlagen kann und wird. Das sehen wir ja heute schon. Wenn man sieht, was in unserer Zeit in manchen Ländern geschieht, muß man sich an den Kopf greifen, daß so etwas überhaupt möglich ist.

Dann wird der siebente Engel seine Schale ausgießen. Wißt ihr, was dann geschehen wird? Wir lesen das in Sacharja, Kapitel 14. Es wird ein Erdbeben kommen, ein Erdbeben wie es noch nie eines gegeben hat. Gibt es denn so etwas? Es gab doch schon schlimme Erdbeben. Es wird ein Erdbeben sein, wie es noch nie eines gab. Warum? Jesus wird nämlich auf diese Erde zurückkommen und er wird – das können wir aus Sacharja entnehmen – von rund einem Drittel der lebenden Israelis (denn zwei Drittel werden bei diesem Erdbeben umkommen) als der Messias anerkannt und angenommen werden. Sie werden den sehen, den sie zerstochen haben und sich an ihre Brust schlagen: oh, hier ist Jesus, unser Messias. Das wird kommen. Das sagt die Heilige Schrift, und es gibt kein Buch, das so zuverlässig ist wie die Bibel.

Wir leben in der Zeit, in welcher die Vorbereitungen für diese Ereignisse im Gange sind. Wir leben in der Zeit, in der das Kommen unseres Herrn Jesus sehr nahe vor der Tür steht. Was bedeutet das jedem einzelnen von uns? Diese Ereignisse, die ich jetzt geschildert habe, betreffen Gotteskinder im eigentlichen Sinne nicht direkt, Gott sei Dank, aber sie betreffen viele Menschen, die jetzt noch keine Gotteskinder sind, Und was sagt der Herr Jesus? Er drückt einen seiner größten Wünsche – bevor er kommen wird – so aus: Das Evangelium vom Reiche Gottes soll und muß allen Völkern verkündigt werden, ehe der große und schreckliche Tag des Herrn kommt. Es gibt Gotteskinder, die scheinen im Angesicht der Ernsthaftigkeit der Zeit, in der wir leben, nichts anderes tun zu wollen, als auf den Herrn Jesus zu warten. Aber laßt uns Matthäus 25 aufschlagen. Es ist nicht von ungefähr, daß der Herr Jesus dort von zwei Bildern spricht, die in direktem Zusammenhang mit seiner Wiederkunft sind; zwei Bilder, die wir uns unbedingt zu Herzen nehmen sollen. Er spricht im 25. Kapitel zuerst von den zehn Jungfrauen, den fünf klugen und den fünf törichten und sagt dann: «Darum wachet, denn ihr wisset weder den Tag noch die Stunde.» Und laßt euch von niemandem betören, der Tag und Stunde wissen will. Aber eines sagt uns Gottes Wort auch: Ihr seid nicht so wie die Schlafenden, für euch Gotteskinder wird der Herr nicht wie ein Dieb in der Nacht kommen, weil ihr anhand der Geschehnisse wahrnehmen könnt, wenn er im Kommen ist, auch wenn ihr Tag und Stunde nicht wißt. Darum wachet! Aber im gleichen Zusammenhang sagt der Herr Jesus noch etwas: Wir sollen nicht nur im wachenden Verhältnis stehen, sondern wir sollen vielmehr in der Zeit, in der wir leben, unmittelbar bevor er kommt, die Talente einsetzen, die er uns gegeben hat, d. h. für ihn wirken, für ihn arbeiten; das Evangelium vom Reich soll verkündigt werden. Wenn wir in diesen Tagen als Gemeinde die Offenbarung studieren, dann gewiß nicht in erster Linie darum, daß unser Wissen ein wenig bereichert wird, denn der Herr Jesus wird kommen, ob wir all diese Dinge wissen oder nicht. Gott zeigt uns in seinem Wort, was den Menschen passiert, die das Heil nicht ergriffen haben. Er möchte uns anspornen, daß wir uns einsetzen mit den Talenten, die wir haben, daß wir Menschen warnen, daß wir Menschen das Evangelium sagen. Es mag sein, daß wir, wenn wir heute das Evangelium verbreiten und die Botschaft hinaustragen, jetzt nicht einen unmittelbaren Erfolg sehen werden. Wenn der Antichrist gekommen sein wird, werden sich manche daran erinnern und sich dann noch zum Herrn Jesus wenden. Und daran dürfen wir Anteil haben. Darum möchte Gott uns warnen und dahingehend erziehen. Es geht nicht nur um uns. Gott hat seine Herrlichkeit nicht für sich behalten, sondern um unsertwillen ist Jesus auf diese Erde gekommen. Sind wir alle bereit, uns zu geben? Ich meine nicht nur, ob wir bereit sind, uns Gott zu weihen, damit wir bereit sind, wenn er kommt. Sind wir willig, uns zum Einsatz für den Herrn zu geben? Und sind wir willig, dieses Ziel Priorität unseres Lebens sein zu lassen? Gott kann nur mit den Menschen, die sich Jesus völlig hingeben, Geschichte machen. Laßt uns, Matthäus 25 betend durchlesen und darauf achten, was Gott uns persönlich sagt. Wir leben in einer Zeit, in der es nicht nur um uns geht; in einer Zeit, in die Gott uns als seine Mitarbeiter, als seine Boten, als seine Zeugen, als seine Kinder gestellt hat, die er gebrauchen will. Laßt uns erkennen, wozu Gott uns in diese Zeit hineingestellt hat und wir werden erleben, daß wir Mitarbeiter unseres Herrn sein dürfen. Wir sollen nicht nur gerettet, sondern Mitarbeiter Gottes sein. Davon lesen wir im letzten Teil des 25. Kapitels. Lesen wir dieses Kapitel betend und Gott wird unser Leben bereichern. Kein Leben ist so gesegnet wie jenes, das in der unmittelbaren Mitarbeit Gottes steht. Das wird jeder von uns erleben und erfahren. Das Evangelium vom Reich soll auch in unserer Zeit hinauskommen, hier unter uns, in den Missionsländern und überall, wo Gott uns haben will.

Die Hure Babylon (17,1–18)

Wir lesen Offenbarung Kapitel 17:

«Und es kam einer von den sieben Engeln, welche die sieben Schalen hatten, redete mit mir und sprach: Komm! ich will dir das Gericht über die große Hure zeigen, die an vielen Wassern sitzt, mit welcher die Könige der Erde Unzucht getrieben haben und von deren Wein der Unzucht die Bewohner der Erde trunken geworden sind. Und er brachte mich im Geist in eine Wüste. Und ich sah ein Weib auf dem scharlachroten Tiere sitzen, das voll Namen der Lästerung war und sieben Köpfe und zehn Hörner hatte. Und das Weib war mit Purpur und Scharlach bekleidet, und übergoldet mit Gold und Edelsteinen und Perlen; und sie hatte einen goldenen Becher in ihrer Hand voll von Greueln und der Unreinigkeit ihrer Unzucht, und an ihrer Stirne einen Namen geschrieben, ein Geheimnis: Babylon, die Große, die Mutter der Huren und der Greuel der Erde. Und ich sah das Weib trunken vom Blut der Heiligen und vom Blut der Zeugen Jesu; und ich verwunderte mich gar sehr, als ich sie sah. Und der Engel sprach zu mir: Warum verwunderst du dich? Ich will dir das Geheimnis des Weibes sagen und des Tieres, das sie trägt, welches die sieben Köpfe und die zehn Hörner hat. Das Tier, welches du gesehen hast, war und ist nicht mehr, und es wird aus dem Abgrund heraufkommen und ins Verderben laufen; und die auf Erden wohnen, deren Namen nicht geschrieben sind im Buche des Lebens von Grundlegung der Welt an, werden sich verwundern, wenn sie das Tier sehen, daß es war und nicht ist und da sein wird. Hierher, wer Verstand, wer Weisheit hat! Die sieben Köpfe sind sieben Berge, auf welchen das Weib sitzt, und sind sieben Könige. Fünf sind gefallen, der eine ist da, der andere ist noch nicht gekommen; und wenn er kommt, darf er nur eine kleine Zeit bleiben. Und das Tier, das war und nicht ist, ist auch selbst der achte und ist einer von den sieben und läuft ins Verderben. Und die zehn Hörner, die du gesehen hast, sind zehn Könige, welche noch kein Reich empfangen haben; aber sie erlangen Macht wie Könige auf eine Stunde mit dem Tier. Diese

haben einerlei Ansicht, und ihre Macht und Gewalt übergeben sie dem Tier. Diese werden mit dem Lamm Krieg führen, und das Lamm wird sie besiegen – denn es ist der Herr der Herren und der König der Könige – und mit ihm die Berufenen, Auserwählten und Getreuen. Und er sprach zu mir: Die Wasser, die du gesehen hast, wo die Hure sitzt, sind Völker und Scharen und Nationen und Sprachen. Und die zehn Hörner, die du gesehen hast, und das Tier, diese werden die Hure hassen und sie einsam machen und nackt und ihr Fleisch verzehren und sie mit Feuer verbrennen. Denn Gott hat ihnen ins Herz gegeben, seine Absicht auszuführen und ihr Reich dem Tier zu geben, bis die Worte Gottes erfüllt sein werden. Und das Weib, das du gesehen hast, ist die große Stadt, welche königliche Macht über die Könige der Erde besitzt.»

Wir stehen nun wieder vor einem nicht gerade leichten Kapitel. Es werden hier Ausdrücke benutzt, die heutzutage nicht mehr modern sind, und wir verstehen, daß wenn Gott hier in dieser Weise redet, er von einer geistlichen Hurerei und geistlichem Ehebruch spricht. Die Kapitel 17 und 18 sind gewissermaßen Einschiebungen, um Johannes und auch uns ein wenig detaillierter über das zu informieren, was Gott als notwendig erachtete, daß wir es mitgeteilt bekommen. Es ist durchaus nicht so, daß die Offenbarung geschrieben ist, damit unsere Neugierde über Dinge, die kommen werden, gestillt werde, sondern es sind Dinge, über die wir informiert sein sollen, sonst hätte Gott sie ja nicht gegeben. Die Dinge, die wir nicht notwendigerweise wissen müssen, konnten versiegelt werden, und Gott hat sie uns noch nicht mitgeteilt. Was wir hier beschrieben finden, wird während der Gerichte des Ausgießens der Zornschalen geschehen; es zeigt aber über gewisse Details hinaus, die während der Zornschalengerichte eintreten werden, noch andere Dinge, die sehr wichtig und markant sind, auf die wir acht geben sollen. Es ist bemerkenswert, daß einer der sieben Engel die Aufgabe hatte, Johannes diese Dinge zu zeigen. Zusammenfassend sehen wir im 17. Kapitel den Werdegang oder den Ablauf der Religion in der Welt. Darüber wollen wir heute etwas mehr hören. Das 18. Kapitel zeigt uns vielmehr den Werdegang der Kultur und des Handels in der Welt. Die beiden sind sehr eng miteinander verknüpft, aber sie werden doch gewissermaßen differenziert dargestellt, und wir werden, wenn wir zum 18. Kapitel kommen, einige wesentliche Unterschiede sehen. Im 17. Kapitel geht es darum, daß Johannes diese Frau, diese Hure – wie die Bibel sie bezeichnet – sah, auf deren Stirn ein Name stand. Wenn wir die Elberfelder-Bibel betrachten, auch die Konkordante Übersetzung, dann finden wir dort, daß der Name dieser Frau «Geheimnis» heißt. Die meisten Übersetzungen sagen: es ist ein Geheimnis. Aber ihr Name heißt Geheimnis. Und weiter steht dann noch: Babylon, die Große, die Mutter der Huren. Es ist bemerkenswert, daß Johannes zur Wüste geführt wurde, um sie zu sehen. Als ihm die Braut Christi gezeigt wurde, ist er hinauf, auf den Berg, geführt worden, aber jetzt, wo es die geistliche Hurerei betraf, ging er in die Wüste. Merken wir hier etwas? Das ist immer so. Wo es geschieht, daß man geistlichen Ehebruch begeht, ist immer Verzweiflung, Wüste und Öde da. Warum aber dieser so starke Ausdruck Hure? Das ist wohl die schlimmste Bezeichnung, die man einer Frau überhaupt geben kann. Israel und auch die neutestamentliche Gemeinde Jesu werden in der Bibel immer als Weib, als Frau oder gar als Jungfrau dargestellt. So sieht Gott die Gemeinde. Und Hurerei im geistlichen Sinne ist das, wenn falsche Anbetung oder Götzendienst geschieht, wenn Riten eingeführt werden, wenn Institutionalismus kommt, kurzum, wenn Gott nicht mehr den Raum hat, der ihm zusteht, und andere Dinge die Stelle Gottes einnehmen.

Wer eine Sünde begeht, für den ist Vergebung da. Gottes Wort sagt uns auch, daß Gotteskinder in Sünde fallen können und dann Vergebung da ist. Wer aber im Götzendienst lebt – sei es im modernen Götzendienst – und Gott ablehnt, der ist in viel größerer Gefahr. Damit möchte in keiner Weise Sünde gutgeheißen werden, denn die Bibel sagt uns, wir sollen vor der Sünde fliehen. Aber das zeigt uns, wie schrecklich Götzendienst, geistliche Hurerei und Ehebruch sind. In der Heiligen Schrift haben wir viele Beispiele in Jeremia 3, Hosea 1 und Offenbarung 2, wo Gott darüber redet.

Nun sagt uns dieses Kapitel, daß Johannes sich sehr verwunderte, als er das Bild dieser Frau sah. Der Ausdruck, der gebraucht wird, heißt eigentlich, er entsetzte sich. Mir fiel auf, daß Johannes sich nicht verwunderte, als er das Tier sah; als er die Entwicklung der politischen Macht auf Erden sah. Das ist ja das Tier. Johannes hat sich über viele andere Dinge nicht verwundert, aber jetzt sah er diese Frau, diese Hure – und er war entsetzt. Es ist offensichtlich, daß diese Frau ein System verkörpert und darstellt, welches sich nicht nur im Götzendienst verloren hat, sondern welches über alle Jahrtausende der Geschichte der Menschheit im Götzendienst gelebt hat. Wann immer Israel Gott untreu war – war es im Götzendienst. Und noch ein zweiter Gedanke: Wenn immer Götzendienst da war, gab es auch Okkultismus. Sehr früh in der Bibel, unmittelbar nach der Sintflut – ein Gericht war bereits über die Menschen gekommen, dem nur wenige entronnen sind – finden wir, daß kurz danach, wenige Generationen nach Noah, der Götzendienst – von dem die Bibel hier redet – geboren wurde, und zwar in Babel oder Babylon, wie immer wir es nennen wollen. In 1. Mose 10 und 11 wird uns darüber berichtet. Nimrod, ein Nachkomme Noahs, baute diesen Turm zu Babel. Dort geschah dann nicht nur die Sprachenverwirrung, sondern dort wurde etwas ganz Entsetzliches geboren. Die Menschen waren sich darüber im klaren, daß wenn sie diesen Turm auch bauen würden, sie Gott nicht erreichen könnten. So hoch hinauf konnten sie mit ihrem natürlichen Auge auch sehen. Was war denn aber der Sinn dieses Baues? War es nicht der Gedanke, von diesem Turm aus in die Sterne zu schauen? War es nicht der Gedanke, hier etwas zu schaffen, was gegen das göttliche Gebot ging? Die Geschichte zeigt uns, während Nimrod der politische Führer war, jedenfalls so sagt es das sehr aufschlußreiche Buch von Alexander Hislop «The two Babylons», sei Nimrods Frau Semiramis die religiöse Führerin gewesen. Diese Frau, Semiramis, bekam eines Tages einen Sohn, und sie bestand darauf, daß dieser Sohn durch einen Sonnenstrahl gezeugt worden sei. Sie faßte das dann auf, als wäre dieser Sohn der Nachkomme der Frau, von dem die Verheißung an Eva erging. Sie weihte diesen Sohn diesem Zweck, obwohl sie selbst Gott nicht im biblischen Sinne diente. Und dann geschah es – so berichtet es die Überlieferung – daß dieser Sohn eines Tages von einem Eber angefallen und angeblich getötet wurde. Diese Frau soll dann während vierzig Tagen gebetet und geweint haben, und danach sei der Sohn angeblich wieder zurückgekommen. Wißt ihr, was dort in jener Zeit geboren wurde? Das religiöse Verehren einer Mutter mit ihrem kleinen Kind. Diese Frau wurde zur Himmelskönigin erklärt, sie wurde Hohepriester oder Priesterin, und man fing an, dieser Mutter und ihrem kleinen Kind, das sie auf ihrem Arm hielt, göttliche Verehrung zu geben.

Verstehen wir nun die Zeit, in der ein Abraham lebte? Es war gerade eine Zeit mit solch einer Götzendienerei. Dann erging der Ruf Gottes an Abraham: Gehe aus von deinem Vaterhaus und von deinem Vaterland, verlaß diese Religion. Und was tat Gott? Er nahm diesen Mann heraus, mit dem er etwas Neues beginnen wollte und mit dem er ein neues Volk gründete. Aber viele nachkommende Völker übernahmen diese Form und diese Art der Anbetung, die damals in Babel geboren wurde. Die Namen haben sich zeitweise verändert; in Assyrien waren es Ichthal, die Frau, und Tammus, der Sohn; in Ägypten waren es Isis und Osiris; in Phönizien Asterod und Baal oder auch Tammus; in Griechenland Aphrodite und Eros; in Rom Venus und Amor. Und die Art der Anbetung ist auch während all der Jahrtausende sich immer sehr ähnlich gewesen. Da waren überall diese beiden Figuren, Mutter- und Sohn-Figuren, damit hing häufig eine Fastenzeit von 40 Tagen zusammen; es wurden dieser Himmelskönigin Kuchen gebacken und geweiht und am Ende der Fastenzeit wurde ein Fest gefeiert. Und wißt ihr, die Propheten haben gegen diesen Kult gesprochen. In Jeremia 44 lesen wir, daß Gott sein Volk durch den Propheten in einer sehr deutlichen Sprache angesprochen hat und Israel sein götzendienerisches Leben, seine Abweichung von Gott vorhielt. Aber das Volk stellte sich vor den Propheten, und wir finden, daß es in Jeremia 44, im 17. Vers sagte: «Wir wollen der Himmelskönigin räuchern und ihr Trankopfer ausgießen, wie wir, unsere Väter, unsere Könige und unsere Fürsten in den Städten Judas und auf den Gassen Jerusalems getan haben.»

Dann im 19. Vers zum Schluß: «Daß wir ihr Kuchen backen, um sie abzubilden und ihr Trankopfer spenden.» Merken wir hier, was der Kern dieser Götzendiener war? Der Himmelskönigin zu opfern. In Hesekiel redet die Bibel im 8. Kapitel ebenfalls von diesem Götzenkult. Dem Propheten wurde gezeigt, welch große Greuel unter dem Volke Gottes geschahen und getan wurden. Im 13. Vers des 8. Kapitels lesen wir, daß Gottes Geist in folgender Weise zu ihm gesprochen hat: «Du wirst noch mehr große Greuel sehen, welche sie begehen! Und er führte mich zu dem Eingang des Tores des Hauses des Herrn, welches gegen Norden liegt; und siehe, dort saßen Weiber, welche den Tammus beweinten.» Wann war das denn? Das war doch schon viele Jahre nach dem Turmbau zu Babel. Aber noch immer wurde diese sogenannte Fastenzeit gepflegt, um dieses Kind zu beweinen. Götzendient, geboren in Babel. Und dieser Götzendienst kam bis nach Rom. Dort wurde der Kaiser, der Pontifex Maximus, der Hohepriester dieses götzendienerischen Systems. Das geistliche Leben war längst aus der allgemeinen Kirche gewichen. Man wollte die Menschen zu einem Christentum überführen und sie dafür gewinnen. Was hat man getan? Diese götzendienerische Linie wurde in das Christentum eingeführt. Man hat auch dem Christentum eine Mutter mit ihrem Sohn gegeben, man hat 40 Tage Fasten und ein Fest eingeführt. Der Priester wurde zum Pontifex Maximus ernannt. Man führte Bilder- und Heiligenkult ein, und alles und vieles mehr wurde mit einem christlichen Namen überdeckt.

Aber nicht nur die römisch-katholische Kirche ist von diesem System gefangen. Dieses Bild der Hure ist viel größer, als daß es nur eine einzelne Institution darstellen würde. Dieses Bild stellt ein System in dieser Welt dar, das von jeher dagewesen ist und auch in der heutigen Zeit über unsere Welt rollt. Im ökumenischen Rat, der vor einiger Zeit in Vancouver tagte, sprach man davon, daß man Gott nun «Schwester Gott» nennen soll. Man sprach davon, daß man Gott weiblich machen soll. Man verging sich an der Lehre des Blutes Jesu. Nirgends in der Bibel ist ein Hinweis gegeben auf eine weibliche Gottheit. Maria hatte einen von Gott für sie zugedachten Platz in der Gemeinde, aber erst viele Jahrhunderte später hat man sie zu dem gemacht, was heute vielerorts üblich ist. Babylonischer Götzendienst im christlichen Gewande. Verstehen wir, warum Johannes sich schrecklich verwunderte. Auch wenn er sich vieles hätte vorstellen können, wäre ihm das, daß es einmal möglich sein könnte, daß solch ein Götzendienst innerhalb des Christentums auftreten würde, nie in den Sinn gekommen. Johannes sah diese Frau; sie saß auf dem Tier, sie ritt auf dem Tier. Das Tier ist das Symbol für die Reiche der Welt. Da waren das assyrische, das ägyptische, das neu-babylonische Reich, das medo-persische und das griechische Reich, die alle vergangen waren; dann das römische Reich, unter dem Johannes lebte, und dann das zukünftige antichristliche Reich, das mit dem Auftreten des Antichristen kommen wird. Aber Johannes sah diese Frau als eine reiche, nach außen hin schön geschmückte Frau, und sie ritt auf den weltlichen Mächten, d.h. sie beherrschte sie. Ob wir es wahrhaben wollen oder nicht, die Politik wird nicht nur von den Politikern gemacht, die wir sehen. Die Religion beherrscht eigentlich die politische Macht. Johannes kannte die Gemeinde Jesu, er wußte, daß sie arm, verachtet, gehaßt und verfolgt war. Aber was er hier sah, war ein religiöses System in einem christlichen Gewande, das anerkannt war, Macht hatte, das beherrschend wirkte, ja sogar bestimmte, was hier auf Erden vor sich ging. Er war geradezu entsetzt. Darüber hatte der Herr Jesus nie gesprochen, das war ihm fremd. Dann sah er, daß sie betrunken war – und der Ausdruck, der hier gebraucht wird, heißt eigentlich beständig betrunken – von dem Blut der Gläubigen, der Heiligen. In den Tagen des Johannes war es Rom, und waren es die Juden, die Christus überhaupt nicht anerkannten und die die Christen verfolgten und sie töteten. Aber hier sah Johannes ein religiöses christliches System, das das Blut der Zeugen Jesu auf dem Gewissen hatte. Haben wir uns schon einmal die Frage gestellt, wer eigentlich die Feinde der Gemeinde Jesu sind? Ich meine jetzt nicht den Teufel, sondern hier auf Erden, ganz sachlich gesehen? Ich glaube, wir könnten sie in zwei Kategorien einteilen: einmal in die Gruppe der Atheisten und dann in die andere Gruppe einer götzendienerischen christlichen Religion. Damit meine ich nicht irgendeine Gemeinschaft oder Institution allein, sondern unter diesem Ausdruck ist viel mehr zu verstehen. Das sind die Feinde. Anlässlich der ökumenischen Sitzung in Vancouver fiel innerhalb der Ökumene folgender Satz von einem bedeutenden Mann: «Das größte Hindernis zum Einswerden mit nicht-christlichen Religionen sind die Erwekkungsbewegungen.» Was erleben wir in unserer Zeit? Wir erleben doch heute, daß das genau gleiche wieder angestrebt wird wie in den Tagen, als Nimrod lebte. Man versucht, eine Weltreligion zu schaffen, die zwar ein christliches Gewand angezogen hat, die aber mit dem eigentlichen Christentum nichts mehr zu tun hat. Es ist Götzendienst geworden, und ich scheue mich nicht, das offen zu sagen. Damit meine ich jetzt nicht, daß jedes Mitglied innerhalb dieser Kirchen solch ein Götzendiener ist. Ich spreche von einem System, das vom Teufel gestreut wurde und jetzt in der Welt ist. Wir sehen, daß Gott jetzt in einer ganz wundervollen Weise versucht, innerhalb aller Gemeinden und Kirchen Menschen zu ergreifen, um sie aus Verblendung und Dunkelheit herauszuführen und ihnen das Licht des Evangeliums zu bringen, indem sie erkennen, daß es die

Wirkung des Heiligen Geistes und die Neuschöpfung des Herzens ist. Aber eines Tages werden sich alle entscheiden müssen, ob sie diesen Kurs innerhalb ihrer Kirche weiter beibehalten wollen. Es geht manches vor sich, auch in unserer Zeit, in der der Herr auf der einen Seite seine Gemeinde ruft und baut, während auf der anderen Seite dieses System weitergeht und rollt. Dann zeigt uns die Bibel hier in diesem Kapitel den plötzlichen Untergang dieses Systems. Es wird durch diejenigen geschehen, die zunächst mit diesem System verbunden waren und harmonisch mit ihm zusammenarbeiteten, es dann aber plötzlich vernichten. Im 18. Kapitel lesen wir, Gott habe die Stadt Babylon zerstört, Gott werde die kulturelle und kommerzielle Entwicklung in der Welt zerstören. Im 19. Kapitel ist es Gott selbst, der das Tier und den falschen Propheten stürzt, aber hier im 17. Kapitel sehen wir, daß es nicht Gott ist, sondern Menschen, die dieses System, dieses götzendienerische System vernichten, die gleichen Menschen, die es lange beherbergt und mit ihm zusammengearbeitet haben. Menschen werden hier an andern Menschen Gericht ausüben. Laßt uns aber dieses beachten: Die Veränderung der Namen ändert Götzen nicht. Früher war es der Turmbau zu Babel, die Sternendeuterei heute, Horoskop, Parapsychologie usw. Die Veränderung eines Namens ändert aber den Götzendienst nicht. Johannes, der diese Schau hatte, war so beeindruckt von dem, was er sah, weil es in einem christlichen Gewand geschah. Hier war etwas, das unmittelbar christlich zu sein schien, das aber von Gott sehr weit entfernt war. Gerade die Tatsache, daß Gott diese Frau hier im Neuen Testament Hure nennt, zeigt, daß sie christlich angehaucht ist. Johannes war beeindruckt, und als er seine Briefe schrieb und viele Mitteilungen gab, beendete er seinen ersten Brief mit dem Satz im 5. Kapitel: «Kindlein, hütet euch vor den Abgöttern.» Verstehen wir warum? Hüten wir uns vor diesem System, hüten wir uns vor persönlichem Götzendienst in unserem Leben, denken wir daran, daß Jesus Christus gekommen ist. Er ist der einzige Mittler zwischen Gott und den Menschen, und niemand kommt zum Vater als durch ihn. Denken wir daran, daß es nur Jesus Christus ist, der gesagt hat: «Ich bin der Weg, die Wahrheit und das Leben.» Denken wir daran, daß es Jesus Christus ist, der durch seinen Heiligen Geist in unseren Herzen Erneuerung wirken muß, wirken kann und wirken wird. Denken wir daran, daß wir in unserem Leben die Innewohnung des Geistes Gottes haben dürfen. Aber: «Kindlein, hütet euch vor Abgöttern», ganz gleich, wie sie heißen, ganz gleich, welches Gewand sie anhaben. Wenn uns die Bibel dieses zeigt, dann keineswegs, um irgend jemanden zu verachten, sondern damit wir weise werden und unser Herz um so mehr auf den ausrichten, der unsere Hoffnung ist: Jesus, der auferstanden ist, der zur Rechten des Vaters sitzt, der uns zu Gotteskindern gemacht hat. Haben wir alle Jesus Christus erlebt, dann sollen wir ihm im Geist und in der Wahrheit dienen, ihm in diesem Dienst, in diesem geistlichen Dienst, nachfolgen, und wir werden erleben, daß wir nicht mit hineingezogen werden in dieses System.

Das Gericht über Babylon (18,1–24)

Wir lesen nun das 18. Kapitel in der Offenbarung:

«Darnach sah ich einen andern Engel aus dem Himmel herabsteigen, der hatte große Gewalt, und die Erde wurde erleuchtet von seiner Herrlichkeit. Und er rief mit mächtiger Stimme und sprach: Gefallen, gefallen ist Babylon, die Große, und ist eine Behausung der Dämonen und ein Gefängnis aller unreinen Geister und ein Gefängnis aller unreinen und verhaßten Vögel geworden. Denn von dem Wein ihrer grimmigen Unzucht haben alle Völker getrunken, und die Könige der Erde haben mit ihr Unzucht getrieben, und die Kaufleute sind von ihrer gewaltigen Wollust reich geworden. Und ich hörte eine andere Stimme aus dem Himmel, die sprach: Geht aus ihr heraus, mein Volk, damit ihr nicht ihrer Sünden teilhaftig werdet und damit ihr nicht von ihren Plagen empfanget! Denn ihre Sünden reichen bis zum Himmel, und Gott hat ihrer Ungerechtigkeiten gedacht. Vergeltet ihr, wie auch sie euch vergolten hat, und gebet ihr das Zweifache nach ihren Werken; in den Becher, welchen sie euch eingeschenkt hat, schenket ihr doppelt ein! In dem Maße, wie sie sich selbst verherrlichte und Wollust trieb, gebet ihr nun Pein und Leid! Denn sie spricht in ihrem Herzen: Ich throne als Königin und bin keine Witwe und werde kein Leid sehen. Darum werden an einem Tage ihre Plagen kommen, Tod und Leid und Hunger, und sie wird mit Feuer verbrannt werden; denn stark ist Gott, der Herr, der sie richtet. Und es werden sie beweinen und sich ihretwegen an die Brust schlagen die Könige der Erde, die mit ihr Unzucht und Wollust getrieben haben, wenn sie den Rauch ihres Brandes sehen, und werden von ferne stehen aus Furcht vor ihrer Qual und sagen: Wehe, wehe, du große Stadt Babylon, du gewaltige Stadt; denn in einer Stunde ist dein Gericht gekommen! Und die Kaufleute der Erde weinen und trauern über sie, weil niemand ihre Ware kauft, die Ware von Gold und Silber und Edelsteinen und Perlen und feiner Leinwand und Purpur und Seide und Scharlach und allerlei Tujaholz und allerlei Elfenbeingeräte und allerlei Geräte vom köstlich-

sten Holz und von Erz und Eisen und Marmor und Zimmet und Räucherwerk und Salbe und Weihrauch und Wein und Öl und Semmelmehl und Weizen und Lasttiere und Schafe und Pferde und Wagen und Leiber und Seelen der Menschen. Und die Früchte, woran deine Seele Lust hatte, sind dir entschwunden, und aller Glanz und Flitter ist dir verlorengegangen, und man wird ihn nicht mehr finden. Die Verkäufer dieser Waren, die von ihr reich geworden sind, werden aus Furcht vor ihrer Qual von ferne stehen; sie werden weinen und trauern und sagen: Wehe, wehe! die große Stadt, die bekleidet war mit feiner Leinwand und Purpur und Scharlach und übergoldet mit Gold und Edelsteinen und Perlen! denn in einer Stunde wurde dieser so große Reichtum verwüstet! Und jeder Steuermann und jeder, der nach irgendeinem Orte fährt, und die Schiffer, und alle, die auf dem Meere tätig sind, standen von ferne und riefen, als sie den Rauch ihres Brandes sahen: Wer war dieser großen Stadt gleich? Und sie warfen Staub auf ihre Häupter und riefen weinend und trauernd: Wehe, wehe die große Stadt, durch deren Wohlstand alle reich wurden, die Schiffe auf dem Meere hatten! denn in einer Stunde ist sie verwüstet worden! Seid fröhlich über sie, du Himmel und ihr Heiligen und Apostel und Propheten; denn Gott hat euch an ihr gerächt! Und ein starker Engel hob einen Stein auf, gleich einem großen Mühlstein, und warf ihn ins Meer und sprach: So wird Babylon, die große Stadt, mit einem Wurf hingeschleudert und nicht mehr gefunden werden! Und die Stimme der Harfenspieler und Sänger und Flötenspieler und Trompeter soll nicht mehr in dir gehört werden, und kein Künstler irgend einer Kunst wird mehr in dir gefunden werden, und die Stimme der Mühle soll nicht mehr in dir gehört werden; und das Licht des Leuchters wird nicht mehr in dir scheinen, und die Stimme des Bräutigams und der Braut nicht mehr in dir gehört werden. Denn deine Kaufleute waren die Großen der Erde, und durch deine Zauberei wurden alle Völker verführt; und in ihr wurde das Blut der Propheten und Heiligen gefunden und aller derer, die auf Erden umgebracht worden sind.»

Dieses Kapitel hat sehr viel Ähnlichkeit mit dem vorhergehenden 17. Kapitel. Manche ziehen daher den Schluß daraus, es handle sich um ein und dieselbe Angelegenheit. Sowohl im 17. Kapitel wie auch im 18. Kapitel wird von Babylon gesprochen. Im 17. Kapitel heißt diese Stadt «Geheimnis» Babylon und hier Stadt Babylon. Wer diese beiden Kapitel aufmerksam liest, stellt doch einen sehr markanten Unterschied fest. Im 17. Kapitel wird Babylon, das religiöse, gottabtrünnige System, durch Menschenhand gerichtet, während die Stadt Babylon, wie sie hier genannt wird, im 18. Kapitel von Gott gerichtet wird. Im 17. Kapitel bekommen wir den Eindruck, daß das Gericht über «Geheimnis» Babylon nicht so plötzlich hereinfällt und es eine gewisse Zeit dauert, während im 18. Kapitel das Gericht, das Gott über diese Stadt kommen läßt, plötzlich hereinbricht. Wir haben viermal gelesen: in einer Stunde. Das zeigt, daß es sich nicht direkt um dasselbe handelt, wenngleich beides eng zusammen verknüpft ist. Sowohl das religiöse, von Gott abtrünnige System, wie auch das, was wir hier finden, ist eng miteinander verbunden und wird von ein und demselben widergöttlichen Geist beherrscht und inspiriert. Plötzlich, so heißt es hier, ist es aus mit dieser Stadt. Außer der Stadt Jerusalem erwähnt die Bibel keine andere Stadt so häufig wie die Stadt Babylon. Wir finden in Gottes Wort rund zweihundertsechzig Hinweise auf die Stadt Babylon. Es war die Stadt des ersten großen Königs der Erde, die Hauptstadt des großen Reiches unter Nebukadnezar. Dorthin wurden die Juden verschleppt, als sie infolge ihrer Sünde in Gefangenschaft geraten waren. Wir können feststellen, daß das Volk Israel nie in Gefangenschaft war, solange es mit Gott in Gemeinschaft lebte, und nur die Sünde brachte es in Gefangenschaft nach Babylon. In der Bibel ist Babylon immer ein Bild der Gottesferne, ein Bild des Gegensatzes zu Jerusalem. Jerusalem ist die Stadt Gottes, Babylon das Gegenteil. Wir lesen im 137. Psalm, daß die Juden, nachdem sie nach Babylon verschleppt worden waren, dort an den Strömen Babels saßen und weinten und an Zion, an Jerusalem dachten. Wir sehen in diesem Psalm, daß sie ihre Harfen aufgehängt hatten. Die Gefängniswärter sagten ihnen: Singt doch eure Lieder hier! Aber die Juden antworteten: Wie könnten wir die Lieder Zions hier im fremden Land singen? Sie spürten daß das nicht zusammenpaßte. Die Lieder Gottes sind Jubellieder, Freudenlieder, aber in der Gefangenschaft, in der sie sich befanden, waren sie nicht in der Nähe Gottes. Babylon – ein Bild der Gottesferne.

Was repräsentiert nun dieses Babylon, das hier im 18. Kapitel erwähnt wird? Der Ausdruck Stadt Babylon wird fast durchwegs benutzt, und es herrscht daher die Meinung, daß die Stadt Babylon errichtet werden muß, damit sie wieder untergehen kann. Man erwartet, daß diese Stadt am Euphrat, am Persischen Golf neu erbaut werden wird, und man überlegt – wahrscheinlich aus einer gewissen Logik heraus – daß die Ölgelder dieser Stadt, wenn sie erbaut wird, zu dem Reichtum verhelfen werden, der hier beschrieben ist. Es besteht aber auch eine andere Meinung, wonach man in der Stadt Babylon nicht in erster Linie eine Stadt wie Zürich sieht, sondern vielmehr ein kommerzielles und kulturelles System, welches durch all die Jahrhunderte hindurch den kommerziellen Lauf auf dieser Erde beeinflußt und bestimmt hat. Beide Anschauungen können richtig sein. Dabei sehen wir eher in der Stadt Babylon jenes kommerzielle System, welches – immer im Zusammenhang mit dem Geheimnis Babylon, mit der Hure, von der wir im 17. Kapitel gelesen haben, dem gottentfremdeten religiösen System – durch alle die Jahrhunderte, ja wir könnten beinahe sagen Jahrtausende hindurch diese Welt bestimmt und beherrscht hat. Uns Menschen – scheint das in erster Instanz gar nicht so zu sein, denn wir müssen wissen, daß kaum jemand von uns einen Einblick hat in das, was wirklich auf dieser Erde vor sich geht, und das ist gut so. Die Bibel sagt uns, daß wir als Christen die Dinge, die auf dieser Erde sind, benutzen dürfen, und ich glaube, daß Gott manche Auskunft von uns fernhält, um unser Gewissen nicht zu belasten. Aber eines Tages wird Gott die Karten aufdecken und die Dinge zeigen, wie er sie sieht, und dann wird es so ganz anders aussehen. Warum wird nun Gottes Gericht über Babylon, über dieses System, kommen? Sollte diese Stadt noch erbaut werden – und das mag durchaus drin liegen – warum wird Gottes Gericht dann über Babylon kommen? Das 18. Kapitel gibt uns Aufschluß darüber; im 5. Vers heißt es: «Ihre Sünden reichen bis zum Himmel, und Gott hat ihrer Ungerechtigkeiten gedacht.» Es sieht tatsächlich oft so aus, als ob nicht das Gute, sondern das Böse siegt, daß derjenige, der den guten Weg geht, meist den kürzeren zieht. Haben nicht auch wir schon gedacht und Menschen oft sagen hören, das Böse siege, Ungerechtigkeit lohne sich, ehrlich sein bringe nur Nachteile, nur wer skrupellos sei, komme vorwärts und nur jener, der mit Intrigen und hinterlistig arbeite, bringe es zu etwas. Es ist gar nicht aus der Luft gegriffen, daß viele Geschäftsleute das heute als Maßstab angenommen haben, um vorwärts zu kommen. Kürzlich hörte ich jemanden sagen, ohne

Lüge kommt man heute nicht mehr aus. Habt ihr gemerkt, daß die Leute lügen können, ohne rot zu werden? Aber vergessen wir eines nicht: Gott nimmt von diesen Dingen Notiz.

Im Alten Testament finden wir ein Wort, das sowohl für das persönliche Leben, als auch auf ein Volk, eine Nation oder auf ein ganzes kommerzielles Weltsystem zutrifft. Die Bibel sagt dort: «Deine Sünde wird dich gewißlich finden.» Und mögen wir uns nicht täuschen; wir mögen persönlich die Sünde eine Zeitlang verheimlichen und zudecken können, wir mögen eine Zeitlang die Sünde im Versteckten tun und meinen, niemand sehe uns; aber Gott sorgt dafür, daß unsere Sünde uns findet, es sei denn, daß sie uns vorher durch Jesus Christus vergeben wurde. Deine Sünde wird dich finden! Dann wird der Moment kommen, am Ende, ganz am Ende, und da kann jemand fragen, warum denn nicht schon vorher? Ich glaube, daß wenn Gott vorher eingriffe, um dieses System zu richten, der ganze Handel in dieser Welt im Nu zerstört würde, wobei die Leidtragenden auch Gottes Kinder wären. Solange sie auf Erden sind, läßt Gott gewisse Dinge noch zu, damit es überhaupt weitergehen kann, aber am Ende aller Dinge, wenn Gottes Volk nicht mehr da sein wird, wird Gott die Ungerechtigkeit und die Sünde richten. Im 7. Vers wird uns ein weiterer Grund gesagt: Sie verherrlichte sich selbst, trieb Wollust und sprach in ihrem Herzen: Ich throne als Königin und bin keine Witwe und werde kein Leid sehen. Für dieses System oder für diese Stadt, gibt es keinen Gott, da gibt es keinen Retter, keinen Heiligen Geist, sondern nur Selbstverherrlichung, Selbsterhebung, ein rücksichtsloses Vorgehen mit dem einen Ziel, sich selbst zu bereichern. Man sieht nur das Geschäft. Darauf spielte der Apostel Jakobus an, als er im 5. Kapitel gleich im ersten Vers folgendes schrieb:

«Wohlan nun, ihr Reichen, weinet und heulet über das Elend, das über euch kommt! Euer Reichtum ist verfault und eure Kleider sind zum Mottenfraß geworden; euer Gold und Silber ist verrostet, und ihr Rost wird gegen euch Zeugnis ablegen und euer Fleisch fressen wie Feuer. Ihr habt Schätze gesammelt in den letzten Tagen! Siehe, der Lohn der Arbeiter, die euch die Felder abgemäht haben, der aber von euch zurückbehalten worden ist, schreit, und das Rufen der Schnitter ist zu den Ohren des Herrn der Heerscharen gekommen.»

Laßt uns nicht verkennen, daß da genausogut Fabrikarbeiter oder

Angestellter stehen könnte. «Ihr habt geschwelgt und gepraßt auf Erden, ihr habt eure Herzen gemästet an einem Schlachttag! Ihr habt den Gerechten verurteilt, ihn getötet; er hat euch nicht widerstanden.» Und nun sagt Gott zu den Gläubigen: «So geduldet euch nun, ihr Brüder, bis zur Wiederkunft des Herrn.» Gott sagt, er nehme Notiz von diesen Dingen. Auf der andern Seite zeigt uns die Bibel nicht, daß wir als Gotteskinder uns auf die Straße stellen und gegen diese Dinge protestieren und streiken sollen. Die Bibel sagt uns: Mit Geduld ertragen. Wenn wir jetzt arbeiten und dafür einen ungerechten Lohn empfangen, mag das sein, aber Gott nimmt Notiz davon. Ich bin überzeugt, wenn wir dies in der Haltung eines Christen tragen und annehmen, unser Lohn dann bei Gott entsprechend ausfallen wird. Ganz sicher. Gott wird dieses System, das nur sich sieht, das nur sich erhebt, eines Tages richten. Es gibt aber auch viele Menschen, die so leben, indem sie nur das Geschäft, das Materielle, sehen, die persönlich genauso sind wie dieses System, das über die ganze Welt herrscht, und die auf Kosten ihrer eigenen Seele, ihres Seelenheils, ihrer Rettung, auf Kosten des Wortes Gottes, der Bibelstunde, der Gottesdienste und eines Gebetslebens nur nach materiellen Dingen streben. Sie sind ein Teil dieses Systems, von dem die Bibel hier spricht, das eines Tages von Gott gerichtet werden wird. Es kommt nicht auf die Millionen oder den Betrag an, den wir beiseite gelegt haben, es kommt vielmehr auf die Gesinnung an, die uns treibt, mit der wir leben. In den Versen 12 und 13 wird uns ein weiterer Grund genannt, warum Gott dieses System richten wird. In diesen beiden Versen sind siebenundzwanzig Dinge erwähnt. Es beginnt mit Gold und endet mit Leibern und Seelen von Menschen; hier werden so viele Dinge mit Namen genannt, die alle unter der Kontrolle und Beherrschung dieses Systems stehen. Beachten wir einmal: da ist die Lebensmittelversorgung eingeschlossen, da sind Luxusartikel und auch Möbel eingeschlossen, da ist die Industrie dabei, da sind Genuß- und Arzneimittel, der Viehmarkt bis hin zum Menschenhandel eingeschlossen. Gibt es denn so etwas? Oh ja, das hat es in der Vergangenheit gegeben, als man Afrikaner als Sklaven verkaufte. Es gibt allerlei Formen von Sklaverei und meinen wir ja nicht, daß sich das heute sehr geändert hat. Als Menschheit sind wir heute klüger denn je zuvor. Wir verfügen über Erfahrungen, die keine andere Generation gemacht hat. Wir haben

Entwicklungen erlebt und stehen inmitten von weiteren Entwicklungen, von denen niemand je geträumt hat. Wir sind heute informierter als jede frühere Generation: wir können jetzt innerhalb weniger Stunden von einem Land ins andere reisen. Wir kennen einander heute, aber anstatt daß uns all das zu besseren Menschen gemacht hätte, sind wir nicht barmherziger geworden. Sind wir vielleicht sogar noch grausamer und gottloser als Menschen früherer Generationen? Man schreibt zwar überall von Menschenrechten, aber was versteht man darunter? Daß man politische Rechte haben kann. Wie nimmt man heute politische Morde als selbstverständlich hin! Dieses System hat alle Dinge in der Hand. Wir würden erschrecken, wenn wir sehen könnten, wie die Fäden gezogen werden, und von wem, nur damit das Geschäft weiterblüht, damit der Kommerz bestehen bleibt. Und da spielen Menschen und ganze Massen von Menschen keine Rolle mehr. Karl Marx hat gesagt: Was spielt es für eine Rolle, wenn zwei Drittel der Menschheit umkommen, wenn nur das kommunistische System siegen wird. Und es sind nicht nur Kommunisten, die so denken. Aber der Mensch hat einen hohen Wert. Ich habe mir überlegt, woher wir eigentlich den Wert des Menschen kennen. Wir können Philosophie studieren, wir können Bücher lesen, aber wir finden nirgends, daß uns jemand den Wert des Menschen richtig sagen kann. Als jedoch Jesus kam, hat er uns bewiesen, wieviel der Mensch wert ist. Als er am Kreuz für uns sein Leben hingab.

Gott nimmt Notiz von all diesen Dingen. Und ist es nicht trostreich für uns alle, daß dieser Jesus, der solch einen Wert auf uns legt, gesagt hat, weil wir seine Kinder geworden seien, werde er uns alle inmitten einer Welt, die im Argen liegt, bewahren, führen und leiten. Ist das nicht wunderbar? Ich finde das gewaltig und denke, wir sollten uns viel mehr dessen bewußt sein, daß wir – geistlich gesehen – in einer verkehrten Umgebung sind, daß aber unser Hirte uns dennoch durchführt.

Im 24. Vers wird uns ein weiterer Grund angegeben, warum dieses Gericht über diese Stadt, über dieses System, kommen wird: «In ihr wurde das Blut der Propheten und Heiligen gefunden und aller derer, die auf Erden umgebracht worden sind.» Das kann sich nicht nur auf eine Stadt beziehen, die gegen Ende der Zeit erbaut und dann vernichtet wird. Denn in jener Stadt kann man doch nicht buchstäblich das Blut aller Heiligen vergießen. Dieses System, das durch die Jahrhunderte, ja Jahrtausende existierte, ist verantwortlich für allen Mord und für das Blut aller Propheten und der Heiligen. Die Bibel zeigt uns hier noch etwas: Gott richtet nicht nur allein nach der Tat, sondern Gott richtet auch nach dem, was im Herzen ist, nach der Motivation.

Wir dürfen Gott danken für die Landesgesetze, die wir haben, die uns schützen. Diese Gesetze wurden gemacht von Menschen, die auch in diesem Land gottesfürchtig waren. Würden diese Gesetze nicht existieren, dann würde es uns wohl anders ergehen, denn was haben heute viele Menschen in ihren Herzen! Gott richtet sie nicht nach ihren Taten, sondern nach dem, was in ihren Herzen vorgeht. So wird er übrigens auch uns alle richten. Das ist einerseits erschreckend, aber andererseits sehr trostreich. Denn wenn wir von neuem geboren sind, wenn wir in unserem Inneren erneuert wurden, unser Geist erneuert ist und der Heilige Geist in uns Wohnung genommen hat, dann dürfen wir getrost Gott und dem Gerichte Gottes entgegengehen. Aber, oh weh, wenn das nicht der Fall ist. Das Herz ist eine Mördergrube, so sagt es die Bibel.

Dann finden wir in diesem Kapitel auch einen Ruf nach Heiligung, einen Ruf an das Volk Gottes. Im 4. Vers heißt es: «Gehet aus ihr heraus, mein Volk, damit ihr nicht ihrer Sünden teilhaftig werdet und damit ihr nicht von ihren Plagen empfanget.» Wenn das kein Ruf zur Heiligung ist, dann weiß ich nicht, wie die Bibel sich noch deutlicher ausdrücken könnte. Die Bibel sagt hier nicht – und ich möchte, daß mich niemand mißversteht – daß wir die Welt verlassen sollen. Paulus sagt, wir können die Welt auch nicht räumen. Der Herr Jesus hat gebetet: «Sie sind in der Welt, aber nicht von der Welt.» «Stellet euch nicht diesem Weltlauf gleich» hat der Apostel Paulus in Römer, Kapitel 12, in den Versen 1 und 2 geschrieben, «sondern verändert euer Wesen durch die Erneuerung eures Sinnes.» Geht aus von ihr. Ich glaube, die Bibel meint hier – darf ich das so sagen – daß wir sowohl aus dem religiösen antigöttlichen System, wie auch aus dem kommerziellen und antigöttlichen Denken unserer Zeit herauskommen und eine andere Denkweise annehmen sollen. Es geht nicht um geographische Absonderung, es geht um innere Absonderung in unserer Denkweise, in unserer Anschauung und unseren Überlegungen, im Ziel und in der Ausrichtung unseres Lebens. Darum geht es. Gehe aus von ihr, denn wer es nicht tut, der wird dasselbe Gericht erleben und erleiden wie diese Stadt. Ich glaube, Paulus hat sich darauf bezogen, als er im zweiten Brief an die Korinther, Kapitel 6, in den Versen 14–16 schrieb: «Was haben Gerechtigkeit und Gesetzlosigkeit miteinander zu schaffen? Was hat das Licht für Gemeinschaft mit der Finsternis? Wie stimmt Christus mit Belial überein? Oder was hat der Gläubige gemeinsam mit dem Ungläubigen? Wie reimt sich der Tempel Gottes mit Götzenbildern zusammen? Ihr aber seid ein Tempel des lebendigen Gottes, wie Gott spricht: Ich will in ihnen wohnen und unter ihnen wandeln und will ihr Gott sein, und sie sollen mein Volk sein. Darum gehet aus von ihnen und sondert euch ab, spricht der Herr, und rühret kein Unreines an, so will ich euch aufnehmen, und ich will euer Vater sein, und ihr sollt meine Söhne und Töchter sein, spricht der allmächtige Gott. Ziehet nicht am gleichen Joch mit Ungläubigen.»

Viele meinen, sie können beides: auf der einen Seite Gott dienen, auf der anderen Seite mit der Welt gehen und an ihr Anteil haben. Sie meinen, daß sie in ihrem Denken in der Welt bleiben und gleichzeitig Gott nachfolgen können und gerettet werden. Sie leben so, als wollten sie Gott hier herausfordern und sagen: Was du sagt, stimmt nicht ganz. Sie meinen jedenfalls, das tun zu können. Das sind mitunter die unglücklichsten Menschen, die es gibt. Junge und ältere Leute, werden nie unglücklicher sein, als wenn sie – bildlich gesprochen – mit der einen Hand Jesus festhalten und mit der andern die Welt. Das führt in die größte innere Friedlosigkeit. Laßt uns die Welt und das weltliche Denken ganz loslassen und – bildlich gesprochen – Jesus, sein Wort, sein Denken, festhalten und das Leben danach einrichten. Gehet aus von ihr, sagt Gott, damit ihr nicht der gleichen Strafe teilhaftig werdet. Wir können das System in dieser Welt nicht ändern. Jesus hat uns auch nicht aufgerufen, die Welt zu ändern. Er hat uns vielmehr aufgerufen, daß wir zu ihm kommen sollen, damit er uns verändern kann. Das ist ein gewaltiger Unterschied. Und wenn wir als veränderte Menschen mit ihm leben, dann sind wir in der Welt, aber nicht von der Welt. Er hat uns nicht aufgerufen, Systeme in der Welt zu verändern, sondern er hat uns gesagt: Gehet hin in alle Welt und predigt das Evangelium der ganzen Schöpfung, und alle diejenigen, die das Evangelium annehmen und glauben, werden gerettet werden und aus diesem System herauskommen.

Das ist unsere Aufgabe als Gemeinde. Es lohnt sich auch nicht, über das, was in dieser Welt geschieht, ständig zu schimpfen. Wir sollten vielmehr so nahe wie möglich bei dem Herrn leben, mit ihm wandeln und unser Leben nach seinem Plan und seinem Willen einrichten. Wir müssen Gott nicht rächen, ihn auch nicht verteidigen, wir müssen auch nicht die Menschen zur Rechenschaft ziehen; das tut er. Und er tut es in einer gerechten Weise, wie nur er es kann. Er ist so gut, so langmütig, so liebend, er gibt den Menschen immer wieder Gelegenheit umzukehren, sich von der Sünde abzuwenden und zu ihm zu kommen. Aber eines Tages wird das Maß voll sein und dann wird er die Welt – sowie auch das System, das diese Welt beherrscht – richten. Irgendwie werden wir alle in der Welt durch dieses System berührt. Wenngleich verschiedene Regierungen mit verschiedenen politischen Auffassungen da sind, steht – hinter allem ein Drahtzieher, der Feind, der sein System schon sehr früh in Babel auf diese Welt herabkommen ließ, und dasselbe hat sich dann ausgebreitet. Aber Gott sei Dank für Jesus, der uns rettet.

Sind wir alle schon gerettet? Gott sei Dank für den, der in jedem von uns wohnen will. Haben wir ihn schon aufgenommen? Wandeln wir mit ihm, leben wir mit ihm, dann brauchen wir keine Furcht zu haben vor den Dingen, die kommen werden. Furcht hat nur der, der nicht mit Jesus lebt, wenn er von diesen Dingen hört. Aber wer Jesus angehört, dem sagt der Herr: Freut euch, wenn ihr merket, daß die Zeit zu Ende geht, daß eure Erlösung, die volle Erlösung naht. Dafür wollen wir Gott heute auch danken.

Die Hochzeit des Lammes (19,1–10)

Wir lesen aus der Offenbarung des Johannes die ersten 10 Verse des 19. Kapitels:

«Darnach hörte ich wie eine laute Stimme einer großen Menge im Himmel, die sprachen: Halleluja! Das Heil und der Ruhm und die Kraft gehören unserem Gott! Denn wahrhaft und gerecht sind seine Gerichte; denn er hat die große Hure gerichtet, welche die Erde mit ihrer Unzucht verderbte, und hat das Blut seiner Knechte von ihrer Hand gefordert! Und abermals sprachen sie: Halleluja! Und ihr Rauch steigt auf von Ewigkeit zu Ewigkeit! Und die vierundzwanzig Ältesten und die vier lebendigen Wesen fielen nieder und beteten Gott an, der auf dem Throne saß, und sprachen: Amen! Halleluja! Und eine Stimme ging aus von dem Throne, die sprach: Lobet unsern Gott, alle seine Knechte und die ihr ihn fürchtet, die Kleinen und die Großen! Und ich hörte wie die Stimme einer großen Menge und wie das Rauschen vieler Wasser und wie die Stimme starker Donner, die sprachen: Halleluja! Denn der Herr, unser Gott, der Allmächtige, ist König geworden! Laßt uns fröhlich sein und frohlocken und ihm die Ehre geben! Denn die Hochzeit des Lammes ist gekommen, und sein Weib hat sich bereitet. Und es wurde ihr gegeben, sich in feine, glänzend reine Leinwand zu kleiden, denn die feine Leinwand ist die Gerechtigkeit der Heiligen. Und er sprach zu mir: Schreibe: Selig sind die, welche zum Hochzeitsmahl des Lammes berufen sind! Und er sprach zu mir: Dieses sind wahrhaftige Worte Gottes! Und ich fiel vor seinen Füßen nieder, ihn anzubeten. Und er sprach zu mir: Siehe zu, tue es nicht! Ich bin dein Mitknecht und der deiner Brüder, die das Zeugnis Jesu haben. Bete Gott an! Denn das Zeugnis Jesu ist der Geist der Weissagung.»

Chronologisch sollte dieses Kapitel nach dem 16. Kapitel folgen, aber das ist nicht maßgebend. Wir wollen vielmehr in das, was hier gesagt wird, hineinschauen. Hier finden wir vier Halleluja vor, das erste über den Untergang der Hure Babylon, ein Ausruf der Freude und der Dankbarkeit, daß Gott nun endlich eingegriffen hat. Zweitens das Halleluja über den Untergang der Stadt Babylon und damit den Untergang dieses antigöttlichen Systems, welches durch die Jahrhunderte, ja Jahrtausende auf dieser Welt herrschte, Menschen politisch und auch religiös verführte und in den Bann zog, und das in einer Weise, daß alles so echt schien, und doch war es so total verkehrt. Jetzt war der Untergang, die Zerstörung da und der zweimalige Ausruf: Halleluja, Halleluja! Wir finden das dritte Halleluja über die Erhöhung unseres Herrn Jesus Christus. Ja, sagen wir, ist denn Jesus noch nicht erhöht? Jesus Christus hat am Kreuz den Feind besiegt, er hat dort die Macht des Feindes gebrochen, er hat ihn überwunden. Jesus ist auferstanden und sitzt zur Rechten des Vaters als Siegesheld. Aber was diese Erde betrifft, treibt der Teufel hier noch immer sein Unwesen. Wir erinnern uns, wie Johannes weinte, als niemand gefunden wurde, der würdig war, das Buch mit den sieben Siegeln aufzutun. Was ist denn dieses Buch? Es ist die Eigentumsurkunde der Erde, und es wurde niemand gefunden, außer dem Lamm, das geschlachtet war. Es war würdig erfunden worden und hat dann die Siegel geöffnet. Die ganze Offenbarung berichtet, was geschehen wird, während diese Siegel geöffnet werden. Das wird dann der Moment sein, wo Jesus die Herrschaft über diese Erde antreten soll, wo er erhöht wird als König aller Könige. Während das geschehen wird, wird von einer großen Schar, die dasteht «Halleluja, Amen» ausgerufen werden. Diese Leute haben die Anbetung nicht erst im Himmel gelernt, sondern schon in ihrem Erdenleben praktiziert. Gott liebt es, wenn sein Volk ihn lobt und preist. Gott wohnt im Lobe seines Volkes.

Aus dem 72. Psalm sehen wir, daß Jesus, wenn er erhöht wird und das Herrschaftsrecht antritt, von Meer zu Meer, vom Strom bis an die Enden der Erde herrschen wird. In diesem Zusammenhang lesen wir in der Bibel: «Gepriesen sei der Herr, der Gott Israels, der allein Wunder tut, und gepriesen sei ewiglich der Name seiner Majestät, und die ganze Erde soll voll werden seiner Herrlichkeit.» Dann sagt die Bibel: «Amen, amen.» Das wird etwas Gewaltiges sein. Und weiter heißt es, es kommt gewiß: «Amen, amen.»

Das vierte Halleluja finden wir hier im 5. Vers als Antwort auf eine Stimme vom Thron. Diese Stimme ruft auf, Gott zu loben, zu preisen, zu rühmen, zu erhöhen, denn die Hochzeit des Lammes sei gekommen. Solange die Menschen nicht so von Gott abgefallen waren, wie es heute der Fall ist, war eine Hochzeit – außer einer Bekehrung – das wichtigste Ereignis im Leben des Menschen. Wir bekommen hier den Eindruck, daß es für Gott und seinen Sohn das Wichtigste ist, nach der Erlösung auf Golgatha diese Hochzeit des Lammes zu haben.

Zuerst wird der Bräutigam vorgestellt. Wer ist er eigentlich? Die Bibel sagt nicht viel, aber sie erwähnt die Hochzeit des Lammes. «Siehe, das ist Gottes Lamm, welches der Welt Sünde hinwegträgt.» Jesus ist das Lamm, von dem hier die Rede ist, er ist der Bräutigam, sagte er doch selbst, wie können die Hochzeitsleute fasten, solange der Bräutigam bei ihnen ist. Und wer war der Bräutigam? Jesus Christus selbst. In Matthäus 22 wird in den ersten dreizehn Versen die Geschichte von der königlichen Hochzeit berichtet. Die Einladung ging aus, Leute wurden geladen; Und was taten die Geladenen? Sie kümmerten sich nicht darum, sie gingen nicht hin, sondern gingen ihren täglichen Beschäftigungen nach. Nicht daß sie etwas furchtbar Schlechtes getan hätten; es ist doch keine Sünde, auf dem Acker zu arbeiten, es ist auch keine Sünde, seine Familie zu versorgen usw., aber ihnen war das wichtiger als die Hochzeit. Als dann der Augenblick der Hochzeit kam, hieß es, ruft alle, die nur kommen wollen, herein, aber jene Geladenen laßt draußen. Und wer ist der Bräutigam, von dem hier die Rede ist? Es ist Jesus. Im 2. Korintherbrief sagt Paulus im 2. Vers des 11. Kapitels, daß Jesus der Bräutigam ist, der eine reine, geheiligte Jungfrau sucht. Das gleiche Bild finden wir in Epheser 5, vom 23. bis 32. Vers, jener berühmten Stelle, die oft bei Hochzeiten gelesen wird: der Vergleich Christus und die Gemeinde, Bräutigam und Braut. Hier ist von der Hochzeit Jesu die Rede. Zu einer Hochzeit gehört auch eine Braut. Wer ist die Braut? Die Braut ist nicht Israel, sondern die Braut ist, was die Bibel die Gemeinde nennt: Erstlinge, Überwinder und Jungfrau.

Dann sehen wir in der Bibel hier etwas Markantes. Diese Braut ist in reine Leinwand gekleidet, und das Kleid, das sie trägt, ist die Gerechtigkeit der Heiligen. Die Braut Christi trägt zwei Kleidungsstücke. Das ist für manche unter uns neu, oder wir haben es nicht beachtet. Das erste, das sie tragen muß, ist das Kleid der Gerechtigkeit Jesu. Dieses Kleid verdeckt ihre Nacktheit. Dieses Kleid bekam sie, als sie sich bekehrte und sie wiedergeboren wurde. Leider ist in den Gemeinden heutzutage fast nur von diesem Kleid die Rede.

Dieses Kleid ist wichtig, um gerettet zu sein – aber die Braut Jesu trägt noch ein Überkleid. Und hier sagt uns Gottes Wort, sie trägt das Kleid der Gerechtigkeit der Heiligen. Das ist nicht das gleiche. Das Kleid der Gerechtigkeit Christi ist ein Geschenk. Wer es nicht als Geschenk annimmt, hat es nicht. Paulus schreibt, die Gabe Gottes ist ewiges Leben. Wir können uns die Rettung von der Schuld der Sünde nicht verdienen; die hat Jesus verdient, als er am Kreuz auf Golgatha starb. Jeder Mensch sollte dieses Kleid anziehen. Es gibt nichts Einfacheres, als dieses Kleid anzuziehen, weil man es umsonst bekommt. Alles, was man dafür geben muß, ist das Kleid der eigenen Gerechtigkeit, der Selbstgerechtigkeit; und die Bibel sagt, dieses sei ohnehin wie ein zerlumptes Kleid, wir sollen es ausziehen und das Kleid der Gerechtigkeit Christi, das uns geschenkt wird, anziehen. Jeder Mensch, der das Kleid der Gerechtigkeit Christi anzieht, ist gerettet von der Schuld der Sünde. Hier spricht aber Gottes Wort von einem weiteren Kleid, welches die Bibel das Kleid der Gerechtigkeit der Heiligen nennt. Mit diesem Kleid ist es nicht so, wie mit dem anderen. Das eine bekommen wir als Geschenk, aber das Kleid der Gerechtigkeit der Heiligen müssen wir uns erwerben. Dieses Kleid bekommen wir als Ergebnis unseres Gehorsams, als Lohn unserer Treue und unserer Hingabe an Jesus und als Folge unserer inneren Umwandlung in das Bild Jesu. Während Jesus Christus dafür verantwortlich war, das Kleid seiner Gerechtigkeit zu erwerben und wir es als Geschenk haben können – und das ist die Botschaft des Evangeliums, – sind wir alle selbst veranwortlich dafür, ob wir das Kleid der Gerechtigkeit der Heiligen haben werden.

Im 2. Korinther 5, Vers 10, spricht die Bibel davon, daß wir alle offenbar werden müssen vor dem Richterstuhl Christi. Hier wird herauskommen, ob wir dieses Kleid bekommen werden oder nicht. In 1. Korinther 3 ist in der Heiligen Schrift in den Versen 11–16 auch davon die Rede, daß wir von Jesus Christus – hier wird ein anderes Bild gebraucht – geläutert werden und daß wir durchs Feuer müssen, damit das bei uns offenbar wird, was echt ist. Und in beiden Begebenheiten sagt uns die Bibel, daß unsere Werke, unsere Lebensweise bestimmen, wie dieses Kleid aussehen wird. Weiter redet die Bibel in 1. Korinther 3 davon, daß manche Leute wohl christliches Leben haben, daß aber ihr Lebenswerk als Kinder Gottes verbrennen wird, wenn sie durch dieses Prüfungsfeuer gehen müssen. Die Bibel sagt, sie werden dann lediglich gerettet sein. Das Kleid der Gerechtigkeit Jesu wird ihnen erhalten geblieben sein, aber mehr nicht. Dann bedeutet aber auch, daß bei manchen Christen, – wenn sie durchs Feuer geprüft werden, ihr Leben als Gold, Silber und Edelstein erfunden wird. Es spielt eine entscheidende Rolle, wie jeder einzelne von uns als Christ lebt. Es spielt eine ganz große Rolle, inwieweit wir Jesus und seinem Wort gehorsam sind. Es spielt eine wichtige Rolle, inwieweit wir uns Jesus Christus hingeben. Das bestimmt auch, ob wir Braut sein werden. Jesus Christus hat die Erlösung vollbracht mit dem einen Ziel, jeden einzelnen von uns bei der Braut zu haben. Dafür hat er sich hingegeben: das möchte er so gerne. Es spielt eine Rolle, ob wir heilig und rein leben, ob jung oder alt. Es spielt eine bedeutende Rolle, ob wir Gottes Wort annehmen, wie es geschrieben ist, und ihm gehorsam sind. Gehören wir alle zur Braut? Die Bibel redet hier von der Hochzeit. Über die Hochzeit wird uns eigentlich nichts weiter gesagt als nur, daß sie jetzt gekommen sei und es im Himmel einen Jubel in einer zuvor nie gekannten Weise auslösen wird. Der Gedanke liegt nahe, daß man lange darauf gewartet hatte und der Moment nun gekommen sei. Sowohl der Bräutigam wie auch die Braut haben schon lange diesen Augenblick ersehnt. Dieses Bild wird uns hier in sehr starker Anlehnung an den damaligen Hochzeitsbrauch gegeben, damit Gottes Wort für uns Menschen leichter verständlich wird. Damals war es üblich, daß ein Junge und ein Mädchen einander sehr früh versprochen waren, weil die Eltern dies meistens für sie machten. Von dem Moment an galten sie dann als verlobt. Wir verstehen daher auch den Ausdruck in der Bibel, daß Joseph und Maria verlobt waren. Aber Verlobungszeit bedeutete nicht Zusammenleben. Verlobungszeit bedeutete, auf die Hochzeit hin leben. Man hat sich damals viel besser auf die Hochzeit vorbereitet, als wir es heute tun. Heute wachsen die jungen Menschen heran, und wenn sie ein gewisses Alter erreicht haben, entschließen sie sich zu heiraten, ohne sich Rechenschaft zu geben, was es heißt, Verantwortung für einander zu übernehmen. Damals bereitete man sich jahrelang auf die Hochzeit vor, und dann kam der Moment der Hochzeit und des Freudenfestes. Dieses Fest wird kommen für Jesus und seine Braut. Das tiefe Sehnen nach ihm kommt in unsere Herzen, je mehr wir uns Gott hingeben, je mehr wir Gottes Wort gehorsam werden und je tiefer wir in der Hingabe an Jesus werden. «Nach dir, nach dir verlangt mein Herz» singt der Liederdichter. Welch ein Tag wird das sein, wenn die Braut Jesu mit ihrem Bräutigam vereint sein wird, wenn wir alle das hochzeitliche Kleid, das Kleid der Gerechtigkeit der Heiligen, anhaben werden. Die Bibel malt diese Hochzeit nicht weiter aus. Aber dann wird im wahrsten Sinne das Wort zutreffen: Was kein Auge gesehen und kein Ohr gehört und in keines Menschen Herz je gekommen ist, das hat Gott bereitet denen, die ihn lieben. Paulus sagte nicht, ich strenge mich an, damit ich gerettet werde. Für ihn war die Rettung eine abgeschlossene Tatsache, und er hat überhaupt keinen Moment an seiner Rettung gezweifelt. Aber Paulus sagte, meine Anstrengung geht dahin, daß ich Christus gewinne und in ihm erfunden werde, und so hat er sich ihm geweiht.

Bei einer Hochzeit gibt es aber nicht nur den Bräutigam und die Braut. Die biblische Ordnung ist anders, als wir sie haben. Bei uns ist die Braut immer an erster Stelle, und alles dreht sich um sie. Lassen wir es so, das ist schön und ich will das nicht ändern. Aber in der Bibel wird zuerst der Bräutigam vorgestellt, und dann die Braut. Bei einer Hochzeit gibt es auch Gäste. Und nun schauen wir, was die Bibel in Offenbarung 19 im 9. Vers darüber sagt: «Schreibe: Selig sind die, welche zum Hochzeitsmahl des Lammes berufen sind!» Ich verstehe daß hier die Gäste gemeint sind, keineswegs die Braut. Von der Braut sprachen wir ja vorher. Seine Braut hat sich bereitet, sie bekommt die weiße Leinwand, die Gerechtigkeit der Heiligen. Aber hier ist die Rede von denen, die zum Hochzeitsmahl berufen sind. Und die Bibel sagt auch, daß sie selig sind. Hier verstehe ich nun folgendes: Nicht alle, die selig sind, sind Braut. Nicht alle, die gerettet sind, sind Braut. Die Gäste sollen aber am Fest teilhaben. Sie sind selig. Wer wird nun zu den Gästen gehören? Einer, der ganz sicher dabei sein wird, ist Johannes der Täufer. Er sagte, er sei ein Freund des Bräutigams.

Darum möchte ich uns zurufen, daß wir alle die Sendschreiben ganz genau beachten sollen. Worum geht es eigentlich in den Sendschreiben? Geht es um Rettung oder Verlorensein? Nein. In den Sendschreiben geht es vielmehr darum, Braut zu sein oder nicht Braut zu sein. Lesen wir sie einmal unter diesem Gesichtspunkt.

Oftmals meinen wir, es gehe nur darum, gerettet oder verloren zu sein, und wir wissen nicht, was wir noch tun sollen, um gerettet zu werden. Wir müssen Jesus haben, dann sind wir gerettet. Aber ob wir mit ihm regieren, wir seine Braut sind, wir an seiner Seite stehen, mit ihm auf dem Thron sein werden, wo nur seine Braut sein wird, dazu sind die Sendschreiben gegeben. Es geht darum, mit Jesus zusammen und mit ihm verbunden zu sein.

Wenn jemand unter uns noch nicht gerettet ist, dann ziehe er das Kleid der Gerechtigkeit Jesu an. Lassen wir uns alle retten. Es ist so einfach, indem wir mit unserer Sündenschuld zu ihm kommen, ihm die Sünden bekennen, Jesus in unser Leben aufnehmen und in unserem Herzen mit der Sünde brechen. Aber Kinder Gottes, bereiten wir uns auf die Hochzeit vor. «Freund, wie bist du hereingekommen und hast kein hochzeitliches Kleid an?» Verstehen wir jetzt, was Jesus damit meinte? Darum sagt er auch: «Wer nicht allem absagt, ist meiner nicht wert.»

Ich drücke es einmal sehr menschlich aus, so menschlich wie ich es nur kann, damit wir es gut verstehen. Der Herr Jesus wird niemanden zur Frau nehmen, der ihm halbherzig nachfolgt. Im Grunde genommen wünscht jeder junge Mann und jede junge Frau, daß sein Partner ganz zu ihm gehören soll. Stimmt's? Nur jemand, der durch die Sünde einen verdrehten Kopf oder einen verdrehten Sinn hat, denkt anders. Aber in Wirklichkeit wünscht sich jeder Mann, jede Frau die volle Treue des Partners. Und Jesus sagt, wer nicht allem absagt, ist seiner nicht wert. Bereiten wir uns auf die Hochzeit vor.

Wie bereits erwähnt, wurde früher das Versprechen der Zusammenführung von Jungen und Mädchen meistens schon gegeben, als die Kinder noch sehr klein waren. Die Eltern beschlossen, daß die beiden heiraten werden. Ich sage nicht, daß das heute so getan werden soll, aber damals wurde es so gemacht. Und von diesem Moment an gab es auch rechtlich kein Zurück mehr, da diese Vereinbarung bereits rechtsgültig war. Später wurde dann die Trauung vollzogen; sobald der richtige Moment kam, nahm man einander ins Leben auf. Als wir uns für Jesus Christus entschieden hatten, haben wir im Prinzip gesagt: Herr Jesus, hier bin ich, ich will dir gehören, ich will deine Braut sein. Und hören wir: Er gibt uns alles von seiner Seite her, er gibt uns seine ganze Liebe, er gibt uns seine ganze Hingabe, seine ganze Treue, er gibt uns den Heiligen Geist, der ihn vertritt, um uns alles von ihm zu übermitteln. Aber wenn wir von unserer Seite die Treue nicht einhalten, dann werden wir nicht seine Braut sein können, bestenfalls Gast, wenn überhaupt. Bereiten wir uns auf die Hochzeit vor! Ist es nicht ein schönes Bild, das die Bibel uns hier gibt? Ist es nicht ein herrlicher Gedanke? Leben wir doch mit diesem Gedanken! Denken wir daran, daß wir jeden Tag, den wir leben, dafür verwenden sollen und verwenden dürfen, dieses Kleid der Gerechtigkeit der Heiligen feiner zu schmücken und daß jede Hingabe an den Herrn dazu beiträgt, damit es geschieht. Und wo wir als Gotteskinder irgendwie in Sünde leben, brechen wir damit, werden wir Gott gehorsam, weihen wir uns ihm ganz. Und bereiten wir uns auf diesen Tag vor. Die Hochzeit des Lammes kommt! Wir alle sollen dabei sein! Und sie kommt bald.

Die Schlacht bei Harmagedon (19,11–21)

Wir lesen nun im 19. Kapitel der Offenbarung die Verse 11–21: *«Und ich sah den Himmel geöffnet, und siehe, ein weißes Pferd, und der darauf saß, heißt der Treue und Wahrhaftige; und mit Gerechtigkeit richtet und streitet er. Seine Augen sind eine Feuerflamme, und auf seinem Haupte sind viele Kronen, und er trägt einen Namen geschrieben, den niemand kennt als nur er selbst. Und er ist angetan mit einem Kleide, das in Blut getaucht ist, und sein Name heißt: Das Wort Gottes. Und die Heere im Himmel folgten ihm nach auf weißen Pferden und waren angetan mit weißer und reiner Leinwand. Und aus seinem Munde geht ein scharfes Schwert, daß er die Heiden damit schlage, und er wird sie mit eisernem Stabe weiden, und er tritt die Weinkelter des grimmigen Zornes des allmächtigen Gottes. Und er trägt an seinem Kleide und an seiner Hüfte den Namen geschrieben: König der Könige und Herr der Herren. Und ich sah einen Engel in der Sonne stehen, der rief mit lauter Stimme und sprach zu allen Vögeln, die durch die Mitte des Himmels fliegen: Kommt und versammelt euch zu dem großen Mahle Gottes, zu verzehren das Fleisch der Könige und das Fleisch der Heerführer und das Fleisch der Starken und das Fleisch der Pferde und derer, die darauf sitzen, und das Fleisch aller Freien und Knechte, der Kleinen und der Großen! Und ich sah das Tier und die Könige der Erde und ihre Heere versammelt, um Krieg zu führen mit dem, der auf dem Pferde sitzt, und mit seinem Heer. Und das Tier wurde ergriffen und mit ihm der falsche Prophet, der die Zeichen vor ihm tat, durch welche er die verführte, die das Malzeichen des Tieres annahmen und sein Bild anbeteten; lebendig wurden die beiden in den Feuersee geworfen, der mit Schwefel brennt. Und die übrigen wurden getötet mit dem Schwert, das aus dem Munde dessen hervorgeht, der auf dem Pferde sitzt, und alle Vögel sättigten sich von ihrem Fleisch.»*

Hier haben wir es mit der Schlacht bei Harmagedon zu tun. Diese Schlacht ist der Moment, in dem Jesus Christus persönlich direkt in die Geschichte der Menschen eingreifen wird.

Nach der Hochzeit des Lammes wird das geschehen, was wir in Judas 15 lesen:

«Siehe, der Herr ist gekommen mit seinen heiligen Zehntausenden, um Gericht zu halten über alle und alle Gottlosen zu strafen wegen all ihrer gottlosen Taten, womit sie sich vergangen, und wegen aller harten Worte, welche die gottlosen Sünder gegen ihn geredet haben.»

Das ist der Zeitpunkt, in dem dieses nun geschehen wird. Das Ende, von dem hier berichtet ist, wird sehr plötzlich geschehen. Es wird sich nicht über viele Jahre erstrecken, sondern ganz rapide vor sich gehen und die ganze Menschheit, die ganze Erde, betreffen. Dieser letzte Kampf, dieser letzte Krieg, wird in der Bibel oft angekündigt, nicht nur allein in Offenbarung 19. Wir wollen jetzt auf einige Stellen der Heiligen Schrift achten, die von dieser Schlacht reden, und uns ein besseres Verständnis und einen besseren Zusammenhang dessen, was hier beschrieben ist, geben. Im 15. Vers des 11. Kapitels haben wir bereits gelesen:

«Als der siebente Engel posaunte, da erschollen laute Stimmen im Himmel, die sprachen: Das Weltreich unseres Herrn und seines Gesalbten ist zustande gekommen, und er wird regieren von Ewigkeit zu Ewigkeit.»

Hier finden wir die Ankündigung auf das gleiche Ereignis. Im 14. Kapitel berichtet uns die Bibel in den Versen 14–20 folgendes:

«Und ich sah, und siehe, eine weiße Wolke, und auf der Wolke saß einer, der glich einem Menschensohn; er hatte auf seinem Haupte eine goldene Krone und in seiner Hand eine scharfe Sichel. Und ein anderer Engel kam aus dem Tempel hervor.»

Dann berichtet das Wort Gottes von der Ernte und vom 17. Vers an von der Weinlese:

«Und ein anderer Engel kam vom Altar her, der hatte Macht über das Feuer und rief mit lauter Stimme dem zu, der die scharfe Sichel hatte, und sprach: Sende deine scharfe Sichel aus und schneide die Trauben des Weinstocks der Erde ab, denn seine Beeren sind reif geworden! Und der Engel warf seine Sichel auf die Erde und schnitt den Weinstock der Erde und warf die Trauben in die große Kelter des Zornes Gottes. Und die Kelter wurde außerhalb der Stadt getreten, und es floß Blut aus der Kelter bis an die Zäume der Pferde, tausendsechshundert Stadien weit» (das sind rund 300 km). Im 16. Kapitel

ist in den Versen 12– 16 wiederum davon die Rede. Es wird uns berichtet, daß als der sechste Engel seine Schale auf den großen Strom Euphrat ausgoß, aus dem Maul des Drachen, aus dem Maul des Tieres und aus dem Maul des falschen Propheten drei unreine Geister herauskamen, gleich Fröschen. Wir lesen weiter: *«Das sind nämlich Geister von Dämonen, welche Zeichen tun und zu den Königen des ganzen Erdkreises ausziehen, um sie zum Kampf an jenem großen Tage Gottes, des Allmächtigen, zu versammeln.»* Hier spricht die Bibel vom gleichen Ereignis; sie gibt uns nur mehr Details. Wir finden im Alten Testament, in Jesaja 63, in den Versen 1–16: *«Wer kommt dort von Edom her mit geröteten Kleidern von Bozra? Prächtig sieht er aus in seinem Gewand, stolz tritt er auf in der Fülle seiner Kraft! Ich bin es, der ich von Gerechtigkeit rede und mächtig bin zum Retten! Warum ist denn dein Gewand so rot und sehen deine Kleider aus wie die eines Keltertreters? Ich habe die Kelter allein getreten, und von den Völkern stand mir niemand bei; und so habe ich sie in meinem Zorn getreten und in meinem Grimm zerstampft, daß ihr Saft an meine Kleider spritzte und ich alle meine Gewänder besudelte. Denn ich hatte mir einen Tag der Rache vorgenommen, das Jahr meiner Erlösten war gekommen. Und ich sah mich um, aber da war kein Helfer; ich ward stutzig, aber niemand unterstützte mich; da half mir mein eigener Arm, und mein Grimm der unterstützte mich! Also habe ich die Völker in meinem Zorn zertreten und sie trunken gemacht mit meinem Grimm und ihren Saft auf die Erde geschüttet!»* Hier finden wir die gleiche Beschreibung wie in Offenbarung 16: das Treten der Weinkelter, nur in einer alttestamentlichen Sprache, wie der Prophet es eben gesehen hatte. Dann lesen wir vom gleichen Ereignis in Joel, Kapitel 4, vom 12. Vers an: *«Die Nationen sollen sich aufmachen und in das Tal Josaphat hinaufziehen! Daselbst will ich zu Gericht sitzen über alle Nationen ringsum. Leget die Sichel an, denn die Ernte ist reif; kommt und tretet, denn die Kelter ist voll; die Kufen fließen über, denn ihre Bosheit ist groß!»* Und nun achtet darauf, wie jenes Ereignis im Alten Testament beschrieben wird: *«Scharen um Scharen treffen ein im Tal der Entscheidung; denn nahe ist der Tag des Herrn im Tale der Entscheidung. Sonne und Mond trauern und die Sterne verlieren ihren Schein, und der Herr wird aus Zion brüllen und von Jerusalem her seine Stimme hören lassen, daß Himmel und Erde zittern; aber der Herr ist seines Volkes Schutz und die Zuflucht der Kinder Israels. Und ihr sollt erfahren, daß ich, der Herr, euer Gott, zu Zion, auf meinem heiligen Berge, wohne. Jerusalem aber wird heilig sein, und Fremde sollen es nicht mehr betreten.»*

Muß es uns nicht im Innersten packen, zu lesen, wie Gott Jahrtausende vorhergesagt hat. Dann schenkt er viele Jahrhunderte später Johannes auf der Insel Patmos dieses Gesicht. Er denkt überhaupt nicht an diese Prophezeiungen und sieht doch genau das gleiche.

Im Propheten Sacharja, Kapitel 14, lesen wir in den ersten 5 Versen: *«Siehe es kommt ein Tag des Herrn, da man deine Beute in deiner Mitte verteilen wird! Da werde ich alle Nationen bei Jerusalem zum Kriege versammeln;* (wie viele Nationen? – Alle!) *und die Stadt wird erobert, die Häuser werden geplündert und die Frauen geschändet werden; und die Hälfte der Stadt muß in Gefangenschaft wandern, der Rest aber soll nicht aus der Stadt ausgerottet werden. Aber der Herr wird ausziehen und streiten wider jene Nationen, wie dereinst am Tage seines Kampfes, am Tage der Schlacht. Und seine Füße werden an jenem Tage auf dem Ölberg stehen, der vor Jerusalem gegen Morgen liegt; da wird sich der Ölberg in der Mitte spalten, daß es vom Sonnenaufgang nach dem Meere hin ein sehr großes Tal geben wird und die eine Hälfte des Berges nach Norden, die andere nach Süden zurückweichen wird. Da werdet ihr in das Tal meiner Berge fliehen; denn das Tal zwischen den Bergen wird bis nach Azel reichen; und ihr werdet fliehen, wie ihr geflohen seid vor dem Erdbeben in den Tagen Ussias, des Königs von Juda. Dann wird der Herr, mein Gott, kommen und alle Heiligen mit dir.»*

Wir haben hier alttestamentliche Prophezeiungen, wir haben Worte in der Offenbarung, und wir könnten noch in Daniel 2,7,9 und 11, wie auch Hesekiel 37 und 38 nachlesen und überall ist vom selben Ereignis die Rede. Was geschieht hier eigentlich? Was haben wir denn in all diesen Versen gelesen? Was sagt uns Gottes Wort? Was ist denn die Schlacht bei Harmagedon? Ich möchte jetzt in einigen kurzen, verständlichen Worten darlegen, was geschehen wird. Während der Trübsalszeit wird ja Israel zunächst einmal ein Bündnis mit dem Antichristen schließen, dasselbe aber gegen Mitte der Trübsalszeit mit ihm und dem Zehnstaatenbund brechen. Von jenem Moment an wird der Antichrist nicht nur gegen Christen, sondern auch gegen Israel und gegen Jerusalem kämpfen. Wir haben gesehen, daß die Zeit kommen wird, in welcher jene, die das Malzeichen des Tiers nicht annahmen, von der Erde weggenommen werden. Auch jene, die sich während der Trübsalszeit entschließen werden, Gott anzugehören und das Malzeichen nicht annehmen, werden dann weggenommen, und der Antichrist wird plötzlich keine Christen mehr haben, die er verfolgen kann, aber Israel wird er noch haben. Und dann wird etwas Auffälliges geschehen: Alle Nationen der Welt werden sich von Nord, Süd, Ost und West aufmachen und nach dem Mittleren Osten ziehen, um gegen Israel zu kämpfen. Stellen wir uns das einmal vor. Das kann man jetzt gar nicht mit logischem Menschenverstand erfassen. Wird denn so etwas möglich sein? Dieses kleine Fleckchen Erde, dieses winzige Völklein, wird die Aufmerksamkeit der ganzen Welt auf sich ziehen. Wozu denn? Um Krieg zu führen. Beachten wir doch, was in unserer Zeit vor sich geht. Da ist doch eine Kriegsvorbereitung im Gange, die ihresgleichen sucht. Da ist ja kaum eine Nation, die nicht im Rüstungskampf steht, wohlgemerkt für Verteidigungszwecke! Man täusche sich nicht. Waffen, die produziert werden, werden früher oder später eingesetzt. Daneben verhungern unzählige Menschen, die mit den für die Waffenproduktion eingesetzten finanziellen Mitteln ernährt werden könnten. Zugleich werden in Westeuropa landwirtschaftliche Überschüsse (Fleisch, Butter, Getreide) vernichtet oder im Falle von Getreide für die Tierfütterung «verwertet». Die Bibel sagt uns hier, daß die Nationen der Welt zusammenkommen werden. Wie ist das möglich? Die Vernunft spricht total dagegen. Kriegsstrategisch gesehen wäre es doch nicht notwendig, daß sich so viele Heere um Israel versammeln. Aber was wird geschehen? Wir haben es in der Heiligen Schrift in Offenbarung 16 gelesen. Dämonische Mächte werden es fertigbringen, daß das zustande kommt. Dämonen werden dann ganz konkret die Herrschaft über die Menschen haben. Im 2. Thessalonicher 2 sagt uns die Bibel im 11. Vers: «Weil die Menschen die Liebe zur Wahrheit abgelehnt haben, hat Gott ihnen kräftigere Irrtümer gesandt, daß sie der Lüge glauben.»

Es wird aber noch viel krasser eintreten, daß die Menschen tatsächlich meinen, die Lüge sei wahr. Die Bibel beschreibt uns diese

Situation. Feindliche Heere werden um Israel herum sein, und das Volk wird praktisch sicher sein, daß nun sein Untergang gekommen sei. Israel hat dann nur noch einen Weg, den Weg nach oben, und es wird nur noch zu Gott rufen können. Die Schlacht wird beginnen, und die Bibel sagt uns in Sacharja, es werde sogar so weit gehen, daß in Jerusalem bereits Eingriffe erfolgen. Ich glaube nicht, daß sich das, wenn es beginnt, über Tage hinausziehen wird. Man wird in Jerusalem einziehen, ein verheerendes Gemetzel wird stattfinden, und die Hälfte der Stadt wird geplündert, vernichtet werden. Aber das Volk Israel hat dann noch eines: es ruft zu Gott. Und dann wird es geschehen, daß Jesus sichtbar auf die Erde hernieder kommt. Wir haben es gelesen, mit seinen Füßen wird er auf den Ölberg kommen. «Dieser Jesus», sagten die Engel, «wird wiederkommen, wie ihr ihn gesehen habt gen Himmel fahren.» Er wird nicht nur wiederkommen im Geist, wie das während des Zeitalters der Gemeinde der Fall ist, er wird nicht nur, wie manche meinen, im Gedankengut der Christen wiederkommen, er wird wiederkommen, wie er war, und auf dieser Erde wandeln. Wenn das geschieht, wird sich der Ölberg spalten, und dann passiert etwas: er wird für sein Volk Israel kämpfen, und dieser Kampf wird ein echter Krieg sein. Die Bibel sagt uns, Jesus Christus werde siegen und diese feindlichen Heere dort überwinden. Laßt uns aber zunächst einmal den Sieger, Jesus Christus, anschauen. Er wird am Anfang der Schlacht – ich glaube, sie wird kaum begonnen haben – sichtbar wiederkommen. Die Juden werden den sehen, den sie einmal zerstochen haben, den sie einmal ablehnten, und von dem sie einmal sagten: sein Blut komme über uns und unsere Kinder. Und wie wahr ist dieser Ausspruch geworden! Aber dann werden sie ihn sehen. Wißt ihr, was geschehen wird, wenn Jesus sichtbar auf diese Erde kommt? In Israel wird eine Bekehrung stattfinden; das ganze Volk, das in jenem Zeitpunkt noch lebt, wird sich geschlossen zu Jesus Christus bekehren und ihn als den Messias annehmen. Sie werden sich an die Brust schlagen und sagen: Herr, vergib uns, vergib uns, daß wir dich abgelehnt haben. Sie werden ihn als ihren Messias annehmen, und er wird für sie streiten. Jawohl, das Volk Israel wird noch immer Gottes Volk sein. Der Antichrist, der falsche Prophet und jene Menschenmächte, die Könige der Erde, wie die Bibel sie nennt, auch sie werden den sehen, den es für sie nicht mehr gab, den, den sie für nichts erklärt hatten, gegen dessen Nachfolger sie kämpften und stritten. Aber nun wird er plötzlich vor ihnen stehen. Die Bibel sagt uns, er werde sie mit dem Schwert in seinem Munde überwinden. Entsinnen wir uns, wie es jenen Kriegsknechten ging, die in den Garten kamen, um Jesus gefangenzunehmen? Er fragte sie, wen sucht ihr? Wir suchen Jesus. Darauf antwortete er: Ich bin's; laßt die anderen gehen.

Als er das sagte, fielen sie wie tot um. Die Macht der Worte Jesu! Das wird ein gewaltiger Augenblick sein, wenn er als verherrlichter König wiederkommen wird. Er wird als König kommen, nicht mehr als das Lamm, als welches er zum erstenmal auf die Erde kam. Er wird bereits, ehe er kommt, die Königswürde angezogen haben. Er wird die Siegel schon geöffnet und das Herrschaftsrecht über die Erde, das ihm zugesprochen wurde, bereits in der Hand haben. Er hat es sich auf Golgatha erworben. Jetzt wird er die Erde in Besitz nehmen, denn dazu kommt er ja. Darum sagt uns die Bibel, daß er als König aller Könige und Herr aller Herren kommen wird. Als König wurde Jesus geboren, darum ist er König. Ob er nun als armes Kindchen in der Krippe lag, für das man keinen Raum in der Herberge hatte, ob er am Kreuze hing, ob er der von den Menschen Verachtete war, den niemand beachtete – wir müssen eines wissen: er kam als König, und er ist König. Und er wird einmal als König aller Könige wiederkommen. Aus seinem Munde wird das Schwert hervorgehen. Aber er wird nicht allein kommen. Wer kommt denn mit ihm? Die Heiligen werden mit ihm kommen. Wer sind denn die Heiligen? Daß sie mit ihm kommen können, bedeutet doch, daß sie nicht mehr auf der Erde sein werden, daß sie vorher zu ihm gehen durften. Die Heiligen sind die, in deren Erdenleben er bereits Herr und König sein konnte.

Was ist denn das geistliche Reich Gottes – die Gemeinde? Das ist doch nichts anderes, als, daß wir Menschen uns jetzt unter die Herrschaft Jesu stellen und ihn in unser Leben, in unseren Geist, einlassen, ihm in unserem Geist und Leib das Wohnrecht geben und ihn regieren lassen. Haben wir alle das schon getan? Es geht darum, daß Jesus Christus unser Herr und König ist. Für das, was er auf Golgatha für jedes einzelne von uns getan hat, können wir ihm nur danken. Aber nun sollen wir Jesus auch herrschen lassen in unserem Leben. Darum sagte Jesus: das Reich Gottes ist inwendig in euch.

Und für alle, die Jesus aufgenommen haben als König, in deren Leben er regieren darf, heißt es: ihm gehorsam sein, mit ihm in Verbundenheit leben, seine Gebote beachten und darnach tun, nicht für sich selbst leben, sondern für ihn. Alle diejenigen, die das tun, werden zu ihm genommen werden und dann mit ihm kommen. Es lohnt sich, Jesus Christus jetzt anzugehören. Es lohnt sich doch, ihm zu vertrauen, für ihn zu leben und der Sünde und den Anfechtungen zu widerstehen. Der Herr Jesus sagte, wir sollen nicht Kinder des Augenblicks sein. Was meinte er damit? Wir sollen nicht nur diese irdische Zeit anschauen, sondern ein wenig über diese Zeitspanne hinaus blicken, denn die Zeit hier auf Erden ist so kurz im Vergleich zur Ewigkeit. Seien wir keine Kinder des Augenblicks, sondern weihen wir uns Jesus, übergeben wir uns Jesus! Er wird in seiner königlichen Würde, als König der Könige kommen, und er wird mit seinen Heiligen kommen. Dann wird er diese Armeen sehen, die gegen Israel kämpfen, die aber im eigentlichen Sinn, gegen ihn kämpfen. Da wird das Tier sein, der Antichrist wird dort sein, und auch die Könige der Erde. Da wird der falsche Prophet sein. Wir haben im 13. Kapitel gelesen, daß die Menschen dem Antichristen zujubelten, nachdem seine tödliche Wunde geheilt war. Wer ist dem Tier gleich? Dort erlebte er seinen Höhepunkt, und wahrscheinlich konnte er dort noch die restlichen Menschen überzeugen, die bis dahin vielleicht noch etwas skeptisch waren. Wer ihm gleich sei, wurde dem Tier zugejubelt. Den Vorläufern des Antichristen ging es ähnlich. Solange Hitler vorwärts marschierte und die Panzer rollten, hieß es: wer ist dem Führer gleich? Ähnlich war es mit Mussolini und mit Stalin. Aber was erwartete diesen Menschen? Ein plötzliches Ende. Auch dem Antichristen wird zugejubelt werden: wer ist dir gleich? Nun wird er aber dem begegnen, der stärker ist als er. Mit ihm wird der falsche Prophet sein, der scheinbar alles weiß und die Menschen verführt. Wenn immer Gott abgelehnt wird, kommt Verführung. Wir können nicht Gott ablehnen und bleiben, wie wir sind. Wenn immer ein Mensch, eine Nation, ein Volk, Gott ablehnt, kommt Verführung. Nun wird Jesus auftreten, und Johannes sagt, daß er gegen sie Krieg führen wird. Es fällt auf, daß Johannes den Krieg nicht beschreibt. Ob er ihn nicht gesehen hat? Das wird vermutlich schnell gehen; es wird keine vier oder acht Jahre dauern wie die Weltkriege, sondern es wird ganz schnell vonstatten gehen. Der Herr Jesus wird den Antichristen und den falschen Propheten ergreifen und sie in den Feuersee hineinwerfen. So einfach wird das für Jesus sein, und so wird es Gotteslästerern gehen. Plötzlich werden sie ein Ende nehmen. Jawohl, die Gnade Gottes ist groß, sie ist langmütig und manchmal haben wir Menschen den Eindruck, zu langmütig. Gott ist so geduldig, daß Menschen sich gegen ihn stellen und sagen: Ha, wo ist denn die Erfüllung deiner Verheißung? Wo ist denn das, wovon du gesprochen hast? Sie brüsten sich gegen Gott, und es ist nur seiner Langmut zuzuschreiben, daß er das Gericht noch nicht kommen läßt. Aber es gibt eine Grenze. Wenn diese überschritten wird, dann kommt plötzlich das Gericht. Das ist so im persönlichen Leben, das ist so mit einem Volk, und es ist so mit der ganzen Menschheit. Hier wird Gott nun abrechnen. Jesus wird sprechen und die Menschen werden buchstäblich irre werden. Die Bibel sagt uns, einer werde sich gegen den andern wenden. Wir dürfen sogar die Vermutung oder den Gedanken hegen, daß dann aufgrund des Erscheinens Jesu die Menschen völlig durchdrehen werden. Diesen Gedanken finden wir in der Bibel. Die Menschen werden durchdrehen und die Waffen gegeneinander richten. Ein Blutbad sondergleichen wird stattfinden, und das Blut wird 300 km weit fließen. Die Bibel redet davon, daß trotz unseren heutigen feinen technischen Geräten, mit welchen alles schnell geht, man sieben Monate Zeit brauchen wird, um die Gestorbenen zu beerdigen. Eine so lange Zeit – so etwas gab es noch nie.

Schätzen wir alle das Heil in Jesus Christus? Es ist kein böser Gott, der sich das ausgedacht hat, denn das, was dort passieren wird, ist nichts anderes als der direkte Lohn der Sünde. Gott hat versucht, die Menschen davon abzuhalten, er hat ihnen alle möglichen Hindernisse in den Weg gelegt, damit sie nicht dorthin kommen und sich abwenden von ihrem eigenen Weg. Gott ließ Jahrhunderte, ja Jahrtausende über die Menschen gehen, stellte Warnungen auf und sagte: das wird das Ende sein, geht nicht weiter auf diesem Weg, kehrt um. Aber der Mensch hat sich über Gott lustig gemacht. Gott wird dann nicht anders können; es wird der gerechte Lohn sein, denn dieser Weg führt eben dahin. Wenn jemand auf dem Weg nach Luzern ist, dabei aber meint, er befinde sich auf dem Weg nach Koblenz und dann alle Warnungen, die man ihm gibt, übersieht und weiter auf dem Weg nach Luzern bleibt, indem er sagt, er gehe doch richtig, wird er niemals nach Koblenz kommen, sondern nach Luzern. Darum geht es. Der Mensch ist von Natur aus auf diesem Weg. Und Gott warnt ihn, Gott ruft ihn durch das Evangelium, durch ein Traktat, durch einen Freund, durch eine Mutter, durch ein Gebet. Aber wenn der Mensch sich nicht warnen läßt, wird er seinen Lohn empfangen. Wir sind schon sehr nahe am Ziel, und doch besteht immer noch die Gelegenheit umzukehren. Das ist kein böser Gott, es ist ein Gott der Liebe, der so weit ging, daß er seinen Sohn gab, damit sein Sohn sich schlagen ließ und starb, um die Menschen zu warnen. Wer sich aber nicht warnen läßt, der wird plötzlich zugrunde gehen.

Es wird ein furchtbarer Tag sein für Menschen, die Gott nicht kennen, ein schrecklicher Moment für die Nationen der Erde. Aber gleichzeitig wird es ein Tag der Gerechtigkeit Gottes sein. Und Gottes Wort warnt uns und ermuntert uns, ihm zu vertrauen, Gott nachzufolgen, ihn zu lieben.

Im 2. Psalm wird uns ebenfalls von diesem Tag berichtet: *«Warum toben die Heiden und reden die Völker vergeblich? Die Könige der Erde stehen zusammen, und die Fürsten verabreden sich wider den Herrn und wider seinen Gesalbten.»* Dann spricht die Bibel im 6. Vers davon, daß Gott seinen König auf Zion, seinem heiligen Berg, eingesetzt hat, daß er sie mit eisernem Zepter zerschmettern, sie wie Töpfergeschirr zerschmeißen werde. Achten wir weiter auf den 10. Vers: *«So nehmet nun Verstand an, ihr Könige, und lasset euch warnen, ihr Richter der Erde. Dienet dem Herrn mit Furcht und frohlocket mit Zittern, küsset den Sohn.»* Das heißt mit anderen Worten: Geht eine Verbindung mit Jesus ein, damit ihr nicht umkommt auf dem Wege. Wohl allen – so endet dieser Psalm – die sich bei ihm bergen. Außer Jesus kann uns niemand helfen. Nur wer in Jesus Christus ist, ist geborgen. Möge es bei jedem von uns der Fall sein, daß wir uns inniger mit Jesus verbinden, und wir uns öffnen für alles, was er uns geben möchte, damit Er uns mit seinem Heiligen Geist erfüllen kann. Bleiben wir auf diesem Wege. Wir werden verkannt, wir werden verspottet werden von Menschen, die in Dunkelheit leben. Aber achten wir darauf, es steht dem entgegen, daß wir einmal bei Jesus sein werden. Und noch eines: Laßt uns möglichst viele Menschen warnen und ihnen zeigen, daß auch sie das Heil in Jesus ergreifen dürfen.

Möge Gott sein Wort an unseren Herzen bestätigen und uns dadurch in unserer Gottesnachfolge, wie auch in unserem Zeugendienst für den Herrn ermuntern. Werden wir nicht müde, auch wenn die Menschen es nicht annehmen. Für jeden, den wir warnen können, werden wir alle dankbar sein. Und es lohnt sich, Menschen von Jesus zu erzählen.

Satan wird gebunden (20,1–3,7–10)

Wir nähern uns jetzt langsam dem Ende der Offenbarung, und hier sind so wunderschöne und tiefe Wahrheiten enthalten, daß es sich lohnt, sie ein wenig detaillierter anzuschauen. Wir lesen im 20. Kapitel der Offenbarung die ersten drei Verse und dann die Verse 7–10. Die Zwischenverse werden wir im nächsten Kapitel behandeln:

«Und ich sah einen Engel aus dem Himmel herabsteigen, der hatte den Schlüssel des Abgrundes und eine große Kette in seiner Hand. Und er ergriff den Drachen, die alte Schlange, welche der Teufel und Satan ist, und band ihn auf tausend Jahre und warf ihn in den Abgrund und schloß zu und versiegelte über ihm, damit er die Völker nicht mehr verführte, bis die tausend Jahre vollendet wären. Und nach diesem muß er auf kurze Zeit losgelassen werden.

Und wenn die tausend Jahre vollendet sind, wird der Satan aus seinem Gefängnis losgelassen werden, und er wird ausgehen, die Nationen zu verführen, die an den vier Ecken der Erde sind, den Gog und den Magog, sie zum Kampfe zu versammeln; ihre Zahl ist wie der Sand am Meer. Und sie zogen herauf auf die Breite der Erde und umringten das Heerlager der Heiligen und die geliebte Stadt. Und es fiel Feuer von Gott aus dem Himmel herab und verzehrte sie. Und der Teufel, der sie verführte, wurde in den Feuer- und Schwefelsee geworfen, wo auch das Tier ist und der falsche Prophet, und sie werden gepeinigt werden Tag und Nacht, von Ewigkeit zu Ewigkeit.»

Die Bibel sagt uns, daß Gott anfangen wird mit dem Teufel abzurechnen, nachdem das Gericht über den Antichristen über den falschen Propheten und über die gottlosen Menschen gekommen sein wird. In den ersten Versen haben wir seine Namen gelesen. Die Bibel nennt ihn hier den Drachen. Das zeigt uns die bestialische Natur seines Wesens und auch seiner Herrschaft. Die Bibel redet hier auch von der alten Schlange, was die listige, verführerische Art erkennen läßt, durch die er die Menschen zu allen Zeiten verführt hat, zunächst als Schlange – listig, dann als Drache – bestialisch. So wird übrigens auch der Antichrist auftreten und so bestialisch ist er zu unser aller Leben gewesen. In seiner List zeigt er uns die Sünde als etwas Schönes, aber kaum stürzt sich der Mensch hinein, wird er von der Macht der Sünde brutal vergewaltigt. Dann nennt die Bibel hier einen weiteren seiner Namen: Teufel. Das heißt nichts anderes als der Durcheinanderbringer. Und eines müssen wir sehen: in seiner List, in seiner Natur als Drache, ist es das Ziel des Teufels, die Menschheit durcheinander zu bringen. Man würde denken, daß unsere Menschheit aus der Geschichte gelernt haben sollte. Aber stellen wir nicht fest, daß in unserer Welt ein Durcheinander herrscht, wie selten zuvor? Achten wir darauf, das wird ein großes Ausmaß annehmen. Die Ratlosigkeit, so sagt es Jesus in Lukas, wird sehr stark werden. Woher wird sie kommen? Vom Durcheinanderbringer, vom Teufel wird sie verursacht. Dann hat er in der Bibel auch den Namen Satan. Satan bedeutet der Ankläger derer, die Gott dienen wollen, wenn sie einen Fehler machen. An einer andern Stelle nennt ihn die Bibel den «Ankläger der Brüder.» Wir alle haben ihn in dieser vierfachen Weise erlebt. Und jetzt, wo wir Gotteskinder geworden sind, erleben wir ihn in ganz konkreter Weise als den, der uns verklagt. Aber, Gott sei Dank, haben wir das Wort Gottes und das Blut Jesu, das für uns spricht. Wenn wir jedoch das Wort Gottes und die Kraft des Blutes Jesu nicht in Anspruch nehmen, dann können wir geplagte Menschen sein, denn er versucht, uns durch List zu verführen, er versucht, uns zu unterdrücken und zu unterwerfen, er versucht, uns durcheinander zu bringen, und dann kommt er noch und verklagt uns indem er sagt: mit dir ist es aus, du hast keine Hoffnung mehr bei Gott. Aber bedenken wir, die wir einmal unser Leben bewußt in die Hand Jesu gelegt haben, daß der Herr Jesus gesagt hat, der Teufel sei ein Lügner und der Vater der Lüge. Die Heilige Schrift sagt uns, daß Gottes Barmherzigkeit groß ist, und daß jener, der Sünde getan hat, Buße tun und umkehren darf, und wenn unsere Sünde wäre wie Blut so rot, soll sie schneeweiß werden. Gott sei Dank. Stellen wir uns unter Gottes Wort, brechen wir mit der Sünde und lassen wir uns nicht vom Verführer betören und verklagen.

In diesem 20. Kapitel redet die Bibel von drei Orten im Jenseits. Von zwei haben wir gelesen. Im Abschnitt vom 12. Vers an wird vom dritten Ort im Jenseits gesprochen, und ich finde, daß es nicht unwichtig ist, daß wir uns ein wenig damit befassen, um die Bibel grundsätzlich klarer verstehen zu können. Hier wird einmal vom Abgrund geredet – Abyssos – im Griechischen, dann wird vom Feuer- und Schwefelsee geredet, je nach dem Alten oder Neuen Testament (Gehenna-Tophet) und vom Totenreich-Hades oder Scheol, also von drei Orten. Vom Abgrund, vom Feuersee (Schwefelsee) und vom Totenreich. Ich möchte diese einzelnen Orte ein wenig unter die Lupe nehmen, damit wir auch wissen, wovon die Bibel redet, wenn sie gewisse Dinge sagt. Ich beginne mit dem Totenreich, mit dem Hades, wenn uns das neutestamentliche Wort vielleicht geläufiger sein sollte. Dieses Wort ist meistens mit «Hölle» übersetzt. Im Alten Testament kommt es fünfundsechzigmal vor und im Neuen Testament elfmal. In Wirklichkeit ist das noch nicht die eigentliche Hölle; und doch ist es nicht ganz verkehrt, wenn wir es mit «Hölle» bezeichnen, weil es wie eine Hölle ist.

Der Herr Jesu ist der einzige, der uns einen Einblick in den Hades, oder in das Totenreich geben kann und auch gegeben hat. Wir alle kennen diese wohlbekannte Begebenheit in Lukas 16 vom reichen Mann und dem armen Lazarus. In diesem ganzen Abschnitt zeigt der Herr Jesus etwas sehr Interessantes: zwei Menschen, wovon der eine, der wohlhabend war und meinte, er habe alles und sein Vertrauen auf irdische Dinge setzte; während der Arme, dem es nicht so gut ging, der nichts besaß, zweifellos sein ganzes Vertrauen auf Gott gesetzt hatte. Beide mußten sterben. Von Lazarus wird uns gesagt, daß er von den Engeln in Abrahams Schoß getragen wurde. Vom reichen Mann lesen wir, daß er anderswohin kam. Obwohl die Bibel es nicht direkt sagt, glaube ich, daß Menschen, die keine Gotteskinder waren, auch jemanden haben, der sie an den anderen Ort begleitet. Kurzum, der Herr Jesus zeigt uns, daß im Hades zwei völlig getrennte Abteilungen sind, und je nachdem, wo einer hinkommt, wird er dort bleiben. Der Herr Jesus läßt uns erkennen, daß zwischen dem einen und dem anderen Ort eine unüberbrückbare Kluft besteht. Er zeigt uns auch etwas über den Zustand der Menschen, die dorthin kommen: Sie haben ein Bewußtsein, sie hören, sie reden, sie sehen, sie können fühlen und schmecken, sie haben auch ein Erinnerungsvermögen, und eine gewaltige Erkenntnis über die Dinge, die sie hier auf Erden einmal gehört und abgelehnt haben, geht ihnen auf. So wußte nämlich jener reiche Mann, daß er hätte Buße tun sollen und daß seine Brüder jetzt Buße tun sollten, weil sie sonst auch an diesen Ort kommen würden. Wir sehen also den Hades, das Totenreich: Es bestehen zwei Abteilungen, deren Grenze unpassierbar ist, und man befindet sich in einem Zustand des Bewußtseins.

Aus der Bibel sehen wir, daß Jesus Christus, nachdem er auf Golgatha gestorben war, in das Totenreich hineinging. Das Wort Gottes deutet sehr stark darauf hin, daß der Teufel bis zu jenem Moment den Schlüssel zu diesem Totenreich hatte, obwohl eine Trennung vorhanden war, daß nun aber – und das lesen wir in Epheser 4,8–10 und Hebräer 2,14 – Jesus Christus dorthin gegangen ist und die Macht des Todes oder den Schlüssel des Todes vom Teufel genommen hat. Und alle, die auf der Seite der Gerechten waren, führte er mit sich hinaus und nahm sie ins Paradies. Seitdem Jesus am Kreuz starb, geht ein Gerechter, wenn er stirbt, nicht mehr in das Totenreich, in den Hades, während die Ungerechten nach wie vor dorthin gehen. Das beweist die Offenbarung. Wenn aber ein Gotteskind, das durch das Blut Jesu gerecht geworden ist, stirbt, sagt Paulus in 2. Korinther 5 in den Versen 6–8: *«Darum sind wir allezeit getrost und wissen, daß solange wir im Leibe wohnen, wir nicht daheim sind bei dem Herrn. Denn wir wandeln im Glauben und nicht im Schauen. Wir sind aber guten Mutes und wünschen vielmehr, aus dem Leibe auszuwandern und heimzukehren.»* Wohin? Zum Herrn. Wenn ein Gotteskind stirbt, wandert es aus seinem Leibe aus und geht zum Herrn. Der Herr ist nicht im Totenreich geblieben. Darum schreibt Paulus in Philipper 1,23: «Ich habe Lust, abzuscheiden, und bei Christus zu sein», und «Leben wir oder sterben wir, wir sind des Herrn». Der Gerechte geht heute zu Jesus; der Ungerechte hingegen geht nach wie vor in den Hades und erwartet dort das Gericht vor dem weißen Thron. Das ist der eine Ort des Jenseits, von dem hier die Rede ist – der Hades.

Der andere Ort ist der Abgrund. Im Neuen Testament ist er neunmal erwähnt, davon allein siebenmal in der Offenbarung. Einmal finden wir in Lukas 8,31 daß der Herr Jesus im Zusammenhang mit der Begegnung mit dem Gardarener davon spricht. Der Gardarener sagte: «Herr, was haben wir mit dir zu schaffen? Willst du uns vor der Zeit in den Abgrund hineinsenden?» Weiter werden wir in

Römer 10,7 gewarnt, nicht zu sagen, Jesus komme vom Abgrund, als wäre er ein Dämon. Denn eines sehen wir klar aus der Bibel: der Abgrund ist ein Gefängnis für gefallene Engel und gefallene Geister. In Judas 6 lesen wir, «daß er die Engel, welche ihr Fürstentum nicht bewahrten, sondern ihre eigene Behausung verließen, für das Gericht des großen Tages mit ewigen Banden unter der Finsternis verwahrt hat.» Die Bibel sagt, daß die Heiligen auch die Engel richten werden. Paulus schreibt darum an die Gemeinden in Korinth: Wenn ihr nicht einmal in der Lage seid, Schwierigkeiten unter euch in Ordnung zu bringen und klar zu unterscheiden, wie wollt ihr einmal Engel richten? – Denn das werden wir tun. Die Heilige Schrift gibt uns nicht alle Details darüber, aber eines geht klar daraus hervor: Es gibt gefallene Engel, die im Abgrund gebunden sind und auf den Tag warten, an dem sie gerichtet werden. Wir werden noch sehen, welches Ende sie nehmen werden. Vom Abgrund ist hier die Rede, von diesem Gefängnis der gefallenen Engel. Gottes Wort sagt nun, das haben wir in Offenbarung 9 gesehen, daß aus dem Abgrund Heuschrecken kommen werden, die während der Trübsalszeit die Menschen wie Skorpione plagen werden. Dort wird ein Engel sein, der die Türe aufmacht, damit gewisse Dämonen während der Trübsalszeit freikommen. Sie werden aus diesem Gefängnis kommen. Wehe der Menschheit, die dann auf Erden wohnt. In Offenbarung 11,7 und genauso in Offenbarung 17,8 sehen wir, daß das Tier, der Antichrist, aus dem Abgrund heraufkommen wird. Ich denke, wir dürfen das so verstehen, daß der Geist, der den Antichristen beherrscht, ein Dämon ist, der dann aus dem Abgrund freigelassen und den Antichristen beherrschen wird. Darum diese Verwüstung und all das Verheerende, das während der Trübsalszeit kommen wird.

Weiter sagt die Bibel, daß dann, wenn die Schlacht bei Harmagedon stattgefunden haben wird und der Antichrist und der falsche Prophet in den Feuer- und Schwefelsee geworfen wurden, der Teufel gebunden werde. Gottes Wort spricht von Ketten, von einem Engel, der mit einer starken Kette kommen wird. Das wird nicht etwas sein, das man im Geschäft kauft, sondern es wird bestimmt eine geistliche Kette sein. Aber der Teufel wird genommen, und Gott wird dann anfangen, ganz konkret mit ihm abzurechnen. Er wird genommen, gebunden und in jenen Ort, den Abgrund, hineingeworfen werden – nicht in den Hades, wohlgemerkt, nicht in den Ort, in welchem die Menschen sind, die ungerecht waren. – Es ist ein anderer Ort: der Abgrund, wo die gefallenen Geister sind. Dort wird der Teufel gekettet hineingetan, und das Gefängnis wird versiegelt werden, mitsamt seinen Engeln, die ihm jetzt zur Verfügung stehen. Denn sonst könnte im tausendjährigen Reich nicht Friede herrschen. Auf der einen Seite sehen wir den Hades, auf der andern Seite den Abgrund.

Dann spricht die Bibel hier vom Feuer- und Schwefelsee, das ist die eigentliche Hölle. Im Alten Testament kommt sie vor, im Neuen Testament wird sie zwölfmal erwähnt. In Matthäus 5,29–30 sagt der Herr Jesus: «Wenn dich dein Arm, dein Ohr, dein Auge oder irgendein Glied zur Sünde verleitet, ist es besser, daß du es abhaust und ohne eines deiner Glieder in den Himmel eingehst, anstatt mit allen Gliedern in die Hölle geworfen zu werden.» Er spricht hier vom Feuer- und Schwefelsee. Gehenna, das war das Hinnomtal, wo in den früheren Jahren, während in Israel Götzendienst getrieben wurde, dem Götzen Moloch Kinder geopfert wurden. Dieses gleiche Tal war zur Zeit Jesu ein Kehrichtort, ein Abfallort.

Darum sagte er in Matthäus 10,28: «Fürchtet euch nicht vor denen, die den Leib töten können, sondern fürchtet euch vor dem, der den ganzen Menschen in die Gehenna, in den Feuer- und Schwefelsee werfen kann.» Die Heilige Schrift läßt uns unmißverständlich erkennen, daß der Feuersee, diese eigentliche Hölle, für den Teufel und für seine Engel gemacht wurde. In Matthäus 25,41,46 lesen wir: «Dann wird er denen zur Linken sagen: Gehet hinweg von mir, ihr Verfluchten, in das ewige Feuer, das bereitet ist dem Teufel und seinen Engeln. Und sie werden in die ewige Pein gehen, die Gerechten aber in das ewige Leben.» Der Feuer- und Schwefelsee wurde für den Teufel und für seine Engel gemacht, und nicht für den Menschen. Aber jeder Mensch, der mit dem Teufel eine Sache macht, so sagt es die Bibel, wird auch dorthin kommen. Wenn jemand in den Feuer- und Schwefelsee kommt, ist das keine Ausrottung, sondern es ist ein Ort des gerechten Lohnes. Das erwähnt die Bibel. Der Tod – und das ist der Tod, den die Bibel mit dem Feuer- und Schwefelsee meint – ist der gerechte Lohn der Sünde. Aber die Gabe Gottes ist ewiges Leben in Christus Jesus, unserem Herrn. Es gibt keine Ausrottung. Wieso wissen wir das? In Offenbarung 19 lesen wir, daß der Antichrist, das Tier und der Prophet hineingeworfen wurden. Und in Offenbarung 20 sehen wir, daß der Teufel tausend Jahre später, nachdem er wieder eine Zeitlang freigelassen wurde und Menschen verführt haben wird, in den Feuer- und Schwefelsee hineingeworfen wird. Die Heilige Schrift sagt, daß das Tier und der falsche Prophet immer noch dort sein werden. Sie werden also nicht ausgerottet sein. Beachten wir hier etwas ganz Wichtiges. Der Antichrist und sein Prophet werden die ersten sein, die in den Feuer- und Schwefelsee geworfen werden. Darnach kommen tausend Jahre später der Teufel und die gefallenen Engel hinzu und erst hernach werden alle diejenigen hineinkommen, deren Namen nicht im Buche des Lebens stehen. Sowohl die Engel, die gefallene Engelwelt, wie auch die Menschen, die dort hineinkommen, werden vorher einem Gerichtsprozeß unterzogen, und sie werden ganz klar wissen, daß sie nach dem Universalgesetz Gottes verdient haben werden, dort hinzukommen. Verstehen wir nun, warum Jesus Christus auf diese Welt kam? Jesus kam nicht, um uns einen besseren Anstrich zu geben, er kam nicht, um die Welt ein wenig moralischer zu machen, er kam auch nicht als Weltverbesserer; Jesus Christus kam, um den Menschen vor diesem Ort der Hölle zu retten. Es geht in unserem Leben vor allem um diese Rettung, es geht um Verlorensein in der Hölle oder um Gerettetsein im Himmel. Wir mögen unser Leben hier auf Erden aus eigener Kraft noch so gut gestalten – und manchen gelingt das! – es geht aber nicht zuerst um das Leben auf dieser Erde, es geht um das Ende. Und das Ende kommt, es kommt für jeden.

Kürzlich habe ich eine Strickjacke angezogen. Ich fing an zuzuknöpfen, und es knöpfte sich gut. Auf einmal stellte ich fest, daß ein Knopf übriggeblieben war. Wißt ihr, was ich in jenem Moment dachte? So wird es vielen Menschen gehen. Sie leben, sie leben dahin, und alles geht gut. Aber dann kommt der letzte Knopf, und das Ganze geht nicht auf. Warum? Der Anfang war verkehrt, und das Fundament war nicht richtig. Was sagte der Herr Jesus seinen Jüngern? Freuet euch nicht, daß die bösen Geister euch untertan sind, das ist nicht wichtig. Kennen wir die Menschen, die immer nur nach Wundern Ausschau halten? Nichts gegen Wunder; möchte Gott uns mehr geben! Kennen wir die Menschen, die immer nur nach spektakulären Dingen Ausschau halten? Jesus sagt, das sei nicht das Maßgebende. Wichtig sei, daß unsere Namen im Buche des Lebens stehen. Darüber sollen wir uns freuen. Die Bibel zeigt uns, daß alle, deren Namen nicht im Buche des Lebens gefunden werden, in den feurigen See geworfen werden. Dann wird es ewig zu spät sein. Darum kam Jesus, um uns alle davor zu retten! Sind wir alle gerettet? Weiß jeder von uns, daß sein Name im Buche des Lebens steht? Sind wir alle gewiß, daß wir Kinder Gottes sind? Darauf kommt es doch an. Und Gott sei Dank, das kann der Mensch wissen, da brauchen wir nicht im Ungewissen zu sein. Jesus Christus kam, um uns zu erlösen. In der Bibel lesen wir: «Wer den Sohn hat, der hat das Leben.» Haben wir alle ihn als Herrn und Erlöser akzeptiert? Oder leben wir noch uns selber? Eigensinn, Ichbezogenheit, Selbstherrschenwollen, sein eigener Herr sein, Gott nicht unterstellt sein – das alles ist die Natur des Teufels. Darum sagt Jesus, wir sollen unsern Sinn ändern. UnserName im Buch des Lebens – darauf kommt es an.

Es wird eine Zeit auf Erden geben, in welcher der Teufel während rund tausend Jahren gebunden sein wird. Dann wird Jesus Christus Herr und König auf dieser Erde sein. Von Jerusalem aus, der Hauptstadt der Welt, wird er regieren. Und dann, gegen Ende dieser tausend Jahre, wird der Teufel vom Abgrund freigelassen werden. Das Unfaßbare wird geschehen, daß – wie mir scheint – der größte Teil der Menschheit sich wieder von ihm verführen lassen wird. Das zeigt uns, wie böse das menschliche Herz ist. Danach wird Jesus noch einmal kämpfen und den Sieg erringen und der Antichrist, der im Feuersee ist, wird dann Gesellschaft bekommen. Der Teufel wird in den Feuersee geworfen werden, und die Schlange wird engültig besiegt sein. In Jesus Christus und in seiner Gemeinschaft ist er für uns alle heute schon ein besiegter Feind. Welch eine Sicherheit bietet Jesus! Ist jeder einzelne von uns in ihm geborgen? Man mag fragen, warum Satan noch einmal frei werden muß. Die Bibel sagt das nicht direkt, wir können nur vermuten.

Wahrscheinlich wird der Teufel deshalb freigelassen, damit alle Menschen geprüft werden können, ob sie sich freiwillig Gott unterstellen oder nicht. Denn auch die Menschen in jener Zeit werden von ihrem freien Willen Gebrauch machen müssen. Viele werden sich leider verführen lassen, wie sich auch heute viele Menschen verführen lassen. Aber alle, die bewußt auf Gott hören werden, dürfen in Jesus Christus geborgen sein. Darum kam Jesus, und darum wirkt er heute auf dieser Erde durch sein Wort, durch seine Diener, durch seine Gemeinde, durch den Heiligen Geist; darum bemüht er sich in unserem Leben durch Freunde, die wir haben, daß wir ihm unser Leben übereignen, daß wir ihm nachfolgen sollen, damit wir gerettet werden. Laßt uns daher nicht so diesseitig sein und die Dinge nur aus der Sicht des materiellen Lebens, des irdischen Lebens sehen. Laß uns vielmehr daran denken, was nach dieser Erdenzeit kommen wird. Und es kommt ganz sicher. «Daß mein Name dort steh! Nur um dieses ich fleh; daß im Buche des Lebens doch auch mein Name steh!» singt der Liederdichter.

Die erste und die zweite Auferstehung (20,4,5,6,13)

Wir lesen im 20. Kapitel der Offenbarung die Verse 4–6 und 13: *«Und ich sah Throne, und sie setzten sich darauf, und das Gericht wurde ihnen übergeben; und ich sah die Seelen derer, die enthauptet worden waren um des Zeugnisses Jesu und um des Wortes Gottes willen, und die das Tier nicht angebetet hatten noch sein Bild, und das Malzeichen weder auf ihre Stirn, noch auf ihre Hand genommen hatten; und sie lebten und regierten mit Christus tausend Jahre. Die übrigen der Toten aber lebten nicht, bis die tausend Jahre vollendet waren. Dies ist die erste Auferstehung. Selig und heilig ist, wer teilhat an der ersten Auferstehung. Über diese hat der zweite Tod keine Macht, sondern sie werden Priester Gottes und Christi sein und mit ihm regieren tausend Jahre.»*

Vers 13: *«Und das Meer gab die Toten, die darin waren, und der Tod und das Totenreich gaben die Toten, die darin waren; und sie wurden gerichtet, ein jeder nach seinen Werken.»*

Die Bibel zeigt es sehr klar: So wahr es ist, daß der Mensch stirbt, so wahr ist es, daß er wieder auferstehen wird. Unser Text sagt im letzten Teil des 5. Verses: «Dies ist die erste Auferstehung.» Eigentlich heißt es im Griechischen noch deutlicher: «Dies ist die Auferstehung, die erste.» Da wird nun schon angedeutet, daß es nicht nur eine Auferstehung geben wird.

Das Wort «Auferstehung» wird im Neuen Testament etwas über vierzigmal benutzt, und es bezieht sich immer auf das Auferstehen eines Körpers. Es ist nun bemerkenswert, daß Johannes dann, wenn der Satan gebunden sein und das tausenjährige Reich beginnen wird, als erstes das Volk Gottes auf Thronen sah, und wir bekommen den Eindruck, daß das jene Gotteskinder sein werden, die ihren Lohn bereits erhalten haben. Der Christ wird seinen eigentlichen Lohn am Ende, zum Schluß, empfangen; wir bekommen ihn nicht hier auf dieser Erde. Es ist gut, daß wir daran denken, daß wir ihn erst dann empfangen werden. Die Bibel sagt: «Der Herr Jesus wird kommen und sein Lohn mit ihm.» Erst dann. Manche Leute haben Mühe damit. Es ist wahr, daß unser Glaube uns schon jetzt vieles gibt, aber das ist nicht der Lohn, es ist etwas ganz anderes. Durch den Glauben können wir vieles erlangen, und würde unser Glaube völliger sein, könnten wir noch mehr Segnungen empfangen. Aber all das ist nicht Lohn. Viele Menschen haben Mühe damit, daß der Lohn erst so spät kommen wird. Aber das ist gar nicht so unangebracht und sollte eigentlich begreifbar sein. Wenn der Mensch stirbt, ist seine ganze Person ja nicht tot. Und dann denken wir noch daran: der Einfluß, den jeder von uns hier ausübt, der geht auch weiter. Das was ich jetzt sage, ist sehr bedeutungsvoll, sowohl für den Gläubigen, als auch für jene, die nicht gerettet sind. Der Einfluß, den wir ausüben, stirbt nicht, und er wird sich weiterhin – entweder zu unserem Gunsten oder Ungunsten – auswirken. Dann wird am Ende der Lohn da sein. Aus der Bibel sehen wir, daß auch die Ungeretteten nach ihren Werken und nach dem Einfluß, den sie ausübten, gerichtet werden.

Johannes sah hier Gottes Volk auf Thronen. Und unter den vielen Gotteskindern sah er auch die eine Gruppe, von der die Bibel sagt: «Ich sah die Seelen derer, die enthauptet waren um des Zeugnisses Jesu und um des Wortes Gottes willen. Sie riefen damals: O Herr, wie lange noch, wie lange noch?» Aber nun sah er sie, und sie lebten. Die Zeit der Trübsal war vorbei; sie waren jetzt lebendig und auch im Kreise der großen Schar der Kinder Gottes. Sie waren auferstanden.

Wir wollen nun über diese zwei Auferstehungen sprechen. Ich finde das sehr bemerkenswert. Nirgends finden wir in der Bibel einen einzelnen Abschnitt, der uns alles über die Auferstehung sagt. Oftmals denken wir, warum Gott die Bibel nicht so geschrieben hat, wie wir sie schreiben würden. Wir würden alles zusammenhängend schreiben, damit jeder sofort überzeugt werden könnte. Ob das der beste Weg wäre? Kaum. In der Bibel sehen wir die verschiedensten Menschen, die einander nicht kannten, die zu verschiedenen Zeiten lebten, die alle vom gleichen Geist Gottes inspiriert waren und alle aus einer anderen Perspektive über das gleiche Ereignis schrieben. Wenn wir all diese Dinge zusammensetzen, dann finden wir ein wunderschönes Ganzes. Wer anders kann so etwas tun als Gottes Geist? An verschiedenen Stellen spricht die Bibel über diese Wahrheit der ersten und der zweiten Auferstehung. Gott sagt uns – das ist der erste Hauptgedanke – daß es eine Auferstehung der Toten geben wird. Wir lesen davon in Matthäus 22, vom 23. bis 31. Vers. Dort befand sich der Herr Jesus im Gespräch mit den Sadduzäern, und das waren superschlaue Menschen. Sie hatten gedacht, sie hätten den Herrn Jesus jetzt festgenagelt, denn gegen die Logik, die sie hier brachten, könne doch kein Mensch ankommen. Sie sagten: «Herr, das Gesetz schreibt vor, daß wenn jemand – der keine Kinder hinterläßt – stirbt, sein Bruder dessen Frau zur Ehe nehmen soll, daß er Samen erwecke.» Und es waren sieben Brüder, die alle, einer nach dem andern, die gleiche Frau gehabt hatten. Dann sagten sie: Zuletzt starb auch die Frau, und nun kam die so überlegene Frage: Jesus, jetzt sag uns einmal, wessen Frau wird sie bei der Auferstehung der Toten sein? Wir haben dich hier klar überführt, so etwas kann es ja nicht geben. Darauf antwortete der Herr Jesus ihnen als erstes: Ihr seid auf dem Holzweg, ihr irrt. Manchmal war der Herr Jesus, wenn er redete, sehr direkt. Er hat die Leute nicht einfach nur so angesprochen, es könnte sein, daß ihr eventuell nicht die richtige Meinung habt, sondern er sagte klar heraus: Ihr irrt. Wenn jemand irrt, dann ist er verkehrt, und Jesus hat ihnen gesagt: Ihr irrt, weil ihr zwei Dinge nicht beachtet. Ihr kennt weder das Wort Gottes, noch wißt ihr etwas von der Kraft Gottes. Dann sagte er klar und deutlich: es gibt eine Auferstehung der Toten. Dann mußten sie ihren Kopf einziehen und weggehen. Der Herr Jesus hat gesagt, daß es eine Auferstehung der Toten gibt.

Als der Herr Jesus von Maria und Martha gerufen wurde, nachdem Lazarus gestorben war, lesen wir in Johannes 11,23 «Lazarus wird auferstehen». In Apostelgeschichte 26, Vers 8, finden wir, daß Paulus vor dem König Agrippa stand. Er war eingesperrt, mußte sich rechtfertigen und sagte dann unter anderem folgendes zu König Agrippa: «Warum fällt es euch so schwer zu glauben, daß es eine Auferstehung der Toten gibt?» Kurzum, die Bibel lehrt unzweideutig, daß es eine Auferstehung der Toten gibt.

Zweitens lehrt die Bibel, daß es in der Auferstehung einen Unterschied gibt zwischen Gerechten und Ungerechten. In Lukas 14,14 sagt Gottes Wort: «Es wird dir vergolten werden in der Auferstehung der Gerechten.» Hier spricht nun die Bibel von einer Auferstehung der Gerechten. Das gleiche lesen wir in Johannes 6,40, in

6,44 und in 6,54. Dort bezieht sich die Bibel immer auf die Auferstehung der Gerechten und deutet damit an, daß zwischen der Auferstehung der Gerechten und der Auferstehung der Gottlosen, der Nicht-Geretteten, ein Unterschied besteht. Aber die Heilige Schrift lehrt unmißverständlich, daß auch die Verlorenen, die Nicht-Geretteten, auferstehen werden. Im Alten Testament spricht schon Daniel 12,2 davon: «Die im Erdenstaube schlafen» – das ist der Ausdruck, den Daniel benutzte, als er von Menschen redete, die gestorben waren – «werden aufwachen, auferstehen; die einen zu ewigem Leben, die andern zu ewiger Schmach und Schande.» Hier deutet Daniel schon im Alten Testament an, daß es einen Unterschied geben wird, und daß sowohl die Geretteten, als auch die Ungeretteten auferstehen werden.

In Johannes 5,28,29 sagt der Herr Jesus: «Verwundert euch nicht darüber! Denn es kommt die Stunde, in welcher alle, die in den Gräbern sind, seine Stimme hören werden; und es werden hervorgehen, die das Gute getan haben, zur Auferstehung des Lebens; die aber das Böse getan haben, zur Auferstehung des Gerichts.» In Apostelgeschichte 24 heißt es im 15. Vers: «Ich habe die Hoffnung zu Gott, daß es eine Auferstehung der Toten gibt, sowohl der Gerechten, als der Ungerechten.»

Die Bibel lehrt also, daß alle Menschen auferstehen werden. Sie lehrt auch von einem Unterschied zwischen der Auferstehung der Gerechten, der Geretteten und der Nicht-Geretteten. Aus der Bibel sehen wir auch, daß zwischen der Auferstehung der Geretteten und der Nicht-Geretteten eine Zeitspanne von rund tausend Jahren liegt. Das lesen wir in Offenbarung 20: «Die übrigen der Toten aber auferstanden nicht, bis die tausend Jahre vollendet waren.» Das ist einleitend der Grundgedanke über die Auferstehung. Was uns aber wahrscheinlich viel mehr interessiert, ist, was denn die Bibel nun im einzelnen oder im Detail über die Auferstehung der Gerechten sagt. Wenn wir Kinder Gottes sind, interessieren wir uns doch dafür, was die Bibel über die Auferstehung seiner Kinder zeigt. Die Bibel lehrt, daß auch die Auferstehung der Gerechten nicht für alle Gerechten zur selben Zeit stattfinden wird. Ich habe darum den Hintergrund gezeigt. Bei der Auferstehung wird gezeigt, daß zwischen der Auferstehung der Gerechten und derjenigen der Ungeretteten ein Unterschied von rund tausend Jahren besteht. Und nun sehen wir aus Gottes Wort, daß auch in der Auferstehung der Gerechten die Zeit nicht für alle Geretteten die gleiche ist. Manche Leute meinen, Gott wirke immer nur pauschal, er werfe alles in einen Topf. Aber die Bibel lehrt uns etwas anderes. Schlagen wir einmal 1. Korinther 15, die Verse 20–24 auf: «Nun aber ist Christus von den Toten auferstanden.» Damit beginnt Paulus. Es ist eine Aussage, an die er keinerlei Argument herankommen läßt: «Als Erstling der Entschlafenen. Denn weil der Tod kam durch einen Menschen, so kommt auch die Auferstehung der Toten durch einen Menschen; denn gleichwie in Adam alle sterben, so werden auch in Christus alle lebendig gemacht werden. Ein jeglicher aber in seiner Ordnung.» Viele stören sich nun an dieser Aussage der Bibel. Wissen wir, was dieses Wort eigentlich heißt? Ein jeglicher in seiner Rangordnung oder Reihenfolge. Hier spricht die Bibel nicht von irgendjemandem, hier spricht sie von uns, den Geretteten. Und dann sagt Gottes Wort, was damit gemeint ist: «Als Erstling Christus, darnach die, welche Christus angehören bei seiner Wiederkunft; hernach das Ende, wenn er das Reich Gott, dem Vater, übergibt, wenn er abgetan hat jede Herrschaft, Gewalt und Macht.» Es ist interessant, wie hier der Heilige Geist – einen Vergleich anstellt mit dem Fest der Erstlingsgabe, von dem in 3. Mose 23 die Rede ist. Dort werden die Feste Israels angeführt. Jedes dieser Feste hat auch neutestamentliche Bedeutung, und eines dieser Feste war das Fest der Erstlingsgabe. Damit hängt auch das Erntedankfest in etwa zusammen. Was war denn der eigentliche Vorgang bei jenem Fest? Damit wir das, wovon die Bibel hier spricht, besser verstehen, müssen wir in die Praktiken, wie sie an jenem Fest waren, hineinschauen. Als erstes wurden die Israeliten gebeten, an einem bestimmten Tag, einem ersten Tag der Woche, an unserem sogenannten Sonntag, auf das Feld hinauszugehen und einige Ähren abzustreifen, und zwar diejenigen Ähren, die als erste reif geworden waren. Diese Frucht, die sie gewonnen hatten und mitnahmen, sollten sie dann dem Priester bringen, der sie Gott weihte. Die Zeit der Ernte war aber noch nicht da. Die eigentliche Erntezeit kam erst fünzig Tage später, und dann wurde die richtige Ernte eingebracht. Nachdem diese vorüber war, gab es einige Zeit später die sogenannte Nachlese. Auf dieses Bild bezieht sich nun der Heilige Geist, wenn er von der Auferstehung der Geretteten spricht. Er sagt, ein jeder in seiner Rangordnung oder Reihenfolge. Zuerst Jesus Christus, er ist der erste, der von den Toten auferstanden ist, in dem Sinne, daß er einen neuen, verklärten Leib bekam. Es gab schon im Alten Testament andere, die wieder zum Leben kamen. Sie lebten eine Zeitlang weiter und starben dann wieder, aber im Sinne der Auferstehung der Toten mit einem neuen Leib, war Jesus Christus der erste, der Erstling.

Und nun sagt Matthäus 27, Jesus sei nicht der einzige, er sei der erste, der bei der Erstlingsfrucht dabei war. Als Jesus von den Toten auferstanden war, lesen wir in Matthäus 27 in den Versen 51–53: «Und siehe, der Vorhang im Tempel riß entzwei von oben bis unten, und die Erde erbebte, und die Felsen spalteten sich. Und die Gräber öffneten sich, und viele – nicht alle – Leiber der entschlafenen Heiligen standen auf.» Wann? Als Jesus als Erstling hervorging. Im 1. Korinther 15 sagt Paulus: Christus als Erstling. Wir dürfen annehmen, daß es nicht nur eine Erstlingsfrucht der alttestamentlichen Gemeinde gegeben hat, sondern daß es auch eine Erstlingsfrucht der neutestamentlichen Gemeinde geben wird. Wir haben über die Entrückung gesprochen und gesehen, daß nicht alle in einer generellen Entrückung zum Herrn genommen werden, sondern daß auch manche durch die Trübsal gehen werden, daß auch während der Trübsalszeit eine Entrückung stattfinden wird, und daß viele sterben werden. Hier sehen wir, daß die Bibel von dieser Reihenfolge, von dieser Rangordnung spricht. Dann sagt Gottes Wort, nach der Erstlingsfrucht seien es diejenigen, die ihm angehören, wenn er kommt. Jesus wird kommen. Wenn er kommt, werden diejenigen, die ihm angehören, die große Schar der Gläubigen sein, die mit ihm gehen. Dann wird es aber auch eine Nachlese geben. Eine Nachlese derer, die durch die Trübsal gehen, die sterben, die nicht bereit sein werden, wenn er kommt. Ich persönlich vermute, daß die beiden Zeugen, die vor aller Augen in Jerusalem sterben und auferweckt werden, dann zu dieser Nachlese gehören und viele andere mehr. Und dann am Ende, sagt die Bibel, diejenigen, die ohne Christus starben, die ohne Christus in die Ewigkeit gegangen sind. Aber jeder Gerettete wird durch die Kraft Gottes auferweckt werden. Das ist nun ein Gebiet, das die menschlichen Überlegungen so weit übersteigt, wie kaum etwas anderes. Die Bibel redet davon, daß das Meer die Toten zurückgeben wird. Es muß schon Gott sein, der so etwas tut. Wenn wir daran denken, wie die Menschen auf dieser Welt zerstreut sind, wo die Körper überall begraben oder gar verbrannt wurden und die Kraft Gottes diese Menschen auferwecken wird, dann steht uns beim Gedanken an diese Tatsache die Größe unseres Herrn vor Augen wie kaum anderswo.

Der Apostel Paulus hat die Thessalonicher aufgerufen, sich über diese Tatsache zu freuen. Er sagte, darum sollen Gotteskinder, wenn jemand stirbt, nicht die gleiche Traurigkeit haben, wie die Welt sie hat. Denn es ist bei weitem nicht alles aus. Die Kraft Gottes ist aber jetzt schon in uns allen wirksam durch den Heiligen Geist. Im Römerbrief schreibt der Apostel Paulus im 11. Vers des 8. Kapitels etwas Wunderschönes: «Wenn aber der Geist dessen, der Christus von den Toten auferweckt hat, in euch wohnt, so wird derselbe, der Christus von den Toten auferweckt hat, auch eure sterblichen Leiber lebendig machen durch seinen Geist, der in euch wohnt.» Möge niemand denken, das beziehe sich nur auf die Auferstehung der Toten; es bezieht sich in erster Linie auf unser Leben hier auf dieser Erde. Unser Leib ist nur solange sterblich, als wir physisch leben, sonst geht er in Verwesung über. Diesen Ausdruck macht die Bibel sehr deutlich. Und Gottes Geist wohnt nur im Leib, solange wir physisch leben. Wenn nun Gottes Geist in uns ist, haben wir eine wundervolle Verheißung, Gott zu vertrauen, daß er unsere sterblichen Leiber, die auf Krankheit, auf Schwäche anfällig sind, anrühren kann. Warum? Weil der Geist Gottes in uns wohnt. Paulus sagte: Wenn der Geist Gottes in der Lage ist, uns dann noch von den Toten aufzuerwecken, wenn wir bereits verwest sind und manche Knochen verbrannt wurden, wieviel mehr sollte er in der Lage sein, unsere Leiber anzurühren, damit wir die Kraft Gottes erleben und gesund werden. Das meinte Paulus hier.

Darum sagte der Herr Jesus: Ihr irrt, ihr kennt weder das Wort noch die Kraft Gottes. Oh, daß wir der Kraft Gottes mehr vertrauen würden, mehr Vertrauen hätten in diesen großen, allmächtigen Gott. Denken wir an ihn als an unseren liebenden Vater, der uns gut gesinnt ist. Wir müssen ihn nicht erst umstimmen, damit er uns liebt. Er liebt uns. Keiner von uns hat irgendeinen Einfluß auf die Tatsache der Auferstehung der Toten. Das ist etwas, das geschehen wird, und es wird kommen, ob es uns paßt oder nicht, ganz gleich, was die Menschen sagen. Gott ändert seinen Plan nicht. Aber auf eines können wir Einfluß haben, nämlich darauf, wann wir auferstehen werden, ob es bei den Gerechten sein wird oder bei den Ungerechten. Wir bestimmen das selbst für uns persönlich. Gott hat das nicht vorher festgelegt, indem er so und so viele Menschen dazu programmierte, zu den Ungerechten zu gehören und so und so viele zu den Gerechten. Gott hat uns die Entscheidung überlassen, jedem einzelnen ganz persönlich, und zwar in unserer Stellungnahme zu seinem Sohn, Jesus Christus. Wir müssen uns das erneut durch Gottes Wort vor Augen führen lassen, daß unsere persönliche Haltung zu Jesus Christus darüber entscheidet, ob wir bei den Gerechten dabei sein werden oder bei den Ungerechten. Da mag jemand sagen: Ich habe nichts gegen Jesus, ich liebe ihn, ich schätze das, was er getan hat. Es berührt mich tief, daß er ans Kreuz gegangen ist und sein Leben gelassen hat. Ich habe ihm oft dafür gedankt. Das allein ist aber nicht die Frage. Jesus hat gesagt: Liebet ihr mich, so haltet meine Gebote. Jesus will nicht bewundert werden; er möchte vielmehr, daß wir ihn als die Autorität Gottes über uns akzeptieren. Liebt ihr mich, so haltet meine Gebote. «Wer da glaubt und getauft wird, der wird gerettet werden.» Es gibt manche, die wollen sich bekehren; es gibt manche, die wollen sich taufen lassen; es gibt auch Leute, die ein Heiligungsleben führen wollen, um Gott zu gehorchen, und sie wollen mit der Sünde brechen – sie wollen ... aber nicht heute, immer morgen oder übermorgen. Da ist die Unsicherheit des Lebens – was würde geschehen, wenn wir so vor Jesus treten müßten, wie wir jetzt sind? Darum sagt die Bibel, daß wir unseren Stand vor ihm für uns selbst entscheiden, aber auch für andere. Wir als Kinder Gottes tragen viel dazu bei, andere unter den Einfluß des Wortes Gottes zu bringen, damit sie Jesus Christus annehmen können. Darum heißt es in Gottes Wort: «Ihr werdet meine Zeugen sein, wenn der Heilige Geist auf euch gekommen ist.» Ihr werdet Zeugen sein. Von den Geretteten lesen wir in der Bibel, daß sie vor Gott sein und ihren Lohn empfangen werden. Johannes war erfreut, daß er sie auf Thronen sah. Er sah viele. Wir werden später sehen, wie es den Ungeretteten, die tausend Jahre später auferstehen werden, ergehen wird.

Möchten wir nicht alle ernst machen mit dem Willen Gottes für unser Leben? In jeder Hinsicht?

Das Millenium und das Endgericht (20,6–15)

Wir lesen nun im 20. Kapitel der Offenbarung von Vers 6 bis zum Schluß:

«Selig und heilig ist, wer teilhat an der ersten Auferstehung. Über diese hat der zweite Tod keine Macht, sondern sie werden Priester Gottes und Christi sein und mit ihm regieren tausend Jahre. Und wenn die tausend Jahre vollendet sind, wird der Satan aus seinem Gefängnis losgelassen werden, und er wird ausgehen, die Nationen zu verführen, die an den vier Ecken der Erde sind, den Gog und den Magog, sie zum Kampfe zu versammeln; ihre Zahl ist wie der Sand am Meer. Und sie zogen herauf auf die Breite der Erde und umringten das Heerlager der Heiligen und die geliebte Stadt. Und es fiel Feuer von Gott aus dem Himmel herab und verzehrte sie. Und der Teufel, der sie verführte, wurde in den Feuer- und Schwefelsee geworfen, wo auch das Tier ist und der falsche Prophet, und sie werden gepeinigt werden Tag und Nacht von Ewigkeit zu Ewigkeit. Und ich sah einen großen weißen Thron und den, der darauf saß; vor seinem Angesicht flohen die Erde und der Himmel, und es wurde keine Stätte für sie gefunden. Und ich sah die Toten, die Großen und die Kleinen, vor dem Throne stehen, und Bücher wurden aufgetan, und ein anderes Buch wurde aufgetan, das ist das Buch des Lebens; und die Toten wurden gerichtet nach dem, was in den Büchern geschrieben war, nach ihren Werken. Und das Meer gab die Toten, die darin waren, und der Tod und das Totenreich gaben die Toten, die darin waren; und sie wurden gerichtet, ein jeder nach seinen Werken. Und der Tod und das Totenreich wurden in den Feuersee geworfen. Das ist der zweite Tod, der Feuersee. Und wenn jemand nicht im Buche des Lebens eingeschrieben gefunden ward, wurde er in den Feuersee geworfen.»

Hier geht es um zwei Ereignisse; einmal das tausendjährige Reich und zum andern das Gericht vor dem weißen Thron. Wir wollen uns an einige wichtige Aussagen und Merkmale dieser beiden Ereignisse halten, um hier doch zu sehen, wie es in der Entwicklung weitergehen wird. Es war von jeher der Traum der Menschen, ein Friedensreich auf dieser Erde zu gründen. Wenn wir in der Geschichte nachlesen, dann finden wir, daß es immer wieder Männer gegeben hat, die diesen Traum verfolgten und ihn gezielt anstrebten. Es gab auch Zeiten, in denen gewisse Männer meinten, sie seien nahe daran, dieses Reich zu errichten. Wohlgemerkt, der Mensch hat nur ein sehr menschliches Verständnis, und er legt an solch ein Friedenreich sehr menschliche Maßstäbe an. In unserer heutigen Zeit schreit die Welt geradezu nach Frieden. Und was meint man damit? Man meint damit die Vermeidung eines Atomkrieges. Nicht mehr. Die Menschheit sucht doch nicht den echten Frieden. Die gleichen Leute, die Tag für Tag gegen die Atomwaffen demonstrieren und schreien, spenden im Handumdrehen Geld, um damit gewisse Terroristenbewegungen zu unterstützen. Von dem, was Frieden wirklich bedeutet, haben wir einen sehr vagen menschlichen Begriff. Niemand hat es je erreicht, dieses Friedensreich zu errichten. Und doch wird es eines Tages kommen. Es wird eine Zeit geben, in der auf dieser Erde Friede herrscht. Aber wohlgemerkt, dieser Friede wird nicht durch Politik oder menschliche Bemühungen kommen, sondern dieser Friede wird dann kommen, wenn der Urheber des Krieges sein Werk nicht mehr tun kann und der Fürst des Friedens hier regieren wird. Gottes Wort sagt, daß der Teufel für rund tausend Jahre gebunden und in den Abgrund gesperrt wird, nachdem der Antichrist und der Prophet in den Feuersee geworfen sein werden. Und damit wird der, der die Menschen zum Krieg und zum Haß verführte, aus dem Weg geräumt sein. Indem dann das geschieht, wird Jesus Christus mit seinen Heiligen, mit der erlösten Schar, auf diese Erde zurückkommen. Nachdem die allergrößte aller Schlachten stattgefunden haben wird, wird er das Friedensreich auf dieser Erde errichten. Das, was der Mensch von jeher wünschte, wird kommen. Dann wird es auf dieser Erde eine theokratische Regierung geben, d.h. Gott selbst wird durch seinen Sohn Jesus Christus Regent dieser Welt sein. Mit ihm werden alle diejenigen regieren, die Jesus Christus während der Zeitspanne der Gemeinde, während des Zeitalters des Heiligen Geistes, in ihr Herz aufnahmen und ihn dort seine Regierung aufrichten ließen. In dem Maße, in dem Jesus Christus jetzt in unseren Herzen regieren kann, wird auch unsere Position, unsere Stellung in diesem

Reiche sein. Wenn wir jetzt Jesus Christus keinen Raum gegeben haben, um zu regieren und über uns zu herrschen, wenn wir unser eigenes Leben lebten und unseren eigenen Wünschen nachgingen, dann mag es sein, daß wir gerade noch aus den Flammen der Hölle herausgerettet werden, aber wir werden kaum dort mit ihm sein, wenn er sein Reich aufrichtet. Jerusalem wird Welthauptstadt werden. Es zeigt sich mehr und mehr, daß sich die ganze Entwicklung jener Gegend zuwendet. Es vergeht ja kein Tag, an dem nicht irgendeine Nachricht von dort über die Medien eintrifft, und zwar keine unbedeutende. Manche Menschen haben Furcht und finden, es sei ja grausam und schlimm, wie sich alles entwickle. Es entwikkelt sich alles zu einer Weltregierung, zu einer Ein-Mann-Regierung. Wir sollten die ganze Entwicklung nicht nur negativ sehen. Das, was kommt, die Regierungszeit des Antichristen, die Entwicklung nach Jerusalem, nach dem Mittleren Osten hin, das alles muß ja sein. Die Regierungszeit des Antichristen wird relativ kurz sein. Aber dann wird der Herr Jesus kommen und sein Reich aufrichten, und gerade da wird die Hauptstadt Jerusalem sein. Gottes Wort sagt, daß dann für diese Erde eine ganz neue Zeit beginnen wird, eine Zeit, wie wir sie uns gar nicht vorstellen können. Ich vermute, diese Zeit wird zunächst mit Aufräumungsarbeiten beginnen. Das kann ja nicht anders sein. Dieser furchtbare Krieg, diese schreckliche Schlacht, von der die Bibel sagt, man werde sieben Monate benötigen um die Toten zu beerdigen, wird auch noch viel anderes an Trümmern hinterlassen. Und es kann Jahre dauern, bis alles aufgeräumt sein wird. Israel wird dann endlich alles Land einnehmen, das Gott verheißen hat. Und Gottes Wort zeigt uns, daß es während der Regierungszeit Jesu einen Wirtschaftsaufschwung sondergleichen geben wird. Wir lesen dazu in der Heiligen Schrift in Amos Kapitel 9, den 13. Vers: «Siehe es kommen Tage, spricht der Herr, da der Pflüger den Schnitter und der Traubenkelter den Sämann ablösen wird! Alsdann werden die Berge von Most triefen und alle Hügel zerfließen.» Eine Ernte wird der anderen folgen. Können wir uns vorstellen, was das bedeutet? Es wird eine herrliche Zeit sein. In Joel 3,18 lesen wir ähnliches und Jesaja 35,1 spricht ebenfalls von diesem Wirtschaftsaufschwung. Auch viele andere Bibelstellen reden davon. Aus der Bibel sehen wir, daß während der Zeit des tausendjährigen Reiches, in welcher vieles auf dieser Erde eine Veränderung erfahren wird, weil der Fürst dieser Welt, der Feind Gottes und des Menschen, nicht mehr da sein wird, auch die Zeitspanne des menschlichen Lebens eine ganz andere sein wird, als wir sie heute kennen. In Jesaja 65 redet die Bibel davon, wenn jemand im Alter von einhundert Jahren stirbt, es im Kindesalter sein wird. Kann denn das möglich sein? Vergessen wir eines nicht: Wenn derjenige, der den Menschen erschaffen hat, hier regiert und der Feind des Menschen, durch den Sünde und Tod in die Welt kam, nicht mehr hier sein wird, werden ganz andere Bedingungen herrschen. Jesus Christus, der König, die Herrlichkeit des Herrn, sagt uns Gottes Wort, wird die Erde überfluten. Das wird etwas Wunderbares sein. Die Bibel spricht davon, daß es ganz markante klimatische Veränderungen geben wird. In Jesaja 30,26 lesen wir davon. Die klimatischen Verhältnisse werden sich ändern, das Licht des Mondes wird dem der Sonne gleichen, und das Licht der Sonne wird siebenmal stärker sein. Und wissen wir, was das bedeutet? Gerade die Tatsache, daß es mehr Ernten geben wird. Die Bibel sagt, die ganze Schöpfung werde vom Frieden, von der Erlösung, die über diese Erde kommen wird, betroffen sein. In Römer 8,19–23 schreibt der Apostel Paulus, daß sich die gesamte Kreatur danach sehnt, und in Jesaja 11,6–8 redet die Heilige Schrift von etwas, das wir uns gar nicht vorstellen können: Raubtiere werden plötzlich zahm sein und Kinder mit Schlangen spielen können. Welch eine Veränderung wird es dann auf dieser Erde geben! Das, was der Mensch sich immer ersehnt hat – Frieden, Frieden mit Gott, Frieden in der Natur, Frieden in den zwischenmenschlichen Beziehungen, wird voll und ganz da sein. Friede auf Erden, davon redet die Bibel. Das wird die Zeit sein, von der Jesaja 2 in den Versen 2–5 spricht. *«Es wird in späteren Zeiten geschehen, daß der Berg des Hauses des Herrn festgegründet an der Spitze der Berge stehen und über alle Höhen erhaben sein wird, und es werden ihm alle Heiden zuströmen; und viele Völker werden hingehen und sagen: Komm laßt uns wallen zum Berge des Herrn, zum Hause des Gottes Jakobs, daß er uns belehre über seine Wege und wir wandeln auf seinen Pfaden! Denn von Zion wird die Lehre ausgehen und des Herrn Wort von Jerusalem. Und er wird Schiedsrichter sein zwischen den Nationen und zurechtweisen große Völker, also daß die ihre Schwerter zu Pflugscharen und ihre Spieße zu Rebmessern schmieden werden; kein Volk wird wider das andere ein Schwert erheben, und sie werden den Krieg nicht mehr erlernen. – Komm, o Haus Jakob, wir wollen wandeln im Lichte des Herrn!»* Das wird die Zeit sein, in der man die Schwerter zu Pflugscharen umschmieden wird. Weiter lesen wir in Jesaja 11,9: *«Sie werden nicht schaden und nicht verderben auf dem ganzen Berge meines Heiligtums; denn die Erde wird erfüllt mitErkenntnis des Herrn, wie die Wasser den Grund bedekken.»* Das wird ganz sicher kommen, denn Gottes Wort sagt es. Die Bibel ist voller Verheißungen über dieses Reich. Es gibt kaum etwas in der Heiligen Schrift, das so viele Verheißungen hat wie dieses Reich. Das wird das Reich sein, das die Jünger erwarteten, als Jesus kam. Es wird auch das Reich sein, auf welches Jerusalem zur Zeit Jesu wartete. Sie hatten nicht erkannt, daß Jesus Christus zuerst kommen mußte, um für die Sünden zu sterben, daß er zuerst kommen mußte, um ein geistliches Reich zu gründen, damit die Menschen, die zum geistlichen Reich gehören würden, dann mit ihm in diesem irdischen Reich regieren könnten. Das hatten sie nicht erkannt. Aber Gott sei Dank können wir das sehen, und wir wissen, daß es sich anbahnt. Die ganze Entwicklung in dieser Welt ist dahingehend ausgerichtet.

Dann sagt Gottes Wort, daß der Satan gegen Ende dieser tausend Jahre freigelassen wird. Viele Menschen zerbrechen sich den Kopf darüber, warum Gott das tun wird. Wir werden Gott jetzt nie völlig begreifen können. Seine Gedanken sind so ganz anderer Art als unsere Gedanken; und ein Gott, der von seinen Geschöpfen in allem verstanden werden könnte, wäre kein Gott. Es muß aber notwendig sein, daß das geschieht. Und dann wird etwas bewiesen werden. Das, was der Mensch heute Gott immer wieder als Anklage vorhält: Warum lässest du den Menschen überhaupt vom Teufel versucht werden? Es wird dann bewiesen, daß Erziehung allein den Menschen nicht verändert. Nachdem der Teufel freigelassen sein wird, zeigt sich, daß das menschliche Herz böse ist, und viele werden sich dem Feind Gottes zuwenden. Jeder Mensch, der Gott dient, muß es aus freiem Willen tun. So wird auch die Generation in jener Zeit eine Möglichkeit haben, sich für oder gegen Gott zu entscheiden. Dann berichtet die Bibel, daß diese Zeit mit einem furchtbaren neuen Gericht, das über die Menschen kommt, die Gott ablehnen, zu Ende gehen wird.

Das tausendjährige Reich wird kommen; keiner von uns kann es aufhalten, keiner von uns kann irgendetwas dazu tun oder davon abtun. Aber wir alle haben es in unserer Hand dazu zu sehen, damit wir nicht vor dieses Gericht kommen, von dem ich jetzt reden möchte. Darum, weil es uns viel direkter betrifft oder betreffen kann, müssen wir etwas mehr über dieses Gericht wissen. «Ich sah einen großen weißen Thron und auch den, der darauf saß.» Wenn wir das lesen, werden wir vielleicht an die Schau des Johannes in Kapitel 4 erinnert, wo er ebenfalls einen Thron sah. Aber wenn wir diese beiden Beschreibungen vergleichen, dann finden wir einen weiten Unterschied. In Kapitel 4 der Offenbarung ist von einem Thron der Gnade die Rede, von einem Thron, über dem der Regenbogen ausgespannt ist, von einem Thron, bei dem man Vergebung finden kann, bei dem Hilfe ist. Hier ist es nun der Thron des Gerichtes und nicht mehr der Gnade. In diesem Zusammenhang sah Johannes die Toten auferstehen, die Großen und die Kleinen. Das sind diejenigen, von denen in Offenbarung 20, Vers 5, gesagt wird: «Die übrigen Toten aber leben nicht, bis die tausend Jahre vollendet waren.» Wir sprachen über die beiden Auferstehungen – die Auferstehung der Gerechten, die zeitlich tausend Jahre von der Auferstehung der Ungerechten getrennt ist. Zu diesem Zeitpunkt werden die Gerechten schon alle auferstanden sein. Johannes sah sie – Große und Kleine. Damit meinte er nicht Menschen nach ihrer Statur. Diesbezüglich hat die Bibel nie einen Unterschied gemacht, sondern damit waren angesehene Menschen in der Welt gemeint, die einen Namen hatten, Menschen die berühmt waren, Menschen, die auf dieser Erde etwas galten, die das Wort der Macht hatten. Johannes sah aber auch solche, die unbedeutend waren, und er sah nun beide auferstehen, beide als Ungerechte. Er sah, wie das Meer die Toten hergab, die dort ertrunken waren; er sah, wie die Toten aus dem Totenreich kommen werden. Wir lesen davon in Lukas 16. Während er diese auferstandenen Toten sah, merkte er etwas ganz Auffallendes, und er notierte es. Er sagte: Bücher wurden aufgetan, und das Buch des Lebens wurde aufgetan. Das ist nicht ein und dasselbe. Die Menschen werden zur Rechenschaft gezogen werden, und die Bücher, die man dort vorfinden wird, werden nicht Bücher sein, die von dieser Erde kommen und dort hingebracht wurden, wo die Mehrheitsentscheidungen in den demokratischen Ländern niedergeschrieben oder die Erlasse in den diktatorischen Ländern angeführt wurden, sondern es werden Bücher sein, die Gott geführt hat und führt. Wir müssen dieses eine wissen, und ich kann es nicht klar genug sagen: Gott nimmt Notiz von allem, was wir tun, und er notiert es. Der Tag wird kommen, an dem die Bücher aufgetan werden und die Bibel sagt ausdrücklich, daß die Menschen nach ihren Werken gerichtet werden. Bei diesem Gericht wird es nicht mehr darum gehen, ob jemand gerettet wird oder verloren geht. Wer zu diesem Gericht kommen wird – ich sage es ganz frei heraus – der wird bereits verloren sein. Wie der Christ aufgrund seiner Werke und entsprechend seiner Werke als Gotteskind beurteilt werden und vom Herrn entweder Lohn empfangen oder gar Schaden leiden wird, genauso werden die Menschen, die Christus nicht angenommen haben, aufgrund ihrer Werke gerichtet werden. Vergessen wir nicht: Gott ist ein gerechter Gott. Er behandelt auch den Ungeretteten gerecht. Und nicht jeder wird das gleiche Maß der Strafe empfangen, sondern seine Werke werden das bestimmen. Aber alle, die nicht im Buche des Lebens eingeschrieben sind, werden in den Feuersee geworfen. Das wird etwas Grausames, Furchtbares sein. Und doch wird es auch dort Grade der Strafe geben. Wir können es nicht klarer ausdrücken als: Gott notiert. Und meinen wir ja nicht, das sei für Gott schwer. Es wird nicht mehr lange dauern, bis wir Menschen in der Lage sein werden, über jeden Menschen auf dieser Erde ohne Probleme Buch zu führen. Wenn wir Menschen das schon tun können, wieviel einfacher ist es für Gott! Bei ihm ist alles notiert. Wenn man daran denkt, könnte einem angst und bange werden. Warum haben aber Christen keine Angst? In dem Moment, in dem ein Mensch Jesus Christus als seinen Herrn und Erlöser annimmt und Jesus Christus in unser Leben einzieht und uns die Sündenschuld vergibt, da wird der Schuldbrief zerrissen, da wird alles ausradiert, was an Negativem über unserem Leben notiert stand. Gott findet das dann nicht mehr; es ist zugedeckt durch das Blut Jesu Christi. Und das ist meine einzige Hoffnung, vor Gott bestehen zu können: das Blut Jesu Christi, das die Schuld meiner Sünden zudeckt. Die Menschen werden gerichtet werden nach dem, was in den Büchern steht. Das Urteil wird aufgrund der Dinge, die im Buche stehen, aufgrund der Werke, gefällt werden. Und dann wird das Buch des Lebens aufgetan um zu beweisen, daß die Menschen, die dort erscheinen, nicht im Buche des Lebens verzeichnet sind. Sie alle werden an den Ort gehen, wohin Gott die Menschen senden muß, die sich mit dem Teufel verbunden und Jesus Christus abgelehnt haben – nämlich in den Feuersee.

Verstehen wir nun, warum der Herr Jesus den Jüngern sagte, als sie einmal von einem Missionseinsatz zurückkamen und sich darüber freuten, daß ihnen die Teufel untertan waren: Freut euch nicht darüber, daß euch die Teufel untertan sind und daß ihr wunderbare Befreiungen erlebt habt. Das ist nicht der Grund, weshalb ihr froh sein sollt; freuet euch vielmehr, wenn euer Name im Buche des Lebens steht. Es gibt für uns alle gar nichts, das so wichtig ist wie die Tatsache, daß unser Name im Buche des Lebens steht. Unsere Gesundheit und unser Wohlergehen auf dieser Erde sind nichts dagegen. Ob wir lange leben oder kurz, spielt keine Rolle. Wichtig ist, daß unser Name im Buch des Lebens steht. Es spielt in dem Sinne auch keine Rolle, ob wir als Gemeinde Wunder und Zeichen erleben; es ist viel wichtiger, daß wir Menschen haben, deren Namen im Buch des Lebens eingetragen sind. Der Herr Jesus sagt, das sei das Allerwichtigste für uns. Ich sage nichts gegen Wunder und Zeichen, aber laßt uns die Prioritäten nicht verwechseln, sondern die Dinge so sehen, wie Gott sie sieht. Wir können wissen, ob unser Name im Buche des Lebens steht – wir müssen es wissen. Weiß es jeder einzelne von uns? Gottes Geist gibt unserem Geist Zeugnis, daß wir Gottes Kinder sind. Ich möchte mich mit nicht weniger als mit diesem inneren Wissen zufrieden geben. Und wenn ich es nicht wüßte, würde ich Gott suchen, würde ich den Herrn im Gebet, in Staub und Asche suchen, damit mein Name dort steht. Christentum ist eine ernste Angelegenheit. Gott selbst ist der Richter. Er wird die Menschen richten. Und wer nicht ward gefunden geschrieben im Buch des Lebens, der ward geworfen in den Feuersee, dort wo der Antichrist, wo der falsche Prophet und wo der Teufel bereits sind. Wie lange werden die Leute dort bleiben? Genauso lange wie die Menschen im Himmel bleiben. Die Bibel sagt: für Zeit und Ewigkeit. Der gleiche Ausdruck, der für die Geretteten gebraucht wird, daß sie immer, ewig bei Gott sein werden, wird auch für die Verlorenen gebraucht, daß sie ewig im Feuersee sein werden. Es gibt hier keinen anderen Ausdruck. Ich sage es heute noch einmal mit aller Deutlichkeit, gerade darum kam der Herr Jesus: um uns Menschen vor diesem Feuersee zu retten. Jesus Christus ist nicht gekommen, damit wir Menschen eine bessere Sittenlehre haben, er ist auch nicht gekommen, damit wir ein wenig mitmenschlicher werden. Jesus Christus ist gekommen, damit wir gerettet werden. Der Mensch braucht nichts dringender als Rettung, und ich möchte uns vor Verkündigungen warnen, die nur Sitte und Moral lehren, die nur Mitmenschlichkeit lehren, die nur soziales Evangelium verkündigen; das ist nicht die Botschaft der Bibel. Die Botschaft der Bibel ist, daß der Mensch verloren ist, weil er ein sündiges Wesen hat, und daß der Mensch gerettet werden muß, und daß es nur in und durch Jesus Christus Rettung geben kann. Sind wir alle schon gerettet?

Wir können uns anstrengen, gute Menschen zu sein, und es mag uns gelingen, nette Menschen zu bleiben, aber das ist nicht gemeint. Auschlaggebend ist, ob unsere Sünden durch Jesu Blut vergeben sind, ob unser Name im Buch des Lebens steht, ob wir gerettet sind. Und es gibt nur eine Möglichkeit gerettet zu werden, denn es ist in keinem anderen Heil, es ist auch kein anderer Name den Menschen gegeben, darin sie sollen gerettet werden, als allein in dem Namen Jesus Christus. Möge der Heilige Geist diese Wahrheit einem jeden von uns auftun, daß wir demütig werden vor Gott und sagen: Herr ich bin bereit, dein Wort anzunehmen; ich bin bereit, mich deinem Worte zu beugen; ich bin bereit, mich unter dein Wort zu stellen; ich bin bereit, meine menschliche Meinung aufzugeben, weil ich gerettet werden möchte, weil ich die Gewißheit haben möchte, daß ich wiedergeboren bin. Wenn wir nicht wiedergeboren sind und aus irgendeinem Grund unser Leben lassen müssen, dann gehen wir so in die Ewigkeit, wie wir jetzt sind. Darum mahnt die Bibel, daß wir, wenn wir heute seine Stimme hören, uns nicht verstocken, sondern auftun sollen, damit der Geist Gottes uns Jesus verklären kann und wir wiedergeboren werden können, Kinder Gottes werden dürfen und wissen, daß unser Name im Buch des Lebens steht. Es geht hier um Leben und Tod für Zeit und Ewigkeit. Darum ist Christentum kein Spiel. Das tausendjährige Reich wird kommen, und der Thron wird errichtet werden. Diejenigen, die Jesus Christus nicht als ihren Herrn und Erlöser annehmen, werden einmal vor diesem weißen Thron stehen. Heute spricht Gott ganz neu zu uns. Wir müssen dort nicht dabei sein. Wir können bei der andern Auferstehung, bei der Auferstehung der Erlösten, dabei sein, wo es um etwas anderes geht; wo es darum geht, daß wir von Jesus Christus Lohn bekommen, damit wir dann mit ihm herrschen und seine Diener sein werden. Es ist jetzt unsere Aufgabe in dieser Welt, Menschen zu rufen, daß sie zu Jesus kommen sollen, und wer sich rufen und warnen lässt, der ist gerettet.

Der neue Himmel und die neue Erde (21,1–8)

Wir wollen die ersten 8 Verse aus dem 21. Kapitel der Offenbarung lesen:

«Und ich sah einen neuen Himmel und eine neue Erde; denn der erste Himmel und die erste Erde sind vergangen, und das Meer ist nicht mehr. Und ich sah die heilige Stadt, das neue Jerusalem, aus dem Himmel herabsteigen von Gott, zubereitet wie eine für ihren Mann geschmückte Braut. Und ich hörte eine laute Stimme aus dem Himmel sagen: Siehe da, die Hütte Gottes bei den Menschen! Und er wird bei ihnen wohnen, und sie werden sein Volk sein, und Gott selbst wird bei ihnen sein, ihr Gott. Und Gott wird abwischen alle Tränen von ihren Augen, und der Tod wird nicht mehr sein, noch Leid noch Geschrei noch Schmerz wird nicht mehr sein; denn das Erste ist vergangen. Und der auf dem Throne saß, sprach: Siehe, ich mache alles neu! Und er sprach zu mir: Schreibe; denn diese Worte sind gewiß und wahrhaft! Und er sprach zu mir: Es ist geschehen! Ich bin das A und das O, der Anfang und das Ende. Ich will dem Durstigen geben aus dem Quell des Wassers des Lebens umsonst! Wer überwindet, wird solches ererben, und ich werde sein Gott sein, und er wird mein Sohn sein. Den Feiglingen aber und Ungläubigen und Greulichen und Mördern und Unzüchtigen und Zauberern und Götzendienern und allen Lügnern wird ihr Teil sein in dem See, der von Feuer und Schwefel brennt; das ist der zweite Tod.»

Wir stehen hier vor dem letzten großen Ereignis der Bibel. «Ich sah einen neuen Himmel und eine neue Erde». Durch den Sündenfall hat der Mensch nicht nur allein sich selbst, sondern auch die Schöpfung Gottes verdorben. Die Bibel sagt, als Gott die Erde und was darin ist, machte, sah er darauf, und es war alles gut. Wir können gewiß sein, wenn Gott dieses Zeugnis gab, daß es gut war, daß dem wirklich so gewesen ist. Aber seit dem Sündenfall ist nicht mehr alles gut auf der Erde. Beginnen wir beim Menschen. Der Mensch hat sich durch seinen Ungehorsam, durch seine Rebellion, von der unmittelbaren Gemeinschaft mit dem Schöpfergott getrennt. Anstatt daß er mit Gott kreativ zusammengearbeitet hätte, hat er ein mühseliges Dasein gefristet und ist mehr und mehr von Gott abgekommen. Aus dieser Situation heraus – der Trennung von Gott – wurde der Leib des Menschen durch Krankheit in Mitleidenschaft gezogen. Wir dürfen aber nicht persönliche Sünde immer mit persönlicher Krankheit verbinden, sondern die Folge des Sündenfalls ist in den Leib des Menschen gedrungen, und darum haben wir heute Krankheit schlechthin auf dieser Erde. Aber nicht nur das Verhältnis des Menschen zu Gott wurde zerstört und sein Leib davon betroffen; die ganze Schöpfung, die dem Menschen als Herrschaftsgebiet hätte dienen sollen, ist ebenfalls zerstört worden und leidet darunter. Paulus schreibt, daß die ganze Schöpfung sich sehnt, ja geradezu seufzt nach der Offenbarung der Kinder Gottes. Was das alles mit sich bringen wird, können wir uns kaum vorstellen. Es ist nämlich schon jetzt vieles, was wir auf dieser Erde haben, so wunderbar. Denken wir nur an die Schweiz; trotz Waldsterben ist sie noch ein schönes Land. Aber wie wird es einmal sein, wenn die Kinder Gottes geoffenbart werden? Wie herrlich wird die Schöpfung Gottes sein!

Nachdem diese Abwärtsbewegung stattgefunden hatte, gab es keinen andern Weg für Gott, als alles neu zu beginnen. Und Gott hat in Jesus Christus neu begonnen. Er mußte es von der Wurzel her, von Grund auf, anfassen. Zuerst mußte Gott das Herz des Menschen durch Jesus Christus erneuern. Hier befindet sich die Wurzel des Übels; die Wurzel des Bösen liegt im Herzen des Menschen. Die Bibel spricht davon, daß Gott nicht nur allein das Herz umwandeln und uns durch Jesu ein fleischernes Herz geben will, sondern auch unser Leib berührt werde, in der Auferstehung der Toten. Gott sei Dank, Kinder Gottes dürfen oft schon jetzt einen Vorgeschmack dieser Auferstehungskraft erleben, indem ihr Leib jetzt Stärkung oder Heilung erfahren kann.

Aber zuletzt, sagt die Bibel, wird Gott einen neuen Himmel und eine neue Erde schaffen. Vielleicht fragt sich jemand, was denn mit dem Himmel gemeint ist. Daß die Erde einer Erneuerung bedarf, das stellen wir langsam fest. Aber ist denn der Himmel, in dem Gott ist, nicht gut? Ich glaube, daß er sogar sehr gut ist. Die Bibel redet auf alle Fälle von drei Himmeln. Da ist einmal der Himmel, in dem die Vögel fliegen. Dann gibt es den Himmel, wo die Planeten und die Sterne sind, und dann ist noch der Himmel, wo Gott ist. Bis dorthin ist noch kein Satellit gekommen. Zum Sternenhimmel ist ein Satellit unterwegs. Er wird keinen sehr weit entfernten Stern erreichen, aber er wird doch Jahre brauchen, um hinzukommen. Die Bibel erwähnt diese drei Himmel. Ich denke nicht, wenn sie von der Erneuerung des Himmels und der Erde redet, das Universum, den Sternenhimmel meint oder den Himmel, in dem Gott ist – sondern sie spricht von der Erde und dem, was um die Erde ist, von unserem Lufthimmel um die Erde. Auf alle Fälle stellen wir eines fest, wenn das so weitergeht wie jetzt, dann brauchen wir bald eine gründliche Erneuerung. Die Bibel redet davon. In Jesaja 65,17 finden wir diese Verheißung, vielmehr die Aufforderung, auf den neuen Himmel zu warten: *«Denn siehe, ich schaffe einen neuen Himmel und eine neue Erde, als daß man der früheren nicht mehr gedenkt und sie niemand mehr in den Sinn kommen werden; sondern ihr sollt euch freuen und frohlocken bis in Ewigkeit über dem, was ich erschaffe.»* Wißt ihr, was Gott hier sagt? Die neue Erde und der neue Himmel werden mit unserer jetzigen Erde und dem jetzigen Himmel kaum vergleichbar sein. Die andere Erde wird so wunderschön sein, daß man der jetzigen gar nicht mehr gedenken wird. Verstehen wir nun, warum der Herr Jesus uns auffordert, nicht so diesseitsgebunden zu sein. Begreifen wir es? Das alles wird einmal vergehen, es hat keinen bleibenden Wert. Aber das, was er in uns wirkt und wir aus einer reinen Gesinnung heraus für ihn wirken, wird Ewigkeitsbestand haben. Wann wird nun die Erde erneuert werden? Wann wird eine neue Erde und ein neuer Himmel geschaffen? Vermutlich während des Gerichtes vor dem großen weißen Thron, während des Endgerichtes der Ungerechten. Ob das nicht das Feuer ist, von dem Petrus im 3. Kapitel des 2. Briefes, im 7. Vers spricht, dem Feuer, welches die Feinde Gottes vernichtet? Ob das nicht das gleiche Feuer sein wird, welches die Erde und den Himmel erneuert, läutert und reinigt? Jedenfalls wird Gott es tun, und er sagt: Der neue Himmel und die neue Erde werden das Heim der Erlösten sein. Und mit dem Heim der Erlösten wollen wir uns nun ein wenig befassen.

Es fällt dem Menschen schwer, Worte zu finden, die die Schönheit dieses Heimes beschreiben können. Darum benutzt der Heilige Geist hier, indem er dieses Heim beschreibt, hauptsächlich Dinge, die nicht dort sein werden, um zu zeigen, wie es sein wird. In der Schrift wird dieses Heim hauptsächlich ausgezeichnet durch das, was nicht dort sein wird; und indem uns Gottes Wort das zeigt, was nicht dort sein wird, bekommen wir – wenigstens zum Teil – eine wunderbare Vorstellung, wie herrlich dieses Heim sein wird. Die Bibel sagt einmal, daß dort kein Schmerz sein wird. Ist das nicht wunderbar? Wir alle haben schon Schmerzen gehabt, die einen mehr, die anderen weniger, und wir wissen, wie furchtbar Schmerzen sein können. Da ist einmal der physische Schmerz, der weh tun und zermürbend wirken kann. Es gibt aber auch den seelischen Schmerz, der furchtbar und verheerend ist. Gerade in der Vorweihnachtszeit und unmittelbar nach Weihnachten gibt es viel mehr Menschen, die an einem seelischen Schmerz leiden, als zu irgendeiner andern Jahreszeit. Warum ist das so? Es scheint, daß es dem Menschen gerade in der Weihnachtszeit bewußt wird, wie leer er ist und wie sehr er eine Beziehung braucht. Und es gibt keine bessere Beziehung als die Beziehung zum lebendigen Gott. Physischer Schmerz, seelischer Schmerz. Alle, die in Krankenhäusern arbeiten, wissen wie schrecklich Schmerzen sein können. Aber im Himmel gibt es dann keinen Schmerz mehr.

Das Wort Gottes sagt, daß es dort aber auch kein Leid mehr geben wird. Das ist nicht das gleiche. Schmerz und Leid ist nicht unbedingt dasselbe. Es gibt manche geprüfte Menschen; wir können für sie keinen andern Ausdruck finden; und wir können auch nicht sagen, daß sie schlechter seien als andere. Es gibt einfach Menschen, die scheinen besonderen Prüfungen ausgeliefert zu sein. Welch ein Leid geht oft über manche Familien, über manches Volk! Aber in der Bibel heißt es, dort werde es keinen Schmerz und kein Leid mehr geben.

Weiter sagt die Bibel, es werde dort auch keine Sorgen mehr geben. Das wird ein wunderbarer Zustand sein. Oh, es ist leicht zu sagen, mach dir keine Sorgen. Aber sorgen wir uns leider nicht allzuviel? Je mehr wir Gott kennenlernen, je inniger wir mit ihm in Gemeinschaft leben, je näher kommen wir jetzt schon diesem Zustand, uns nicht zu sorgen. Ich sage nicht, daß wir ihn vollständig erreichen, aber je näher wir bei Gott leben, je mehr Gottes Geist in unserem Leben Raum gewinnt, je mehr er unsere Gesinnung umwandeln kann, desto mehr kommen wir jetzt schon in diese Situation hinein. Darum sagte der Herr Jesus: Sorget Euch nicht, werfet alle eure Sorgen auf ihn. Sobald es uns irgendwie nicht gut geht, denken wir: Der Herr legt eine Last auf uns, er hilft aber auch tragen. Wir sollen aber lernen, unsere Sorgen auf ihn legen, er sorgt für uns. Aber dort wird es dann keine Sorgen mehr geben. Sorgen sind es, die die Menschen zur Verzweiflung bringen, in Depressionen treiben, in Situationen hineinführen, woraus sie keinen Ausweg mehr sehen. Rein menschlich gesehen, gibt es manchen Grund, sich zu sorgen. Rein menschlich gesehen, sieht es so aus, als müßten wir uns sorgen über die Entwicklung in unserer Zeit. Rein menschlich gesehen, gibt es auch Gründe dafür, daß man sich über Leute in der Gemeinde Sorgen machen muß. Manche Eltern haben Grund, sich wegen ihrer Kinder zu sorgen oder andere wegen ihrer Verwandten. Es gibt so viele andere Gründe mehr. Aber dort wird es keine Sorgen mehr geben. Welch ein wunderbarer Ort! Können wir uns das überhaupt vorstellen?

Die Bibel spricht auch davon, daß es dort keine Versuchung mehr geben wird. Was uns allen als Christen zu schaffen macht, sind Versuchungen. Da ist keiner von uns ausgeschlossen. Da ist die Versuchung des Fleisches, da ist die Versuchung der Welt, und da ist die Versuchung des Teufels. Wir alle sind diesen Angriffen ausgesetzt, keiner von uns ist davon ausgenommen. Kaum gelingt es dem Heiligen Geist, uns tiefer in Gottes Wort hineinzuführen, kommt schon der Feind mit einer mächtigen Versuchung, und wir müssen kämpfen und dagegen angehen. Wir sehnen uns danach: O Herr, wann wird das anders werden? Solange wir im Leibe leben nicht, aber der Tag wird kommen, da es keine Versuchung mehr gibt. Denken wir daran, Versuchung ist an und für sich keine Sünde. Manche Gotteskinder werden auch hier, wenn sie Versuchungen ausgesetzt sind, sehr niedergeschlagen und fragen: Wo stehe ich eigentlich, wenn das in meinem Leben noch passieren kann? Nein, Versuchung ist keine Sünde, aber es ist nichts Angenehmes, es bedarf eines Kampfes.

Die Bibel sagt auch, daß es dort kein Meer gibt. Das Meer spricht von Sturm, von Unruhe, von Trennung, und da heißt es in Gottes Wort, daß es das dort nicht mehr gibt.

Und zuletzt sagt die Bibel, es gebe dort keinen Tod, den schlimmsten Feind der Menschen. Als Gott uns Menschen sagen wollte, wie diese neue Erde und der neue Himmel aussehen werden, da benutzte er diejenigen Ausdrücke, die wir verstehen, indem er sagte: dies und das werde dort nicht mehr sein. Aber können wir uns vorstellen, wie es aussehen wird? Ich glaube nicht.

Eine Mutter schenkte einem Jungen das Leben, der blind zur Welt kam. Nachdem er einige Jahre alt war, entschied sich ein Arzt, eine Operation zu versuchen, um diesem Jungen eventuell das Augenlicht schenken zu können. Und siehe da, die Operation gelang. Als dann der Junge plötzlich in die Natur hinauskam und alles sah, wandte er sich zu seiner Mutter und sagte ihr: Mama, warum hast du mir nicht vorher gesagt, wie schön das alles ist? Man kann es nicht. Versuchen wir einmal, einem Blinden zu zeigen, was Farbe ist. Versuchen wir einmal, jemandem, der nicht sieht, klar zu machen, was ein blauer Himmel ist, oder versuchen wir einmal, einem Blinden einen sonnenstrahlenden Tag begreiflich zu machen. Versuchen wir einmal, jemandem der nicht sieht, die Farbenpracht der Blumen oder der Schmetterlinge zu zeigen; es gelingt nicht. So schwer und noch viel schwerer ist es, daß wir begreifen, wie schön dieses Heim der Erlösten sein wird. Was sagte Paulus, als er bis in den dritten Himmel entrückt wurde? Er habe Worte gehört, die man menschlich nicht erklären und wiedergeben könne. Er habe Dinge gesehen, die man einfach nicht schildern könne. Das hat Gott denen bereitet, die ihn lieben. Das Heim der Erlösten. Kein Wunder, daß der Liederdichter sagt: Der Himmel ist ein herrlicher Ort.

Nun sagt Gott im 6. und 7. Vers: «Ich will dem Durstigen geben aus dem Quell des Wassers des Lebens umsonst.» Hier spricht Gott eine Einladung aus. Es ist sein Wunsch, daß jeder Mensch an diesen Ort kommen möchte. Darum kam er auf diese Erde, darum starb er am Kreuz, darum wirkt er heute durch den guten Heiligen Geist. Gott sucht den Dürstenden. Wer ist eigentlich dürstend? Eigentlich jeder in dieser Welt. Da ist niemand, der nicht Durst hätte. Warum jagt der Mensch nach Vergnügen? Warum jagt der Mensch diesem und jenem nach? Weil er Durst hat, weil er verlangend ist. Da er aber verblendet ist, sieht er nur das, was unmittelbar vor ihm steht, und er greift zu und stellt fest, daß sein Herz nicht mit frischem Wasser erfüllt wird, sondern daß er ein geknechteter, ein gebundener Mensch wird. So kommt der Mensch sogar so weit, daß er sagt, es gäbe nichts anderes als das, was er sehen, fühlen, betasten könne. Sei frohen Mutes, iß und trink, bald wirst du sterben, dann ist alles vorbei. Der Mensch lebt nur noch für die Dinge dieser Welt. Er ist blind, und wenn Gott zu ihm redet, ist er hochmütig und will es nicht wahr haben, daß ein Gott über ihm steht, der die Dinge besser weiß als er. Aber dieser Gott lädt uns ein und sagt: Die Durstigen sollen kommen, er gibt Wasser des Lebens umsonst. Jesus drückt es so aus: «Wer von dem Wasser dieser Welt trinkt, den wird wieder dürsten. Wer aber von dem Wasser trinkt, das ich ihm gebe, den wird nimmermehr dürsten.» Gott lädt uns ein, zu ihm zu kommen, damit wir unsern Durst gestillt bekommen, damit wir sein Eigentum werden und gerettet werden. Aber eines ist uns allen klar: jede Einladung ist nur dann von Bedeutung, wenn sie angenommen wird. Wir können eine Einladung zum größten aller Feste haben, aber sie bedeutet gar nichts für uns, wenn wir sie nicht annehmen. Die Einladung Gottes muß angenommen werden. Das ist Gottes Wunsch und darum mahnt er uns. Er möchte so gerne, daß wir in diesem Heim sein sollen, welches er zubereitet. Der Herr Jesus sagte: «Ich gehe hin, euch eine Stätte zu bereiten. Und wenn ich hingehe und euch eine Stätte bereite, so komme ich wieder und werde euch zu mir nehmen, auf daß auch ihr seid, wo ich bin.» Es ist Gottes Wunsch, daß der Mensch, in diesem Heim der Erlösten sein soll. Aber dazu muß der Mensch gerettet sein, und er muß mit dem Wasser des ewigen Lebens erfüllt werden. In dieser Welt leben Christen in der Erwartung dieses neuen Heimes. Von den Menschen in dieser Welt werden wir alle weiterhin den Vorwurf hören: Ihr vertröstet euch immer auf später. Die Bibel sagt: das Schönste kommt zum Schluß. Aber sie spricht auch davon, daß wir auch hier in diesem Leben einen Halt, eine Hilfe haben, und das beweist jedes Gotteskind, das mit dem Herrn lebt. Wir werden aber diesen Vorwurf hören, und wollen wir deswegen unsere Hoffnung, unsere Freude nicht verlieren!

Im 3. Kapitel seines zweiten Briefes drückt Petrus es im 13. Vers so aus: «Wir erwarten aber einen neuen Himmel und eine neue Erde, nach Gottes Verheißung, in welcher Gerechtigkeit wohnt.» Ungerechtigkeit wird dort nicht vorhanden sein. Ist das nicht wunderbar? Ist das nicht etwas Gewaltiges? Wo wir hinschauen in unserer Welt finden wir Ungerechtigkeit, und wir können diese Ungerechtigkeit kaum mehr beseitigen. Aber in jenem Heim der Erlösten wird es keine Ungerechtigkeit mehr geben. Dort wird Gerechtigkeit herrschen. Dann schreibt Petrus folgendes: «Darum, Geliebte, weil ihr solches erwartet, so befleißigt euch, daß ihr unbefleckt und tadellos vor ihm in Frieden erfunden werdet!» Darum, weil das so ist, werden wir nicht müde auszuharren und festzubleiben im Vertrauen auf den Herrn Jesus. In diesem Leben wird nicht alles so sein, daß es uns immer gefällt. Das ist wahr. Aber werden wir nicht müde, an ihm festzuhalten. Im Hebräerbrief Kapitel 11, lesen wir etwas Vielsagendes. Die Bibel spricht von einer ganzen Reihe von Glaubenshelden. Und dann heißt es: «Sie haben festgehalten, ohne es zu sehen.» Sie haben im Vertrauen festgehalten, ohne es zu ihrer Lebzeit zu erfahren. Aber sie gingen ein als Glaubende und ihr Vertrauen wird ihnen an jenem Ort, den die Bibel das Heim der Erlösten nennt, etwas einbringen. In dieser Weltzeit erhoffen sich viele Kinder Gottes manches, aber nicht alles, was sie erhoffen, trifft für sie ein. Wir haben nicht für alles eine Erklärung, aber eines weiß ich, und das sagt uns die Bibel: Vertrauen ist nicht vergebens. Darum, weil wir dieses erwarten, wollen wir fest daran halten. Darum, weil dem so ist, sagt Gottes Wort, wollen wir ihm in der vollen Hingabe nachfolgen, wir wollen unbefleckt, tadellos vor ihm sein und im Frieden leben. Ein wunderbares Heim wartet auf uns alle, wenn wir Gottes Kinder sind, und wer es noch nicht ist, der darf es noch werden. Gott hat uns darüber hinaus die Möglichkeit gegeben, mit ihm zusammenzuarbeiten, um Menschen diese Einladung weiterzugeben: Komm, «wen da dürstet, der komme und trinke». Ich glaube, es wird uns so gehen wie diesem kleinen Jungen: Wenn wir bei Jesus sein werden und das sehen, was er uns bereitet hat, werden wir sagen: Herr Jesus, warum hast du nicht gesagt, wie herrlich das alles ist? Aber wie kann er es uns sagen? Wir sind ja so begrenzt. Paulus schreibt: «Was in keines Menschen Sinn je gekommen ist, was nie in eines Menschen Ohr, in sein Herz, in seinen Mund gekommen ist, das hat Gott denen bereitet, die ihn lieben.» Dann wird es sich erweisen, daß es sich lohnt, schief angesehen zu werden, weil wir uns hier versammeln, um Gott zu dienen, weil wir den Herrn in neuen Zungen loben, preisen und ehren.

Dann wird es sich lohnen und wir werden sagen: Herr, warum konntest du uns nicht mehr davon zeigen, wie schön es ist? Der neue Himmel, die neue Erde und das Heim der Erlösten. Wir danken dem Herrn für dieses sein Wort und geben ihm Ruhm, Ehre und Anbetung.

Das neue Jerusalem (21,9–22,5)

Mit Offenbarung 21,9 bis 22,5 nähern wir uns dem Ende der Betrachtung der Offenbarung. Im 21. Kapitel haben wir in den ersten acht Versen etwas über die neue Erde und den neuen Himmel gesagt. Nun beschreibt Johannes – und er sah das ja alles in einem Gesicht – eine wunderschöne Stadt, das Neue Jerusalem. Zuerst wird die Stadt von außen beschrieben, dann geht er hinein und beschreibt sie von innen. Wir lesen ab Offenbarung 21,9:

«*Und es kam einer von den sieben Engeln, welche die sieben Schalen voll der sieben letzten Plagen hatten, und redete mit mir und sprach: Komm, ich will dir das Weib, die Braut des Lammes zeigen! Und er brachte mich im Geist auf einen großen und hohen Berg und zeigte mir die Stadt, das heilige Jerusalem, die von Gott aus dem Himmel herabkam, welche die Herrlichkeit Gottes hat. Und ihr Lichtglanz ist gleich dem köstlichsten Edelstein, wie ein kristallheller Jaspis. Und sie hat eine große und hohe Mauer und zwölf Tore und auf den Toren zwölf Engel und Namen angeschrieben, nämlich die Namen der zwölf Stämme der Kinder Israels. Von Osten drei Tore, von Norden drei Tore, von Süden drei Tore, von Westen drei Tore. Und die Mauer der Stadt hat zwölf Grundsteine und auf ihnen die zwölf Namen der zwölf Apostel des Lammes. Und der mit mir redete, hatte ein goldenes Meßrohr, um die Stadt und ihre Tore und ihre Mauern zu messen. Und die Stadt bildet ein Viereck, und ihre Länge ist so groß wie ihre Breite. Und er maß die Stadt mit dem Rohr auf zwölftausend Stadien; die Länge und die Breite und die Höhe derselben sind gleich. Und er maß ihre Mauer: hundertvierundvierzig Ellen nach Menschenmaß, welches der Engel hat. Und der Baustoff ihrer Mauer ist Jaspis, und die Stadt ist reines Gold, wie reines Glas. Und die Grundsteine der Stadtmauer sind mit allerlei Edelsteinen geschmückt; der erste Grundstein ist ein Jaspis, der zweite ein Saphir, der dritte ein Chalcedon, der vierte ein Smaragd, der fünfte ein Sardonyx, der sechste ein Sardis, der siebente ein Chrysolit, der achte ein Beryll, der neunte ein Topas, der zehnte ein*

Chrysopras, der elfte ein Hyazinth, der zwölfte ein Amethyst. Und die zwölf Tore sind zwölf Perlen, jedes der Tore aus einer Perle.»

Das alles ist die Beschreibung der Stadt von außen. Und nun geht er in die Stadt hinein. *«Und die Straßen der Stadt sind reines Gold, wie durchsichtiges Glas. Und einen Tempel sah ich nicht in ihr; denn der Herr, der allmächtige Gott, ist ihr Tempel, und das Lamm. Und die Stadt bedarf nicht der Sonne, noch des Mondes, daß sie ihr scheinen, denn die Herrlichkeit Gottes erleuchtet sie, und ihre Leuchte ist das Lamm. Und die Völker werden in ihrem Lichte wandeln und die Könige der Erde ihre Herrlichkeit in sie bringen. Und ihre Tore sollen nicht geschlossen werden am Tage, denn dort wird keine Nacht sein. Und man wird die Herrlichkeit und die Ehre der Völker in sie bringen. Und es wird durchaus nichts Unreines in sie eingehen, noch wer Greuel und Lüge übt, sondern nur die, welche im Lebensbuch des Lammes geschrieben stehen. Und er zeigte mir einen Strom vom Wasser des Lebens, glänzend wie Kristall, der vom Throne Gottes und des Lammes ausging, und inmitten ihrer Straßen und zu beiden Seiten des Stromes den Baum des Lebens, der zwölfmal Früchte trägt und jeden Monat seine Frucht gibt; und die Blätter des Baumes dienen zur Heilung der Völker. Und nichts Gebanntes oder Verfluchtes wird mehr sein. Und der Thron Gottes und des Lammes wird in ihr sein, und seine Knechte werden ihm dienen; und sie werden sein Angesicht sehen, und sein Name wird auf ihren Stirnen sein. Und es wird keine Nacht mehr sein, und sie bedürfen nicht des Lichtes eines Leuchters, noch des Sonnenscheins, denn Gott, der Herr, wird sie erleuchten, und sie werden herrschen von Ewigkeit zu Ewigkeit.»*

Freuen wir uns auf diese Stadt? Für wen ist nun diese Stadt? Die Bibel sagt, die Stadt sei für diejenigen, deren Namen im Buch des Lebens stehen. Und wohlgemerkt, niemand möge denken, das – was hier steht – müsse man vergeistlichen. Es gibt Leute, die möchten das vergeistlichen. Es ist eine Stadt, von der hier die Rede ist. In der Schrift gibt es viele Hinweise, die uns bezeugen, wie wichtig es ist, daß unser Name im Buche des Lebens stehen muß. Zu guter Letzt ist es nicht so entscheidend, ob wir jemals einen Dämon ausgetrieben haben oder irgend jemand durch unser Gebet gesund wurde. Es ist viel wichtiger, daß unser Name im Buch des Lebens steht. Gott sei Dank, dürfen jene, die Jesus angehören, beten und

Erhörung erfahren. Gott sei Dank, dürfen diejenigen, die Christus angehören, in Vollmacht den Mächten der Finsternis widerstehen. Aber darauf kommt es nicht an, ob wir in diese Stadt kommen werden oder nicht. Der Herr Jesus zeigt uns sogar, daß manche Menschen solche Taten verrichtet haben werden, und trotzdem wird er sagen: Ich kenne euch nicht. Der Herr Jesus sagt auch: Nicht darüber freut euch, daß die Dämonen euch untertan sind, sondern darüber, daß eure Namen im Buch des Lebens stehn. Menschen, deren Namen im Buch des Lebens stehn, sind die Überwinder, von denen uns die Sendschreiben berichten. Wir haben darüber geschrieben. Wenn wir die Sendschreiben lesen, dann endet jedes mit: wer überwindet. Die Menschen, deren Namen im Buch des Lebens stehn, werden diejenigen sein, die in diese Stadt eingehen dürfen. Das werden die klugen Jungfrauen sein, von denen Matthäus 25 berichtet, kurzum, das werden echte, wiedergeborene Gotteskinder sein.

Wie kommen aber unsere Namen in das Buch des Lebens? Laßt uns einmal Offenbarung Kapitel 3, den 5. Vers aufschlagen: «Wer überwindet, der soll mit weißen Kleidern angetan werden; und ich will seinen Namen nicht tilgen aus dem Buch des Lebens und will seinen Namen bekennen vor meinem Vater und vor seinen Engeln.» Es herrscht die sehr verbreitete Meinung vor, man werde in das Buch des Lebens eingetragen, wenn man sich bekehrt, wenn man wiedergeboren wird. Die Bibel sagt nichts Genaues darüber, aber dieser Vers läßt vermuten und deutet an, daß unser Name grundsätzlich im Buch des Lebens steht und daß er dann, wenn wir Jesus annehmen, ihm nachfolgen und wiedergeboren werden, nicht gelöscht wird. Denn ein kleines Kind gehört dem Herrn. «Lasset die Kindlein zu mir kommen» sagte der Herr Jesus, «wehret ihnen nicht, denn solcher ist das Himmelreich.» Aber für jene Menschen, die Jesus Christus aus ihrem Leben auslassen und ihn ablehnen, bleibt keine andere Wahl, als daß sie aus dem Buch des Lebens gelöscht werden müssen. Wer sich aber zu Jesus Christus bekennt, wer ihm sein Leben ausliefert, der wird dann das Zeugnis des Heiligen Geistes bekommen: ich gehöre Gott, ich bin ein Kind des lebendigen Gottes. Das Zeugnis des Heiligen Geistes ist nicht etwas, das wir in unserer Seele, in unseren Empfindungen wahrnehmen, so daß wir uns heute als Kind Gottes fühlen und morgen das elende Gefühl haben, keines mehr zu sein. Das ist nicht das Zeugnis des

Heiligen Geistes. Wir merken das nicht in unserem Gefühl, sondern in unserem Herzen, in unserem Geist. Ich muß das immer wieder wiederholen: der Mensch ist nicht Gefühl, der Mensch ist nicht in erster Linie Seele, der Mensch ist Geist. Dort ist es, wo Gott zu uns redet, dort ist es, wo das Werk der Wiedergeburt stattfindet, dort ist es, wo der Heilige Geist uns das Zeugnis gibt, daß wir Kinder Gottes sind. Darüber dürfen wir uns freuen. Und wenn wir Kinder Gottes sind, wenn wir wissen, daß unser Name im Buch des Lebens steht, dann werden wir in diese Stadt eingehen dürfen.

Woher wird nun diese Stadt kommen? Aus der Bibel sehen wir, daß sie von Gott aus dem Himmel kommen wird. Es wird also keine menschlich gemachte Stadt sein. Wenn wir die Städte der Welt anschauen, dann gibt es ja, was die Lage und die Bauten betrifft, eigentlich sehr schöne Städte. Manche Leute ziehen die alten Bauten vor, andere das Moderne. Es gibt alles in dieser Welt. Aber so etwas wie diese Stadt kennt man nicht. Keinem Architekten ist es jemals eingefallen, eine Stadt zu bauen, die nicht nur ein Flächenmaß hat, sondern die auch in die Höhe geht. Das hat noch niemand fertiggebracht, und wir können uns gar nicht vorstellen, wie das aussehen wird, wir haben keinen Begriff davon. Auf den ersten Anhieb würden wir fragen, ob das denn praktisch durchführbar sei, ob es überhaupt möglich sei, dort zu leben? Aber die Stadt kommt nicht von Menschen, sie wird von Gott kommen. Und wer baut diese Stadt? Als der Herr Jesus von dieser Erde ging, hinterließ er uns die Botschaft, daß er zwei Dinge für seine Kinder, seine Nachfolger, tun werde, wenn er dann beim Vater sei. Als erstes werde er unser Fürsprecher beim Vater sein. Wie froh dürfen wir alle sein, daß er für uns spricht, daß er jedes einzelne von uns beim Vater vertritt und wir zu jeder Zeit durch ihn zum Vater kommen können. Er ist unser Mittler; wir brauchen keinen Menschen, um zu Gott kommen zu können. Wir brauchen keinen Priester, keinen Prediger und keinen Ältesten, um zu Gott zu kommen. Wenn wir krank sind, sagt uns die Bibel, sollen wir die Ältesten rufen, daß sie mit uns beten, aber nicht, weil wir sie brauchen, um zu Gott zu kommen, sondern weil das gemeinsame Gebet Kraft und Verheißung hat. Der Herr Jesus ist unser Fürsprecher.

Als zweites baut er für uns. Haben wir das gewußt? Haben wir uns je darüber Gedanken gemacht, daß der Herr Jesus diese beiden

Dinge sagte, als er Abschied nahm? Er werde Fürsprecher sein, uns beim Vater vertreten, und er werde bauen, Vorbereitungen treffen. Wofür denn? Für diese Stadt, für eine Wohnung für jeden von uns. Dieser Gedanke sollte uns nachgehen. Jesus ist dabei zu planen und zu arbeiten an einer Stadt für sein Volk. Ich glaube, dieser Bau ist beinahe fertig, wenn er nicht schon fertig ist. Johannes hat diese Stadt im Geiste schauen können. Das war übrigens die letzte Schau, die er hatte. Damit war seine Vision beendet. Das allerletzte, was er noch sah, war diese Stadt, von Gott erbaut, aus dem Himmel auf diese Erde gekommen, für diejenigen, deren Namen im Buch des Lebens stehen. «Ich gehe hin, euch eine Stätte zu bereiten.» Dort wird es Menschen haben, die während ihrer Lebzeit auf dieser Erde nie irgendeinen Besitz hatten, außer einer Wohnung, die sie mieteten, aber dort werden sie einen von Gott zubereiteten Bau haben. Und nun beschreibt Johannes, so gut er es kann – und wir müssen daran denken, daß wenn jemand eine Vision hat, er etwas in seinem Geist sieht und menschliche Worte benutzt, um das zu beschreiben –, wie diese Stadt aussehen wird. Er zeigt uns einmal die Dimensionen dieser Stadt, indem er sagt, sie sei zwölftausend Stadien breit, tief und hoch. Wißt ihr, wieviel das ist? 2500 km breit, tief und hoch. Stellen wir uns einmal eine Stadt von diesem Ausmaß vor. Buenos Aires, die Stadt, in der wir lange wohnten, hat immerhin rund 9½ bis 10 Millionen Einwohner. Die Länge dieser Stadt, wenn man von einem Ende zum andern fuhr, beträgt 60–65 km, mit fast 10 Millionen Menschen. Und dann wird es eine Stadt geben mit einer Fläche von 2500 km mal 2500 km, die auch genauso hoch sein wird. Da wird wirklich eine große Menge Leute hineingehen und das wird notwendig sein, denn ich glaube, daß dort viele Gotteskinder sein werden. Eine 75 m hohe Mauer wird diese Stadt umgeben. Wenn wir an das Material denken, das hier benutzt werden wird, und an das Ausmaß dieser Stadt, dann ist auch alles Gold, das in der Schweiz deponiert ist, nicht ausreichend dafür. Die Grundsteine, das Fundament, lauter Edelsteine. Als die verschiedenen Edelsteine aufgeführt wurden, kam mir der Gedanke, wenn wir uns das in unserer Phantasie ein wenig vor Augen führen wollten, was für eine Farbenpracht sondergleichen das sein wird. Und da will jemand sagen, daß Gott langweilig sei? Gott ist farbenfroh, haben wir das gewußt? Schauen wir doch einmal in die

Natur hinein. Schauen wir doch einmal den Sonnenaufgang und -untergang an. Gibt es etwas Schöneres für uns als die Farben, die da in Erscheinung treten? Wenn man in einem Flugzeug durch die Nacht fliegt und dann die Sonne anfängt aufzugehen: so etwas Schönes findet man selten. Wozu sind diese Farben da? Für uns! Sie erfüllen keinen anderen Zweck, als zu unserer Freude zu dienen. Und dann diese Mauern, diese Fundamente aus lauter Edelsteinen – wie farbenfroh – und die zwölf Tore zu dieser Stadt, jedes Tor eine Perle. Das zeugt von der Kostbarkeit. Als Johannes dann hineinging, sah er sich um; so etwas hatte er noch nie gesehen, Gold, das aussieht wie Glas. Das muß geläutert sein! Ich nehme an, daß wir eine solche Läuterung hier auf Erden noch gar nicht kennen. Das wird etwas Einmaliges sein. Er stellte einfach fest, daß die Straßen aus Gold sind, wie kristallenes Glas. Dann vergaß Johannes die Schönheit, die in der Stadt herrscht. Er sah die Stadt von außen, und war beeindruckt von all dem, was er sah, von all der Pracht, der Schönheit, und das konnte er noch einigermaßen beschreiben. Als er in die Stadt hinein kam, fiel ihm auf, daß die Straßen aus Gold waren, etwas, das er nie gesehen hatte. Aber dann hört die eigentliche Beschreibung der Innenstadt auf. Johannes sagte, hier in dieser Stadt gebe es keinen Tempel. Merken wir, worum es ihm ging? Merken wir, was sein Herz bewegte? Das war ein echter Christ. Johannes ging es nicht darum zu sehen, wie die einzelnen Häuser und die einzelnen Wohnungen geschaffen sein werden, wo sich der Beamtenapparat befinden wird und, und, und ... Nein, er schaute sich um, wo sich der Tempel befinde. Ihm lag es am Herzen, Gott zu dienen, und er sah, daß es keinen Tempel gab. Was stellte er aber fest? Gott selbst wird dort sein, und das genügt. Dann stellte er noch etwas anderes fest: In dieser Stadt wird keine Sonne und kein Mond gebraucht. Merken wir? Die neue Erde, der neue Himmel. Keine Sonne und kein Mond. Wissenschaftler würden sagen, das gibt es nicht, da könnte die Erde nicht mehr existieren. Sie vergessen, daß derjenige, der diese Erde und dieses Universum gemacht hat, auch in der Lage ist, eine solche Veränderung zu vollziehen. Genauso wie der Konstrukteur eines Computers Veränderungen – die uns verblüffen, wenn wir sie sehen – vollziehen kann. Keine Sonne und kein Mond! Dann sagt Johannes, die Herrlichkeit Gottes und des Lammes werde da sein. Weiter beschreibt er, daß vom

Throne Gottes aus ein Lebensstrom fließen wird und daß – soll ich es so sagen – am Ufer dieses Stromes Bäume wachsen werden. Das werden interessante Bäume sein, die jeden Monat Frucht tragen. Das wird eine Wirtschaft sein, und da kann man es aushalten. Es wird keine Mißernten mehr geben; die Bäume werden jeden Monat Frucht tragen. Dort werden wir essen. Haben wir je daran gedacht? Der Herr Jesus hat ja auch gegessen, nachdem er auferstanden war. Ganz sicher. Wir können uns natürlich nicht vorstellen, wie das zugehen wird, aber es wird so ein, und es wird gut schmecken. Aber dann spricht Johannes von unserer Aufgabe. Manche Leute sagen, ja im Himmel wird es langweilig sein, den ganzen Tag Harfenspielen. So stellen sich manche Leute den Himmel vor. Diese haben die Bibel natürlich nie gelesen, oder wenn sie sie gelesen haben, dann haben sie nur oberflächlich hineingeschaut und plappern nur nach, was andere sagen. Johannes läßt uns erkennen, daß wir dem Herr dienen werden. Lesen wir einmal Lukas 19,11–26. Dort berichtet Gottes Wort von einem Edelmann, der einem jeden seiner Knechte ein Pfund gab und dann auszog. Er sagte, handelt damit, bis ich wiederkomme. Und dann kam er. Die Bibel spricht davon, daß es Zeiten gab, da sich die Leute, die das Pfund bekommen hatten, fragten, ob er kommen werde. Aber schließlich kam er. Dann sagte er: Jetzt ist der Moment da, kommt alle zu mir; ich habe euch ein Pfund gegeben, was habt ihr damit gemacht? Da kam einer und sprach: Herr, du hast mir ein Pfund gegeben, und dieses dein Pfund hat zehn erworben. Er sagte zu ihm: Du bist ein tüchtiger Mann, du bist über wenigem treu gewesen, ich werde dich über zehn Städte setzen. Dann kam der zweite und sprach, ich habe fünf Pfund erworben. Schließlich kam ein anderer, der sagte, Herr, du hast mir ein Pfund gegeben und in Wirklichkeit solltest du mir gratulieren, daß ich es noch immer habe. Wir alle haben ein Leben bekommen. Es gibt noch ein anderes Gleichnis, das von Talenten handelt. Da zeigt uns die Bibel, daß wir verschiedene Talente bekommen haben, der eine mehr, der andere weniger und bezüglich der Talente verlangt Gott nur Rechenschaft von uns entsprechend der Talente, die er uns gegeben hat. Wir werden nie Rechenschaft ablegen müssen für etwas, das wir nicht bekommen haben. Das ist trostreich. Aber wir alle haben ein Leben bekommen. Eines. Was machen wir mit diesem Leben? Es gibt nun Leute, die sagen, das Leben gehört mir.

Es gibt junge Leute, die sagen, das ist mein Leben, ich mache damit, was ich will. Auch ältere Leute sagen das. Wir alle können machen, was wir wollen, ein jeder einzelne Mensch, ob er sich nun für Jesus entscheidet, ob er sich bekehrt oder nicht. Aber jeder Mensch wird eines Tages von Gott zur Rechenschaft gezogen, was er mit diesem Leben gemacht hat. Daran kommt niemand vorbei. Während unserer Lebzeit auf der Erde mögen wir meinen, wir kommen an Gott vorbei, aber wir kommen nicht an ihm vorbei. Wir alle werden Rechenschaft ablegen über das, was wir mit diesem Leben gemacht haben. Und wohl uns, wenn wir das Leben nicht für uns gelebt haben und sagen, Herr, ich habe mein Leben bekommen und hier bin ich, ich habe es immer noch. In diesem Gleichnis sehen wir, daß diejenigen, die Gott jetzt auf dieser Erde dienten, die Jesus Christus jetzt als ihren Herrn und Erlöser angenommen haben und seine Botschaft ernst nehmen, diese Leute, die das Pfund bekamen, ihrem Edelmann im Glauben, nicht im Schauen gedient haben. Sie haben ihn für Jahre, vielleicht sogar Jahrzehnte, nicht gesehen. Sie hatten nichts anderes als sein Wort, ich werde wiederkommen, und sie haben ihm im Glauben gedient. So ist es mit uns. Wir dienen ihm jetzt im Glauben, aber derMoment wird kommen, in welchem er zu denen, die treu geblieben sind, die seine Herrschaft annahmen, sagen wird: Ich werde dich über zehn Städte, über fünf Städte setzen. Johannes sah hier, daß wir ihm dienen werden.

Aber dann sagte er noch etwas: Wir werden sein Angesicht sehen, wir werden ihn sehen, wie er ist. Das war für Johannes der Himmel. Solange er noch draußen stand, verbrachte er viel Zeit mit der Beschreibung der Stadt selbst, der Materialien, aber sobald er in die Stadt hineinkam, ging es ihm um den, der für ihn und für uns gestorben ist. Kennen wir alle Jesus jetzt schon? Haben wir ihn aufgenommen als unsern Herrn und Erlöser? Dienen wir ihm im Glauben, ohne ihn zu sehen? Dienen wir ihm jetzt schon, als wäre er da? Dann werden wir ihm einmal dienen können, wenn es so weit ist. Der neue Himmel, die neue Erde und diese wunderbare Stadt. Es gibt im Englischen ein Lied, das von diesem neuen Jerusalem handelt. Es spricht von Jerusalem, wie es zur Zeit Jesu war, von Jerusalem, wie es bei der Kreuzigung war und des weitern, wie der Dichter im Traum die neue Stadt Jerusalem sieht; die Stadt, die nimmermehr vergeht, die Stadt, die Gott denen bereitet hat, die ihm dienen und die ihn lieben. Möge niemand sagen, Christen seien arme Leute. Möge niemand uns bedauern, und bedauern auch wir selbst uns nicht. Was wir hier auf Erden durchleben, geht bald vorbei, das ist nur ein Bruchteil einer Zeitspanne unseres Lebens. Gott hat etwas Wunderbares bereitet denen, die ihm dienen. Selbst die Menschen in der Welt sind im Grunde genommen nur von der Hoffnung getragen. Triff jemanden auf der Straße, und sie sagen, mir geht es jetzt nicht so gut, aber ich hoffe, daß es besser werden wird. Triff ihn dann ein Jahr später wieder, und er wird wieder sagen, ich hoffe, daß es besser werden wird. Die Menschen werden von Hoffnung getragen. Aber ihre Hoffnung ist etwas Ungewisses, etwas das sie sich einbilden, das sie sich wünschen, Lufschlösser; aber unsere Hoffnung ist nicht etwas, das wir uns einbilden, unsere Hoffnung ist das, was Gott uns verheißen hat. Leben wir in dieser Hoffnung und wir werden vom Glauben zum Schauen kommen. Kein Leid, kein Schmerz, keine Trauer, kein Tod, keine Sünde, keine Anfechtung mehr. Jesus selbst wird dort sein. Der wunderbare Ort, wo wir ihm dienen werden, indem wir ihn von Angesicht zu Angesicht sehen werden. Das wird der Himmel sein. Welch ein Tag wird das sein, wenn Jesus uns heimruft und wir unseren Heiland von Angesicht zu Angesicht sehen werden. Und dann werden wir sagen: Oh Herr, wie gut bist du, wie gut bist du. Können wir das jetzt schon sagen?

Schluß der Offenbarung (22,6–21)

Wir lesen nun in der Offenbarung im 22. Kapitel die Verse 6–21, den Schluß dieses Buches:

«Und er sprach zu mir: Diese Worte sind wahrhaftig und gewiß; und der Herr, der Gott der Geister der Propheten, hat seinen Engel gesandt, um seinen Knechten zu zeigen, was in Bälde geschehen soll. Siehe, ich komme bald! Selig, wer die Worte der Weissagung dieses Buches bewahrt! Und ich, Johannes, bin es, der solches gesehen und gehört hat; und als ich es gehört und gesehen hatte, fiel ich nieder, um anzubeten vor den Füßen des Engels, der mir solches zeigte. Und er sprach zu mir: Siehe zu, tue es nicht! Denn ich bin dein Mitknecht und der deiner Brüder, der Propheten, und derer, welche die Worte dieses Buches bewahren. Bete Gott an! Und er sprach zu mir: Versiegle die Worte der Weissagung dieses Buches nicht; denn die Zeit ist nahe. Wer Unrecht tut, der tue weiter Unrecht, und wer unrein ist, verunreinige sich weiter, und der Gerechte übe weiter Gerechtigkeit, und der Heilige heilige sich weiter. Sieh, ich komme bald und mein Lohn mit mir, um einem jeglichen zu vergelten, wie sein Werk sein wird. Ich bin das A und das O, der Erste und der Letzte, der Anfang und das Ende. Selig sind, die ihre Kleider waschen, damit sie Macht erlangen über den Baum des Lebens und durch die Tore in die Stadt eingehen. Draußen aber sind die Hunde und die Zauberer und die Unzüchtigen und die Mörder und die Götzendiener und alle, welche die Lüge lieben und üben. Ich, Jesus, habe meinen Engel gesandt, euch solches für die Gemeinden zu bezeugen. Ich bin die Wurzel und der Sproß Davids, der glänzende Morgenstern. Und der Geist und die Braut sprechen: Komm! Und wer es hört, der spreche: Komm! Und wen dürstet, der komme; wer will, der nehme das Wasser des Lebens umsonst. Ich bezeuge jedem, der die Worte der Weissagung dieses Buches hört: Wenn jemand etwas hinzufügt, so wird Gott ihm die Plagen zufügen, von denen in diesem Buche geschrieben ist; und wenn jemand etwas hinwegnimmt von den Worten des Buches dieser Weissagung, so wird Gott wegnehmen seinen Anteil

am Baume des Lebens und an der heiligen Stadt, von denen in diesem Buche geschrieben steht. Es spricht, der dieses bezeugt: Ja, ich komme bald! Amen, komm Herr Jesus! Die Gande des Herrn Jesus sei mit allen Heiligen!»

Die Offenbarung befaßt sich fast ausschließlich mit einer Vison, bzw. mit Visionen oder Gesichten, die Johannes gesehen hat. Aber nachdem er die verschiedenen Gesichte beschrieben hatte, stellte ihm der Herr Jesus zum Abschluß dieses Buches noch einmal sieben wichtige Wahrheiten vor, die für uns Menschen sehr bedeutsam sind:

1. Der Herr zeigte Johannes und uns, daß das Buch der Offenbarung, die Offenbarung des totalen Sieges Jesu bis zum Ende der Geschichte ist. Die Offenbarung vereint in einer gewissen chronologischen Weise, alle Voraussagen des Alten und des Neuen Testamentes. Was vorher verhüllt blieb, wird jetzt aufgedeckt. Und jetzt, sagt der Herr, verhülle nichts mehr. Das Buch beginnt im 1. Kapitel im 3. Vers mit einer Verheißung des Segens für den Leser, und es endet mit derselben Verheißung. Gott sagt also, die Offenbarung der Zukunft sei hier in diesen Gesichten, die Johannes gesehen hat, niedergelegt, und darum schließt dieses Buch sämtliche außerbiblischen Offenbarungen über die Zukunft aus. Das müssen wir sehen. Der Herr Jesus wollte das dem Johannes mit diesen wenigen Abschieds- oder Abschlußworten noch einmal klar machen. Ich mußte dabei an das Wort denken, welches Paulus in Galater 1, in den Versen 8 und 9 schrieb: «So auch wir oder ein Engel vom Himmel euch würden Evangelium verkünden, anders als das, welches wir euch gesagt haben, der sei verflucht.» Und er bestätigte es noch einmal. Ähnlich sagt hier Gottes Wort: wenn irgendeine Offenbarung über die Zukunft kommt, die nicht mit dieser Offenbarung übereinstimmt, dann ist sie nicht von Gott. Das Buch der Offenbarung ist Gottes Offenbarung über die Dinge, die in Zukunft geschehen werden.

2. Der Herr Jesus zeigte dem Johannes und auch uns, daß der Zustand des unbußfertigen Menschen für immer und ewig besiegelt bleibt. Wer Unrecht tut, der tue weiter Unrecht, und wer unrein ist, verunreinige sich weiter. So oft wird diese Wahrheit in der Bibel erwähnt. Nirgends sehen wir in der Heiligen Schrift ein Anzeichen dafür, daß der Mensch nach seinem Tod noch eine Möglichkeit zur Buße haben wird. Die Bibel sagt uns vielmehr, der Mensch müsse

Buße tun, umkehren, solange er lebe, und das zeigt der Herr Jesus am Schluß des Buches noch einmal. Wie wichtig ist es, daß wir darüber nachdenken. Der Zustand der unbußfertigen Menschen wird – wenn sie so in die Ewigkeit gehen – bleiben und für immer besiegelt sein. Der Mann, von dem wir in Lukas 16 lesen, wußte das, als er seine Augen in der Hölle auftat. Er sagte auch nicht, Abraham, ich möchte Buße tun. Er wußte, daß es keine Möglichkeit mehr gab, wenn man einmal hinübergegangen ist. Aber er war darüber bekümmert, daß seine Brüder, die noch lebten, die Gelegenheit nicht verpassen sollten.

3. Auch die Belohnung und Bestimmung der Geretteten ist auf ewig besiegelt. Auch der Zustand der Geretteten wird ewig bleiben. Das ist geradezu herrlich. Sie haben dann das Recht zum Baum des Lebens. Adam und Eva hatten dieses Recht nicht. Sie mußten vertrieben werden, damit sie nicht von diesem Baume essen würden und dann ewig verloren gewesen wären. Aber diejenigen, die gerettet wurden und Buße taten, werden das Recht zum Baum des Lebens haben, weil die Bibel sagt, daß ihr Zustand auf ewig besiegelt werde.

4. Der Unterschied zwischen einem Gerechten und einem Ungerechten. Es gibt so viele Menschen, die vorgeben, Gott und der Bibel zu glauben. Wenn wir mit jemandem reden, bekommen wir die Antwort: Ja, was meinen Sie denn, ich glaube doch an Gott. Wie oft hören wir das. «Denken Sie denn, ich sei ein Heide? Ich bin doch schließlich auch christlich!» So viele geben vor, an Gott und die Bibel zu glauben. Aber wenn es um den Gehorsam dem Worte gegenüber geht, drückt man sich. Aber, wieviele Menschen, die eigentlich dem Worte Gottes nie gehorsam sein wollten, möchten nach ihrem Ableben selig gesprochen werden? Das ist eigenartig. Wenn ein Mensch, der sein ganzes Leben lang nicht nach Gott gefragt hat, der ohne Gott lebte und sich ihm nie ausgeliefert hat, in die Ewigkeit gegangen ist, bemühen sich seine Verwandten plötzlich sehr darum, daß er selig gesprochen wird. Warum denn? Weil tief im Herzen des Menschen das Bewußtsein steckt, daß der Mensch ewig lebt und da ein Gott ist, dem er begegnen muß. Was ist denn für ein Unterschied zwischen einem Menschen, der gerettet ist und einem, der verloren geht? Wenn wir einander anschauen, mag es sein, daß wir diesen Unterschied gar nicht feststellen können.

Nach außen hin benehmen wir uns ähnlich, wir geben uns zum Teil ähnlich. Worin besteht denn der Unterschied? Die Bibel sagt es: der Unterschied liegt darin, daß die Geretteten ihre Kleider gewaschen haben und die Ungeretteten nicht. Die einen haben dem Worte Gottes gegenüber Gehorsam geleistet, die andern nicht. Gottes Wort sagt uns deutlich, unsere eigene Gerechtigkeit sei wie ein beflecktes, schmutziges Kleid. Die Geretteten, von denen die Bibel sagt, daß sie ewig bei Gott sein werden, sie haben dem Worte Gottes Gehorsam geleistet und sich durch das Blut Jesu Christi reinigen lassen. Sie haben gesagt: Herr, wasche du mich rein, damit ich schneeweiß werde. Sie haben in Demut zu Gott gebetet und ihm ihr Vertrauen gegeben. Aus der Bibel sehen wir nämlich, daß nicht ein Namenschristentum den Menschen rettet, sondern daß derjenige, der den Willen des Vaters tut, gerettet wird. Und am Schluß des Buches der Offenbarung, nachdem Johannes so viele Dinge gesehen hatte, zeigte ihm Gott noch einmal, daß es darauf ankommt, daß der Mensch dem Worte Gottes gegenüber gehorsam wird und sein Leben auf Jesus Christus stellt und baut.

5. Wer ist denn Jesus Christus? Warum verlangt Gott, daß wir unser Leben auf Jesus Christus ausrichten? Die Bibel zeigt uns noch einmal mit großer Deutlichkeit, wer Jesus Christus eigentlich ist. Ist er der Sohn der Maria? Jawohl. Aber Jesus ist auch der Sohn Gottes. Hier, am Ende der Bibel, am Ende der Offenbarung, sagt Jesus von sich selbst, er sei sowohl die Wurzel, als auch der Sproß Davids. Der Sproß eines Baumes kommt aus der Wurzel hervor, vom Stamm. Und nun sagt der Herr Jesus, er sei ein Sproß Davids, aber er sagt nicht nur, daß er von David komme, sondern, er sei auch die Wurzel Davids. Er ist Gottes Sohn als Wurzel Davids und Menschensohn als der Sproß Davids. Die Bibel zeigt uns hier noch einmal ganz deutlich seine Göttlichkeit und seine Menschlichkeit. Darum konnte er die Sünde auf sich nehmen und uns mit Gott versöhnen. Darum müssen wir aber auch ihn und die Erlösung ernst nehmen. Jesus ist nicht nur ein gutes Vorbild; er hat uns nicht nur sittliche Werke gelehrt. Er kam nicht nur, um uns zu zeigen, wie wir unser Leben ein wenig besser gestalten können, damit es angenehmer zu leben ist. Jesus kam, weil es für uns Menschen keine andere Möglichkeit gab, um mit Gott versöhnt zu werden. Dazu mußte der allmächtige Gott Mensch werden. Und das bezeugt uns das

Buch der Offenbarung am Ende noch einmal. «Ich bin die Wurzel, aber auch der Sproß Davids.» An Jesus Christus kommen wir niemals vorbei. Wir mögen von ihm halten, was wir wollen, wir mögen von seinem Buch halten, was wir wollen, wir mögen von seiner Erlösung halten, was wir wollen – aber er bleibt Gott. Und als Gott werden wir ihm einmal begegnen. Darum stützen wir uns jetzt in unserem Leben auf ihn, der gesagt hat: *«Ich bin der Weg die Wahrheit und das Leben, niemand kommt zum Vater, denn durch mich»* (Johannes 14,6). Gottes Wort zeigt uns in diesem Schlußwort der Offenbarung des Johannes all diese erwähnten Dinge. Es wird uns gezeigt, wer Jesus ist. Und Jesus ist ernst zu nehmen.

6. Dann zeigt er uns gleich darauf das unbegrenzte Angebot des Heils für jeden Menschen. «Wer es hört, der spreche: Komm. Und wen dürstet, der komme, und wer will, der nehme das Wasser des Lebens umsonst.» Wer darf kommen? Jeder, jede! Ist irgend jemand ausgeschlossen? Nein. Dürfen nur diejenigen kommen, die wenig gesündigt haben? Dürfen nur jene kommen, die Gott in ihrem Leben sehr gedient haben? Oder dürfen nur diejenigen kommen, die viel gesündigt haben? Nein, jeder! Wer da will, der komme und trinke vom Wasser des Lebens. Das ist das große uneingeschränkte Angebot Gottes an uns Menschen. Immer wieder bietet Gott sein Heil an, immer wieder zeigt uns auch die Bibel, daß das Heil Gottes für jeden ist. Gott will nämlich nicht den Tod des Sünders. Gott will, daß der Mensch gerettet wird. Jesu Erlösung ist für uns alle. Nur der Unglaube und die Sünde löschen uns aus dem Buch des Lebens aus. Darum mahnt uns Gott, daß wir den Sohn Gottes ernst nehmen, daß wir Jesus Christus als unsern Herrn und Retter in unser Leben aufnehmen und unser eigenes Leben nicht mehr lieben sollen als ihn. Das tun leider viele. Und er zeigt, daß das Angebot für jeden da ist.

7. Dann zeigt uns Gottes Wort hier, daß das zweite Kommen Jesu Gottes Plan der Erlösung für den Menschen zum Abschluß bringen wird. Jetzt haben wir die Erlösung. Aber wir haben nur das Angeld dadurch, daß wir den Heiligen Geist empfangen haben. Wir haben den Heiligen Geist als gewisse Garantie für das Vollkommene bekommen, das einmal eintreten wird. Unser Leib, die Welt um uns herum, machen uns noch manches Mal zu schaffen. Ist nicht unser Leben ein Kampf? Aber nicht ein Kampf gegen Menschen; manche

verwechseln das. Unser Christenleben ist vielmehr ein Kampf gegen die Mächte der Finsternis, die nicht möchten, daß wir Jesus entschieden nachfolgen, die nicht möchten, daß wir ein Siegesleben führen. Der Teufel erlaubt es uns ohne weiteres, daß wir an einem Tag in der Woche Gott treu dienen und Gott nachfolgen, wenn er uns sechs Tage in der Woche auf seinen Wegen haben kann. Viele Menschen lassen sich irreführen; wenn sie am Sonntag in den Gottesdienst kommen, wollen sie Gott dienen. Dann gehen sie hinaus in das Alltagsleben und vergessen es, und der Teufel reibt sich die Hände. Gott will, daß wir ein beständiges Siegesleben führen. Die Vollendung wird dann kommen, wenn Jesus Christus zum zweiten Mal kommen wird. Dann wird sein Plan zur Erfüllung gebracht sein.

Wir haben in den behandelten Kapiteln viele Wahrheiten in der Offenbarung gesehen und oftmals erlebt, daß Gott uns durch seinen Heiligen Geist, durch sein Wort, angesprochen hat. Laßt uns die Offenbarung mindestens einmal im Jahr lesen. Lesen wir sie betend; die Bibel verheißt uns einen wunderbaren Segen. Es wäre auch nicht verkehrt, wenn wir das eine und andere Kapitel oder das ganze Buch jetzt nochmals lesen würden. Wir leben in einer Zeit, in der es not tut, daß wir uns voll auf den Herrn ausrichten. Wir leben in einer Zeit, in der niemand spielen sollte. Jesus kommt bald! Für die einen wird es eine wunderbare Zeit, ein wunderbarer Moment sein. Aber so, wie wir keine Vorstellung haben, wie herrlich es sein wird, so wird auch der Gegensatz furchtbarer sein, als wir ihn uns vorstellen können. – Darum kam Jesus. Deswegen hat er die Erlösung vollbracht, und deshalb bietet er uns das Heil an. Und ich hoffe, daß wir dieses Heil in Jesus Christus nicht verscherzen.

Komme bald, Herr Jesus!

Außerdem erschienen:
Werner Kniesel. Der Heilige Geist im Leben der Christen. 186 Seiten. Jordan-Verlag.